CASA VOADORA

tao

CASA VOADORA

Livro de sobrevivência de um autor com TOC

Luiz Otavio de Santi

Casa Voadora: livro de sobrevivência de um autor com TOC

Publisher Edgard Blücher
Editores Eduardo Blücher e Jonatas Eliakim
Coordenação editorial Andressa Lira
Produção editorial Lidiane Pedroso Gonçalves
Diagramação Negrito Produção Editorial
Preparação Vânia Cavalcanti
Capa Laércio Flenic
Imagem da capa Marco Antonio Fernandes

tao

Rua Pedroso Alvarenga, 1245, 4° andar
04531-934 – São Paulo – SP – Brasil
contato@taoeditora.com.br
www.taoeditora.com.br

Segundo Novo Acordo Ortográfico, conforme 6. ed. do *Vocabulário Ortográfico da Língua Portuguesa*, Academia Brasileira de Letras, julho de 2021.

Dados Internacionais de Catalogação na Publicação (CIP)
Angélica Ilacqua CRB-8/7057

Santi, Luiz Otavio de.
Casa Voadora : livro de sobrevivência de um autor com TOC / Luiz Otavio de Santi. – São Paulo : Tao, 2023.
444 p.

Bibliografia
ISBN 978-65-89913-31-3

1. Santi, Luiz Otavio de – Narrativas pessoais. 2. Transtorno obsessivo-compulsivo. 3. Covid-19 (Doença). 4. Reflexões. I. Título.

23-1701 CDD 920.71

Índices para catálogo sistemático:
1. Santi, Luiz Otavio de – Narrativas pessoais

Agradecimentos:
Gente querida, obrigado pelas conversas e participações.
Adela Sens de Santi, Andre Fratti Costa, Ciro Araújo,
Marco Antonio Fernandes e Renato Ciasca.

Prefácio

Ao longo da vida, o ser humano pode errar por muitas casas. O fato é que, uma vez realmente ocupadas, nesses modos de morar em que deitamos muito mais do que o corpo, mesmo depois de sairmos delas, essas casas deixadas é que passam a habitar em nós. Os seus cantos condicionam becos na memória, suas colunas erigem um rastro do que foram nossas relações. Os quintais…Bem…Todo quintal é a rua, a cidade, o país, a língua. E, como língua – como bem marcou Manoel de Barros –, o quintal é bem maior do que o mundo.

E a um homem, depois de viver algumas vidas, quando chegará a hora de organizar suas casas todas? Tive a sorte de conhecer o autor nesses quintais e bem sei que ele viveu ao menos três vidas: saiu da rotina de jovem universitário urbano e cinematográfico para enfrentar "um tempo literário", como ele diz, num ser tão de dentro em meio a uma paisagem roseana, dedicando-se à lida com a terra, com os animais e com as gentes do roçado. Essa literatura do viver que é, no entanto, de palavras poucas e duma brutalidade que irrompe do vazio. Partiu, depois, de volta às imagens em movimento e ficou numa espécie de entremeio entre as cidades e o campo. Cultivava as plantações de edifícios porque neles é que observou que as pessoas sofriam para viverem aglomeradas, como num arresto voluntário das preciosidades de que um dia tomaram par. Mais tarde, largou tudo de novo e foi morar na curva, bem perto da montanha, mas também bem perto da praia, bem perto de tudo, inclusive das cidades. Entregou-se às medicinas orientais, aos saberes mais antigos quanto ao corpo e à saúde mental e fez-se de novo um outro especialista. Quem poderia imaginar, a não ser aqueles para quem o corpo sempre será, afinal, a nossa mais derradeira casa?

Luiz Otavio, nesse livro a que se dedicou como quem pastoreia uma febre, faz da categorização de suas "casas" mais do que uma alegoria: generoso, ele revisita esses monumentos do espírito para tecer um manto muito peculiar que possa acolher, acalantar quem é que por ventura tenha também sofrido nas inúmeras mudanças, reformas, desmoronamentos que a vida, invariavelmente, põe-nos a experimentar.

Assim, o autor nos conduz ora por um fio narrativo intenso, em que a gente se prende e deseja a história; ora, ele faz o livro incorporar uma espécie de manifesto latente que rejeita, organiza e aponta possibilidades de outros caminhos, onde os aspectos autobiográficos entrecruzam-se com análises e comentários sobre Música, Cinema, Arquitetura, Urbanismo, Filosofia. Esse passeio amplo, tomado da missão de um diário de sobrevivência, adquire mesmo a forma de um livro-ensaio, um registro errante. Enquanto se desloca horizontalmente na contiguidade dos sentidos e das relações do fluxo da vida, move mais energicamente algumas placas tectônicas, o que faz brotar uma cadeia muito nova de montanhas sobre as cristas das quais o texto nos leva a escorregar até nossas próprias casas, desde aquelas que nos circundam, até as que há muito habitam dentro de nós.

André Fratti Costa

Aviso à leitora e ao leitor

Casa Voadora é um texto livre, nômade, transversal, escrito em sua maior parte em confinamento e, depois, mais solto. Andarilho, sem definição única, diarista, pode ser um tipo de casario, uma vila, construída com as mãos. Dentro desta Nave-Cidade-Bairro-Casa, há vários tipos de habitações, de formas, de desigualdades, de arquitetura e de corpos. Ao mesmo tempo que algumas casas possam parecer dissonantes uma da outra, ou carentes de um estilo único entre si, seus alicerces têm amplitude e capilaridade para estruturar uma grande teia. Uso o termo "casa" para nomear os capítulos e para adjetivar estes corpos vivos, nossas lentes para o mundo, o mundo particular de cada um e as casas que habitamos, naturais ou não. A paisagem literária que tento fazer é variada, uma mais poética, outra mais ensaística. Algumas mais técnicas, outras mais documentais. Tudo aqui sai de minha experiência de liberdade que tenho com a literatura, para exercitá-la como a sinto. Quero falar dos caminhos que faço para ganhar a vida, ajudar os que sofrem e exercitar meus pensamentos e ações. Sinto que vivi com intensidade uma vida heterogênea, talvez mais do que uma vida. Entrego-lhe este tecido de pele feito com amor à arte, ao conhecimento, e especialmente à vida que compartilho com você. Uma estética de sobrevivência.

Ao fim geral desta escrita, eu me reencontrei com um filme adorável, *Caro Diário*, de Nanni Moretti. Se tivesse condições de fazer um filme como este, eu o faria agora. Acho que há algo de semelhante por escrito.

O mapa da casa

O zero geralmente faz parte das réguas e dos marcos históricos. O número representa o nada, a inexistência de algo, a ausência, a falta, mas também o início. O zero tem semelhança com o círculo, que é a forma geométrica perfeita com ausência de ângulos. Aqui ele entra no giro, uma esfera sem fim e sem bissetriz, sem ângulos. Começo do zero.

Você viveu a pandemia de 2020? Se sim, saberá, sentirá na pele e terá uma aproximação com este livro tanto quanto eu porque eu vivi minha primeira pandemia. Depois de um intervalo de 120 anos, o mundo parou pela segunda vez em função de pandemias virais. Com a chamada "gripe espanhola", 1918, e agora, com o coronavírus. No correr da história humana, talvez isso tenha ocorrido milhares de vezes. Civilizações sem pestes, tragédias e guerras não existem. Se você não acompanhou como adulto a covid-19, em 2020, é porque deve ter nascido depois de 2010, talvez mesmo em 2020 e hoje estamos em 2040 ou mais. Se projetei certo, este livro alcançou algum futuro, circulando física e virtualmente em nossos corpos biocibernéticos. Possivelmente, em tela biodegradável para folhear, uma transformação de sinais elétricos em imagens, mimetizadas como tela de LCD. Ou, ainda, em algo que mal posso imaginar.

Talvez mais diferentes covids, outros SARS-CoV-3, 4, 5... estejam presentes e nada disso é mais raridade na Terra. Virou rotina os vírus habitarem os seres humanos e trancá-los volta e meia em suas casas? Talvez não, quem sabe num futuro não tão distante já tenhamos conquistado alguma forma eficiente e simples de eliminar um vírus sem matar o hospedeiro. Vacinas rápidas? Outros contravírus? Bionanopartículas? Ou ainda estaremos em casa reclusos em 2040, 2050? HIV, ainda verei a cura?

Parte deste livro foi embrulhado nos isolamentos da pandemia. Sua janela de tempo acontece entre 27 de março de 2020 e 10 de agosto de 2021. Quinhentos dias de escrita em atividades quarentenárias (como gostei de chamá-las). Assim passei parte do meu isolamento, numa narrativa de sobrevivência. Minha casa é o texto, a pandemia é parte do contexto. Não faço desta tragédia humana o assunto do centro, peço para falar de mim e de minhas casas, de meus aprendizados e ensinamentos do viver. Entro com algumas ideias e reflexões para alavancar as experiências de minha vida e torná-las narrativas. Se não fosse o isolamento social, a quarentena prolongada, o resguardo compulsório em nossas próprias casas – para quem a tinha, a tem –, talvez não estaríamos aqui em prosa. Com exceção da área da saúde, muitos trabalhos presenciais quase cessaram por muito tempo ao redor do mundo todo. Demissões em massa, falências, o *home office* virou rotina para muitos trabalhadores. Para muitos milhões, o desafio maior passou a ser ter um prato de comida, um teto. Milhares ou milhões de empresas fecharam suas portas, muitas vidas mudaram de rumo. Sou professor, pesquisador universitário, cineasta, escritor e, nos últimos anos, para viver, tento perseverar na acupuntura com dedicação e paixão. Meus pacientes se isolaram e eu me recolhi por um tempo seguro. O escritor chocou um ovo de quarentena para parir uma obra livre, autobiográfica e aberta. Tempo sobrou para isso e para vários outros afazeres para a manutenção da vida cotidiana.

No fim das contas, como todo artista, a gente passa a vida chocando vários ovos. O artista é uma galinha de ovos de sonhos. Muitos deles infecundos, outros poucos nascem como filhotes de jacarés, outros como pardais, os mais interessantes tentam alcançar as águias. Minha vida dedicada às artes, à pedagogia, à experimentação de terapias corporais, à Eutonia, à Psicologia Social, à vida acadêmica e ao Cinema, tinha certeza, convicção, de que a união de todas as experiências obtidas poderia fundir uma massa só, num movimento natural sem delimitações especializantes. Talvez este trabalho seja uma versão desta ideia. Sou um convicto atravessador de paredes, um transversalista, um fantasma da docência que ingressa na livre inocência do texto urgente, que leva um rascunho de ciência para um terreno baldio de minha propriedade, num roçado com pragas comuns e com algumas ervas terapêuticas de conhecimento público.

Minha estima pela incerteza e pela observação da natureza das coisas é tanta que onde ponho a mão, desconstruo, ponho do avesso, ressignifico para sentir melhor o que podemos esculpir. Um observador da estética? Um esteta da filosofia da matéria? Não sei. Abro minha alma neste livro expondo minhas vísceras, meus estudos, minha doença – TOC, transtorno obsessivo compulsivo –, minhas linguagens com o mundo e algumas experiências artístico-pedagógico-terapêuticas pessoais voltadas à observação – por que não ao meu desenvolvimento? – de nossas mentes e corpos, o que chamo de "corpomentalidade". Ela pode ser uma unidade do movimento de união entre a arte, a educação e a saúde. Tento relatar alguns conhecimentos e experiências positivas conquistadas ao longo da vida, a maior parte delas na dureza da dor e do sofrimento, antes, durante e depois da escrita deste livro. Com estas experiências, aqui resumidas, talvez eu possa reduzir a dificuldade de outras pessoas que lidam com a realidade do sofrimento crônico, e com aqueles leitores transversais como eu, que ora estão na superfície, ora nas profundezas, movimentos sem começo nem fim, e que têm brio no viver e o interesse em despespecializar-se na vida. Assim mesmo, especializar-se em desespecializar. Dedicar-se e interessar-se simultaneamente por várias áreas do fazer e do saber, simplesmente porque entre todas elas há um circuito de conexões ou porque justamente as conexões é que formam o todo. Assim atua o desespecialista. Meu cartão de visitas poderia disponibilizar as seguintes atividades: acupunturista, cineasta, chefe de tubulações, compoteiro, ascensorista voluntário, documentarista e professor. Foi assim que me apresentei ao programa de rádio do amigo e professor Lúcio Agra, da Federal do Recôncavo da Bahia, *Os Desespecialistas*.

Gostaria de obter com este relato a força das convergências que a leitura pode nos oferecer: entreter, documentar o momento vivido, refletir sobre a presença silenciosa da afinação/desafinação estéticas em nossas vidas cotidianas e, num sumo de tudo, apontar outras pandemias sociais e humanas rotineiras que se revelam em nossas vidas culturais e sociais, que não só a da covid-19, e por outras tragédias naturais e sociais. Vivemos em constantes pandemias mortíferas, as criadas pela natureza e as pandemias culturais, as chamadas "sindemias", aquelas que criamos para nós mesmos no viver, que podem decidir a morte de alguns e a vida de outros, e especialmente o quão importante é a influência do sensível e da ética em nossas vidas. Uma palavra-chave deste encontro é casa. Atribuí a ela uma espécie de unidade com a qual nos igualamos todos, seja ela a casa que nos abriga e nos isola, a galáxia à qual estamos grudados, ao planeta Terra onde moramos, a grande cidade-casa em que somos cidadãos interligados, e especialmente a casa viva, o corpo, a unidade menor do que na pele faz a conexão com o mundo e, em si, é um mundo.

Muita gente pode encarar mais de perto seus desafios de realizar seus projetos pendentes neste período de parada geral. Casa Voadora é um deles. Aqui desenvolvi observações essenciais sobre a minha casa, abrindo-a para quem quiser entrar e conhecer seus detalhes, suas histórias, minhas experiências. Ela pode ser também a sua casa, as nossas casas. Mais do QUE são nossas casas, saliento o COMO estamos nelas, isso é o mais relevante. Talvez, desse modo, este texto possa ajudar alguém que necessite transformar sua casa. Outro subtítulo para este livro poderia ter sido *Desafinações e Afinações de um Autor com TOC*. Cheguei a tratá-lo como uma possibilidade no início do processo, dada a forte imagem que ele faria neste livro para comparar nossas vidas, social e pessoal a uma orquestra. O subtítulo foi trocado, mas a metáfora da orquestra continua. A ideia de uma orquestra desafinada, de forma exagerada de minha parte, é aquela na qual cada um toca o que quer, na hora que quer, do jeito que quer, sem a menor sintonia com os demais músicos, desprezando o espírito das obras indicadas. A disputa pelo cargo da regência atrasa os ensaios, a direção artística é omissa, e nem partitura para todos há. Uma desafinação generalizada. Se num dia algum entendimento coletivo puder colocar todos a tocar alguma composição, ainda sobrarão a apuração musical e a afinação desejada em seus instrumentos. Uma orquestra a soar bem, quanta dedicação e determinação. Desse modo, carrego neste livro minhas impressões análogas à orquestra, nossa relação com a Natureza, com a paisagem urbana – especificamente da cidade de São Paulo, e de muitos Brasis – que sinestesicamente se faz uma paisagem sonora e, finalmente, com nossas casas, em especial nossas casas corporais, corpomentais. Passamos a vida em busca de nossas afinações. O sentido da vida, para mim, passa por uma afinação estética. Estando nela, sem ao menos conhecê-la, ter a oportunidade de saber do que se trata, não há como afinar a sua orquestra e a orquestra dos outros. A nossa orquestra.

Para dividir o que conheço e sinto no balanço das afinações e desafinações, vividas diariamente, registro aqui algumas reflexões e experiências que venho desenvolvendo e criando para conhecermos melhor como nos comportamos, em geral, diante dos desafios da convivência, das doenças, das dores, dos sofrimentos mentais e dos pensamentos. Com uma trilha diretamente influenciada pela fenomenologia e pela metafísica, matrizes às quais sou intelectual e artisticamente conectado, descrevo a vida da minha casa com suas crises, acidentes, evoluções, erros e acertos, com minhas passagens pelas artes, pela saúde, pela Psicologia Social, pela docência exercida por um tempo como proposta de profissão e de carreira. Se nas raízes mais profundas de minha formação poderemos encontrar os estoicos, como o grego Zenão ou o romano Sêneca, não sei, talvez lá estejam também Pitágoras, Filolau de Crotona. Afinal, o que já não veio antes de nós? Tudo já foi dito.

Tento desenhar, a cada capítulo, um canteiro de obra, construindo algumas casas, a casa de fogo, a casa pandêmica, a casa como, a casa desafinada, a casa pêndulo, a casa de sobrevivência, entre outras, construindo uma área maior, numa espécie de bairro, de comunidade de casas possivelmente mais afinadas entre si, as nossas casas. Com este esboço arquitetônico, faço um desenho de uma grande casa nova, uma casa viva urgente, lúdica, transformadora, reflexiva, autopoética. Quando engajados na autopoiesis, somos o destino final, somos a própria obra de arte e objetivo essencial da vida. Em si mesmos. Ela se materializa com nosso corpo, e nossa existência pode ser a obra principal de nossas vidas, uma obra em construção contínua, batizada com o nome de "cosmoética". Cosmoética, veremos em capítulo adiante, é um caminho, um sonho pedagógico para a autopoiesis, que, por meio do sensível, nos atira no movimento da vida.

Esta casa, ou ideal de casa, não é nova nem velha. É uma casa universal, dentro da qual teríamos uma vivência mais autônoma e sensitiva de suas paredes, de seu alicerce, dos seus cabos e fios, das águas, das estruturas, da cobertura, cujas consciência e massas fariam, por ela mesma, a constante manutenção necessária para se viver melhor, para mantê-la criativa e num estado de arte criativo. Uma casa em movimento vibrando com o vizinho, com o bairro, com a cidade toda. Uma casa escola, uma casa de ensino e aprendizagem, uma colmeia do saber e do sentir, voltada a elementos da arte, da Educação e da saúde. A consciência do sentir, muito pobre nas casas mais desafinadas, é uma face do saber, do conhecimento. Sem ele, o pensar não se completa, é o que sei. Eis a cosmoética.

Minha escrita aqui, a meu ver, está em mim como linguagem aberta e experimental, tentando compartilhar minha afinidade com a corpomentalidade, que é uma forma de autopoiesis, de poetizar-se, com uma observação mais intuitiva de nossas mentes e corpos, em meio às tantas casas das quais fazemos parte. A autopoiesis é minha Casa Voadora, a nossa Casa Voadora, uma obra interminável, em constante criação e observação. CASA, como palavra-chave neste trabalho, é o lugar de manutenção constante, de festas, perdas, partidas e chegadas, movimentos que descrevo, passo a passo, tempo a tempo, o que se passou em minha casa em quase toda a minha vida.

Quero compartilhar nossos desafios coletivos e singulares e estimular o silêncio e a ciência de quem mergulha mais nas perguntas do que nas respostas. Se possível, com um pouco de sensibilidade, trazer para a vida um pouco mais de poesia também. Poesia compartilhada como criação de uma linguagem para viver melhor, para aqueles que, como eu, ainda se encontram ou já se encontraram no caos da dor e do sofrimento.

O mestre dos mestres, Machado de Assis adverte no início de *A Mão* e a Luva: "O que vai são umas poucas páginas que o leitor esgotará de um trago, se elas lhe aguçarem a curiosidade, ou se lhe sobrar alguma hora que absolutamente não possa empregar em outra coisa, – mais bela ou mais útil". Um livro documentário? Um documentário literário? Um texto documental?

Sou um pensador e documentarista tateando na literatura. Disso tudo nasce um livro de não ficção, ou, talvez, de fato, um documentário por escrito, no qual sou sujeito e objeto, paciente, escritor e terapeuta. Pode não ser algo que não sei definir. Para mim é uma questão de sobrevivência. Peço licença aos médicos e cientistas, terapeutas, pacientes e leitores, pois neste caso, o paciente vai falar, vai dar voz aos ossos, à medula, à pele.

Dedicado a todas as casas, humanas e não humanas.

Abertura da casa

Neste momento, milhares de livros já nasceram e deverão nascer em torno do mesmo tema ou da mesma causa. Sincronicidade pura não é o caso. O momento trágico, em si, e as múltiplas experiências derivadas dele nos darão, certamente, muitas obras e informações de todos os tipos sobre o que vivemos e sentimos. Uma fortuna. Mas o meu livro ninguém poderia escrever por mim. Por isso, decidi continuar.

Eu, 27 de março de 2020

A proposta foi simples e direta: eu gostaria de fazer um trabalho com você. Poderíamos fazer juntos, eu organizo tudo, entrevistas, leituras, conversas, escrituras a duas mãos, cada um poderia escrever sozinho e depois eu editaria um livro. Sua história me interessa. Sua vida me interessa, e eu sinto que preciso contar a sua história. E o momento é agora! A resposta dele. Não, agora não. Estou ficando louco, disse ele. Você nem seu livro me interessam. Suma! Me deixe em paz. Num isolamento social como este, numa pandemia assustadora dos últimos 102 anos, não me interessa mais nada. Não sei se estarei aqui amanhã. Repensei. Deixei-o em paz e me afastei. Eu mesmo não tinha certeza do que queria fazer. Medo.

Sou um observador obsessivo da natureza das coisas e da vida das pessoas. Não há nada desinteressante nem pessoa desinteressante. Toda vida humana produz elementos que a tornam digna de uma narrativa, com faro para observá-las, melhor ainda. Para ser artista no mundo, mais no Brasil, tem de ser algo brioso, com muito brio. Vivo com isso, tenho convicção da aventura que são nossas vidas. Sei também que o ensaio acadêmico me afastou um pouco da ficção e da poesia ao longo da vida. Ser romancista, novelista, é um ato de liberdade, de coragem e de talento para poucos, especialmente no Brasil. Rapaz novo, já era dado a filosofar intensamente e a escrever sobre o pensar e o sentir. Era e sou tão ligado a isso, amarrado em acompanhar a relevância do belo na vida e lidar com ele pelas palavras, ou fazer das palavras uma janela para esse horizonte. Quando jovem, imaginava ser capaz de ficar louco com alegria, louquinho sem dor (ah, ilusão da mocidade), entender o que Nietzsche sentira na pele e na alma e em sua catatonia hereditária, doença que apressou sua morte aos 56 anos de idade, em 1900. Seria um fim charmoso para um intelectual, um fingimento de dor, de uma dor "que deveras sente",[1] um sofrimento que arde sem doer, um espasmo de fama para um infante pensador desimportante. Para quem não sabe ou não se recorda, o filósofo alemão não tinha uma vida serena e saúde boa, tempos difíceis para uma pessoa profunda. Ele foi adoecendo na meia idade até que uma espécie de paresia, parestesia ou paralisia geral dos movimentos do corpo – e da mente – o deixou praticamente em estado vegetativo. Uma doença terrível. Eu não saberia dizer se sua consciência ficara encarcerada nessa estátua de pedra. Quero crer que não. Tomara que a noção de si tenha desaparecido de todo naqueles tempos e a noção de realidade, "humano, demasiado humano", tenha o deixado em paz até o fim.

Em todo caso, um mal distante das preocupações de um homem de meia idade – ou melhor, já mais velho que o próprio Nietzsche como estou hoje. Seria a imagem de mais um pensador e artista em plena atividade esculpindo a figura de um gênio antepassado e tomar dele a atmosfera indolor que a sensação de juventude e a lucidez permitem transformar em sensação de leveza, de liberdade. Estou aqui com você como uma pessoa, como muitas, que gosta de pensar, de ensinar, de aprender, de se abrir, e que razoavelmente é ciente da ilu-

1 Trecho do famoso poema *Autopsicografia*, Fernando Pessoa.

são completa, e sensível a ela, que é fazer da vida uma busca de certezas, de dar a ela a função de ser precisa e infalível.

Pretendo inventar e descobrir algo de minha história, que é também uma narrativa. Eu não poderia contá-la sem uma forte dose de criação e memórias. Autobiografia ou diário são estilos de ficção, de invenção como qualquer outro. Assim vejo o fato e a vida, assim tomo a literatura numa relação com o desconhecido. Desta maneira, entrego toda a minha confiança e meu respeito às mais nobre das atividades humanas, a meu ver, a arte. A contrapelo das hierarquias das disciplinas francesas, por exemplo, dos anos 1.250, século 13, na Universidade de Paris, onde já estudava São Tomás de Aquino, segundo as quais os saberes mais elevados estavam ligados ao Direito, à Medicina e à Teologia. As artes apareciam no rodapé da lista, sem a nobreza das outras. Eu as inverto ou, numa compassiva e livre convicção, as interligo todas.

Na energia criada neste campo imenso, neste tecido sem bordas e sem divisões, é que tento alimentar a minha história e analisar os fenômenos que me cercam. Dessa forma, desejo que o leitor e a leitora estejam interessados, mais do que isso, entreguem-se como leitores sem nome, sem causa, sem história, confusos, observadores de si próprios ao desejarem não obterem nada para contar nem algo hipnotizante para diminuir seu tempo ocioso ornado por bocejos e indiferenças. Assim como meu corpo habitado e não intitulado escreveu este livro com a ajuda e a ferramenta da indagação, entreguem-se, por favor, peço e reafirmo, imploro, aponto e lhes conduzo, não atentem somente aos fatos vividos nem às tais possibilidades de realidades, que, de muitas, não há uma. Não creio que ela exista em si, por si. O que há são coisas, fatos e ideias. Sim, há um vírus real que pode matar, uma árvore real que dá frutos comestíveis. Tropeçamos neles. Mas as coisas não são determinantes da vida.

Mas boa parte do que chamamos de realidade complementa-se nos elementos da natureza. A realidade humana interage com eles. Boa parte, então, desta interação é valor simbólico de nossas criações, de manifestações culturais e convencionais que inventamos. O continente da América do Sul pode ser visto do Espaço quando estamos lá, mas nesta visão não há o mapa que identifique seu contorno, que nos delineie "ali está a América", ou uma placa geoidentificadora, geocosmogônica natural, identificada pelo Sistema Solar e além – *Aqui Planeta Terra*. Parece óbvio? Da mesma forma, os dias da semana, o nome dos pássaros, o escudo do time de futebol, as línguas que falamos. Nossa vida consciente não seria o que é sem os traços culturais e os códigos formadores de realidade construída por nós mesmos. Este é meu ponto. Vivemos neste sonho entre coisas e ideias, entre representação e matéria. É aí, neste cinema real, neste fluxo de signos, de convenções vivas, que nos envolvemos no teatro da paz e da guerra, nas virtudes e nos vícios, nas crenças e nas paixões. Uma consciência reprodutora de tudo o que acreditamos existir como se, em si, fosse o próprio mundo. Como se tudo existisse ali, na nossa frente, de forma física e real, mesclando ideia com coisa, como se os 12 meses do ano viessem da natureza, e cada dia da semana fosse realmente um domingo e depois viesse a segunda-feira, a terça... Você acorda e pisa na segunda feira? A gente pisa numa pedra, mas não numa segunda-feira. Eis o sonho que nos faz humanos. Somos de carne, ossos, pó de estrelas, muita água e símbolos – signos.

Sim! O mundo existe. O vírus se espalha, a floresta é viva, tropeçamos na pedra, mas tudo isso são os tijolos dos nossos sonhos e os cenários inspiradores para os nossos sentidos. A consciência da vida e de nós mesmos acontece por meio dos sentidos que a evolução ou Deus, como queira, nos dão. Se a chamada realidade é tudo isso ou parte de algo maior, não sei dizer. Mas posso imaginar que a nossa realidade são filmes inacabados, ineditados, num processo multifatorial de interação compartilhada por humanos e não humanos. Com certeza, ela se faz de muitos elementos sem fim, e sempre ligados. Mente, corpo, Universo. De fora e de dentro.

> Para viver, o organismo precisa metabolizar, trocar substâncias e energia com seu ambiente (...) A energia usada para beber um copo de água vem da luz solar que chega por meio da cadeia alimentar – no fim, a luz é que ergue o copo até seus lábios. O aparente muro entre seu corpo é mais parecido com uma cerca vazada. E entre a mente e o mundo é algo como uma linha pintada na calçada.[2]

Como será a realidade dos morcegos? Como eles veem o mundo? Você deve saber. As serpentes, os urubus, as lulas gigantes a quilômetros de profundidade no oceano? Quantos mundos, quantas realidades! Somos importantes para nós mesmos, empurrando o presente para um futuro imaginário, atrelados a um passado. Uma das receitas desta realidade, esta mesma na qual você vive neste momento, é o movimento incerto, indefinido, avante ou atrás, mas vivo numa tensão entre a ruptura e a tradição das culturas. Esta tensão de preservar e ceder é a força criadora da aventura humana que não cessa. A nossa viagem por aqui nos obriga a mudar para permanecermos os mesmos.

E, então, quando o aluno está pronto, o mestre aparece, diz o ditado. Dias depois, um reencontro. O traço foi outro, o passe foi adiante, a coragem faz a sua surpresa e a vontade. Outro ditado diz que a principal diferença entre o sábio e o tolo é a vontade. Coragem vem de coração que bate, que vive. Para a medicina tradicional chinesa, a milenar, é o coração que abriga a mente, o *Shen*, no termo chinês. E é dali que a coragem toma posse da vontade.

Quando o escritor e seu objeto se identificam, uma obra deve nascer, sobretudo quando não há mais separação entre ambos. Uma cena de filme? Mais um chamado para a aventura realizado? Assim nasce a tradicional jornada do herói, um chamado à luta e a história se inicia. Nos filmes, antes da grande cena geradora de movimento,

2 Hanson, R.; Mendius, R. *O cérebro de Buda: Neurociência prática para a felicidade.* São Paulo: Alaúde, 2019, p. 41.

um herói, uma heroína, quando numa espécie de limbo, geralmente estão num sem-lugar, maltrapilhos, tratando dos porcos de um patrão, em miséria e nomadismo, andarilhos sem propósitos, enfermos ou desiludidos, esposas traídas e sem forças, desempregados e sem rumo. Como uma delas, uma redatora de cartas que trapaceia analfabetos na Central do Brasil, Rio de Janeiro, para tirar deles alguns trocados, viver parasitando a ingenuidade dos outros. De repente, ela se joga na aventura modulando sua postura no caminho do encontro, especialmente no encontro do outro, ajudando um menino a encontrar sua família, cuja mãe acabara de morrer num acidente, deixando-o órfão e desamparado. Lembra desta história? *Central do Brasil*, filme de Walter Sales, com Fernanda Montenegro. Assim são os toques que a vida pode nos dar, para baixo ou para cima, para frente ou para trás. Ou nós é que podemos dar à vida sonhos e ações que nossas próprias virtudes oferecem. Vida e vontade interagindo para um propósito sair do papel, virar algo. Se for atriz/personagem, de fato, entrar na personagem. No caso, aqui, é aquele encontro entre o pensador catatônico, desesperado, alheio, sem-lugar, sem movimento, e seu observador, seu entrevistador, em que formaram uma jornada juntos. Definiram-se pelo caminho. Ao menos, no mínimo, espero, seja uma jornada útil e bela para alguém além de mim. Vamos abrir e juntar as nossas casas.

Uma crônica diária? Um diário poético? Um ensaio sobre o COMO ficar em casa? E que casa é esta, onde fica? Tudo isso junto, talvez, este livro tenha saído de uma cápsula do tempo, preparada por alguma daquelas descobertas por acaso, por alguém dedicado a um trabalho de escavação ou de restauração em alguma ruína, de retirada e de limpeza de escombros. Eu testemunhei um encontro destes. Em 2010, por ocasião da reconstrução do centro histórico da cidade de São Luiz do Paraitinga, São Paulo, após a grande enchente no mesmo ano. A catedral de São Luiz de Tolosa veio toda abaixo pela força da correnteza. Sob a massa de entulhos no espaço calculado do altar da igreja, uma caixa hermeticamente fechada ressurgiu do interior de uma das bases de uma das paredes, praticamente sepultada no seu interior. Ela fora lacrada numa espécie de nicho sob a argamassa durante umas das reformas pela qual passara o edifício. Como as paredes eram de taipa e adobe, as águas derreteram as estruturas, revolvendo as entranhas do prédio e algumas histórias da própria cidade. Uma delas, esta caixa, datada de 1927, portando livros, partituras musicais, bandeirolas do divino e fotografias, e claro, artigos religiosos. Minha cápsula nasce em março de 2020. E você, de quando é? Tomara você seja daqui e de agora, no frescor dos nossos tempos. Depois, se vier à luz, que este texto seja múltiplo, de um alfarrábio a um vírus nas esferas digitais.

Conteúdo

Parte I

DESAFINAÇÕES

A casa de fogo

O tiro foi certeiro, entrou pelo topo da cabeça e a pequena bala do revólver 22 alojou-se no centro do cérebro dele. Atravessou tudo, de cima a baixo, lobo frontal, tálamo, hipotálamo, e parou ali na hipófise. Um estrago mortal. Uma outra bala não foi irmã dessa. Alojou-se no bolso da calça jeans perto da virilha. Não entrou, deu chabu. Um tiro no alvo, outro cuspido, encrencado, travado, quase um festim. Se os dois tivessem sido assim, a história teria sido outra. Poderia ter vários outros desfechos melhores do que o consumado. Nunca pude conferir o que de fato ocorreu na cena. Minha imaginação desenha assim: era uma tocaia, a besta se escondeu numa moita ao lado da estrada, talvez até dentro de um mata-burro. A vítima desceu do cavalo para abrir a porteira quando o alucinado deu a voz de rendição. Devem ter se estranhado, Mário tentou se defender, aí veio a primeira bala na calça. Mário deve ter se dobrado para frente num gesto automático de defesa e expôs o topo da cabeça a Antônio. Daí, mais um passo adiante, a segunda veio à queima-roupa, chamuscando o cabelo. O moço tinha só 25 anos de idade, o assassino, uns 35, no máximo.

Mário aguentou uma semana em coma, vegetando. A esperança muitas vezes quer ser ingênua. Pensávamos, "ele vai acordar, vai ter sequelas terríveis, mas ele vai voltar". O crime foi num 28 de dezembro de 1980, o falecimento dia 3 de janeiro de 1981, dia do aniversário de nossa mãe. A morte de meu irmão Mário Augusto mudou o rumo de várias famílias, a central delas, a nossa, evidentemente. Uma mudança de fazer a vida ficar sem sentido por um tempo. O sentido primevo que passaria a ter a vida para todos era exatamente o do local onde a bala parou, no cérebro reptiliano, no cérebro selvagem, de onde partiram a ira e a loucura do assassino. Matamos uns aos outros, seres humanos matam-se uns aos outros não para comer, nem para defender sua matilha, mas por ódio, dinheiro, insanidade mental, por idiotices.

Somos todos idiotas. De idiota, todos temos um pouco, com raras exceções santificadas. Se não matamos outro humano, matamos animais, caçamos animais, maltratamos animais e também seres humanos. Escravizamos, vilipendiamos, exterminamos, banimos, exilamos. Somos filhos da Terra? Difícil de acreditar. Mais fácil acreditar que viemos das teorias fajutas de ET e de naves espaciais. Ou de cometas que, no impacto profundo com o Planeta, nos trouxe para cá em forma de água e poeira cósmicas vivas. Exatamente como um esperma entra de cabeça num óvulo e, de lá, resulta um bebê, nós, aqui, somos, "estamos" gestados por um longo período, passamos pela água, pelos pântanos, pelas savanas, resistimos ao gelo, dominamos o fogo até chegarem as armas de fogo para executar o serviço. Esse talento não sai de moda. Ao contrário, voltou à moda garrucha no bolso, moda do estilista capitão-mor e sua caterva de atiradores, porque o mal invadirá a sua casa e lhe roubará seu patrimônio e sua honra. É melhor se proteger do mal matando também. E o dever dos idiotas é trocar tiros ou tapas com os outros idiotas, o direito à fundamental autodefesa. Incrível a ideia, pense comigo. Este grão de poeira cósmica no meio do nada tem ogivas nucleares suficientes para destruir a própria a Terra. Somos ou não uns idiotas? Para mim, sem dúvida. A paz é equilibrada pelo equilíbrio bélico entre oponentes. Só por isso. Além de idiotas, claro, sem ironia, somos também obra maravilhosa do Universo, da natureza, de Deus, como quiser ver. É fato, nosso cérebro é uma obra prima das estrelas, mas a idiotia veio junto com ele.

Ambientação, cerrado mineiro, a 49 quilômetros da cidade de Araxá, estrada de terra, ampla, larga, daquelas de comer poeira na seca ou muita lama nas chuvas. Da adolescência até meus 30 anos de idade, vivi com o aroma do cerrado em minhas entranhas, especialmente nos meus espaços da memória. Minha experiência com aquela paisagem rude, imensa e bela salienta o sentimento e a possibilidade de estar vivo. Todos nós temos a potência para senti-la e vivenciá-la naqueles momentos mais marcantes, que são na infância e na adolescência. Nesta época da vida já somos algum tipo de gente bem formada, mas a sensibilidade e as ressonâncias com o mundo estão em alta definição. Jamais voltarão a ser as mesmas quando este momento passar, quando a adultice vai secando nossos fluídos emocionais. Fruta recém-madura, linda, um dia vai virando fruta seca. Daí o mundo vai tomando outros contornos, acho eu, menos sensitivos, menos encantados.

Seja qual for a circunstância, podemos ser pobres ou ricos, letrados ou iletrados, quando saudáveis, todos os cenários e momentos de nossa juventude ficarão editados no coração das memórias, onde o foco e os sentimentos não morrem, não secam. Uma usina hidroelétrica de sonhos e de liberdade. Tenho a impressão que se tivesse vivido numa favela, numa ribeira distante, em condições precárias num sertão qualquer, a doce e iluminada juventude estaria incólume para sempre num coração de leão. Poderia eu dizer, então, que a paixão pelo que fizemos e pelo cenário de nossa infância é inexorável? Que há uma relação de amor com os 20 primeiros anos de vida como se fosse uma espécie de sabedoria protetora da vida para nos levar adiante, por mais difícil que a vida seja para muitos? Desconsiderando as experiências trágicas, guerras, doenças, que são muitas, acho que sim. A sábia natureza nos despeja uma corrente de esperança, de amor à vida, de autoapreço, de alegria de viver. Viciamos em viver em nós mesmos e na vida, e em sonho, de tudo que dela virá. A sensação vale a pena, a esperança está nova em folha, cheia de vigor e bem abastecida de hormônios. As ressonâncias entre a mente e o corpo são muito vivas, lisérgicas, a ponto de apreciá-las com muito mais facilidade que um adulto com meia-vida. Lisergia e sonolência em doses e momentos corretos. Os dias ficam lindos, as noites também, um dia depois do outro, o filme não acaba, as árvores não morrem, a chuva não é fria, o verão não é quente, e todas as "inas" estão jorrando bem, dopamina, serotonina, endorfina, ocitocina.

A fazenda havia sido comprada apenas quatro anos antes da morte dele, em 1976. Engenheiro agrônomo feliz e dedicado, ele formava a dupla de entusiastas pela vida rural, pelo trabalho em lavoura. O outro era nosso pai, também Mário. Sangue rural em família de imigrantes campesinos italianos. Um nome para a propriedade, San Jerônimo, ou Girólamo de Santi, homenagem a meu avô, e também ao santo tradutor da bíblia do grego para o latim. Pai e irmão contaminaram a família toda com a imagem e o movimento da volta à Terra, de ter um céu noturno para admirar, piçarra, cascalho e terra boa para plantar, assim como animais para criar. Paulistas levando seus hábitos a Minas Gerais, como muitos sulistas foram Brasil acima para refazer a paisagem rural e novos horizontes. Um sonho com elementos da colonização do oeste americano? Sim, acho que imigrações, desbravamentos e aventuras agrícolas fazem parte de toda a história humana. Falamos que nossa origem é italiana, que o outro é libanês, palestino, mas todos estamos em movimento há milênios. Esta nacionalidade que imprimimos no passaporte é um dos últimos minutos do filme. Diz a ciência (a conferir) que se recuarmos 20 gerações no tempo, temos uma árvore de parentesco com 20 milhões de pessoas. Será verdade? Não duvido. Posto isso, ninguém deveria ter a ilusão de pureza étnica, somos uma grande família com as mesmas cargas genéticas, o que predomina é a cultura, essencialmente.

De todo modo, o nome escolhido por meu pai foi o de seu próprio pai. Homenagens a um ramo da linhagem próxima, de uma das pessoas que viram a cidade de São Paulo virar uma metrópole em apenas 50 anos, do início do século 20 aos anos 1950. Neste período de tempo relativamente pequeno, quantas mudanças na qualidade de vida, não é? Já falamos disso. Talvez por participar um tanto desta vida sofrida, dar o nome de meu avô à terra deve ter sido uma forma de agradecimento, saudade, consideração. Além do que, minha mãe deve ter um dedo nesta história. Religiosa, católica, deve ter pedido para algum santo entrar no batismo. Certeza que os empreendedores dedicavam um tanto de seus esforços e prazeres com a terra a esse cara legal que foi Jerônimo. Ele ficaria maravilhado com a jornada deles pela agropecuária, pelo cafezal e pelas lavouras brancas. No fim, o que menos aproveitou foi a vítima, o líder de todo o movimento. Em apenas quatro anos ele levantou uma estrutura de respeito, com moradias, currais, cafezal com 200 mil pés, maquinários, áreas de lazer, pastagens, lavouras. De uma terra parada, triste, vinda de um inventário de família das antigas, transformou um nada em algum lugar cheio de vida em pouco tempo.

Com meus 15 anos de idade, passava minhas férias inteiras ao seu lado. Mário, já cursando os últimos anos de Agronomia na Escola Luiz de Queiróz, USP, Piracicaba, vivia na terra. Nas horas vagas e em férias, seu lugar preferido era lá, na San Jerônimo. Com ele e com o povo do cerrado, aprendi muita coisa sobre a lida no campo. Diferentemente dele que juntava ciência e empirismo, eu só aprendi a por a mão na massa, na prática, no dia a dia. Cheguei até a pensar em imitá-lo na escolha profissional. Como todo garoto, o espelhamento no outro é um fato comum, e aquele clima de cerrado me inspirava muito, os dias e as noites lindas, as festas religiosas, os animais especialmente. Por conta do encanto e traquejo na lida com eles, cogitei cursar zootecnia, fato possível até hoje para um errante desespecialista. Ver uma vaca comer em silêncio, você e ela, já viu? Um cocho cheio de silagem e muitas delas comendo em silêncio, concentradas, com úberes cheios, o aroma forte de milho fermentado. Momento de ruminação do tempo. Na seca, com a pastagem mais rala e queimada, a silagem de milho é fundamental para suplementar a alimentação diária delas. A junção de gado com lavoura de milho é um combinado maravilhoso.

A planta de milho é sagrada em muitas culturas. Um dos manejos agrícolas mais esplendorosos com que lidar. Em 90 dias, têm-se o plantio, a espera e a colheita, se tudo der certo. Este tudo é a natureza, a chuva e o sol. Para o plantador, é como estar entre o céu e a terra, literalmente. Um jardim enorme, amplo que, em 90 dias, se tem da terra nua uma floresta de um verde azulado perfumado e brilhante. Cada pé na imensidão carregando sua boneca no colo, são as espigas com seus cabelos ruivos e talos verdes. Um dos maiores prazeres da minha vida ficou naquelas temporadas de plantio de milho, parte dele para colher grãos e vender, e parte para silagem para dar ao gado. Aprendi que com milho, leite, ovos e feijão, a vida já tem fartura. A imagem da fartura, eu quis fazer, essencialmente com grãos de milho. No momento da colheita mecanizada, é comum a produção de uma piscina cujas paredes são feitas com o próprio milho ensacado. Faz-se um quadrado com uns 20 metros por 20; e, de altura, umas cinco sacas empilhadas umas nas outras. A colheitadeira, quando enche a própria capacidade do tanque, tem de descarregar sua carga em algum local e voltar à colheita. O local provisório e ideal para descarregar é no chão da lavoura mesma, enchendo esta piscina represada como um dique de ensacados. Minha relação com o milho sempre foi carnal e vegetal. Ali já introduzia o corpo na história viva da terra.

Figura 1.1 – Eu numa "piscina-depósito" de grãos de milho, 1989. Fonte: Acervo pessoal.

São impressões em três dimensões com mil cores ainda viva na carne e nos espaços da memória. A troca de calor do corpo com os grãos, na medida do tempo, muda a cada minuto. Ao cair da noite, o milho absorve o sereno limpo do sertão; daí, o caboclo tem de se desenterrar e deitar por cima. Aí, vira observatório, deitado, a contemplar a enorme Via Láctea em perspectiva de um disco sem fim. Pelas manhãs, um pouco antes do nascer do sol, outra vivência sensitiva antes de pegar no pesado, tratando ferida de animais, arando a terra, cavalgando, acompanhando meu mestre nas lavouras, equilibrando as doses de NPK, nitrogênio, fósforo e potássio, os três elementos indispensáveis às plantas e à produção. Ordenha? Isso, sempre deixei para os fortes. Não importa a idade do herói, jovem ou velho, já acompanhei muitos ao pé da vaca na ordenha, sentados em pequenos banquinhos monopé. É tarefa para braços e mãos mágicas. São pelo menos duas horas ao dia, das 04h00 às 06h00, movimentando as mãos e dedos numa repetitiva ação de extrair o leite, seja inverno ou verão, domingos e feriados. Faço uma reverência vitalícia aos lutadores da ordenha deste mundo, mesmo que boa parte dela seja mecânica. É um serviço duro, dos mais duros que conheço.

Fim de tarde de outono, o céu mais sutilmente cromatizado que vi na vida, e o maior de todos, amplo e redondo. As chuvas, cogumelos de água, rios aéreos gigantescos a vagar pelas bandas do céu e encostando as franjas na terra. O ar mistura fragrâncias de capim-gordura e suas sementes grenás, o araticum, o ipê amarelo, o doce do pequi, a gabiroba, o baru, a cajá-manga, a canela de ema. Das quatro fronteiras da fazenda, uma delas era úmida. Termo usado para quando um rio é elemento divisório entre vizinhos. Seu nome sugestivo, Quebra-Anzol. Com esse nome, a gente consegue ver as entranhas dele. Imagine os barrancos e as grotas do cerrado em declive até as margens de um rio verde escuro, rodopiante, repleto de pedras negras como petróleo duro e mata ciliar exuberante. Povoado por mandis amarelos, piabanhas, peixes-cadela, dourados, canivetes, bagrinhos, pintados, piaparas e cascudos. Outros ilustres veteranos nômades como a cascavel, o tatu-canastra, o quati, o gavião, o tucano, a ema, a seriema, o ouriço-caixeiro. Um tal de Caboclo D'Água, meio peixe, meio homem, entra nesta lista também, pela boca lendária dos matutos. Diziam que ele arrastava a pessoa para dentro d'água, especialmente as mulheres. Atravessei este cenário, quando noite enluarada, de uma margem à outra, na garupa de um cavalo nadador, abraçado a um caboclo de nome João Canoa. Um feito literário, tenho entendimento de que vivi um tempo literário, para mim, provavelmente único, uma página de Mário Palmério ou de Guimarães Rosa, uma partitura do sertão.

Um legado de Mário que acompanhei intensamente nesse prazo tão curto de trabalho e de vida. A cobra começou a ser criada quando veio de longe. Mário precisava de um parceiro para tocar a empreitada desde o início. A mão de obra local existia, mas era pouca. Um amigo de um amigo indicou um cabra que estava sem emprego e sabia de roça. Nascido e criado no interior da Bahia, estava em São Paulo tentando algo para recomeçar a vida, com mulher e uma criança. Contratado, meu irmão Carlos e eu fomos de fusca, 640 quilômetros, levá-lo à fazenda para começar a se ambientar e a trabalhar. Depois, levaria mulher e filho, quando uma casa lhe fosse dada para morar. Bicho silencioso, tímido, parecia um cigano estrangeiro no banco de trás do carro. Em uma semana, ele e Mario já estavam na labuta forte. Construindo do zero, cercas, currais, galpões provisórios, dormindo num velho rancho de pesca na beira do Quebra-Anzol. Mudariam dali enquanto pelo menos três casas eram construídas ao mesmo tempo, uma sede para nossa família e mais duas para novas famílias. Um casarão centenário já estava lá, um tanto precário, mas um casarão rústico muito acolhedor. Piso alto, chão de tábuas, luz a lamparinas, cozinha baixa e de frente para o terreiro, com roda d'água e muitas árvores. Desse modo, em pouco tempo, a fazenda já tinha seu espírito de roça habitada, uma base promissora para futuras produções agrícolas e aumento de famílias.

O baiano tímido no fim das contas, convivendo com ele, deixou a aparência de tímido e, no lugar, entrou um cara chato, folgado, falastrão. Daqueles retrucadores teimosos, turrões, juntando esta com as vidas passadas, tudo junto. Nas minhas voltas de São Paulo para lá, em feriados ou férias, percebera que a relação, em um ano, entre eles, ou melhor, entre o cabra e os demais nativos, a caboclada mineira e meu irmão Mário, não estava das mais fáceis. Culturas muito diferentes, e um temperamento um tanto desagradável, a rotina foi seguindo com firmeza e liderança, esperando que com o tempo o camarada se enquadraria. Era chatice no baralho, era briga no futebol, era rusga na lavoura e, até mesmo sua mulher e filho, já ambientados no cerrado, já sentiam o peso de seu comportamento. Jamais imaginava traços de violência nele. Era um matuto de cabeça dura e metido a macho. Para isso, todo mundo já dava um desconto e era página virada. Ele me lembrava muito um personagem do livro de John Steinbeck, o Nobel da obra rural norte-americana. *Ratos e Homens*. Ele, desde cedo, para mim já seria um dos ratos. Nesse livro, Steinbeck constrói um capataz irascível, violento com os outros funcionários na colheita do algodão, e adorava infernizar a vida dos quietos, especialmente dos limitados intelectualmente, como foi o caso do personagem grandalhão Lennie Small. Com deficiência mental, o homem dependia de George para sobreviver, um amigo que era como um pai. George falava por Lennie, que era uma criança indefesa. Numa visão metafórica, nos remete à Casa Pêndulo (Capítulo deste livro), em que existem o gigante cego e o vidente paralítico. A dupla tinha esse desenho de comportamento, e a vida no campo, no início do século 20, nos Estados Unidos, também era muito difícil para os braçais.

Em três ou quatro anos de convivência, a coisa não estava declarada, mas estava difícil. Ele já havia sido banido do convívio com os outros empregados, e Mário tentava fazer um meio de campo para amenizar os ânimos. Nesses anos, ele conquistara certo grau de estabilidade e de conforto, para ele e para a família dele. Um carrinho bom, casa boa, escola para o filho e alguma participação nos lucros na produção de grãos, criação própria de animais. Em condições normais, uma família havia se ajeitado, estabilizado na vida. Tudo nas aparências caminhava sob controle, até que Mário começava a perder a liderança e a confiança por conta da demasiada paciência que empregava naquele sujeito. Os demais convivas iniciaram uma pressão para tirá-lo de lá, sem volta. "Ou ele ou nós?" Providências teriam de ser tomadas. Se fosse num barco de pirata, ele seria jogado aos tubarões imediatamente. Não havia outra saída a não ser desligá-lo do serviço. E é o que foi feito em novembro de 1980, se não me engano. Para manejar melhor a situação e não botar o cara do olho da rua, Mário disse a ele que poderia ficar morando ali, sem pressa, até quando arrumasse outro lugar para viver. Exatamente neste ato, por conta desta decisão conciliadora e natural, surge a moral da história, o ensinamento supremo: se o leão morde o tratador, que um deles se vá embora. Se a cobra não é de confiança, despache-a imediatamente. Nos 45 dias seguintes, até chegar o dia fatídico, Antônio deambulava sem objetivo, sem serenidade, macaqueando com os outros trabalhadores, zombando, sorrindo sozinho, estranho como cachorro mordido por gambá.

Natal de 1980, Mário e sua noiva Teodora aguardavam a chegada de meus pais para as festas de final de ano. O casal se casaria em fevereiro ou março de 1981. Os convites já haviam sido distribuídos aos convidados. Teo e Mário conheceram-se na adolescência, antes da faculdade. Namoraram, separaram-se por uns anos e, depois, reencontraram-se para viverem juntos. Ele 25, ela 24 anos de idade. O dia de Natal chegou, a ceia era bem mineira e deliciosa. Rústica e saborosa como o casarão, tutu, couve da horta, frango, feijão novo e arroz velho colhidos ali – feijão novo, recém-colhido e arroz do ano anterior, este é o truque para um maravilhoso arroz e feijão. Bebidas, doces, presentes. Eu e meu outro irmão não estávamos com eles neste fim de ano. Cada um passou em separado com suas namoradas e amigos. Eis que no dia 28 bem cedinho, Mário foi ao curral supervisionar a ordenha da manhã. Chegando lá, avisaram-no que uma vaca de leite tinha ficado para trás das outras, não havia chegado ao curral, como a maioria fazia diariamente por livre e espontânea vontade. Bovinos leiteiros não são como os cães e gatos, mas falta pouco para isso. Com bons tratos, com carinho e comida, elas são carinhosas e calmas e fazem dos seus movimentos uma rotina – exceto o gado pantaneiro, os nelores e zebuínos apurados, do pantanal e do sertão profundo. Com estes não há negociação fácil, a coisa é bruta.

Mário arreou um cavalo e foi resgatar a vaca solitária no pasto próximo. Seu bezerro já mugia pedindo a chegada da mãe porque os mais novos dormem durante a noite protegidos no curral. Ao chegar ao local da cena, apeou para abrir a porteira, resgatá-la no pasto e trazê-la para junto do rebanho. Foram seus últimos segundos de vida, suponho eu, ao enfrentar de frente seu assassino. Ninguém nunca soube se houve alguma discussão, algum requinte de crueldade, ou se simplesmente ele atirou assim que viu a oportunidade. Também não tenho ideia do porquê as cosias deram certo daquela forma para o assassino. Uma tocaia pressupõe a passagem da vítima pelo local escolhido, e isso, ao que parece, ao que a história conta, a causa de Mário sair ao encalço da vaca era verdadeira. Hoje, sou levado a crer na seguinte sequência. Antônio estava à espreita há dias. Naquela manhã, pôde acompanhar os fatos à média distância. Testemunhou a saída da vítima a cavalo, sozinho, era a hora do bote. Correu na mesma direção sem que ninguém o visse. A essa hora, Mário já havia passado a porteira do pasto e penetrado capim adentro para encontrar a vaca. Na volta, já com ela, apeou para fazer a passagem na porteira e lá se deparou com a tocaia.

Depois do disparo mortal, Antônio desceu na direção do curral feito louco, descarregando a arma no vento ou em quem estivesse na frente. Recarregou-a e foi ter com os tiradores de leite. Estes, provavelmente, já estavam à espera dele, pois o sinal de perigo já começara com seus estampidos campo acima. Alguns correram e outros ficaram para o enfrentamento, um deles deduzira que Mário havia sido atingido. Apeou noutro animal e subiu em sua direção. Antônio acabou por ferir o mais velho deles, o próprio João Canoa, aquele com quem atravessei o rio a cavalo na noite literária. A bala varou seu antebraço, entre o rádio e a ulna. Não foi grave, porém teríamos pela frente meses de recuperação e de fisioterapia. Disseram que, depois disso, Antônio desceu para sua casa e tratou de ferir seu próprio rosto, para simular uma briga, um rastro de autodefesa. A essa altura, mesmo no fingimento, ele já tinha perdido o juízo. Sentou-se e esperou ali por horas, tranquilamente, friamente, absorto. Deu tempo à polícia da cidade de Patrocínio chegar e levá-lo preso no Fusca da delegacia.

Uma mãe adotiva tão mãe quanto a mãe biológica de Mário, que morrera em 1957. Myrtes tornara-se mãe adotiva de três crianças, casando-se com meu pai, um ano após a morte de Nadir, uma jovem mãe aos 28 anos de idade. Minha mãe? Myrtes, 21 anos de idade, entrou na história da família e seguiu como mãe dos três, e depois de mais dois naturais dela. Em 1961, nascemos gêmeos, meu irmão Antônio e eu. O mesmo nome do assassino. Meu parceiro gêmeo morreria do coração com apenas dois meses de vida. Myrtes e Mário ficariam o resto de suas vidas juntos. Nos 56 anos em família, ela foi a mãe leoa dos quatro que ficaram, até a morte. Nunca senti nem recebi afeto diferenciado por ser o único filho biológico. Nem cada um deles, meus três irmãos biológicos por parte de pai.

Foram esta mãe e este pai os socorristas do filho alvejado. É possível seguir na vida são e salvo depois de enfrentar a cena do crime contra um filho seu? De socorrê-lo quase sem vida, ensanguentado? Um garoto de 25 anos, sem o qual conseguiram viver por mais 33 anos de saudades e dor. Tiraram forças de todos os lugares para tentar salvar suas vidas depois disso. Depois de enfrentar a cena, partiram com ele imediatamente para a cidade o mais rápido possível, numa velha caminhonete, numa jornada de quase uma hora. Nosso Mário pai ao volante, Myrtes na caçamba, abraçada a Mário filho, que, em seus derradeiros sinais, apertava-lhe a mão, em reflexo neurológico, talvez com emoção consciente de despedida mesmo. Veio a falecer uma semana depois, naquela data, no dia em que ela completaria 46 anos de idade, em São Paulo, para onde ele fora transferido dias antes.

A partir desse início de 1981, nossas vidas foram impactadas e modificadas irremediavelmente. O que fazer? Desmontar tudo, amparar a noiva, amparar uns aos outros e sumir daquele lugar? Seria o mais coerente, o mais fácil naquele longo período de luto. Quatro anos de realizações e alegrias totalmente reduzidas a pó e a desespero. O ano de 1981 foi o ano que não aconteceu para o núcleo familiar. Projetos, viagens, confraternizações, comemorações, trabalhos, sonhos e expectativas, todos apagados por tempo indeterminado. A fazenda estava sem rumo, semiabandonada, sem os cuidados necessários. Empregados desolados, terra desolada. Algo teria de ser feito, inevitavelmente teríamos de voltar à fazenda para saldar os compromissos e encarar o inevitável, presenciar a situação novamente, lidar com os pertences de Mário. O sentido do nosso regresso era totalmente esperado. Quem? Quando? Só poderíamos dar continuidade às nossas vidas encarando as tarefas, sentindo na pele, voltando para lá. Terra, lavouras, gado, máquinas, casa, uma vida feita em quatro anos, e pelo menos cinco famílias de campesinos aguardando uma decisão de todos e para todos.

Uma tarefa para os dois irmãos, Carlos e eu. Partimos rumo a Araxá em um pouco mais de um mês depois da morte de Mário. Sabíamos que avante viria uma jornada bastante intensa, encarando o serviço bruto que mal conhecíamos. Teríamos serviços urgentes a fazer. Época das águas, fevereiro, época de colheitas do que havia sido plantado em média 90 dias antes. Mário nos entregara a responsabilidade de colher o milho, o arroz, o feijão, e preparar a colheita de café, sempre em maio e junho. Depois de um mês na lida com aquilo tudo, com o jeito de ser da terra, fizemos amigos, tivemos ajuda de muitos deles, e a maioria dos empregados foi mantida em atividade e acolhimento, especialmente aqueles queridos que haviam entrado para a família. Duas crianças daquela roça perderam seu padrinho Mário, meus pais também se tornaram padrinhos de outras delas. Aos poucos, no dia a dia, o trabalho e a vontade de viver tornaram a vida mais serena e mansa. Nem sempre mansa, porque nos vimos com as mãos em armas. Nosso pai e os vizinhos mais próximos nos recomendaram, um 38 para cada um. "Pratiquem o máximo que puderem, quem nunca atirou precisa de treino". Ao final de algumas tardes, escolhíamos um pau podre no mato e o usávamos como alvo. Dormíamos com as armas sempre por perto, tínhamos medo do que poderia vir adiante. O matador tinha irmãos, vai saber se débeis como ele. Nosso sono ia embora quando ouvíamos barulho no alpendre ou ruído de carros na estrada ao longe. Certa noite, tão certos de que estávamos sendo cercados por estranhos, abrimos as janelas e mandamos bala pra todo lado. O azedume da saliva, o sangue nos olhos, o arrepio na pele daqueles momentos fica para sempre no presente.

Fizemos de nossa ignorância uma chance de aprender muito, de acumular força e carinho pelo trabalho rural. Apesar das circunstâncias, foram dias de incrível fertilidade e beleza. Em poucos meses, fomos tomando formato na roupa, nos modos, no pensar e na lida com a natureza. Até algumas folgas, passeando na cidade, eram compensadoras. Para um braçal da roça, tomar uma cerveja na esquina da praça da cidade ou no bar do Benê eram regalias valiosas. Peão de roça mesmo só vai à cidade uma vez ao mês. Não dá conta da estreiteza da cidade. Fomos muito bem recebidos pelo povo de Araxá. Passamos a ser conhecidos como os "paulistas do assassinato", "os paulistas irmãos do Mário", "o Carlinhos mais o Lu". Mário Augusto era bom de amizades e de confiança em todas as esferas. Um homem de respeito, fez muitos amigos queridos naquelas bandas e nas outras. Vi fazendeiros idosos, daqueles experientes, sentirem falta dele. Mário sempre dispunha deles para tomar prosa e conselho sobre a lavoura e o animal. Naqueles dias sofridos, a natureza tratou de me confortar. Aprendi a amar o cerrado e a entender parte de seu encanto. Eu ainda, em parte, estou lá.

Tempo adiante, ainda novo, deveria eu voltar a São Paulo para prosseguir na minha formação. Já liquidado o ensino médio, pensava na profissão. Voltei à casa dos pais outro homem. Embora menino, com 19 anos, já tinha a intenção e a capacidade de confortar meus pais e minha irmã Silvia. Carlos resolveu ficar. Fotógrafo de profissão, dali em diante seu equipamento foi ganhando poeira e esquecimento. Essa nova vida acabou por se enraizar ali mesmo. Casou-se com Ana e lá criaram gosto por cavalos e pelo hipismo rural. Esse desfecho trouxe a resposta esperada por todos. Vamos vender ou resistir? Optamos por resistir, por nós mesmos e pelo legado de Mário. Os anos foram passando em direção aos anos 1990. Em tão pouco tempo, muitas histórias se passaram e foram ajeitando nossas vidas. Ingressei na faculdade de Cinema, fui viver um tempo em Londres e mochilar por um tempo na Europa. Misto de mendigo, *hippie*, estudante e louco, ali tive uma das melhores experiências de minha vida. E os primeiros sintomas reconhecíveis de minha doença. Sequelas de uma experiência de perda e de violência? Um elemento? Um disparo? Voltei com saudades de casa, dos grandes amigos (entre os quais os autointitulados *cafajets*), dos irmãos do cinema, encontrei a mulher de minha vida. A esta altura, a qualidade de vida da família foi retomando seu equilíbrio. Poder viver sem receio da alegria de viver, retomar a vontade e os prazeres sem culpa. As chagas em meus pais nunca se fecharam de vez. A fé, o trabalho e o amor as embalsamavam com coragem.

Terminei a faculdade de Comunicação Social, com especialização em Cinema, o início de uma formação acadêmica que seguiria mais adiante, ou para o resto da vida, como de fato aconteceu. O Cinema tornara-se uma paixão que nunca mais sairia da minha vida. Por mais de 30 anos, mergulhei em seus dispositivos. Sequestrou-me. O fato é que tive de voltar ao cerrado logo em seguida. O magnetismo apontava meu coração na direção de Minas para me juntar ao irmão Carlos novamente. Em 1986, Adela e eu nos casamos e fomos para o mato. Uma parceira paulistana rara para uma jornada como esta. Um intervalo para as artes? Um conchavo entre Apolo e Tupã? Um labirinto criado por Gaia e Artêmis? O Espírito do Trovão dando-me uma missão de regresso? Naquele cerrado rupestre, seria mais provável aparecerem Tupã, Jaci e Guaraci, deidades brasileiras, sob a grande sombra do Pau D'Óleo, ou Árvore do Óleo, um lugar sagrado meu.

Figura 1.2 – Árvore do Óleo, Fazenda San Jerônimo, 1988. Fonte: Foto de Luiz Otavio de Santi.

Em tudo há uma sequência narrativa a ser encontrada, inventada, descoberta, e ela será escolhida para criar um texto apropriado para a vida, assim como para o texto escrito. O que vem antes e que vai depois? Qual a lógica do pensamento, qual a ordem das coisas? Sempre há um texto não necessariamente lógico, mas intuitivo, emotivo, para a assunção da jornada. Nesta situação, o Espírito do Trovão fez vibrar as minhas dimensões. Foram quatro anos valendo por 10. De 1986 a 1990, muitas águas passaram por debaixo de nossos pés, uma enxurrada de conquistas e de decisões das mais importantes. Nesses quatro anos, convergiram várias formas de viver e de morrer. Houve luto, houve sofrimentos, recordações, muito trabalho e dedicação, especialmente na convivência com gente das mais puras naturezas e índoles. Pessoas daquele cerrado rupestre tinham seus corpos morenos, suas feições indígenas, mestiçagens de vários matizes. Corpos habituados na resistência muscular, no faro aguçado, na visão acurada, na prosa lenta. O mundo já é pronto para a maioria deles. O sistema de produção agrícola que implantávamos era além da conta, *como dizia o outro*, frase bem mineira. Para o povo do cerrado, nativo e criado, enrugado e liso, matuto caloso, na vida se produz somente o que é necessário. E o trabalho começa e termina quando o sustento já foi garantido. Produção é um nome de metrópole, é um feitiço de mercado maior do que a natureza. O povo entende, mas não crê. A junção das duas culturas foi um entrosamento lento e desejado. Um pouco de ciência com um tanto de conhecimento empírico, mais um tanto de métrica e lógica com um pouco mais de observação dos sentidos e da memória.

O diálogo foi se ajeitando, no final aprendi mais do que ensinei. Carlos e eu, Ana e Adela, passamos a maior parte destes quatro anos juntos, tanto na divisão do trabalho como no lazer sempre ligado à natureza. Natureza rupestre tão dominante, imensa, aquela que vai dos ovos fartos chocados no vão entre as constelações e o calor do terreiro de pó batido. Carlos e Ana já haviam produzido seus dois filhos, Luiz Fernando e Pedro. Na nossa vez, foi a vez da natureza pedir e intimar. Produzimos neste período uma filha e um filho, Luísa e Leonardo, ela em 1988, ele, 1990. Fazer filho não é nada difícil. Sei que os nossos vieram no cio daquela terra. Talvez este um dos chamados de Gaia e Tupã. Adela e eu incorporamos a força do ciclo circadiano de todos os seres vivos e daquele lugar, com a vontade de germinar sob o ritmo das lavouras e da força lasciva dos animais. Éramos jovens e nada era preciso ser dito.

Depois de oito anos da morte de Mário, inicia-se outra fase. Para nós e para um ciclo que parecia terminar. Ficamos nós, eles se foram. Nos últimos dois anos Carlos e Ana foram construir seu próprio negócio. Leite e cavalos na cidade de Franca, não muito longe dali. Animaram-se com a lida dos animais e uma cidade com maior oferta de escolas para os filhos. Nestes dois anos finais, Adela e eu trabalhamos muito, dedicação total ao projeto iniciado por Mário, e que agora eu vestia uma camisa sua. Seguimos no serviço leiteiro e nas lavouras. O mais custoso deles, como diz o mineiro – custoso de difícil – era a cafeicultura. Mexer com aquele trem não é para qualquer um, muito menos com as intempéries, a mão de obra e o mercado dominado por oligopólios. Resolvi desenraizar, liquidar os 200 mil pés de café e ficar nas lavouras brancas e com o gado. Readaptamo-nos ao velho jeito caboclo de fazendar. Isso significava imitar os vizinhos que ali nasceram e que fazem um bom arroz com feijão sem grandes aventuras. A coisa é simples, não inventa muito. Voa com o pardal, não sonha com a andorinha. Foi o que aprendi e tratei de implantar o jeito do cerrado, esse seria o caminho mais conservador. Talvez, se vivo, Mário teria arriscado mais, produzido mais com certeza, variegado com as vocações daquela terra, vocações que eu não saberia ou não poderia ouvir à época. Meu sistema parte do espírito do simples e objetivo, menos é mais. Perdendo menos já é um ganho. Vida barata de quem guarda tem. Não deu errado nem deu muito certo. A fazenda ia se sustentando na medida em que não dávamos grandes voos e, por isso mesmo, sem arriscar, a vida ficou limitada e simples demais.

Passamos a sentir, Adela e eu, o tempo na pressa dele e a gente formando calos nas mãos. Era isso que realmente queríamos? Do sentido chamado de início, já havíamos cumprido nossa missão? Filhos, vida difícil do campo, intermináveis crises políticas e econômicas. O fatídico e destrambelhado Plano Collor, em 1990. Inflação a 2000% ao ano, o dinheiro sumiu de nossas mãos. Quando digo dinheiro não é um lastro vivo guardado no banco. Falo de dinheiro para comer, comprar gasolina, medicamentos. Um desastre. No fim, sentíamo-nos sós, felizes, mas sós. Percebemos que estávamos longe das pessoas queridas, da nossa cultura de origem. A nossa participação no ciclo Mário Augusto havia completado 10 anos e era chegada a hora de tomar uma decisão. Queríamos terminar a vida ali? Cumprimos a jornada começada por Mário e meu pai, e agora seria a hora de fechar o buraco daquela bala? Prevaleceu a ideia de partir. O chamado apontava para o centro de origem agora. O Espírito do Trovão nos devolveu à Palas Athena e às origens. Adela queria criar filhos em São Paulo e, como psicóloga, queria voltar a atender seus pacientes, recomeçar a carreira.

Em meados de 1990, vendemos a fazenda a dois empresários sócios de São Paulo, com quem criamos afeto e amizade. Eles queriam algo mais próximo para investir na pecuária, atividade que já faziam em Mato Grosso, bem mais longe. Encantaram-se com o lugar e para eles entregamos o legado. Meu pai e minha mãe, no fim, viram nesta decisão uma forma de se despedir pela última vez do cerrado e do buraco daquela bala. O projeto deles havia terminado nas minhas mãos e no coração de todos. A história durou 14 anos, 10 deles sem o protagonista. E assim, foram-se a San Jerônimo e o rio Quebra-Anzol. Soubemos depois da construção de uma barragem rio abaixo, distante. Como consequência disso, nosso Quebra-Anzol encheria pelas bordas, tornando-se um rio mais lento e manso. Prevaleceu a hidroelétrica sobre o meu rio literário. Um ano e meio depois voltamos a passeio. Quisemos passar por ali sem encontrar ninguém, sem pedir licença nem nada. Alguns minutos e nada mais, além de entrar por debaixo da sombra frondosa da Árvore de Óleo, o Pau D'Óleo e ficar um pouco com ela.

Pau seco, galhos secos, árvore morta. Fóssil, cadáver óleo de baleia. Nossa árvore partiu conosco. Nosso ciclo encerrara-se ao mesmo tempo. No lugar, um pasto liso com a ausência da majestosa árvore. Choramos? Claro que sim. Despedimo-nos e seguimos viagem poeirenta afora. Antônio morreu na cadeia depois de sete anos em detenção, e não foi de doença, foi de morte matada em desavenças com outros. Visitei-o na prisão, entrei no cárcere, parei diante da porta de sua cela. Ele me viu e ficou imóvel, olhando o vazio à sua frente. Mudo, débil. O carcereiro me puxou pelo braço e por bem me retirou de lá.

Quase todos já morreram. Myrtes e Mário se foram no mesmo ano, em 2013, parecendo combinar a ida para do lado de lá para encontrarem alguém. Sílvia, nossa irmã, morreu do coração em 2019, fumante inveterada. Os empregados, os queridos caboclos literários da minha vida, estes quase todos, se não todos, já estão mortos também. Os animais todos já se foram. Se perguntarem em Araxá quem foram os paulistas irmãos do Mário, ou quem foi Mário Augusto, ainda deve haver alguém vibrando na mesma frequência que a nossa. Com certeza, ainda há. A história toda está escrita indelevelmente naquele céu imenso. Se me perguntassem o que é a vida, eu, no chiste, faria dela, entre outras, uma metáfora com um filme de faroeste, de bangue-bangue. Recorda-se deles? O tempo deles já passou. Você os conhece? Quando assistimos a um filme com cavalos e *cowboys*, provavelmente os cavalos e os atores já se foram, mas o filme ficou com alguém. A vida é assim, passa rápido, os cavalos correm de um lado para outro. Deixam aos seus descendentes suas imagens na paisagem e na poeira.

A vida tem sentido, tenho total convicção. Quando não faz sentido, é porque o texto não proseia, está dissonante, no desafino. A criação e a afinação são a mãe e o pai do sentido. Criar, produzir, faz todo o sentido de estarmos aqui. E, neste movimento, há de se ter coragem e aceitar as quedas e as perdas. Eis o sentido da vida para mim. Ter consciência de que somos narrativas, um texto de passagem que vai sendo lido enquanto escrito ao mesmo tempo. Você e eu damos sentido a ela.

Esta narrativa da casa de fogo esteve, está em meus espaços da memória desde 1990. Nunca havia registrado nada a respeito dela, com exceção de um único poema dedicado às pessoas daquele tempo. Sabia que em algum momento, esta história encontraria seu espaço coletivo por meio de alguma linguagem. Filme, livro, peça, música. Este momento acontece agora, da minha casa para as nossas casas. A força maior de um texto não ficcional, pessoal, histórico, sobressaiu às demais possibilidades estilísticas e estéticas. Esta é a realidade dos fatos tão poderosa em nossas vidas. A história de uma obra pode esperar o seu tempo. Parte significativa do que vou contar e pensar a seguir certamente nasceu de vivê-la num cerrado de fogo.

Casa pandêmica

Daqui para dentro, boa parte de todo o nosso encontro foi feito em isolamento social. O mundo todo, ou quase, com ruas vazias, equilibrando um inédito distanciamento social, com ou sem o uso de máscaras no rosto. Em ondas de fecha e abre, com mais ou menos restrições sociais. Você viveu isto também, provavelmente. Mais solto ou mais preso, mais medrosa ou menos assustada, alheio ou atento, de alguma forma este fato esteve presente – e está presente – na vida de pelo menos três gerações de pessoas ao mesmo tempo e terá durado por um bom tempo. Se você não sabe de nada do que estou falando, é porque este texto está sendo lido num futuro longínquo. Um fato histórico só não tão marcante quanto a possibilidade de uma terceira guerra mundial, agora atômica, quanto à queda de um meteoro gigante vindo do espaço ameaçando a vida na Terra. Ou um tenebroso ato terrorista afetando em cadeia a vida de uma forma trágica e duradoura, bem pior que o famoso 11 de setembro de 2001. Torres Gêmeas em Nova York, um terrível ensaio local se comparado a esta angústia global do ano de 2020 para frente. O próximo ou próximos atos de fanáticos poderão vir em forma de vírus também? De ataques por *hackers* na internet apagando as luzes do mundo? Quebrando as bolsas de valores pelo mundo? Causando sede e fome para bilhões de pessoas?

Estivemos sob a influência da maior pandemia do século 21, talvez a maior pandemia da história da humanidade até o momento, causada pelo novo coronavírus. Novo, porque já havia outras cepas de corona conhecidas, infectando humanos num passado recente e ainda circulantes pelo mundo. Ele entrou nesta família por ter características semelhantes aos primos, pelo aspecto de pequenas coroas em seu corpo. Portanto, num lapso incoerente de tempo literário, estou falando com você quando estava em pleno isolamento social, em distanciamento social. Ou estamos todos livres agora e o isolamento pandêmico já passou e eu lhe digo que escrevi isto quando fechado em casa. A ordem foi ficar em casa por tempo indeterminado e evitar contatos uns com os outros. Isolamento domiciliar. Os mais sensíveis como eu pudemos sentir na pele o que é ser um elefante num zoológico, ou todos os bichos presos num zoológico. Você já sabe disso? Você ficou também? Sentiu na pele? Você tem ciência sobre tudo o que aconteceu, acredito que sim, em boa parte desta história.

Demorei a iniciar este texto, este memorial de futuro, num retiro granjeiro, de pandemia poética, de prosa confinada, ou, enfim, de memórias em um exílio privado. Chamemos como for, como cada um inventar. A demora se deveu essencialmente ao medo, ao incerto, ao meu abalo diante do fato historicamente inusitado para todos os seres deste mundo. O que fazer? Que rotina terei, tive? Minha casa meu castelo? Meu hospício? E meus medicamentos? Os terei? Chamo meus amigos vizinhos e médicos e seguro-me neles: você está aí? Estamos bem? Vamos tomar um porre? Você me ajuda na receita médica? Temos ópio, vinhos, calmantes, álcool? Nem sei se preciso deles, mas temos? Vamos ter insônia? O que você sabe desse troço? Vamos caminhar juntos na rua? Vamos nos ver de perto em breve? Não? As dores no corpo apareceram. Coluna, pescoço, tensão. Musculatura num tônus de guerra. Percebi que todos os amigos e familiares também estavam atônitos e prevenindo-se do que viria e tomando o máximo de informações. As redes sociais inundadas com mensagens de todos os tipos. Trágicas e cômicas, de tudo.

O governo brasileiro esboçando os primeiros passos de discórdias e do calor das vaidades, emolduradas pela frieza e pela idiotia dos seres políticos de plantão. É normal e saudável haver divergências de opiniões sobre como combater uma pandemia no meio científico e político, mas jamais agredir o bom senso com atitudes que promovam uma divisão insana e irascível junto à população que sofre. Essa foi a atitude do presidente brasileiro atravessando toda a parte crítica da crise, em minha opinião. Livros e estudos sobre este assunto, a política e as ações do Sr. Presidente frente à Nação durante a pandemia, certamente, viverão para o futuro analisar melhor este teatro infeliz da mentira e de violência. Enquanto o número de mortos aumentava, enquanto muitos profissionais da saúde davam suas vidas para a causa, o gabinete presidencial se mostrava em outro mundo, envolvido em politicalhas fascistoides, com extremo despreparo e ignorância, voltadas ao recrudescimento do poder com a mais anacrônica polarização ideológica. Desta forma, sigo na minha trilha.

Meus filhos? Amigos? Como estarão? Ah, tecnologia, a grande tecnologia nos aproxima ao menos. É rotina diária saber e ter os mais próximos nas telinhas, na voz, na imagem, no texto. Abraço. Abraço. Ninguém se encosta. Não pode. Não se deve. Tocar, que falta faz tocar. Não tocar é mortal. A pele sente, o cérebro entende e desentende-se. Para ele, é precioso o tocar. Eu sei. Eu sinto. Por isso demorei a iniciar este livro. Um mês desde o primeiro isolamento? Sim. Meu isolamento começou em 15 ou 19 de março, por estes dias, pois posso recordar que ainda atendi uma paciente no dia 18 de março com acupuntura. Ela sentia dores nos braços por conta de uma cervicalgia, e tentamos lidar com a distância reservada publicamente naqueles dias, que ainda eram menos restritivas do que as que vieram logo em seguida. Ficamos sem beijos e sem abraços naquele encontro (abraços viriam a ser dados somente em mensagens de texto). Ela se mostrou menos preocupada que eu, dizendo – "pra quê isso? Acho exagero..., fazer o quê?" Depois disso regressei à minha casa desde então. Casa que virou caverna, proteção cavernícula estilo homens das cavernas. O trabalho profissional cessou praticamente, com data de retorno completamente indefinida. A adaptação trouxe a mim os esperados sintomas de ansiedade, de medo, de leve insônia e especialmente um ressurgimento das flutuações do TOC – transtorno obsessivo compulsivo – que carrego comigo desde a adolescência – voltarei a esse assunto mais adiante, dada a sua importância para mim e para muita gente. Portanto, criar, decidir se sentar com determinação para escrever um livro num tempo como este não é uma tarefa tão confortável. Há muita energia envolvida, muita exposição, disciplina, saúde e especialmente vontade. Ser escritor é outra coisa, digo escritor de ficções, poesias, romances.

Isso é para mais outros poucos dotados de talento literário daqueles que, com pandemia ou sem ela, a vida deles é literatura pura, na veia. No meu caso, eu me comunico. E assim tentei digerir uma vontade de transformar parte do meu ócio em ofício, em letras, para me ajudar e, quem sabe, ajudar alguém. Por isso, de 18 de março a 5 de abril, mais ou menos, eu me transformei num lagarto amedrontado sob o sol ou sob um buraco na terra. Digestão, providências pendentes, sair ou não sair, eis a questão. Sou de risco? Nem tanto. Mas e a renda mensal? O que fazer? Até a Terra parar de mexer, foram dias de acomodação. Dormia em quartos diferentes a cada noite na casa, revezava os banheiros diferentes da casa para tomar banho. A casa e o quintal se transformaram num cadeião privado. Angústia num dia, sensação de conforto em outros, aceitação em uns, transtorno de ansiedade em outros.

Assim, que livro, que produção resiste a isso? Recordei-me do Holocausto. Das guerras e dos êxodos e diásporas planetárias em nossa história, que, aliás, é permeada por essas tragédias. Nesses dias, nem sonhava em produzir algo, como alguns seres iluminados conseguem, mesmo sob tensão extrema. Alguns judeus compositores conseguiram deixar suas partituras escritas em campos de concentração. Elas estão entre nós até hoje. A música deles sobreviveu. O nazismo não. O maestro italiano Francesco Lottoro passou boa parte da vida recuperando partituras compostas em campos de concentração nazistas da II Guerra Mundial. O Brasil o recebeu no final de 2019, regendo a Jazz Sinfônica Brasil com uma seleção daquelas obras.

Dia 1 de abril de 2020, segui me adaptando a uma rotina inédita na minha vida, no meio da guerra contra o vírus, isolado, sabendo de quase nada sobre o assunto. Aliás, na verdade, ninguém na face da Terra tinha (tem?) uma noção consistente, nenhuma certeza do que estava acontecendo, sobretudo sobre a natureza da doença causada por ele, os dados clínicos, as experiências clínicas e os tipos possíveis de tratamento. Nem o mais experiente cientista e sua equipe de pesquisa tinham alguma condição de dizer: o caminho é este, vai acontecer isto! Conhecemos esse vírus e será assim! É assim que começa nossa história aqui. Talvez até hoje, lendo-se este livro, não se saiba muita coisa sobre esse minúsculo intruso e como surgiram as primeiras infecções e, até mesmo, sua real origem. Laboratório? Natureza? Cruzamento sociocultural entre humanos e animais? Começou na China? Quero crer que a transmissão "zero" ocorrera em meio à cultura alimentar humana que inclui animais silvestres.

Para saber sobre o assunto da tão falada pandemia, não é nada difícil para ninguém. Os dados estão à mão, a qualquer momento disponíveis na internet, é só clicar e buscar, e lá estão. Milhões de páginas para quem quiser. De forma que me dispenso de apresentações detalhadas. Com certeza, um fato, de enorme importância e magnitude, ocorrido na história recente do Planeta. Penso eu que nunca se falou tanto de um tema só por tanto tempo nas mídias. Meses na mesma tecla, 24 horas por dia, 7 dias por semana. Um oceano de matérias para a imprensa criar e documentar à vontade em várias plataformas simultaneamente. Bilhões de pessoas em casa, espectadoras, ouvintes, testemunhas, ligadas no assunto e também produzindo, criando um número incontável de informações audiovisuais e textuais. Muitas delas, mas muitas mesmo, adoecendo por conta da situação, piorando seu estado de saúde, apavorando-se com a necessidade do isolamento social, abatendo-se física e emocionalmente – as duas coisas juntas – por conta da inédita situação viralizante.

Uma guerra mata muito mais gente, comparando com este momento. Não sei o que virá adiante. As guerras, como fruto da pior faceta humana, sempre é e será o fato mais horroroso de nossas histórias e ela nos acompanha desde os primeiros momentos das civilizações. Mas um vírus? Uma pandemia? É algo invisível e nem se sabe, como dizem, se é um ser vivo ou não. É uma coisa minúscula que invade nossas células, multiplica-se dentro delas e espalha-se como poeira no ar. Um "antronauta"[1] que explora nossos organismos e dissemina-se com muita eficiência pelo mundo afora por intermédio dos organismos humanos. Somos suas naves, somos seus planetas, seus veículos. Será que há alguma consciência nesses seres minúsculos? Será que há algum propósito consciente – aliás, todo propósito deve ser consciente – nesta criatura replicante, nestes incontáveis clones covídicos? Parece-me uma brincadeira cogitar uma coisa dessas, mas a Natureza é tão surpreendente e desconhecida ainda por nós, que eu sinceramente não duvidaria. Um vegetal pode ter algum tipo de consciência, por que não um vírus? Talvez, pensemos juntos e viajando, até nós poderíamos ser um vírus ou uma bactéria vagando, habitando este planeta ou além dele, não? Que referência temos para não divagar?

Será que algum ser humano ficou de fora deste acontecimento? Será que alguém passou este período sem saber o que acontecia? Talvez sim, algumas comunidades (indígenas, esquimós, nômades?) isoladas do chamado mundo globalizado tenham sido algumas centenas, alguns poucos milhares de pessoas alheias aos fatos pandêmicos. É provável, ao menos durante o período crítico das infecções. O que não é nada perto dos outros oito bilhões de seres antenados, interligados pelo evento planetário, dos grandes centros aos mais remotos recantos do mundo. Portanto, quase todos nós, humanos, tivemos pela primeira vez na nossa história uma experiência pandêmica tão ampla, simultânea e veloz como esta. Em tamanho e proporções descomunais até aquele momento, início de 2020, a civilização global

1 Trocadilho com astronauta. Um antronauta viaja dentro do prefixo *antro*, do grego, um ser humano.

produziu estatísticas, gráficos, imagens, mapas, vídeos, praticamente em tempo real, uma massa de conteúdo sobre um assunto só: o novo coronavírus. E no caso, esta civilização global significa, em nossa era, um rio gigantesco formado ao mesmo tempo por um único indivíduo e um país inteiro, por exemplo, cujos processos de criação e de transmissões são formados por uma rede simultânea sem limites, ubíqua, quer dizer, sem lugar definido, ou em todos os lugares ao mesmo tempo. Uma trama imensurável de comunicação produzindo bilhões de páginas de informação por dia, talvez por hora. Bilhões delas, principalmente, de forma eletrônica, você sabe – afora os milhões de toneladas de papéis impressos em jornais, livros e outros suportes de comunicação. Por alto, neste período, o uso da internet cresceu mais de 50%, ou seja, outra metade de bilhões a mais de pessoas navegando 24 horas ao dia quando comparamos ao uso diário sem a pandemia.[2] São bilhões de usuários a mais por hora/dia e ou os mesmos usuários muitas horas a mais em suas rotinas.

Mas é inegável que as páginas/posts da hora são feitas de luz. Você é um criador delas. Digo mais, você está tão envolvido com o mundo digital que parte de você é digital também. Seu cérebro está ligado nisso, seu corpo, sua mente, seus pensamentos e sonhos. Somos feitos de linguagens e com elas nos manifestamos. E esta inteligência eletrônica, artificial, digital que circula pela internet já é parte de nós. Todos estamos ligados por essa energia de palavras, sons e imagens que fazem de nós, humanos, as criaturas dos símbolos, das ideias, dos e-mails, de tudo o que é codificado em linguagens. Este assunto, este universo maravilhoso das linguagens, talvez virá mais adiante.

Pelo que sei, os vírus são muito mais antigos do que a humanidade. Estão aí há milhões de anos, talvez bilhões. Muitos deles matam pessoas todos os dias. Mas a covid-19 se mostrou muito eficiente na capacidade de contaminação das pessoas sem ser muito letal. Não é

2 www.weforum.org/agenda/2020/03/will-coronavirus-break-the-/internet. Acessado em 23 de março de 2020.

mortal para a maioria das vítimas nas quais se aloja. A porcentagem de morte não é tão alta como a do Ebola, por exemplo. E por isso mesmo se espalha facilmente, porque a pessoa infectada, a maioria, vive normalmente e segue a vida como um agente "espalhador", um disseminador do coronado microscópico.

MINHAS ATIVIDADES QUARENTENÁRIAS 1

Leituras, meditação, todos os dias caminhada, filmes, manutenções da chácara, escrituras, estudos de acupuntura, vinho, cerveja, às vezes, muitas cervejas. Prazeres, sofrimentos mais ainda.

A meditação de que mais gosto é o *Vipassana*. Estilo de meditação ligado ao budismo *Theravada*, oriundo do Sudeste Asiático, Myanmar, Tailândia. De língua pali, de cultura mais simplificada e popular do que o sânscrito, essa meditação é muito simples, direta, mas não muito fácil de se incorporar à operação, de senti-la na verdade. Não há mantras, não há ensinamentos nem ritos para essa atividade. Vive-se nela corporalmente, a prática acontece de forma direta. Em suma, o meditador concentra-se nas sensações de seu próprio estado psicofísico, fazendo uma espécie de escaneamento em todo o contorno corporal, da cabeça aos pés e vice-versa. A ideia é não reagir às sensações ruins nem às boas. Somente observar com neutralidade a passagem e a impermanência delas. Como o próprio mestre Goenka fala, apenas devemos observar as aversões e os apegos que nos acometem continuamente. Conforme se caminha no treino, a duração pode chegar a uma hora por vez ou mais. Em retiro iniciático num Centro Vipassana, medita-se oito vezes ao dia, por 10 dias em completo silêncio individual e social nestes dias. Também o Anapana, a atitude de atenção plena à respiração, é muito exercitado. A ideia central do *Vipassana* é tentar, a longo prazo, eliminar condicionamentos mentais que podem dificultar o bem-estar, causadores de hábitos nocivos, sobretudo a busca obsessiva por felicidade como um dos hábitos mais nocivos que existem. Repare nisso. Vivemos intensamente a busca por fugir da dor e encontrar a felicidade perene. Existe isso? Voltarei a esse assunto mais adiante, em detalhes.[3]

No domingo, 19 de abril, mais um dado a registrar na história brasileira, especialmente neste momento de pesar e luta pelo qual passam a nação e os doentes: o Presidente da República saiu às ruas em carreata apoiando o fechamento do Congresso Nacional e a volta da ditadura militar. Um dos efeitos colaterais das desavenças com o Congresso e com Rodrigo Maia, Presidente da Câmara dos Deputados. Além desse tipo de movimento antidemocrático, na pauta dos insatisfeitos também havia a intenção de flexibilizar o isolamento social em função da retomada das atividades econômicas. O mundo inteiro escolheu e praticou algum tipo de bloqueio, o *lockdown*, ou o isolamento e o distanciamento social horizontal – *stay home* – com rigor e determinação, como forma mais eficaz e praticável para que o sistema de saúde e os profissionais da saúde pudessem suportar a demanda por socorro dos infectados e dos demais pacientes com outras doenças e urgências do dia a dia. No Brasil, alguns, inclusive o líder político do momento, preferiram fincar pé num embate irracional sem mostrar alternativas possíveis para o problema. Creio que naquelas manifestações isoladas e sem peso, havia, essencialmente, pessoas de classe média, média alta, muitos deles empresários protegidos em seus carros, irados em palavras de ordem bem específicas: "Operários, empregados, voltem ao trabalho!" E, assim, neste momento de sofrimento da população frente à pandemia e suas consequências na economia, mal posso acreditar na indiferença e da pusilanimidade do Presidente da República diante dos fatos. Mais ainda, o que testemunho são sua ausência e omissão diante do colapso do sistema de saúde público que se apresenta a cada dia. Seus interesses pessoais expressos e documentados pela imprensa nos mostram uma pessoa perturbada, violenta, antidemocrática, tratando a presença do vírus

3 Veja algumas informações sobre o *Vipassana* no *link* https://santi.dhamma.org/pt-br/#c60215.

em nossas vidas como uma fatalidade da natureza, indiferente aos desvalidos, a todos, e especialmente focado em dar energia e força para o crescimento de sua política fascista. Será uma atitude baseada em sua religião? Será que ele pensa como evangélico que é, que a covid-19 deve ser vista como doença comum e que o "carma" de cada um é responsável pelo próprio destino frente à pandemia? Parece-me que sim. Se não for uma resposta de cunho religioso, então, como ele mesmo aponta, a Economia é a rainha da vida e deve prevalecer sobre as vidas humanas? Portanto, se o sistema de saúde geral do Brasil não atender a todos a tempo, morrer em casa ou nas ruas será normal? Nesta data, já ouço que milhares, muitos milhares poderão padecer diante da falta de atendimento, de falta de leitos e falta de oxigênio. Hospitais de campanha foram montados pelo Brasil afora, mas será que daremos conta de, pelo menos, tentar salvar a vida ao máximo? Governos estaduais e municipais têm demonstrado autonomia nas ações preventivas e no atendimento, na contramão da vontade do líder federal. Também há no momento enorme preocupação com as comunidades carentes e ou faveladas das grandes cidades. Não posso imaginar o que acontecerá daqui para frente com elas sem alguma ação rigorosa de cuidados preventivos. E nossa população indígena? O vírus chegará nas inúmeras aldeias mais próximas da civilização? E sobre as tantas outras ainda isoladas dos "brancos", sem contato com outro ser humano diferente deles próprios? Isso parece coisa de filme, mas não é. Ainda existem várias, talvez muitas isoladas, creio eu. Que eu saiba, são seres muito suscetíveis, etnias muito frágeis para qualquer tipo de contágio com doenças exógenas, de fora, trazidas pela vida industrial e metropolitana. Não tenho ideia se nossa Funai, nas mãos desse novo governo, ou de nosso Estado mesmo, o chamado país Brasil, que chegou depois desses povos, está tomando providências para defendê-los de imediato de garimpeiros, madeireiros e posseiros. Eu, aqui no meu modesto gabinete, trocaria de imediato, deletaria, rasgaria tudo isso se fosse um pouco mais moço e a oportunidade surgisse. Permita-me trazer estas observações bastante sinceras, caso você não tenha a mesma opinião que a minha sobre este político e seus seguidores próximos, assim como sobre o estilo dele e suas atitudes patéticas. Isso fica por conta da minha preferência em colocar a vida acima de tudo, na contramão da indiferença em relação à morte e aos sofrimentos alheios. Assim foi a imagem que tirei dos fatos.

Confinamento 1

E eu aqui me esperando
Em casa, sem asa
Comida na mesa
Sem falta de nada
Preso no tutano do osso
Como se em minha casa
Eu estivesse no fosso
Tenho livros
Tenho músicas
Amigos e musas
Roupa de cama
Longe da lama
Quarentena de fama
Será que chupar cacto é bom?
É doce e salva imunidade
Pobre não parece humanidade
Existem sede e fome?
Sim, triste espinho infame
Que um vírus venha dar sabor
Nas entranhas do cacto um saber
Sentir como a boca suga sem nome
Que ali nem vírus deve entrar
Se entrar, deveria morrer de fome
Porque o nordestino não é fraco na vida

Mas aqui, o vírus é que é forte
Índios? Que suas coronas de penas lhes deem sorte.

Poema inspirado na foto de Sebastião Salgado, na qual dois adultos e três crianças e um cachorro estão em cena, cortando cactos na Caatinga para matar a sede. Foto bem conhecida. Uma cópia, na minha frente, emoldurada na parede do meu escritório.

Casa nossa: onde, que, como

Fique em casa, frase da história mundial do ano. Verbo ficar, página 1.336 do dicionário Houaiss, item número 9, predicativo, intransitivo: "Manter-se vivo, não se extinguir, subsistir, remanescer, restar".

Em muitas das línguas vivas de hoje, suponho eu, esta frase deve ter sido falada, lida e escrita num período concentrado de tempo. Uma senha mundial poliglótica. De tantas delas, milhares, talvez essa frase tenha alcançado algumas das línguas mortas, como o copta e o latim, tamanha a urgência. Fiquei na minha casa. Se eu pudesse, ouviria a sua história, saberia da sua casa, do seu tempo vivido em casa durante os dias duros do confinamento por conta da pandemia, do grande aprendizado que nos exigiu muita calma, paciência, resiliência e solidariedade. Quantas histórias! Quantas histórias vividas intensamente e com tantas maneiras diferentes e intensidades diversas, com tantos fatos e consequências que não dá nem para imaginar o tamanho deste universo. Em tão pouco espaço de tempo, de calendário, tantas situações, alegrias, especialmente sofrimentos, passagens, mortes pelo vírus, mortes naturais, acidentais. E nascimentos? Nesta hora, não ouço falar de nascimentos, de mães e pais curtindo as novas chegadas. Um extrato muito intenso de acontecimentos em torno do assunto central para a humanidade neste período.

Manter-se vivo depende de inúmeros fenômenos. Nada de novo, se um deles faltar, apenas um, não remanescemos, não vivemos. O ar, por exemplo, é o mais primordial deles. Somente um entre inúmeros elementos interdependentes. Entre outros, ter uma casa, estar numa casa, de preferência, é parte essencial da sobrevivência. Vive-se sem – que o digam os sem-teto –, mas casa é praticamente sinônimo de vida. E quantas casas! Falamos da casa de paredes e telhado? Sim, esta É a casa, este é um dos mais fáceis objetos e um dos primeiros a serem desenhados por uma criança, e passamos a vida toda cuidando das nossas. Sinônimo de lar, de acolhimento – *home*, casamento, união, encontro, vida, criação, procriação, herança, segurança.

Mas vivemos em mais de uma casa. São várias delas sem que notemos as maiores, as colossais, sem as quais não haveria casa nenhuma. O Universo é nossa casa? Ou nossa casa está nele? Resposta difícil. Se houver mais de um universo, como citam alguns teóricos, facilita a resposta. Se houver somente este, *quase infinito*, imensurável racionalmente e em expansão, fica mais fácil. Ele é a casa maior. Estamos neste. Em algum ponto inimaginável, mas cá estamos.

Nessa carona toda, nessa matéria escura e energia toda e sem fundo, nem alto nem baixo, nem norte nem sul, que expande 15 quilômetros a cada segundo, nossa galáxia toda, a Via Láctea, num conjunto só, viaja por este cosmos a 800 mil quilômetros por hora. Como dervixes, giramos entre o dia e a noite a 107 mil quilômetros por hora ao redor do Sol, centro de nosso sistema caseiro mais próximo, sob a eterna força da gravidade, como se grudados numa atiradeira buscando a testa de um Golias, girando no bojo de um bodoque centrífugo em aproximação com outra casa extremamente longínqua, mas a mais próxima de nós: a galáxia de Andrômeda, a 2,5 milhões de anos luz de nós.[1] Números incríveis? Demais. Para mim, uma das sensações racionais mais interessantes de todas. Saber, tentar sentir isso na pele e no sonho é uma das aventuras mais ampliadoras da mente e do corpo. Daquelas inúteis, como toda poesia, mas profundamente necessárias para programar o que faremos nessa vida e onde o faremos. Em casa? Na vida e na morte, fazemos esta meditação sensitiva de que nossas casas estão girando como átomos? Vibrando no espaço como

1 Se necessário, ajustem-me, astrônomos e amantes do espaço!

poeira na ventania? A sensação de estabilidade, de falta de movimento, de horizonte alinhado com o céu, de geocentrismo, de enraizamento definitivo, tudo isso entra em suspensão quando conhecemos a real dimensão das coisas e de nós mesmos. As quatro maiores forças da natureza que conhecemos – a gravidade (a mais reconhecível delas), a eletromagnética, as nucleares fraca e forte – regem nossas vidas. E com elas estamos aqui com a sensação de matéria densa e estável de nossos corpos, dos objetos e tudo que nos cerca. Sem a gravidade... não conseguiríamos nem sequer tomar um gole d'água!

Sem ela, não existiria luz, planeta, não ficaríamos em pé no chão e, mais do que tudo, nossos corpos se desmanchariam no ar como vapor! Não haveria coerência na manutenção da matéria como a conhecemos. Nosso sangue, músculos, células, tudo reunido pelo fenômeno da gravidade. Se somos feitos de átomos, quão bela obra, quão magnifica estrutura vivente é esta que nos faz humanos conscientes. Separados, átomos, células, carne, ossos, não viveriam por si, a não ser nesse conjunto de matéria reunida, engajada, consolidada pelas forças da mãe cidade universo, da mãe bairro galáxia, da mãe casa Sistema Solar, da mãe Terra nossa casa de chão, água, ar, metais e fogo. A unidade mais preciosa neste sistema? Nosso corpo. Uma casa viva caminhando pela Terra. Em homenagem a dois poetas e ao fato de poder caminhar e estar na Terra, fiz o seguinte poema:

De cabeça para baixo

O pernilongo voa sobre a pele
Sedento por sangue e descanso
A pele é sua Terra e mangue
O urubu voa olhando para baixo
De olho num cadáver mesmo sem sangue
Do alto, é sua Terra de descanso
O morcego dorme mergulhado no abraço
Olha a Terra como céu abaixo

A Terra é seu teto de néctar
Na noite festim, no dia balanço

"Até os urubus são belos
No largo círculo dos dias sossegados"
Um olhar de cima dos nefelibatas
Meireles com Drummond ainda por cima
Dois poetas de quem não me canso

De cabeça para baixo
De ponta cabeça, está a Terra da gente
Dos bípedes, somos criaturas belas e mundanas
Da cabeça, inteligência que mente
Donos do cosmos e do firmamento
O céu e a Terra, um falso horizonte
Para que os idiotas corram ao paraíso
Onde escondem seus tesouros atrás do monte

O boi e o cavalo beijam a terra
O cavalo puxa o pasto e relincha no tempo
A égua pare o potro na terra e o limpa por inteiro
Caga no próprio prato olhando para baixo
Cagando e andando para o chicote do tropeiro
Não puxam a descarga e não perdem a bossa
Fertilizando a terra e sua própria comida
O boi rumina o capim e descome o sobejo
A vaca coopera com a terra e tempera o campo
Caga no próprio prato olhando para baixo
Fertilizando a terra e sua própria comida
Puxando o relvado em cisalha o dia inteiro
Cagando e andando para as ideias do fazendeiro
Não puxa a descarga e nem pensa na fossa
Deus está nela e na Terra e com ninguém no meio

O Homem.
Para evitar a terra,
Calça nos pés sapatos,
Nos sapatos, tapetes,
E nos tapetes, soalhos.
Calça as ruas: e como
Não pode todo o mato,
Para andar nele estende
passadeiras de asfalto.

A Natureza.
Antes o voo da ave, que passa e não deixa rasto,
Que a passagem do animal, que fica lembrada no chão.
A ave passa e esquece, e assim deve ser.
O animal, onde já não está e por isso de nada serve,
Mostra que já esteve, o que não serve para nada.
A recordação é uma traição à Natureza,
Porque a Natureza de ontem não é Natureza.
O que foi não é nada, e lembrar é não ver.
Passa, ave, passa e ensina-me a passar!
Outro olhar nefelibata de cima
Cabral e Pessoa, dois poetas de quem não me canso

De cabeça para baixo ou de baixo para cima
De ponta cabeça está a casta da mente
Inteligentes, belos, frágeis e inumanos
Extinguem animais por conta de um patuá num pingente
Cagam e andam como se a bosta não viesse dos humanos
Matam-se uns aos outros por um deus diferente
A coruja observa do alto da árvore e diz:
É um caso de saúde cósmica
Para toda esta espécie excitada por dinheiro

Aguardemos com paciência e compaixão
Até que eles mesmos deixem a Terra para a gente.

Penso nas casas todas ao mesmo tempo. Sem uma, não há outra. Nossa consciência raramente nota a interdependência de todas elas juntas no simples ato de um suspiro, de um riso, de uma emoção. Tudo depende delas juntas inequivocamente. Para nascer e para morrer, até para nelas voltar como filho pródigo, que nelas tenta saber viver e reconhecê-las como mães e pais, como família, ou melhor, como parte de si e de tudo numa vida só. Dos outros e de si mesmo, inseparadamente, num único organismo e partes e relações.

Diria eu que a arquitetura é uma das belas-artes mal praticada no Brasil. Talvez até no mundo todo atualmente, com raras exceções, comparando com épocas áureas das grandes obras, como nos séculos 18 e 19, se pensarmos no que ela tem contribuído à vida e à felicidade das pessoas. Na minha rasteira percepção, os tempos áureos dela já se foram, infelizmente, em muitos lugares e culturas. Quando mais ativa pelos projetos de Estado, no crescimento das classes médias pelo mundo afora, os grandes projetos de engenharia e de arquitetura, em sinergia, criaram belas cidades, com lugares públicos importantes e moradias adequadas para um grande número de habitantes. Não só em países mais desenvolvidos como poderíamos pensar, mas também os em desenvolvimento, como aqui em nossa histórica América Latina em suas cidades grandes – que já foram grandes cidades. O que vemos na Europa de hoje, usufruindo como turistas em suas cidades centenárias e milenares, por exemplo, são os planejamentos urbanos desenhados para culturas que buscavam construir espaços para a circulação de uma sociedade mais igualitária. Ou que no tempo foi se adaptando a esta riqueza tão importante para as políticas de bom senso. Não raro, projetadas com espaços públicos socializantes e acessíveis para o povo, bairros populares com moradias dignas e com fachadas homogêneas entre si e equilibradas na paisagem. Nessas urbes, dificilmente saltam aos olhos diferenças sociais gritantes como as existentes no Brasil, marcadas pela arquitetura e urbanidade. Parece-me que, em países mais desenvolvidos, igualdade social e a arquitetura planejada e instituída no centro da cultura andam definitivamente juntas. Não há como separar uma coisa da outra.

Nesta perspectiva, o bem-estar social, também estimulado pelo valor estético da paisagem urbana, pode ser uma forma de concretizar literalmente os ideais de uma sociedade mais igualitária. Uma cidade limpa, prática, bonita e socializada é cenário essencial para o desenvolvimento de seus habitantes. Para mim, a linguagem neoliberal, que rege boa parte do Planeta hoje e que se enraizou muito pós-guerra fria, por volta de 1990, tem como referência básica a produção e os números econômicos. A Economia parece ter adquirido vida própria, com *status* de organismo independente da natureza, que, em si, tem vida própria e nos submete às suas leis e necessidades. Como se chuva fosse, reagimos às suas intempéries, aos seus raios e trovões. Em dias de sol, com sorte prosperamos, em dias de chuva, alguns ganham, outros se afogam. Ou seja, o capital livre e selvagem é uma religião universal, com raras exceções. Sua liturgia obteve tanto sucesso ao longo do tempo, que, hoje, não prestamos contas mais a uma paróquia ou a um padre, com nome próprio, com alguém que se possa ver e dialogar. Às vezes, nem patrão há que conheça seus funcionários. A grande missa é rezada por corporações, por instituições. O grande regente da vida de milhões de pessoas atende pelo nome de Sistema. As leis desta natureza economênica produzem referências que coordenam todas as outras atividades humanas e não humanas, como os PIB, o dólar, a bolsa de valores, os bancos, as ações, entre outras de que não me lembro ou que mal conheço. Os valores simbólicos como o dinheiro, o símbolo supremo de todos os tempos, em mãos erradas – que quase sempre o são – é a peça da jogatina generalizada, centralizada e acumulativa, concentradora de rendas e de riquezas. Ele, infelizmente, tem vida longa e é o signo mais valioso da face da Terra, a estrela-guia de todas as relações políticas e institucionais representadas em nossas culturas. Há quem diga que o mundo tem uns 10 donos. Não mais do que isso.

Não tenho nenhum problema em relação ao capitalismo nem ao dinheiro. A questão é o modo como o usamos e o distribuímos, como jogamos o jogo da liberdade econômica. É só verificarmos que em alguns países a democracia capitalista funciona, noutros não. O que muda? O uso, e só. Ou seja, a coerência, a correção, o comedimento, a honestidade, a distribuição. Numa imagem mais ilustre: o modo como se convive com o outro. O respeito ao outro. Assim é que funciona também a lógica da crítica ao casamento, à instituição "casamento". É ele que não dá certo? Ou são as pessoas que o experimentam? Então, nada em si é digno de avaliação e julgamentos sem uma relativização consciente.

Uns dizem que uma sociedade de sonho, dos meus sonhos, engaja-se essencialmente na distribuição mais equanimemente possível de suas rendas e de suas riquezas. Isso pode provocar outro efeito fundamental de distribuição, talvez a maior delas, a do conhecimento e da Educação. Isso, por sua vez, poderá girar o círculo virtuoso das oportunidades igualitárias para todos, aproveitando os fartos e inúmeros talentos inatos de qualquer ser humano em seu desenvolvimento, sem distinções. Por excelência, a cidade é uma das respostas concretas e simbólicas deste sonho, deste movimento de desenvolvimento social. É nela que vemos concretizadas as formas como queremos estar no mundo. Uma realização de mundo em boa convivência em espaços públicos e privados e especialmente em harmonia com a natureza. O contrário também pode ser verdadeiro, ou ao menos suspeitável. Cidades caóticas, mal organizadas, em processo de deterioração de espaços públicos e de moradias, tendem a demonstrar mais violência, menos igualdade entre classes e, especialmente, Estados e Governos incapazes de criar e ou gerenciar obras públicas de importância vital ao bem-estar de seus cidadãos. Arriscado e desnecessário determinar quem provoca o que, mas pode ser uma evidência de que o meio ambiente está diretamente ligado ao grau de desenvolvimento sensível de uma sociedade.

Provavelmente, as experiências estéticas na URBE, na ÁGORA pública que perduram no tempo, históricas, podem refletir esta virtude, com uma arquitetura engajada na criação de paisagens que promovam a integração – fisiológica até – do indivíduo com a dimensão social e suas riquezas naturais. Admiramos Roma e Atenas, por exemplo, assim como as urbes renascentistas, como o projeto da nova Paris encabeçado pelo arquiteto Georges-Eugène Haussmann em meados do século 19, entre outras cidades históricas do Oriente Médio, exatamente por terem alcançado algum patrimônio de valor humanitário fundamental para nossas vidas.

A importância da valorização do OYKOS ou do ECO – palavra grega que pode ter dado origem ao termo "ecologia", aparece em vários momentos da história humana, desde os princípios da urbanidade mundo afora. Momentos também sonhados pelos abomináveis nazistas nos anos 1930. Hitler queria realizar a representação do poder absoluto numa pólis planejada, ao modo da Roma Antiga. "Germânia" era o nome da cidade que queria construir para celebrar seu ideal de império. Ideia que nada tem a ver com a pólis grega e a moderna, muito menos com este *oykos*. O significado essencial para ele refere-se ao espaço íntimo, privado, a casa, o familiar, enquanto a pólis é o espaço público.

Hoje, termo trazido para uma ciência meio ambiental, o eco/*oykos* centra-se na harmonização entre a sociedade industrial e a natureza, muitas vezes observando o Planeta como um ser vivo. Uma causa indispensável que teremos de tratar entre nós mesmos incansavelmente, sob a condição de subsistirmos ou não em nossa própria casa num prazo não muito distante. Como uma espécie de renascimento para mim, além de pedir permissão ao Planeta em tê-lo como nossa casa, devemos ainda nos empenhar na construção de um *oykos* marcado pela integração entre a utilidade e a beleza, um espaço saudável a que todos temos o dever de preservar e o direito de merecer.

O estético, o ético e o lógico deveriam ser valores básicos para a criação de nossos ambientes privados e públicos, especialmente os públicos que de tão públicos passam a ter o pertencimento e o conforto do privado. Os espaços públicos, ao fim e ao cabo, têm de ser a projeção do próprio homem, a projeção da própria sociedade que nele vive e vice-versa. Uma organicidade vivida na beleza, na coerência e na praticidade como referências de ocupação e de criação de espaços de convivência, e que, no fim, são extensões de nossos próprios corpos, de nosso sistema nervoso, de nossos sonhos, de nossa saúde e bem viver relacionados em boa sintonia com o meio ambiente.

Exemplos não faltam. O que seria de Veneza, em seus 1.500 anos de vida, se não fosse uma integração entre a lagoa/mar e sua exuberante arquitetura? Uma solução grosseira no passar dos tempos – se fosse nos tempos atuais – seria aterrar tudo e resolver o problema das enchentes? Talvez sim. Natureza, afaste-se! Apesar da poluição sofrida nos últimos tempos e da força das águas, projetos se intensificam na cidade italiana para salvá-la, preservá-la a todo custo. Entendemos que esse patrimônio da humanidade deve ser preservado exatamente porque, durante um período, a cultura enfrentou suas adversidades ao mesmo tempo em que optava pelo mérito de uma arquitetura representativa de seus ideais culturais, artísticos, religiosos e naturais. Certas forças perseveram. Atribuo à força do *oykos* em nossas vidas, seja onde for, onde ele estiver, o fato de a capacidade de preservação perseverar sobre a destruição e a violência do não *oykos*.

Concerto 422 para a covid-19

Confinamento de 1 de maio de 2020

Imagine-se em Veneza
Sinta-se em Veneza, melhor
Luzes baixas, ecos, sombras
Numa sala, o altar da música subindo

No ar salobro de uma noite enevoada
Em pleno barroco sobreviver ali não era uma facilidade
As pestes e os bárbaros, a cólera, a pobreza e a riqueza
Assim como as invasões invisíveis estão em nossa história
Aliás, nunca foi fácil viver nem morrer
As belezas, muitas se perdem no anonimato
Mas muitas vão passando e resistem ao tempo
Elas são maiores que nossas próprias vidas
Não somos importantes, mas nossa inteligência sim
Porque a vida parece existir para construir a beleza
Não é à toa, o pássaro voa na flor
Um Antonio Vivaldi naquela cidade em 1670
Época incomparavelmente mais difícil que a minha
É por isso mesmo que ela assim é e assim tenta permanecer
Resiste às cicatrizes, às pestes, às invasões
Há de se imaginar o poder da chaga e do medo
São alguns dos espíritos que fenomenam os clássicos
Uma das formas físicas possíveis da imortalidade
Assim ouço o *Concerto para Cello RV 422* do padre Vivaldi,
um veneziano.

Casa desafinada

Você com a sua música esqueceu o principal
Que no peito dos desafinados
No fundo do peito bate calado
Que no peito dos desafinados
Também bate um coração

João Gilberto

Espaço sonoro,
paisagem visual,
arquitetura musical,
a casa com sentido sinestésico.

Outras inúmeras cidades se desenvolveram nas margens de rios e lagos, tornando o diálogo entre desenvolvimento e natureza um hábito e até um instinto inabaláveis. Muitas outras cidades, como as europeias, optaram por edifícios pequenos, com moradias e prédios de no máximo três ou cinco andares, prevalecendo a vista, o arejamento, o equilíbrio de massas verticais no ar com as linhas horizontais nas ruas sobre a verticalidade. Efeito especialmente desejado para equilibrar a dimensão humana com a arquitetura, observando a estatura média de uma pessoa, ao se movimentar pela cidade, sem o peso opressor dos arranha-céus sobre ela. Você me entende? Mais ainda, as melhores delas, a meu ver, não cederam lugar aos automóveis. Como diz uma máxima arquitetônica, o carro é e foi um destruidor de cidades.

Difícil não concordar. Porque além das enormes e desproporcionais construções, a despeito de muitas delas serem belas também, aos carros trazem junto os viadutos, as avenidas, as pontes e túneis que destroem os chamados "lugares". Sai uma praça, um parque, entra um viaduto, um "não lugar". No lugar, ruído e concreto. Isolamento social, distâncias maiores, poluição. Passagens.

Visões conservadora e apocalíptica minhas? Sou um antiquado? Revolto-me com o mundo industrial e as metrópoles? Nada radical, nada absoluto. Traço uma análise direta do que fizemos com a maioria de nossas cidades nos últimos 60 anos e continuamos fazendo. A arquitetura da destruição continua. No sentido figurado, a arquitetura da destruição não vem dela própria, mas da ausência dela e dos interesses corporativos poderosos. Temos alguma estima pelas nossas cidades até. Nascemos nelas, estimamos o berço, seja qual for. Acostumamo-nos a esses cenários de mobilidade, de caos e de improvisação criadora que as indústrias e as necessidades vêm nos oferecendo. No caos de muitas delas, existem atrações constantes para os nossos sentidos, isso pode ser um fato. E o senso de solidão pode ser abafado por várias distrações de consumo e de sonho que advêm desse movimento. Uns mais, outros menos. Se você tem renda para flanar, divertir-se nelas, a vida passa. Se você está nas enormes zonas de exclusão existentes nas metrópoles, já não sei mais em que cidade você está. Muito provável sua vida é gasta em trânsito, trabalho e muito sacrifício.

Mas não há como negar que, neste crescimento desordenado de uma antiarquiterura desumanizada prevalecente nas pólis, das grandes ou das pequenas – afinal, até mesmo as pequenas estão se tornando cópias das grandes –, são revelados mais problemas do que soluções para seus habitantes. Problemas estes que são gigantescos e cujas soluções estão muito fora do alcance orçamentário de várias delas. Há muito mais destas em países pobres do que em países ricos. Portanto, algumas soluções como despoluição dos recursos hídricos, revitalização de bairros e parques, criação de moradias populares de qualidade são prerrogativas de poucos países ricos, não são modelos factíveis para países com dificuldades e que cresceram de modo desordenado e, muito provavelmente, dificultam muito as reformas necessárias de suas cidades. E as zonas rurais, não falamos delas? Bem, elas estão mais envolvidas com o campo do que com a pólis, o *oykos* de que falamos. E a população mundial vivendo em cidades chegará em breve a 70% das pessoas. No Brasil, conhecemos isso bem de perto. Por que chego aqui? Porque ele é uma de nossas casas, um dos reflexos de nós mesmos, nossa manifestação cultural coletiva simbólica maior tentando aperfeiçoar-se como uma nação.

Paisagem Brasil. Quantas edições e possibilidades! Quantos vencidos e vendedores. Quantas culturas interessantes num só lugar. Talvez uma das mais complexas e dinâmicas do mundo. Mas é uma? Ou muitas? Há uma identidade única? Tomara que não. Aí surge um Brasil dos sonhos. Um organismo multiplex, como cada um de nós é também. Se houvesse a busca de uma identidade única e pura, assim teríamos o símbolo do fascismo, um feixe só. Ou a supremacia de uma raça ou de um credo. E em termos de diferenças e singularidades, o Brasil tem uma história poderosa. Se soubesse compreender e incorporar as próprias potências, não teimaria em cometer sempre o mesmo erro: tentar ser o que não é. Copiar estereótipos de culturas alheias com sabor de bom gosto e moda universal. Um encaixe para o velho termo "complexo de vira-lata" de que falava Nelson Rodrigues. Nomes de ruas e avenidas batizadas com nomes de presidentes norte-americanos... John Kenedy, Roosevelt, nomes de prédios em francês como Place de La Concorde, ou em italiano Palazzo Reali, ou os milhares de prédios Brasil afora estilo *tower center*, *shopping centers*. E quanto aos estrangeirismos com nomes próprios? Que se faça uma distinção e justiça: nomes indígenas estão em nossas vidas também. Cidades e termos dos milhares de dialetos indígenas vividos nesta terra, em geral a língua portuguesa do Brasil está impregnada deles, no Brasil Pindorama. Mas ainda há muitos estrangeirismos na linguagem corporativa, nos marketings e nas grifes. Aí está uma das caras do Brasil? Estou errado? Faço alguma imagem injusta?

Lembra-se da famosa Semana de Arte Moderna de 1922? Sim. Se não, veja lá, por favor. A antropofagia tão afamada por conta de Oswald de Andrade é uma faceta bastante interessante. Não se trata de ritos com alimentação de carne humana. Não é o caso. Pessoas antropófagas existiram na história humana, pois sim, mas aqui é um termo adotado pelo grupo modernista para designar uma força da cultura brasileira. Muito provavelmente fazendo menção aos índios em relação aos portugueses de 1.500. Desta relação primordial, segundo os integrantes do modernismo, e a partir da miscigenação e dos tempos, o Brasil revelaria seu talento para digerir, devorar elementos da cultura alheia para depois transformar em algo próprio. O original na linguagem do Brasil passaria essencialmente por este processo digestório. Acredito que Andrade e amigos modernistas se referiam sobretudo às atitudes das classes média e alta, que sempre copiavam as modas e costumes europeus, introduzindo seus efeitos no cotidiano da vida brasileira enquanto desprezavam ou simplesmente desconheciam o próprio Brasil. Essas marcas ainda estão presentes, bem presentes em nós, como disse antes a respeito da arquitetura neoclássica com terraços com balaústres em prédios apelidados de Place de La Concorde. Quem é o Brasil? Quem são o Brazil? Vale a presença: dia 4 de maio de 2020, portanto por esses dias, morreu Aldir Blanc, grande poeta e letrista de nossa música. Morreu abatido pela covid-19 em um hospital público do Rio. Sem dinheiro e sem merecida ajuda. Sequer uma nota oficial do Estado sobre nossa perda, via Ministério da Cultura. Eu não vi. Não é de se estranhar, pois os poetas, em geral, não têm valor aos capitães, indiferentes ou censuradores dos legados da democracia e da liberdade. O Brasil também não tem lá memória boa nem conhecimento de seus grandes artistas. Sempre foi assim. Tom Jobim foi morar fora. Gilberto Mendes, recebido na Rússia cerimoniosamente no aeroporto, vivia na cidade de Santos e no Brasil, na penumbra. A dramaturgia do oprimido e Augusto Boal ganharam honras em Paris. Atualmente, pela ignorância política e intelectual de parte do eleitorado brazuca, em suas "politmerdias" e idiomeritocracias, o importante educador

Paulo Freire ganhou, por conta dessa massa surda, um carimbo estereotipado de comunista, um adjetivo, atualmente reformatado por ignorantes a uma espécie de terrorista inimigo da pátria, da ordem e da moral. Se estivesse vivo, o pacífico pedagogo talvez precisasse de escolta para ir ao mercado nestes dias. Ocorre-me uma letra de Aldir recortada para este momento: "o Brasil não conhece o Brasil..."

Querelas do Brasil

Aldir Blanc e Maurício Tapajós

O Brazil não conhece o Brasil
O Brasil nunca foi ao Brazil
Tapir, jabuti
Liana, alamanda, ali, alaúde
Piau, ururau, aki, ataúde
Piá-carioca, porecramecrã
Jobim akarore, Jobim-açu
Uô, uô, uô

Pererê, camará, tororó, olerê
Piriri, ratatá, karatê, olará
Pererê, camará, tororó, olerê
Piriri, ratatá, karatê, olará

O Brazil não merece o Brasil
O Brazil tá matando o Brasil

Jereba, saci
Caandrades, cunhãs, ariranha, aranha
Sertões, Guimarães, bachianas, águas
Imarionaíma, arariribóia
Na aura das mãos de Jobim-açu
Uô, uô, uô

Jererê, sarará, cururu, olerê
Blá-blá-blá, bafafá, sururu, olará
Jererê, sarará, cururu, olerê
Blá-blá-blá, bafafá, sururu, olará

Do Brasil, SOS ao Brasil
Do Brasil, SOS ao Brasil
Do Brasil, SOS ao Brasil

Tinhorão, urutu, sucuri
Ujobim, sabiá, bem-te-vi
Cabuçu, Cordovil, Cachambi, olerê
Madureira, Olaria e Bangu, olará
Cascadura, Água Santa, Acari, olerê
Ipanema e Nova Iguaçu, olará

Do Brasil, SOS ao Brasil
Do Brasil, SOS ao Brasil

O "Brazil tá matando o Brasil"? Bem, pode parecer uma tarimba bem brasileira, destino só para nós, brasileiros. Mas acho que cada um em seu país, com raríssimas exceções, faz a mesma pergunta. Estamos matando nosso país? Defeitos de perto sempre aparecem. Mas, saiba lá, o Brasil de fato é craque em teimar sempre em incorrer nos mesmos erros. Avança, se avança, em conquistas sociais muito lentamente. E assim em vários outros temas também. País sem memória. Não é um país sério. País do futebol. Deus é brasileiro. São muitas as frases, algumas ficam, outras são esquecidas na amnésia tropical, patropi – um termo de Ben Jor? Já vivi mais de meio século e o que vejo é isso: um país desafinado. Com ressalvas, na música e em todas as áreas artísticas muito afinado, mas social e politicamente desafinado. Sim, como uma orquestra desafinada. A música assim não sai. Ou talvez nem a música seja escolhida ainda, pois a direção, os maestros, músicos e público não se entendem, rasgam partituras, uns escondem patrimônios, outros jogam tomates no palco, ainda outros exigem o silêncio.

Vejamos isso na paisagem Brasil, para seguir com a arquitetura como ponto de referência, como metonímia, que é a parte pelo todo. Um reflexo, uma parte servindo como uma amostra do todo. Eu gosto e creio em amostragens, não em estereótipos ou em preconceitos. Amostragens referenciais para fazer uma reflexão, uma simulação livre e filosófica. Como é sua casa? Qual o nome da sua rua? Está próximo dos estrangeirismos que mencionei aqui? No chamado Brooklin Novo, bairro da cidade de São Paulo, você mora na rua Texas ou na Nova York? Seu prédio tem qual estilo? Mora em casa? Ela tem muros e concertinas, aquelas espirais de presídio afiadas? Ah, sim, muitos moramos em condomínios fechados. Há os Villages... Conhece bem o vizinho? Vai com a cara dele ou dela? Mora num agrupamento ou numa comunidade? O que os diferenciam? Favela é bairro? Faz fronteira com que e quem? A casa onde você nasceu foi derrubada e hoje existe um prédio comercial no lugar? Isso reflete uma faceta do que somos ou ao menos do que estamos? Para mim, sim, na certa. No mínimo reflete o movimento da paisagem e do horizonte que nos norteia, as nossas memórias, nosso patrimônio material e imaterial. Sobretudo com o jogo e a dinâmica do mercado imobiliário dando e tirando valores de espaços públicos e familiares. Aí entra mais uma pergunta interessante: os espaços deveriam ter valor como mercadorias? Ou deveriam, no mínimo, junto ou antes do valor imobiliário, ser observados e respeitados em seus valores supremos, como saúde, bem-estar, socialização, e a própria Arquitetura, com A maiúsculo?

Minhas perguntas são, diria, do ponto de vista e do rigor acadêmico, alucinadas, precipitadas, arriscadas. Soberba minha ao afirmar que, em nossa cultura brasileira, o mercado imobiliário tem superpoderes? Para dar conta desta hipótese, nasceria um livro denso, um trabalho de responsabilidade. Mas com toda a liberdade a que tenho direito, afirmo que sim. Seguramente sim. Nasci e me formei na cidade de São Paulo e, como a lógica do progressismo é a mesma país afora, posso achar que sim. Sinto, percebo, caminho por uma cidade onde o horizonte tem dono. Uma construtora tem mais valor do que 100 parques verdes. Um prédio com 30 andares tem mais importância que o céu. Cresci na capital paulista e perambulei em parte do país por mais de 50 anos. O que ainda vejo é o crescimento de um concreto triste envelopando a terra e as pessoas, e esta força não vem da natureza nem do acaso, senão da voracidade da indústria da construção civil. Geradora de empregos, consumidora de matérias primas, importante setor de alavanca econômica em qualquer país. Mas os jogos de ação e de exercício da estética dela como conceito de urbe têm se mostrados trágicos. Corrupção endêmica e histórica em todos os setores, opção pela multidiversidade arquitetônica, políticas públicas perecíveis e voláteis são alguns dos fatores que formam as nossas cidades, com muitas caras e nenhuma cara simultaneamente. E, automaticamente, nossas casas, moradias, lares estão cimentados neste cenário.

Como é sua casa? Casa ou apartamento? Tem espaço suficiente? O sol chega até você? Como é o seu horizonte e de milhões de outras pessoas? Ele está fácil em nosso alcance? Não precisamos dele em nossas vidas? Adaptamo-nos a este fato, não ligar para uma vista ao longe? Com a visão ampla do céu sobre nossas cabeças? Está certo, dos 5.570 municípios do Brasil, a maioria no interior ainda pode ver estrelas à noite e pode ver o grande céu sobre suas cabeças. Podem contemplar uma enorme nuvem de *cumulus nimbus* se formando ao longe, como um cogumelo gigantesco de chuva. Porém, a maioria dos habitantes desta terra mora em centros urbanos enormes, fruto de um êxodo rural de décadas, criando cidades com mais de um milhão de habitantes (atualmente em torno de 17 cidades no Brasil). Além disso, lamentavelmente, o futuro das cidades médias e muitas das pequenas é o mesmo de uma capital como São Paulo. Ao menos conceitual e espiritualmente. Esta tendência é a mesma da semente que quer ser uma árvore? No Brasil, quase sem exceção, a cidade ser grande ou ao menos ter um centro urbano verticalizado de edifícios é sinônimo de oportunidades rápidas para fazer a vida? Também a tendência de crescer para cima a qualquer preço é uma das causas para o enfrentamento da violência? Mais segurança? Questão de gosto? Praticidade? Existem focos de resistência e contrapeso contra esta tendência de explosão urbana dominada por interesses de poucos? Deve haver, mas não os vejo em ação.

Progresso é sinônimo de crescimento para cima e para os lados, como o fermento para o pão, baseado em vendas de matérias primas e de formação de patrimônios e em concentração de rendas. Seria esse o sentido da palavra "progressismo"? Maneira açodada, desorganizada de progredir com planejamento e inteligência. Para muitos, o sonho de vida é viver de rendas, especialmente de aluguéis. Além desta construção incivil, outro mercado relevante e cultuado é o dos carros. No Brasil, automóveis valem muito mais do que diplomas e destroem o espaço urbano, a arquitetura musical, o espaço sonoro afinado. A cada esquina, uma loja de seminovos, avenidas cortando bairros para desafogo de trânsito, patrimônio histórico indo ao chão cedendo lugar ao asfalto ou a viadutos, rios e riachos entubados e cobertos por avenidas. Nossas casas, em geral, para a grande maioria, estão virando casulos encaixados nos espaços definidos "pela força da grana que ergue e destrói coisas belas", e pelo ciclo vicioso interminável de *apartheids* sociais, de concentração de renda. Tudo junto, nossas cidades estão desenhando a cara do Brasil, um rosto desfigurado. Organismo sem cara? Muitas caras, o que nos é caro e bom, mas sem organizar e planejar o painel de rostos e de culturas?

Como está sua casa? Como você a vê além da aparência? Alugada? Própria? De favor? Mora em pensão? É nômade no mundo? Mochileira? Andarilho? Sem-teto? Minha casa minha vida? Fazenda? Sítio? Mora até hoje na mesma casa em que nasceu? Fato raro para a correnteza imobiliária-urbana de hoje. Sonha com um lar? Mudar de casa ou de lar? Em separação de relacionamento, quem fica na casa? O destino aí é sempre montar uma casa nova. Vida nova, casa nova. Toda casa pode ser considerada um lar? Façamos uma projeção de milhares de anos atrás, para nossos ancestrais cavernícolas. Há milhões de anos, já havia hominídeos em suas tocas, árvores, cavernas. Mas peguemos um caso de 30 mil anos de idade.

Uma das filmografias que mais aprecio é a de Werner Herzog. Esse cineasta alemão do mundo baseou boa parte de sua obra, de ficção e de não ficção, em temas voltados à interação dos humanos com o meio. Ao encontrarmos seus personagens, a impressão é a de que estamos com eles num mundo diferente, estranho, como se tivéssemos chegado ao planeta Terra há pouco tempo, numa relação de reconhecimento e de deslumbre em relação a ele. Em tempos históricos não necessariamente bem definidos, a ambiência dos acontecimentos é mítica, parece saída de contos maravilhosos, em que personagens lendários trazem para o mundo seus desafios fantásticos. Florestas, abismos, desertos, cidades, cenários profundos onde seres convivem numa espécie de catarse com os elementos, a água, o ar, o fogo e a terra. Seus gestos e movimentos corporais, muitas vezes expressionistas, experimentam o contato com o chão cuidadosamente, como se caminhassem em solo desconhecido sob o transe de alguma cosmogonia. O deslocamento de seus personagens na natureza selvagem deste mundo desenha traços do documentário antropológico, filmes de natureza e ficção científica, tudo ao mesmo tempo.

Esses procedimentos da sua filmografia nos dão o sinal de que a realidade retratada nas obras e a realidade vivida por quem as fez eram realidades semelhantes. Este cineasta é um grande caçador de imagens. Exatamente isso, um caçador de imagens, no sentido mais primitivo da palavra. Herzog, em sua caça, nos mostra em seus filmes o peso de sonhar com a imagem buscada, o desgaste de estar em campo para encontrá-la. Locações distantes, natureza inóspita, desafios físicos para a equipe, para atores e atrizes, figurantes autóctones, uma espécie de ritual estilístico. Oposto ao cinema e às imagens de estúdio, a direção imediata do cineasta sempre foi chegar a um realismo estético selvagem, tentando imprimir o toque primordial entre imagens exógenas com seus espaços da memória. Nesse esforço que também tenta suprimir a separação entre ficção e realidade, o que me parece mais vigoroso em sua obra é, de fato, a busca da imagem.

Uma das caças mais impressionantes está em *A Caverna dos Sonhos Esquecidos*, de 2010. Nessa empreitada, o diretor mergulhou nas cavernas de Chauvet Pont D'Arc, França, onde foram encontradas pinturas rupestres de mais de 30 mil anos. Antes de ele ter recebido autorização para adentrar tal sítio arqueológico, somente agentes do governo francês e raros pesquisadores conheciam aquele acervo pré-histórico. Trata-se de impressionantes imagens feitas em amplos e complexos salões de rocha, nos quais humanos pré-históricos escolheram para gravar seus legados imagéticos. Ao observarmos aquelas figuras, difícil não as considerar raras obras de arte. As pinturas impressionam pela beleza de suas formas, luzes e cores, sendo que a maioria delas retrata a natureza como se tivesse sido elaborada recentemente. Delicadas, expressivas, descritivas da fauna da época, acompanhadas de algumas "assinaturas" de seus autores, que deixaram suas mãos impressas nas paredes. Algo como "estive aqui, este sou eu". A maioria delas, com belíssimos animais, simula movimentos de fuga ou de locomoção, como se fossem fotogramas justapostos de um protocinema ancestral, um pré-cinema, um cinema das cavernas. Muitas delas pintadas em depressões ou em saliências das rochas conforme a adequação para cada figura.

Figura 1.3 – Arte rupestre. Fonte: Ilustração de Ciro Araújo.

Para a filmagem, o diretor usou câmera e película especiais, em 3D, um formato que dá aos espectadores uma impressão semelhante a que se tem quando se está, ao vivo, ao lado das pinturas e nos salões de Chauvet. Nesta jornada ao encontro das pinturas, literal e cinematograficamente, Herzog permaneceu em seu eixo de buscas pelo momento mágico e inaugural do acontecimento das imagens. Na descida terra adentro, ele deu à luz uma cápsula do tempo. Ao abri-la com sua espeleoiconologia, encontrou na caverna dos sonhos esquecidos os sonhos que ele próprio queria imaginar.

Nossos ancestrais entranharam suas pinturas, observando as aparências do mundo externo, nas paredes daqueles salões profundos e escuros. Há 30 mil anos, temos imagens gravadas num lar. Numa casa de pessoas que escolheram aquele lugar para abrigo, proteção, mas sobretudo para deixar suas marcas, seus símbolos para o futuro e embelezar suas vidas. Artistas pré-históricos? Totalmente. As imagens são lindas. Assista ao filme e verifique, contemple, comprove. Assim, podemos pensar que o gesto artístico, estético, não depende de alfabetização, tecnologia, intelecto, formação. É um ato humano, uma necessidade humana, coletiva e individual. Aquela caverna foi a casa daqueles caras que observaram a natureza e reproduziram suas ideias no ambiente. Inventaram mundos e pareciam saber que não faziam simples cópias do que viam, mas signos. Sim! Linguagem. Diga-se, ali no ambiente fundo, escuro, seguro dos predadores. Sua casa, sua mente, seus sonhos, seu inconsciente até. Pense nos efeitos de iluminação que conseguiam obter com as tochas e fogueiras que deveriam fazer para sobreviver e, acima de tudo, para realizar e curtir suas obras, num rito de imaginação artística, de espiritualidade, de epifania. Não há dúvida para mim que entre nós e aqueles humanos não há diferenças no aspecto lúdico, mágico e espiritual, além do fisiológico, evidentemente. Nós estamos lá com eles! Quem observa com atenção aquelas artes nas paredes percebe que há dedicação e conhecimento envolvidos no trabalho. Os autores já sentiam e sabiam que nas esferas da linguagem não há lugar específico, e sim que se cria o mundo sem definições precisas do que está no ENTRE, entre uma coisa e outra, em movimento. Não estavam somente naquelas paredes, mas também nas mentes, nos sonhos e especialmente no universo da cultura que acabavam de criar. Provavelmente envolvendo testes, rascunhos, informações já passadas entre uns e outros por gerações. O sentido de escola já deveria existir entre eles, pois aquelas obras não são fruto do acaso e do improviso. Portanto, o conceito de casa, de lar, de futuro sendo legado em um local sagrado para o grupo já estava desenhado. Diria ainda que aquele lar era também um altar, com o qual seus habitantes se comunicavam com os antepassados e com o futuro. Esse lugar era sua casa.

Nas condições pandêmicas pelas quais todos passamos, como foram ou ainda são sua reflexão e sensações com a sua casa? Voltar para casa é uma expressão e uma sensação de agradável força e compreensão universal. Todos sabemos o que é e como é voltar para casa. Apesar dos problemas que muitos podem ter de enfrentar ao voltar para suas casas, terríveis obstáculos e dores de ordem pessoal, psíquica e até física, o ato de voltar para casa mostra que o regresso é parte do tempo. Insistimos nele como parte de nossa vida. E os que têm sorte de ter uma casa com ambiente relativamente saudável, a volta para casa, para o conforto da mais modesta casa, é de um regozijo insubstituível. Podemos imaginar o que é não voltar para casa, ou simplesmente ser impedido de voltar para casa. São milhões de refugiados fora de casa pelo mundo, em abrigos da Organização das Nações Unidas (ONU) ou em marcha pelas fronteiras em nomadismo. Guerras, conflitos, violência, deserção. Em resumo, tentativa de sobreviver em marcha, em estado provisório, em dor.

Voltar para casa é tema central em nossas vidas mais uma vez. Nos mitos e histórias clássicas, é uma constante. Em nossos DNA, diria até. Em toda jornada do herói, há a volta para casa com o prêmio, com o elixir, com a aventura cumprida. Édipo regressa à casa sem saber que é sua casa para iniciar sua jornada.... dentro de casa. Na Odisseia, Ulisses está em volta para chegar em Ítaca, onde está Penélope. Nas religiões, o povo Judeu volta à casa saídos do Egito, o filho pródigo no Evangelho de Lucas, em Hamlet, a honra de sua família e de seu lar. Filmes e livros? Uma lista de milhares. *ET*, "*minha casa-telefone*", O resgate do *Soldado Ryan*, *Pinóquio*, muitos filmes com astronautas e espaciais; *O Rei Leão*, da Disney (que é inspirado em Hamlet); os Sete Anões ("eu vou, eu vou, pra casa agora eu vou..."). *Dersu Uzala*, de Kurosawa, e muitos faroestes retratam o vai-e-vem entre a aventura e o regresso à casa, como em *Os Imperdoáveis*, com Clint Eastwood; e ainda há *O Náufrago*, com Tom Hanks, *Cinema Paradiso*, *Central do Brasil* (uma volta à casa dos pais). Na música, quantos regressos sonoros! *Going Home*, de Antonín Dvorak, em sua 9° Sinfonia *O novo Mundo*, Opus 95; *Largo*, uma linda e poderosa melodia nos traz o cansaço de uma longa jornada acompanhada da saudade do lar que se aproxima (uma imagem-sensação totalmente minha; a música, para mim, não deve se referir a nada, de preferência), *Sollisbury Hill*, de Peter Gabriel, é uma saudação para a volta à casa vivida numa colina, apreciando a vista do lugarejo ao longe.

Mesmo em um progressismo desalinhado como o nosso, bem brasileiro, os sem-teto são uma verdade cada vez maior, e assim os sem-terra também. Mas nesta mesma verdade, creio eu, são milhões de pessoas com "meia casa", com lares íntegros e familiares, porém tremendamente carentes de arquitetura e de uma estrutura ideal para o bem-estar. Esgoto, energia, coleta de lixo, água, saneamento geral. E se não faltam esses elementos básicos, para os ricos ou para os pobres, voltemos à ideia de afinação e estética.

Gosto da ideia de afinação espacial. Até este momento, não a encontrei em nenhum texto ou autor. Portanto, sigo fazendo minha metáfora com uma ideia sinestésica, mesclando fenômenos sonoros com fenômenos visuais. Afinação espacial para mim é exatamente o que ocorre no campo sonoro. Não é difícil entender o que quero dizer se falamos de uma orquestra. Antes de uma apresentação começar, o *spala* do grupo, o primeiro violinista, solta um Lá contínuo em seu instrumento e, com ele, cria-se a referência para todos os demais afinarem o respectivo instrumento. Hora de testar a afinação para equilibrar o todo antes de a música começar. Além do que, para todo músico, seja ele num solo, num ensaio ou numa banda, a afinação é uma questão primária. Não se faz música sem esse detalhe fundamental, a menos que uma rara peça musical use uma desafinação como efeito em determinado momento. Mas, quase sempre, sem afinar não dá. E a afinação é o quê? Em resumo, é

> Determinar a composição dos sons através de uma referência primordial. Vale ressaltar que cada instrumento musical, de cordas pinçadas, adquiriu uma composição de afinação, que lhe é histórica e ao mesmo tempo fisiológica. Afinamos um instrumento em lá 440 hertz, as demais alturas seguirão essa proporção criando um determinado campo de frequências. Agindo de acordo com esse campo, estamos tocando afinados.[2]

Ou, ainda,

> A afinação corresponde ao processo de produzir sons equivalentes a outros mesmo que provavelmente tenham timbres diferentes. É como se a afinação fosse um padrão que deve ser tomado pelos instrumentos e vozes para que a música saia de forma correta. Tem tudo a ver com Física, pois se utilizam frequências em hertz para manter a afinação perfeita. Quando se trata de instrumentos de cordas, pode ocorrer durante a afinação (dependendo do instrumento), um efeito chamado ressonância. Acontece durante a afinação de um violão, por exemplo, uma corda reagir ao som de outra corda, ressoando o som. Isso é sinal de que a afinação está bem feita.[3]

A afinação espacial pode ser, ainda que de forma subjetiva e conceitual, a busca de uma harmonização espacial na projeção arquite-

2 https://aprendateclado.com/afinacao/
3 https://souzalima.com.br/blog/o-que-e-afinacao-para-um-instrumento-musical/

tônica de volumes, formas, cores, profundidade, relevos, dimensões, por exemplo. Proponho esta tarefa: observe a paisagem, rural ou urbana, e sinta, perceba sua afinação ou desafinação. No belo livro de Murray Schafer[4] sobre a afinação do mundo, sobre a linguagem sonora em nossas vidas, ele fala de uma "comunidade acústica".

> Uma comunidade pode ser definida de muitos modos: como entidade política, geográfica, religiosa ou social. Mas proponho que a comunidade ideal pode ser também definida, com vantagens, por linhas acústicas. A casa pode ser apreciada como um fenômeno acústico projetado para a primeira comunidade, a família. Dentro dela, os membros podem produzir sons privados, sem nenhum interesse fora de suas paredes. Uma paróquia era também acústica e se definia pelo alcance do som dos sinos da igreja. Cockneydom ainda se define como aquela área a leste de Londres que fica dentro do alcance auditivo do *Bow Bell* (grande sino). Essa definição de comunidade também se aplica ao Oriente. No Oriente Médio, ela é a área onde se pode ouvir a voz do muezim, quando anuncia, do minarete, o momento da oração.

Eu desenho aqui a comunidade espacial. O olhar, portanto, pode se comportar tal qual o ouvido? Sentir que algo está organizado ou não? Sim! O olho é surdo, mas não é inestético, não é indiferente a nada, muito menos aos desenhos do mundo físico. Fazendo livremente uma conversão entre signos, da afinação musical para a espacial, construímos, assim, a imagem de uma partitura arquitetônica para uma tão sonhada paisagem urbana, a parte maior de nossas casas, de nosso grande lar coletivo. Podemos até fazer uma analogia para a afinação espacial com a conhecidíssima proporção áurea, também conhecida como o número de ouro. Lembra na escola? Conhece? Acho que sim, o assunto é clássico e está no ar sempre acessível. Ele diz respeito a uma dimensão matemática descrita, organizada pelo

4 Schafer, Murray. *A afinação do mundo*. São Paulo: Editora Unesp, 1997, p. 300.

italiano Leonardo Fibonacci, no século 12. Dividindo-se os números áureos uns pelos outros, sempre resultará no mesmo número. Exemplo: os primeiros números áureos são 1, 2, 3, 5, 8, 13, 21, 34, 55, 89... a soma de dois deles, dá o seguinte. Na direção inversa, decrescendo, dividindo o maior pelo menor, dará sempre resultados muito próximos. Exemplos: 89: 55 = 1,618; 13: 8 = 1,625; 34: 21 = 1,619... No que se traduz isso? Ou onde se pode aplicar isso? Em muitas situações da natureza e da cultura, mesmo antes de Fibonacci ter descrito, como na arquitetura de 2.500 anos atrás. Os pianos têm cinco teclas pretas entre as oito teclas brancas de Dó a Dó, nos nossos rostos ou corpos, quando observados sob esta proporção, verificamos um balanço métrico, uma organização no espaço. Um exemplo do que se desenha num papel A4. Nasce uma espiral em cada ponto, aresta ou vértice em que a curva toma forma de um círculo infinito e os números de ouro estão neles.

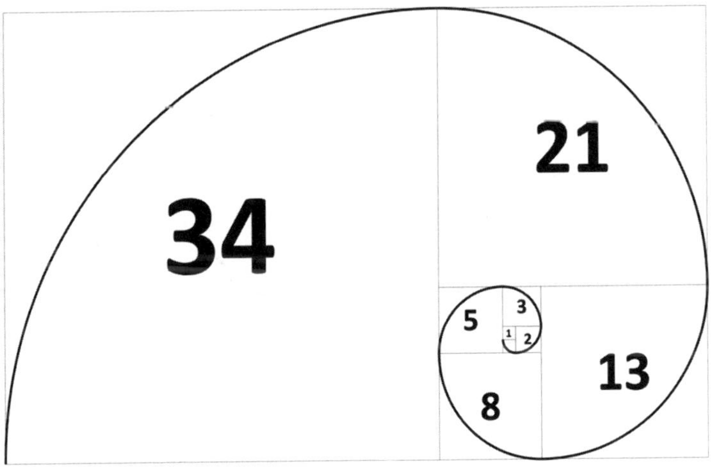

Figura 1.4 – Espiral formada pela relação geométrica entre os números de ouro. Fonte: Ilustração de Ciro Araújo.

Figura 1.5 – Fachada do Partenon, Atenas. Sobreposição da proporção áurea. Fonte: Ilustração de Ciro Araújo.

Em cada ângulo que essa espiral toca, faz-se a equivalência a um número áureo supradescrito.

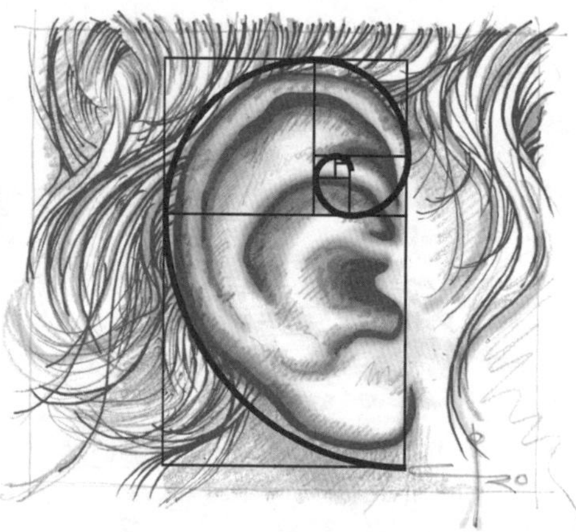

Figura 1.6 – Proporção áurea no corpo humano. Fonte: Ilustração de Ciro Araújo.

Conhecimento muito ligeiro meu, mas o período helênico, Grécia, 323 anos antes de Cristo, especialmente em Atenas, esta afinação apareceu de uma forma bem específica e ainda hoje apreciada, na fachada do famoso Parthenon.

No que pensavam os arquitetos? Os artistas? O que buscavam em seus projetos e realizações ao se identificarem com essas medidas ou ao menos procurar uma aproximação com essas dimensões? Aprendendo com um amigo arquiteto, a resposta é: essas dimensões aproximam a dimensão humana da dimensão arquitetônica do prédio. Ou seja, a obra na paisagem está numa proporção em afinação com o tamanho médio do ser humano que por ali passa e faz uma composição com a arquitetura. Ambos estão juntos no meio, sem que haja discrepâncias, opressão, desmesura entre a pedra e a vida humana. Portanto, uma afinação espacial. Uma espécie de projeção do humano no espaço. A estatura humana não representa uma formiga na calçada de uma casa, nem um gigante na frente de uma casa de boneca. Isso é apenas um exemplo de pensamento histórico de afinação, não significa a afinação única. Podem e devem existir outras referências.

É de se pensar o quanto isso está no sentido da casa, no projeto de nossas casas, no sentido do habitar o que nos pertence no individual e no social. Numa situação diferente, uma pessoa ao pé de um arranha-céu com 100 andares. Estamos em outra era, sim, são obras de engenharia impressionantes mundo moderno afora. Não quero fazer uma apologia ao passado nem abominar os tempos tecnológicos, mas mantenho o questionamento da afinação espacial, sobretudo quando ela não está ausente somente nas grandes capitais, nas riquezas e nos castelos dourados dos centros financeiros e comerciais incrustrados nas grandes cidades, como também nas afinações e desafinações visíveis na paisagem de uma forma geral. Não quero jamais julgar ou impor minha noção de beleza a ninguém, dizendo o que serve e o que não serve, o que deve ser feito e o que deve ser evitado em termos de gosto e de liberdade de expressão. Seria um deslize inaceitável. O que relevo é se há um ou mais projetos de afinações espaciais que nos representem, hoje e sempre, em operação, estudados e dedicados ao diálogo com nossas culturas e necessidades básicas das pessoas. Não creio. O que se vê é que o projeto é a ausência de projetos numa economia de mercado acéfalo e especulativo acima de tudo.

Uma desafinação das mais audíveis de todas em nossa realidade é a linha precisa formada pela diferença de classes. Em várias desafinações no Brasil afora, vemos um muro separando um condomínio de luxo de uma favela. Não é? Se fosse apontar tal desafinação, seriam centenas, talvez milhares. Portanto, esta é uma desafinação sociopolítica, sociológica, cuja marca estética é das mais tocantes. Em seguida, penso em mencionar outra desafinação de caráter urbanístico, cuja energia e lógica vêm da especulação imobiliária e do imediatismo da dinâmica social. Refiro-me à vulgar desvalorização dos centros antigos das grandes cidades. Os exemplos de São Paulo e Rio de Janeiro são típicos. As médias cidade seguem o mesmo processo. Expande-se a cidade rasgando-se novas avenidas para onde os centros financeiros migram para revalorizar o seu capital imobiliário. O centro abandonado, decaído, perde sua história e dá lugar aos desvalidos, ao subemprego, aos improvisos, às migrações, aos sem-teto. Imóveis perdem valor e iniciam o respectivo processo de deterioração. Revitalizações centrais também acontecem, dando refluxo e reurbanização ao miolo histórico urbano, mas são casos raros e sempre com uma capa invisível do interesse de alguns. Dificilmente é um ato planejado da sociedade, retomar a sua história e aquilo que já foi seu.

A outra desafinação é a mais comum de todas porque está em toda parte. É a desafinação estética da vista urbana propriamente dita. Portanto, numa intersemiose – que é a mistura de signos, de linguagens – e por um trocadilho: uma desafinação *audiovisual.* Ao observamos uma cidade do alto, em altura veremos do que se trata. Ao longe, no horizonte, à distância de uma colina ou na borda alta de um vale, é possível ver e ouvir a orquestra toda ou boa parte dela. Cores, formas, fachadas, estilos, volumes, silhuetas, acabamentos, proporções. Todos esses elementos, exatamente como notas musicais, timbres, arranjos, orquestração, melodia, ritmo, são elementos da visualidade urbana que compõem a partitura dos espaços e lugares de nossas vidas. O silêncio dessa música seriam as tão diminutas áreas verdes de nossas cidades? Gosto da ideia. O verde é o silêncio, ausência de som tão caro, tão importante para a música, assim como o próprio som. Note que as grandes obras musicais tratam o silêncio com muito respeito. Sejam elas eruditas, sejam populares. Sem o silêncio no tempo musical, que sejam três segundos, a frase musical não seria a mesma. Por isso, uma cidade sem verde é uma cidade sem silêncios, sem aves, sem espaços, sem respeito a si mesma, tal qual as músicas ruidosas que não dão espaço ao mínimo de silêncio que lhes deem elegância e pensamento. Pois música, como dizia Jobim, é um barulho, um som que pensa.

Nossas realidades, que são muitas de fato, pois, no Brasil, somos ricos em culturas e signos, mas, em termos de afinação espacial, sinto uma orquestra na qual cada músico toca o que quer, afinando seu instrumento a seu modo e no seu tempo. Às vezes, um escuta o outro, às vezes não. Às vezes, temos maestro; às vezes, regente; muitas vezes, todos regem ao mesmo tempo. Ou seja, temos inúmeras partituras, belas e não tão belas, sonorizando ao mesmo tempo. Um caos. Em vez de sons, paisagens, horizontes, vistas, traçados, cenário urbano. Um verdadeiro ensaio de orquestra, termo vindo de um filme de Fellini. Conhece? Já viu algum filme de Federico Fellini? Um deles, não dos mais importantes, é *Ensaio de Orquestra*. Além do cinema, ora, nossa orquestra é especialista em tocar assim, desafinada e tresloucada. Nosso horizonte orquestral de linhas e volumes, edifícios e casas, mansões e casebres, viadutos e pontes, calçadas e descalçadas, postes e fios, concreto sobre concreto, andares sobre andares, famílias sobre famílias em torres enormes. Toda essa orquestração é parte de nossas casas. O fora e o dentro são apenas separados por paredes e ruas. Da sua janela, o fora lhe pertence e você a ele. É sua casa. Sua casa está neste texto e contexto? Você mora no campo? Apartamentos valiosos, de milhões de reais em bairros nobres ou não, a situação não muda muito. A orquestra continua desafinada para mim. Gaiolas de luxo, barracos luxuosos. Temos de tudo um pouco. Num prédio com 16 andares no qual morei por um tempo, com 16 famílias em cada um deles, o convívio era pífio, quase inexistente entre moradores. Nem chamaria de "nós", de um lar comunitário. Eu desconhecia quem morava acima e abaixo, com raras exceções. Um músico não ouvia o outro na orquestra. Cordas sentavam ao lado da percussão, sopros sentavam à frente, violoncelos lá no fundão, e cada um na sua. Mais uma desafinação: a do convívio, da socialização. Em suma, individualismo. Espírito de comunidade zero. Não me parece ser este um caso raro. Deve ser a regra geral metropolitana em boa parte do mundo, onde há desafinações.

Como já comentei, as marcas de um tempo histórico, dos séculos 18 e 19, em que grandes obras surgiram para orquestrar os horizontes, ainda vivem no meio de nossas partituras caóticas. São marcas que não se apagaram, às vezes até foram rejuvenescidas e estão cumprindo bem suas funções ou ganharam outras funções, como a Sala São Paulo, casa da Orquestra Sinfônica do Estado de São Paulo, inaugurada em 9 de julho de 1999. Na origem, era a imponente Estação da Estrada de Ferro Sorocabana. Qualquer trocadilho e ressonância com minha figura de afinação/desafinação espacial é mera coincidência.

Dou tanta importância ao aspecto figurativo, metafórico, mas também físico-sensitivo da afinação do espaço e do horizonte porque é uma questão inequívoca de como tratamos nossa habitação, de como nos relacionamos com nossas múltiplas casas e ambientes simultaneamente, e como isso pode revelar a forma como convivemos em sociedade e produzimos uma relação fisiológica entre a cidade e a casa de cada indivíduo. Uma boa relação fisiológica desenvolvida na ligação entre a casa e a cidade, entre o cidadão e a sociedade, pode e deve significar uma afinação estética. Defendo a ideia de que nossos sentidos todos têm uma afinação fisiológica e, portanto, estética. É lógico que não devemos abordar aqui a questão de gosto, nem do juízo de valor sobre as escolhas individuais no que é belo e o que não é. Refiro-me a um valor fisiológico estético com o qual podemos, por natureza dos sentidos, optar por uma relação bela e saudável com o meio ambiente, seja ele natural, seja projetado. Uma mata encanta mais do que uma queimada? Uma praça com árvores é mais agradável que uma praça de cimento? Ruas com calçadas largas e amplas são mais desfrutáveis que as estreitas? Entendo por fisiológico tudo aquilo que tem funcionalidade prática que favorece a saúde e o bem-estar. Afinação pode estar representada por planejamentos arquitetônicos, por organização social, por distribuição de renda, por políticas públicas socializantes, por Educação e saúde.

De fato, a afinação de que tanto falo se trata de um movimento multifatorial que resulta de uma atitude de profunda convicção de que o cenário estético ideal pode aparecer com o conjunto das ações éticas promovidas pela vontade de um povo, de uma nação em seu sentido mais rigoroso. Ética e estética acabam por andar juntas para organizar e afinar a orquestra. A pandemia não se dá apenas em função de um contágio global por um vírus desconhecido, pela virulência dos contágios pandêmicos. Habitar mal a si mesmo, habitar desafinadamente a si mesmo e a cidade é uma pandemia da pobreza e do descaso e da peste da desinteligência do subdesenvolvimento – falarei da habitação de si mesmo, do sentido de habitar-se, mais adiante. Nossa pandemia é não perceber que a casa é uma unidade muito maior do que imaginamos, cujos começo e fim estão entre nossos sonhos noturnos individuais, em nossas camas, e chegam às mais externas esferas das periferias. Essa inobservância é uma das piores pandemias do mundo moderno e suas ramificações nos corações solitários de cada um de nós e no grande coração da cidadania que bate sozinho para nos sustentar. Ao observarmos nossos horizontes, as massas cinzentas e linhas de nossas cidades, em geral, constatamos que estamos perdidos visualmente; uma vertigem causada por desafinações espaciais, na qual nossas visualidade e movimentação se confundem com a proposição das arestas do caos.

Não duvido que as orquestras que soam mais afinadas nos grandes centros são as das comunidades mais carentes. Em alguns casos, bairros periféricos; em outros, em bairros entremeados com bairros de classe alta. Ou nas localidades onde o espírito comunitário está mais presente, mais ativo, não pelo espírito em si, mas pela aparente homogeneidade arquitetônica. Não há como saber quem produz quem nesse caso, se as fachadas são um signo que vem da comunidade ou se a comunidade se enraíza no signo dos materiais de construção. Tanto faz, no fim, porque sempre uma causa complementa a outra. O fato é que, entre tantos panoramas e estilos presentes no catálogo de consumo das cidades, é nas favelas e nos bairros, onde se alojam a baixa renda, que se revelam as bandas mais afinadas. A afinação por conta das linhas e dos volumes, das cores e das formas, dos materiais e das texturas e especialmente por conta da provável semelhança do poder aquisitivo mediano entre os moradores locais. No geral, nos bairros de classe alta, as afinações são várias, cada um escolhe ou compra a sua. Na grande classe média, a diversidade também é muita, cada um toca o que quer. Nos bairros de classe baixa, em favelas especialmente, as paisagens são semelhantes, a homogeneidade dos tijolos é aparente porque, me parece, faz-se uma arquitetura do que é possível, com encaixe de materiais disponíveis e de improviso. Não se trata de um estilo, mas de uma arquitetura da exclusão.

Não só pela paisagem, mas as afinações também são reveladas em movimentos nos quais a linha mais sensível e premente é a expressão artística das ruas e da realidade vivida nos cenários sociais e pelos signos de pertencimento local. A legitimação de suas linguagens várias se consolida na manipulação e na reinvenção de fontes próprias. É desse centro de culturas que geralmente reaparece a antropofagia oswaldiana, no qual, por exemplo, o samba, o *rap*, o pagode, a negritude, o *rock and roll*, a poesia, os saraus, os sincretismos religiosos e várias outras influências externas servem de matéria-prima para que novas afinações permaneçam, ou não, nas vozes da comunidade. Em comparação, me parece que essas realidades produzem e digerem o que é seu muito mais do que outros agrupamentos espalhados pelas cidades. Ou seja, aí há uma possibilidade de entender que parte das afinações margeia lugares em que o cidadão e a cidadã estão mais representados dentro de seu contexto urbano, pela arquitetura e pela paisagem urbanas. São possibilidades de vibrações socioculturais independentemente de classes e de poderes. Não há, nesta análise, juízo de valor nenhum, nem melhor nem pior. É uma constatação possível a partir da vivência que tenho como observador, como morador, como acadêmico e pesquisador de comunidades em vulnerabilidade, especialmente no que se refere à produção artística dessas comunidades mais desassistidas do ponto de vista material. Inclusive, esses fenômenos comunitários e artísticos estão em outras modalidades do social. Algumas cidades pequenas pelo interior do Estado de São Paulo também apresentam algumas características semelhantes da periferia paulistana, por exemplo. Uma delas que conheço bem, São Luiz do Paraitinga, famosa pelo seu Carnaval de marchinhas, é um exemplo notável de afinações gerais. A comunidade tem uma luta contínua pela preservação de seu patrimônio histórico arquitetônico. Se não me engano, ao lado da cidade de Amparo, o casario central de São Luiz é o maior conjunto colonial intacto do Estado.

Tombado pelo Condephaat e pelo Iphan, esse cenário é palco das manifestações culturais dos luizenses e de seus visitantes. A música como centro das linguagens, as festas religiosas e pagãs mesclam-se no cotidiano daquela afinação "caipira". Como eles mesmos dizem, o caipira original do Brasil nasceu na região. Diferentemente das festas de peão boiadeiro e dos eventos sertanejos rurais, que mimetizam o caubói texano, o caipira do Vale do Paraíba é o matuto histórico. Um parente do Jeca-Tatu recriado por Monteiro Lobato. Para mim, este Jeca é em parte produção dos conflitos entre os portugueses e os índios. É o mestiço que vem da mistura das etnias brasileiras, que por fim se caracterizou num sem-terra, um pária. Não era índio, não era português, não vivia nas cidades grandes ou vilas. Tornou-se um quase nômade pelas trilhas do ouro e pelas pequenas cidades do Sudeste brasileiro. O termo "caipira", em tupi, é algo como "sem mato", um sem roça. E é assim, à beira do rio Paraitinga, que permanecem as manifestações de uma das mais caipiras das cidades paulistas.

Ninguém neste Brasil está livre da violência, infelizmente. Quando aponto alguns fenômenos em suas afinações locais, não quero insinuar que a vida nestas situações é um mar de flores e de tranquilidade, uma ilha de conquistas, e que os outros espaços oficiais das cidades, com mais recursos e desafinações, por exemplo, estão no caos absoluto. A violência é outra história. Ela é uma praga nacional que talvez nos desenhe como um dos países mais violentos do mundo, se não o mais. E é evidente que ela é parte considerável do sofrimento de todas as comunidades mais carentes, onde há, de fato, menor grau de oportunidades sociais e maiores vulnerabilidades.

De qualquer forma, é nesses locais, e talvez exatamente por esses lugares serem o que são, que as afinações aparecem com maior intensidade do que em outros. Um fenômeno espontâneo, talvez, circunstancial, sem um projeto que o construa conscientemente? Acho que sim, ao natural. É provável que o que chamamos de "espírito de comunidade" possa nascer a partir de necessidades comuns. A solidariedade parece ser mais presente para quem tem o enfrentamento crônico da pobreza. Será?

Isso tudo posto nasce de um sentimento muito particular meu. De uma impressão muito forte que carrego pela vida toda formada nesses cenários, para ser menos disperso, do Sudeste brasileiro, onde há do melhor e do pior, do mais rico ao mais pobre, onde se enfrenta diariamente os disparates sociais em suas várias nuanças e cores. É aqui, ao redor de uma das maiores cidades do mundo, com mais habitantes que muitos países, que a situação é rica nessas características que impressionam qualquer forasteiro, acho, mais negativamente do que positivamente. Apocalíptico meu recorte sobre a metrópole paulista que é a "locomotiva do Brasil"? Desculpe, mas essa capital, incluindo os 39 municípios conurbados formadores da Grande São Paulo, pode ser confortável e mais humana para os ricos, para quem pode desfrutá-la em seus prazeres e diversões, sua ciência, algumas escolas, boa comida. E para os outros 90% que nela vivem, será o mesmo?

Assim, visualizamos o longe e o perto, o dentro e o fora. Discorrendo sobre nossas casas, as várias delas que se complementam umas às outras, que atravessam ruas e túneis, praças e paredes, pátios e pontes, andares e subsolos lotados de carros. Também vielas, becos, lajes, campos, matagais, trincheiras, acostamentos, casas geminadas, palhoças, mansões, tendas, carroças, *kitnets*, condomínios, dúplex, tríplex, chácaras, buracos, abrigos, pontos de ônibus, bancos de praça, asilos, orfanatos, conventos e a Fundação Casa (cárcere/reformatório para menores tidos como delinquentes em São Paulo), que, de casa, só tem o nome, e mais uma sorte de modalidades de casas que ainda não conheço, não vivencio, muito embora possa imaginá-las. Aliás, conheci uma nova modalidade de casa pela televisão, no tempo entre a última frase e esta mesma, portanto, entre ontem e hoje. Um senhor preto de 66 anos morava há anos numa van (um carro tipo furgão) abandonada e carcomida, estacionada numa praça. Sua vida é pedir para comer e proteger sua van de outros predadores.

Na paisagem, a desafinação? Noutra, afinação? Sim. O genérico nunca é absoluto, não pode dar conta de tudo. Mas nesse caso, infelizmente boa parte da realidade que criamos está desafinada. Um concerto desafinado? Vivemos, como já disse, num concerto/conserto renitente e dissonante? Pois sim. Parece trocadilho, e é, uma paronomásia com aquela coisa farpada tipo ouriço? Sabe o que é uma concertina?

É aquilo que pode indicar muito bem uma pequena parte da desafinação espacial e social nas quais vivemos. Já nos acostumamos a elas? Na boa, em geral. Artigo de primeira necessidade para muitos. Para estrangeiros, nem tanto. Lembram os campos de concentração. Espacial porque é horrível de ver e de não desafinar o senso estético. Social porque delimita o dentro e o fora. Os dois, o horror da violência em nossos cenários. A concertina é aquela espiral pontiaguda colocada sobre os muros, os "ouriços de aço" da atualidade. A outra imagem tem o nome de *mandíbula para muro perfurante*. Normal? Habituamo-nos a isso, então não estranhamos mais? Já entranhamos. Além da antiarquiterura, da antiprojeção e do desplanejamento endêmicos que regem nossas orquestras, há nesse desafino a dor pontiaguda do aço como forma crônica da arquitetura da destruição.

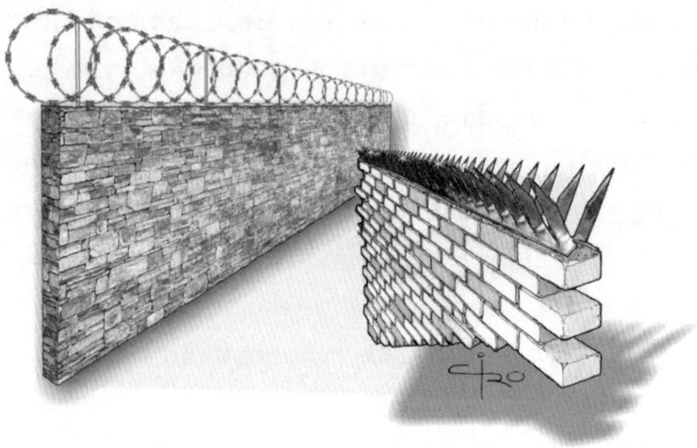

Figura 1.7 – Concertina e mandíbula. Fonte: Ilustração de Ciro Araújo.

Num trocadilho: Concertina n° 1 para cordas e arames em Si menor. Presídio-Lúdio n° 100 para Coral da Infância com Dó maior.

Associados às pontas verrumantes do aço da concertina, temos os lápis desapontados, as resmas mofadas e sem uso, as lousas pichadas ou carcomidas, as carteiras sem acento e assento, as bibliotecas desfrequentadas e com goteiras e, o pior de tudo, professores vilipendiados. E, assim como o desafino das paisagens sem projetos, há o total desatino do ensino público que mal consegue ter uma nota musical, um Lá afinador, afinativo e longevo que dure mais do que quatro anos de gestão política em quaisquer dos municípios desta terra, talvez com raríssimas exceções. Experiências pedagógicas positivas têm surgido no Nordeste brasileiro, é verdade. Estados do Ceará e Piauí têm casos interessantes. Mas por enquanto são exceções. Uma nação afinada e ciente de si mesma requer qualidade e totalidade como regra geral, irrestrita e urgente.

De alguma forma estamos todos ligados ou desunidos pela forma. Somos seres interligados, de início, de cara, pela língua que falamos uns com os outros. No fim, ligados em vários laços pelos quais a vida se faz possível, pela família, pelos antecedentes, pela cultura, pela classe social, pelo trabalho, pelas oposições e pelas afinidades, pelas crenças e pelos desejos. Sempre em movimento com as afinações e desafinações dos espaços pelos quais nos articulamos e que vemos como realidade, como concretude dos signos que sonhamos e reproduzimos em conjunto. As cidades, os bairros, as casas, nossa casa, nosso quarto, nosso canto, nossa consciência, nossa permanência, nossa insistência.

Junho de 2020

Este autor com TOC, na pandemia, pode dizer "a vida é bela", como no filme de Roberto Benigni. E ela é, para mim. Enquanto vivo em luta, no ringue, sem saber quando a luta termina, a vida é bela. Fique o registro de que é uma batalha viver com uma doença crônica. Mas há no meio dela, sempre, uma compensação, uma vontade de viver e de crer no sentido de tudo que acontece. Além disso, dedico meus sentimentos aos mortos pela covid até aqui, às suas famílias e a todos os pacientes graves e sem remissão. Tenho consciência de que há muita gente, inclusive jovens, que mora, vive em hospitais, doente e solitária. Faço a minha reverência a essas pessoas. Que a sorte alcance a todas o mais rápido possível. Especialmente aos colegas tocados, portadores de TOC grave, dependentes de internação e de tratamentos arriscados, os quais nem sempre surtem efeito. Que um dia essa moléstia tenha cura ou, ao menos, algum recurso universal acessível.

MINHAS ATIVIDADES QUARENTENÁRIAS 2

9/6/2020. Uma nota dentro das notas. Uma data *serendipity*? Serendipidade? Termo estranho em nossa língua, acho eu. Refere-se a um acaso significativo para alguém, um *insight*, uma descoberta ao acaso, com sensações de acaso com algo proposital que se nos apresenta. Nesta semana, muitas referências a essa data, aniversários de amigos que ressurgiram, dia e mês em que defendi meu doutorado, e um dia marcante nestes tempos: abandonei, parei uma experiência alquímica. Parei de tomar o canabidiol em pasta importada e o óleo nacional, o famoso CBD extraído da maconha ou do cânhamo, para testar um tratamento de minha desordem neuroquímica. O CBD e o THC estão em voga nas pesquisas médicas, num novo mercado promissor para tratar várias doenças como epilepsia, Parkinson, Alzheimer, autismo e dores crônicas, entre outras. No meu caso, tentei por 8 meses e percebi que a fruta não está madura, não percebi benefícios – experiência que voltará a ser descrita adiante, na seção "Casa de Sobrevivência". Não há estudos consistentes para as muitas das doenças indicadas nos rótulos e nas campanhas dos vendedores. Percebi muita seriedade entre alguns, muita precipitação em outros em torno desta planta maravilhosa que é a *cannabis* sativa de fato. Ou seja, como sempre, o desespero de quem busca um remédio pode encontrar facilmente as mãos da incerteza e dos, digamos, alquimistas apressados. Regressei à alopatia cotidiana. Meu médico já esperava que eu retornasse a ele. Só faltou me dizer, e eu me senti como se fosse: "Lázaro, venha para fora!" Uma situação é certa com esses aprendizados e experiências. Muitas vezes a busca e as dúvidas intermináveis são a doença e disparam grande parte do mal-estar. Em outras palavras, quando a consciência somada a um fenômeno químico bate, rebate misteriosamente, parte da dor desaparece, em todos os casos! Lucidez é uma forma de cura. E, assim, o inverso é verdadeiro. Uma paixão cega pode arrasar uma pessoa. Quando a paixão acaba por si, a vida pode retornar à serenidade. Uma busca delirante, equivocada, melhor dizendo, vai bem no rumo do sofrimento. A busca acertada, coerente, lúcida, esta pode não trazer respostas e resultados rapidamente, mas traz alívio porque traz esperança e não ilusão, ou delusão, como na língua inglesa, que é bem legal, *delusion*. E este tipo de noção, noção de realidade, somente a experiência vivida por si é que pode trazer. No seu tempo, o ponto de mudança ocorre. Pelo menos acredito nesse sistema natural de produção de conhecimento a que todos temos direito de passagem.

Mas para o meu caso, ainda é cedo testar, não senti confiança, ainda estamos na fase de tentativa e erro em experimentos na pele. Muito sofrimento. Dedico minhas superações e experiências obtidas na pandemia e antes dela aos outros doentes, especialmente aos mortos pela covid-19 e a seus familiares. Neste momento, ao menos 3 milhões de pessoas tiveram contato direto com ela, o que deverá ter mudado para sempre a vida e a memória dos que ficaram.

Além disso, leituras, muitas leituras. Arrumei, improvisei um canto especializado para minha solitude, para enfrentar as crises e proporcionar o conforto, geralmente individuais. É meu próprio escritório, onde tenho meus livros, meu computador, uma maca para atendimento secundário em acupuntura, apetrechos da medicina japonesa, ambiente no qual adaptei um colchão e uma luminária. Nesta caverna, sobretudo pelas noites, instalei-me para as leituras, para o silêncio, para a distância do excesso de notícias e, especialmente, para ficar próximo da música. A característica mais importante das leituras durante esta pandemia é que elas ficaram um tanto caóticas, saltitantes, seletivas, ou aleatórias mesmo. Senti prazer em passar por várias obras ao mesmo tempo. Terminando umas, parando em outras. Retomei o grande Jorge Amado em *Tocaia Grande*, o Tolstói em *Anna Karênina*, O –Dostoievski em *O Idiota*, Eduardo Galeano em *Dias e Noites de amor e de Guerra*, Humberto Eco em *Baldolino*, Karen Armstrong no *Em Nome de Deus*, Rodolfo Konder Comparato em Ética, e Teruyo Nogami em À *Espera do tempo* – filmando com Kurosawa. Os estudos de acupuntura são intermináveis, teorias e práticas. Nesse imenso campo, terei de perseverar até o fim da minha vida. Ainda faltará tempo para chegar a alguma solidez de conhecimentos. Não são só os 3 mil anos da primeira literatura, a maioria dela vivida e sentida muito antes de a ciência nascer. Hoje, as duas realidades se encontram, tolos os que tentam excluir uma delas em nome da ciência. No meu caso ainda, como já citei, a linha japonesa me atrai muito mais do que a chinesa. Mais atual, com estudos e mestres do século 20, criando métodos sensitivos-científicos em clínicas e hospitais no

Japão de no máximo 80 anos atrás. Há também mestres mais antigos que iniciaram a técnica japonesa no século 13, quando estudaram a fundo a base teórica original da China.

Um lindo universo que a maturidade me fez encontrar pela frente. A vida madura toda, por 30 anos, o Cinema e a Filosofia me agarraram de tal forma que me tornei refém deles. Sorte minha também porque são os óculos mágicos para viver neste mundo, os quais todos deveriam experimentar formalmente nas escolas. Mas como docente, ano vai, ano vem, nunca pude migrar para outras áreas de que gostava também. Eu mesmo me dizia "Cinema, me larga um pouco!" Mas era impossível. As aulas se repetem, a sala de aula é a mesma, o ano letivo recomeça e ressequestra o aluno, a pesquisa da vida o enlaça e vão seguindo no mesmo barco. Sei, com certeza, que todos nós gostamos de no mínimo três assuntos diferentes para lidar pela vida inteira. Simultaneamente ou não. Quem diz "nasci para isso, não sei fazer outra coisa" está na inércia das necessidades da vida, pode ser por condicionamentos habituais ou simplesmente medo de mudanças. Todos somos múltiplos. Tchekhov era médico; Brian May, guitarrista do Queen, é astrofísico; Vivaldi era padre; Bezerra da Silva foi pedreiro e pintor de paredes, médium espírita e sambista; Carlos Drummond de Andrade foi servidor público em Minas Gerais; Helena Meireles foi administradora de bordéis e virtuosa violonista nos sertões do Brasil central, e milhares de outros seres humanos deixaram seus legados múltiplos. Foi assim, saindo da sala de aula que pude encontrar o consultório e as maravilhas da medicina sensitiva para o corpo físico e energético, o que alguns chamam de "corpo etérico".

Casa como

Fique em casa
Fique em casa
Fique em casa
Stai a casa
Quedarse en casa
Stay home
待在家里 - Dài zài jiālǐ
집에있어 - jib-eiss-eo
Rester à la maison
оставайся дома - ostavaysya doma
家にいる - Ie ni iru
البقاء في المنزل albaqa' fi almanzil
Tishaer Ba Bait תיבב ראשיה

Casa das cavernas? Numa caverna? Pode ser? A caverna é a metáfora perfeita, mais do que isso, é o tipo perfeito de ambiente de onde viemos todos. Mi casa, tu casa? Nestes, naqueles dias de pandemia, não muito. Cada um na sua. Que casa é essa? Onde fica? Onde moro? Fisicamente vemos a casa, mas qual parte dela é a casa toda? O que resume uma casa, sua cama? A cidade, mesma coisa: onde é mais cidade que outra parte da cidade. Que lugar é esse tão particular que não aparece? Que não se define?

Será que alguém escolheu o isolamento em alguma caverna de fato, afastada da civilização, vivendo de fruta e caça, ao longo da pandemia? Alguém pode até ter desistido da vida social e da própria vida, ou optado por uma vida nova num novo cenário fugindo de tudo? Tal qual na história de um americano, Christopher McCandless, tratada no filme *Na Natureza Selvagem*, de Sean Penn, 2008, em que o rapaz abandona a vida social e a família nos EUA e parte para o Alaska, de onde, deliberadamente, não voltaria mais. Teria vivido sozinho na natureza, onde fora encontrado morto, perto de 100 dias depois, num ônibus/casa/sucata. A *causa mortis*, talvez, inanição, nada além. Um dia saberemos de um caso semelhante a esse vivido em plena pandemia? Ou mais de um?

Mas mais do que o "fiquei em casa", o que fiz em casa, interessa a mim o como fiquei em casa. O que fiz em casa é o mais fácil de saber. Precisamos lidar com o QUE fizemos em casa para passar os dias, para dar conta dos pequenos espaços, da solidão, da solitude, dos espaços junto aos relacionamentos interpessoais, familiares, com a falta ou sobra de espaços, de vizinhos, de paredes e janelas.

Fique em casa, mas alguém nos disse como fazer isso? Verdade, impossível alguém nos dizer como ficar em casa se nem nas escolas, nas próprias famílias, na própria cultura, a maioria nem sabe o que é isso. E as casas de muitos, são casas? O déficit de casas no Brasil passa de 30%. E creio que mais de 20% são alugadas e em rodízio constante. Haverá comida? Casa sem comida não é casa, não é lar. Sim, muitas *lives* e muitas terapias e métodos acessíveis e diversos pelo mundo afora através das redes sociais têm sido cada vez mais oferecidos. Muitos profissionais em reclusão em suas casas prepararam uma sorte enorme de possibilidades para melhorar o bem-estar, para calmar e instruir as pessoas a enfrentarem esses dias difíceis, esses meses (anos?) de terror, incerteza, luta, fome, doenças, perdas, solidão. A internet e as redes sociais realmente se confirmaram como uma infinita rede de corpos e mentes interligadas, um extra corpo midiático de alcance popular. Uma maravilhosa façanha da humanidade para sempre e que veio nos ajudar neste momento. Mas não acredito que a maioria dos conteúdos tenha sido destinado ao público popular, conversando com as grandes massas. Arrisco dizer que, para os desfavorecidos, o que chega mais são os problemas, e não as soluções. Posso afirmar quase nada sobre o que de fato ocorreu pelas infinitas realidades. Não sou ubíquo, não sou um deus-drone. Tampouco sei ou soube quem pode provar deste *como-consciência* a que dou tanta importância. Talvez um punhado de gente em lugares inimagináveis e em situações aparentemente improváveis, cheia de sofrimentos e de necessidades e outras pessoas com muito conforto. Com certeza várias pessoas que conheci, com as quais aprendi e às quais ensinei estão habitando seus corpos de forma mais integrada e sutil. Mas não é a maioria, arrisco eu. E diria que principalmente as mulheres estão mais preparadas que os homens para as evoluções, pois nelas não abunda tanto o alarve masculino. Tudo que fiz de sutil e profundo na vida aprendi com mulheres, elas estavam lá quando busquei. Trazem na pele as células de Atena? Ártemis? Acho que as duas em metades. Mas quem sabe o senhor preto de 66 anos esteja ou esteve ajudando alguém a perceber como diminuir o sofrimento em morar na rua e sentir com sabedoria a forma de tolerar as incertezas? Talvez ele tenha alcançado a sapiência das consciências para poder suportar seus dias nesta situação. Convenhamos, viver sozinho na carcaça de uma Kombi é para poucos. Um Aquiles? Um Sísifo Macunaímico da Metrópole?

O vírus e seus clones diáfanos viajaram pelo planeta e habilmente foram parasitando a espécie humana. Nos botou pra correr para dentro das casas. Apelidado de covid pelas próprias vítimas, pisoteou nosso formigueiro de tramas rotineiras. Inócuo para toda e qualquer superfície e matéria terráqueas, mas totalmente inspirado nas mucosas de bilhões de humanoides. Como formigas desorientadas, como planetinhas de carne e ossos fugindo uns dos outros, isolamo-nos uns dos outros por baixo das folhas secas, para os becos e bueiros, para debaixo das frestas e trincas, para debaixo da terra, para as casas de aço, concreto e madeira ou papelão. Ainda estamos longe de compreender bem os vírus e o cérebro humano. São desafios que teremos de encarar por muito tempo. O mais intrigante nesta história é que nós mesmos, humanos, somos os propagadores desses seres/substâncias misteriosas chamadas de "vírus", de modo que nossas casas são o refúgio imediato para mergulhar numa hora dessas. Isolamento.

Mais importante do que as características da casa ou do abrigo propriamente dito é refletir sobre o uso que se pode fazer deste espaço pessoal e social, de enxergar nossos abrigos em uma situação totalmente inédita para a maioria. Estar em casa como refém de si mesmo é uma experiência maravilhosamente rica para aprender a olhá-la, a preenchê-la e a sê-la numa espécie de fisiologia com os espaços e com nós mesmos. Projetamo-nos no espaço e este deve ser projetado para nosso bem-estar. O dentro e o fora em trocas e interações. Iniciar uma ressignificação daquilo que sempre foi, provavelmente, local de passagem, de descanso e de lazer, mas de pouca ocasião para uma interiorização terapêutica e para espaço de vivências sensitivas. Em geral, nossa casa sempre foi o lar-doce-lar, o espaço do lazer, do descanso, da intimidade compartilhada, uma usina de sonhos, vigílias e memórias entre paredes inalienáveis. Por entre essas paredes, nosso inconsciente desenha e escreve sobre as tintas e atravessa janelas. Espaço para o *dolce far niente* em que se pode cumprir o viver singularizado, nos melhores casos. Esta pandemia tem sido o experimento, foi o ensejo para a transformação da casa em policasa, casatrabalho, a casa beliche, a casa-escritório, o *home office*, um fato cada vez mais comum na vida dos trabalhadores e empresários, assim como a *bike-delivery*, o appcar, o ex-professor-multiplex, a motorrango. Cada um por si, internet por todos. Talvez uma modalidade que tenha chegado para ficar. Portanto, a casa terá de ceder espaço para as tarefas e os deveres corporativos, ou para as tarefas dos autônomos e já é porto seguro para os sem emprego e uma saudade para os despejados. Isolamento e trabalho. A casa, a nossa casa-memória, nosso sistema social partido em áreas residenciais unifamiliares ou multifamiliares – conforme as rendas – pode ser uma obra de arte, uma instalação em permanente reescritura para nossos corpos, para nossos sentidos, para nossas projeções e sonhos. Muito mais do que abrigo e espaços, somos nossas casas e nelas dependuramos nossa vitalidade.

Como ficou em casa? Como é sua casa? Repito, como são as casas de seu vizinho? Muitos, a maioria, no espaço de tempo mais rigoroso do isolamento, impressionantemente muitos ficaram fora da rua, atenderam o chamado. Aos poucos, as restrições do distanciamento foram diminuindo de acordo, a meu ver e sentir, em função da impossibilidade de manter a saúde mental da população no rigor da imobilidade. Depois de ultrapassar a marca dos 90 dias em estado de alerta privado, pudemos perceber que as pessoas tenderam a sair de casa por qualquer motivo. Se não pelo próprio emprego e trabalho, caminhadas nas ruas, passeios a esmo, visita a familiares, compras, a boa e eterna bateção de perna. O governo de São Paulo, que acompanhei mais de perto, deu sinais de que não poderia mais incentivar o isolamento na porcentagem mínima de 70%. A cada dia a inércia do livramento foi aumentando a ponto de as autoridades sentirem que seria hora de relaxar. Medidas de proteção deveriam ser promovidas em alternativa ao "fique em casa". Estava dada a sentença: a população decidiu sair às ruas e não terá mais volta. Vivamos com a covid-19 e seja o que Deus quiser. A menos que venha uma nova onda poderosa de contágio, a volta ao isolamento rigoroso, o bloqueio é improvável. Saberei depois, como você e eu, nós, o que vinha acontecendo, o que aconteceu a mais.

Para todas as classes sociais, o sinal da impaciência foi nítido. Por mais de 100 dias, de 300 dias com quase tudo parado, falências, desempregos, fome, vida social vetada, distrações coletivas inexistentes, a nova vida pandêmica passou a demandar uma atitude de indigesta percepção e exercício: estar consigo mesmo e com o outro em um espaço geralmente pequeno. Mais do que dialogar com o outro, aproximar-se em tempo integral dele, testar a compaixão ou a indiferença, deve ter sido o desafio que a existência nos dá a todo momento. A vida é feita de sabores e dissabores, e nenhuma dessas experiências goza de estabilidade. Como diz o sábio anônimo, *não há bem que dure, não há mal que nunca acabe.* Nessa gangorra inexorável, sofrimentos, procrastinações, desejos, insatisfações, submissão e opressão, solidão e cativeiro. Sem as distrações do dia a dia, quando cassadas de nós numa pandemia ou guerras, salientam-se as dores e angústias. Intempéries e flutuações do sistema nervoso, do sistema límbico emocional (e outros circuitos neurorrelacionados), da nostalgia e ancestralidade que em nós vive, as crenças e os condicionamentos que insistem em orientar nossas opiniões, e definitivamente as robustas incertezas de todos os tipos de fatura. A manutenção mesma da alegria, da felicidade e da saúde conquistadas e recebidas, estabilizadas pela sorte e pelo empenho, é uma atitude que exige novos investimentos.

Pandemia somos nós, tenho pensado eu. O vírus é a natureza; nós, a pandemia. Disse isso a um amigo via WhatsApp e ele sumiu por vários dias. Até eu me estranhei falando assim. Mas não desisti de mim. É mais uma visão do desafino. Com o isolamento e a anexação de nós mesmos às paredes de casa, nas paredes de casa, ou estranhamento de nós mesmos conosco mesmos dentro de casa, pensar muito é tão óbvio quanto andar para frente. É bom pensar de tudo, especialmente, digo por mim e por sempre, pensar sobre aquilo que sua mente pensa, que a sociedade pensa de si e de você. Trocar um papo com a natureza é simples, pois ela vai mudar seus pensamentos. Entre uma passagem e outra, veio-me a frase "a pandemia somos nós". Continuemos na planta de nossas casas. Neste momento de reclusão, é possível, sem muito esforço, verificar como é difícil resolver e enfrentar os problemas humanos. São intermináveis e são criados por quem? No piloto automático, falamos a vida. Mas não é ela. Aqui em nossas casas, na maioria delas de classe média e alta, há uma forma de ver um detalhe pandêmico em nossa cultura. A entrada social e a entrada de serviço, leia-se, a entrada da patroa e a entrada da doméstica. Elevador social e elevador de serviço. Mesma coisa. Visite decorado. Frase de estandes de vendas de apartamentos, a marca de qualquer metrópole ou cidade a caminho de ser uma. Na planta, sempre há o quarto da empregada e o banheiro. Em nenhum dos dois, geralmente, é possível entrar de frente, só de lado. Daí, a pandemia vai se desdobrando em folhas. Isso parece desimportante, mas o português do Brasil é a língua oficial do país mais desigual do planeta. Dizem que perde somente para o Iêmen. Neste panorama, nada seria diferente. Nossa cultura mostra dados simétricos à desafinação estético-mobiliária-classes sociais. Há simetria com o preconceito e o racismo – mais, um *apartheid* econômico maior ainda, não só étnico/racial – ainda com 25% da população em estado de pobreza radical (mais de 50 milhões de pessoas), 6,6% de analfabetos (11 milhões de iletrados e mais uns 50 milhões de alfabetizados funcionais, os que escrevem o nome e algo mais e não leem), e mais uns 30 milhões sem moradia.

Então, a bem da verdade, nesta situação, os demais, como eu, quase que nos escondemos em casa. Em tempos de vírus, o motivo dobrou. Mas em rotina de vida que segue, em boa parte do mundo hoje, que é subdesenvolvida, as pessoas se escondem, trancam-se em casa. Uma amiga londrina chegou ao Brasil no início dos 1990. Um belo dia, no segundo dia, ela demorava a sair do quarto. Quando fomos ver se estava tudo bem, ela nos relatou que estava impressionada com as grades nas janelas e no portão, como num presídio. Grades que sabemos fazer bem, aquelas com uma ponta aguda, uma lança para furar a bunda do invasor e que não serve para nada. Ela teve seus momentos de depressão, angústia, medo. O que vim fazer aqui? Era uma moça delicada, tudo bem, mas é um sinal aberto aos adaptados, aos desafinos aparentemente invisíveis e que estão em nossa paisagem diária.

A partir de junho de 2020, quando medidas restritivas diminuíram em relação ao isolamento social, passei a atender alguns pacientes, os mais necessitados. E eu apreensivo, mas aceitando a tarefa, paramentando-me com máscaras, escudo facial, avental e afins. O fato é que vários deles marcaram uma sessão com meus procedimentos de acupuntura japoneses e/ou *shiatsu* para sair de casa, além da óbvia necessidade psicofísica. Ouvi histórias muito semelhantes entre alguns deles. Dificuldades em aceitar a pandemia, medo, dores, tensões, síndromes, mas a aflição principal era enfrentar a rotina com outras pessoas dentro de sua própria casa. Apartamentos em geral pequenos, outros minúsculos, família com três, quatro, cinco ou mais, em espaços mal-arranjados, ainda com crianças, área de lazer fechada ou inexistente. *Home office* para fazer, se tivesse, limpar a casa, cozinhar, discutir uns com os outros – vários "não me dou com minha mãe" – falta de perspectiva e de dinheiro, aflições humanas, pouco lazer. Trancamo-nos. Escondemo-nos. Especialmente de nós mesmos. Ficar em casa de forma condicional é o episódio de não ter para onde fugir de nós mesmos. Nem trancando-se no banheiro, nem dormindo, os sonhos são dos outros. E aí, nessa pandemia, o que a maioria de nós fez? O que fez? Mais uma vez e sempre, como procedemos diante de tudo isso? Fugir de si e tomar porrada do ego e dos outros não é o que se está fazendo, mas a saída mais inteligente continua sendo o como estou passando por isso? Como é esta realidade que eu faço e que fazem para mim? Desconforto e tristeza por muito tempo em almas com muitas dificuldades para lidar consigo mesmas. Especialmente para os desassistidos.

Realidade para uns está além da junção do mental e do físico. Nos Vedas, encontramos a ideia de que a semente de uma árvore, com a intenção e energia de ser árvore que nela há, é realidade também. O invisível neste aspecto é parte da realidade. A abundância que a natureza carrega em si e que não aparece já é realidade. Os seres que nascem e morrem estão presentes nesta mesma realidade, pelo sangue, pela memória, pelos rastros, todos vivos de uma só vez.

Na medicina chinesa, o Coração é a morada da Mente. Mas como tudo nos textos milenares chineses, há detalhes preciosos por entre as palavras, os sábios criadores queriam dizer sempre algo a mais com elas. O órgão Coração governa o fogo, é o *Xin*. Ele bombeia o *Xuê*, o sangue que corre em nossas artérias e veias com a energia do *Qi*, ou *Ki*, ou *Tchi*. Um não existe sem o outro, sangue e energia. O fato que há outro Coração, o *Shen*, que é o berço da mente e do espírito. Se o *Shen* está em excesso, por exemplo, há insônia, ansiedade, nervosismo. Está fora da casinha, como se diz. O *Xin* e o *Shen* trabalham em sintonia um com outro e não há separação entre eles. Aliás, nada está isolado, separado, classificado como de costume para nós ocidentais. Os cinco elementos da medicina japonesa e chinesa – Água (Rim), Madeira (Fígado), Fogo (Coração), Terra (Baço) e Metal (Pulmão) –, fora as vísceras, são essencialmente um sistema interdependente. Como dia e noite, são o *Yin* o *Yang*, não existem em separado, são a mesma coisa em estados diferentes, em movimento. Como de líquido para gasoso. Portanto, para a cultura chinesa tradicional, há o duplo aspecto do coração. Uma só energia visível e invisível, o um e o múltiplo, entre a personificação do coração e o coração que se conecta com a harmonia do mundo. O espírito e a matéria. Ou seja, mais uma visão sobre a formação do real, a meu ver, desenhada por este binômio cardíaco. O físico e o mundo externo, do que vem de fora conectado ao criador de dentro.[1]

Em nossas vidas, estamos na mesma situação do *Xin* e o *Shen*, talvez falam da mesma situação. Ou seja, os dois são nossos corpos, sem divisões. O fato de estarmos nas redes, maquiando nossos corpos e fotos, de usarmos ferramentas que nos coloquem em cenários sem sairmos de casa, de criar sons e imagens, receber da imensidão das redes todos os dias milhões de informações, nossa existência está conectada com tudo isso, faz parte de tudo isso. Somos a inteligência que está no ar e que ajuda a realizar o real, seja ele material acontecido, pronto, físico, ou mesmo o universo virtual digital. É tudo realidade se multiplicando. O virtual não faz oposição ao real –outra história bem legal de se pesquisar e conhecer.

Nossas mentes dialogam como o mundo? Fazem parte dele? Ou, mais do que isso, produzem o mundo e são produzidas por ele? Tudo acontece numa interdependência, numa interação simultânea. As linguagens são a prova disso. Com elas criamos nossas culturas, ma-

1 La Vallé, Elisabeth Rochat de; Parre, Claude. *O duplo sentido do coração*. São Paulo: Editora Inserir, 2017 p. 49.

nifestamos nosso mundo imaginário, nosso enorme mundo de ficção e de invenção, tão mais presente em nossas vidas do que o biológico, o mundo fisiológico sem consciência. Os dogmas, as leis, o dinheiro, as crenças, as artes, uma dimensão histórica e cognitiva que os animais não têm. Não há outra forma de interagir com o mundo sem os signos, nossas casas, nossas cidades, nossos corpos, nossa fala, nossas leis, nossos costumes; simplesmente tudo o que o ser humano produz é simbólico, além, claro de matérias. Dessa relação, aparecem os clássicos elementos que nos dão a compreensão do mundo. O "o quê", o "quem", o "onde", o "por que" e o "como". Com eles, nós nos comunicamos o tempo inteiro e quase sem saber que estão em ação em nossa cabeça. Reflita e veja como são essenciais na nossa rotina. Por traz de toda ação, há o conjunto de perguntas e respostas que nos levam a fazer as tarefas gerais da vida, das mais simples às mais complexas. Mas de todos eles, o "como" os fenômenos acontecem pode ser o elemento mais complexo e interessante.

A propósito da pandemia, ou de uma simples atividade cotidiana, uma análise direta dos acontecimentos recai automaticamente nos elementos mais diretos e em suas superfícies. Mesmo que alguém pergunte: como passou pela pandemia? – Ah, foi chata, difícil. Como para todo mundo. Mas joguei muitos jogos, vi muita TV, comi muito, cozinhei, dormi, estudei, namorei (todos os "que", o que fiz). Fiquei em casa, fui ao mercado, caminhei no quintal (todos "onde" fui). Não vi nenhum dos amigos, não saí, obedeci ao isolamento ao máximo (o "por que"). Fiquei com a família; quando pude, levei minha avó ao médico; trabalhei na empresa com colegas seguindo padrões de segurança (com "quem"). E todo esse tempo fiquei até bem, ao fim estava entediada, meio medrosa, o tempo não passava, até preocupada, irritadiça, às vezes perdi o sono (o como). Estão todos aí. O relato parece completo, não é?

Quando saliento o "como" acima dos demais é porque é com ele, o "como", que poderíamos, ou deveríamos usar como a carta mestra, a experiência e a atitude mestras para realizar todas as outras perguntas e respostas. Ou seja, como você cozinhou (no "o que")? Como ficou em casa (o "onde")? Como ficou só (o "por que")? Como ajudou sua avó e agiu com colegas (o "quem")? Como se entediou (o próprio "como")? O "como" é a pergunta e a resposta, muitas vezes somente a pergunta sem respostas, a mais valiosa de todas. Como estou afinado ou desafinado diante da cidade? Como é que a cidade chegou a este ponto que ela é hoje? Como estou muito mais importante do que eu sou. Portanto, o "como" é definitivamente a chave que nos leva aos possíveis entendimentos, transformações e percepções que favorecem o movimento, a projeção e o estado de observação mais caro à vida. Porque esse processo de observação contínua de si mesmo e do meio e do outro nos coloca na dimensão dos ajustes e dos balanços, do movimento e das descobertas, onde menos ocorrem os julgamentos, os condicionamentos e as estagnações.

Como você está/esteve na pandemia? No isolamento? No Brasil, no longo e misturado processo de isolamento e de abertura simultâneos, no caos da desobediência e do desprezo aos pedidos das autoridades e às próprias contradições entre governos federais, estaduais e municipais, relembremos de passagem. Este país deve ser o campeão isolado no planeta do "cada um por si, deus por todos", um Deus e o Diabo na terra da desintegração.

Mas como de fato você está agora lendo isto? Esse meu como-consciência é um como existencial, fenomenal ou fenomênico, porque é na observação do estado que se encontra sua existência aqui e agora, onde existem uma presença e um estado de espírito. Talvez tenha uma ligação com o que parte da cultura clássica indiana denomina *Sat*, *Chit*, *Ananda*, respectivamente, existência, consciência e bem-aventurança

Um exercício simples e fácil de como praticar, de como estar no como-consciência. Caminhe. Ou ande pela sala. Caminhe observando todo o seu corpo. Como estou? Abandone todos os pensamentos possíveis, os que vierem não são seus, são do seu rádio interno ligado do encéfalo todo que não desliga. Deixe-os. Volte aos seus ossos, sua pele, sua temperatura, seu movimento acima de tudo. Dialogue sensitivamente com esse todo, observando-se sem julgar, sem classificar, sem reagir. Simplesmente sinta como seus pés se movimentam no ar e no solo. Suas articulações. Habite-se continuamente, pois é uma atitude que só você pode fazer, preencher-se de sentidos do como você é e está. Vivendo o presente, o estado de contato e de atenção se apresenta para você mesmo, como num *check-up* proprioceptivo, com emoções, sentimentos, sensações, inspirações. Muito lixo inútil, sua formação intelectual, seus gostos, suas histórias, seus desgostos, desafetos, nada disso terá valor. Dessa forma, assim, no "como" se faz a base inicial da nossa consciência, aquela que poderá amadurecer e sustentar todas as outras bagagens que você coloca por cima dela e que, na maioria das vezes, o afasta de si mesmo. Trarei a eutonia num capítulo à frente para visitar este inventário da existência tão importante e negligenciado pela maioria das pessoas.

Em outra forma direta, automática, imediata, muito comum para nós, relacionamo-nos com as pessoas pelo que elas fazem, com as atividades profissionais especialmente. Aí a maioria das perguntas e das aparências gira em torno do "*O que você faz?*" *Ele mexe com quê?* O tal do "que" é nossa maneira de estar no mundo mais automática para tratar de nós mesmos e dos outros. Sempre queremos saber o "que" aconteceu, o que ocorreu e, acima de tudo, o "que é". O que é esse vírus? O que você é? E o "quem" você é acaba no quase sempre no "que" novamente. Assim, preferimos qualificar, classificar pela definição de cor, raça, etnia, credo, nome, família, supostas origens, ascendências, e nas boas ou más situações, ligamos a pessoa com um feito relevante conquistado por algum parente ou por você mesmo ou mesma. "Ele é parente do político tal!" "Ela é uma empresária bem-sucedida".

O verbo SER, talvez seja um dos verbos mais complexos que conheço, no uso coloquial, e em meus pensamentos condicionados como os de todos nós, e que talvez sejam os predominantes. Tratamos o SER como uma espécie de mural no qual colocamos algumas fotos de quem ou do que falamos e observamos com facilidade. Pode ser um lugar, uma lembrança. Uma experiência. E geralmente esse mural de fotos pode ser pequeno, é um porta-retrato na verdade. Um índice simplificado em nossos arquivos, no qual nos é muito fácil e rotineiro carimbar um adjetivo com o verbo ser sobre qualquer coisa. E lá, no porta-retratos, colocamos nossa foto sobre alguém em forma de QUE/QUEM – "na foto ela está linda...", ou "esta é a casa em que eu nasci". Nossa cabeça parece muitas vezes um álbum de fotos? E é. Ininterruptamente imagem. Imagem sonora, imagem conceito, imagem-imagem-visual, imagem acústica, imagem olfativa, imagem tátil, imagem gustativa. Os sentidos todos, o corpo todo os constrói, participa das imagens em seus ambientes sensitivos. Adjetivamos pessoas, objetos... o mundo por meio de revisões deste álbum. Estamos sempre, a cada instante da vida, renovando e reeditando álbuns com as experiências, com as memórias e novidades, atividade rotineira e natural de comparações e qualificações. Não paramos de comparar, de atender a sede de identificar, de gostar ou de desgostar, de execrar ou desejar. Nessa história toda, o fator "que" é o critério mais querido da mente, acredito eu, porque é o mecanismo mais eficaz de sobrevivência e pelo qual se relacionar com os desafios da natureza e da própria vida. Selecionamos o que queremos e o que precisamos por meio da seleção do "que" é melhor para nós. O que é mais perigoso e o que não é, por exemplo. A mente/cérebro, de fato, é – ia dizer "máquina", mas detesto o uso neste caso – um especialista seletivo muito bem-sucedido neste aspecto. Bastante atento e administrador de nossas influências, dos fenômenos culturais e de nossos condicionamentos. Percebe, interpreta, seleciona, julga. Assim é a lógica da descrição das coisas e dos fenômenos que nos chega aos sentidos todos. Não só aos cinco sentidos especiais e tradicionais – visão, audição, tato, paladar olfação –, mas os outros dois que geralmente são ignorados: a própria mente pode ser considerada mais um sentido em si; e a propriocepção, que é o sentido mais discreto. É aquele que lhe permite saber se você está em pé ou sentado, inclinado ou ereto, sentado segurando este livro em tal postura e com a pressão correta nas mãos e dedos para segurar os objetos. Você FAZ isso e não sabe que faz, não precisa saber que faz. A cada milésimo de segundo, seu sistema nervoso, pele, tudo envolvido, a começar pelas plantas dos pés, lhe informa o que está acontecendo do chão à sua cabeça, por exemplo. Sem este sentido, a propriocepção, nada feito. Você não conseguiria caminhar. Falaremos adiante sobre este sistema somestésico de forma mais detalhada.

Como é minha casa? Por quanto tempo ela está assim? Se eu fizesse um teste agora e perguntasse a alguém como foi seu dia, as respostas usuais são: "Foi bem... trabalhei e voltei pra casa, normal..."; *"O dia foi péssimo, trânsito, chefe chato, a cidade me cansa"*. E também poderia perguntar a alguém se ele ficou em casa e como foi? "Aproveitei e assisti a muitos filmes, dormi, comi. Mas moro num apartamento pequeno, quase fiquei louca"; ou "Não fiquei em casa, não concordei com as recomendações da OMS e saí e trabalhei todos os dias, e não usei máscara porque tenho direitos".

Não é o "que", mas o "como". O "como" as atitudes acontecem ou são percebidas e executadas é o grande diferencial para tudo. Como fiquei em minha casa? Eis a questão principal para tudo na vida: o "como" fazemos a coisas observando a ação de outro ponto de vista que não o automático. O que fazemos é importante, claro, mas acabamos ficando na mera descrição ou citação de algo que fazemos, como se estivéssemos fora da ação. Ou como se não tivéssemos a capacidade de perceber ou vivenciar de que maneira estamos realizando nossas rotinas, nossos comportamentos, nossas reações frente ao mundo, às pessoas e, principalmente, a nós mesmos. Você come? Sim, todos comemos. Mas como você come? Bem, e você, ficou em casa? Qual casa? Eu fico sempre atento quando vem uma frase do tipo "o importante é ser feliz". Pode parecer moralismo, mas não é importante ser feliz sozinho neste mundo hedonista e individualista, narcísico e de desejos sem fim. O importante é, antes de mais nada, "como" ser feliz. Habituamo-nos a aceitar a ideia "se está feliz, é o que importa..." Será? No senso comum, está certo, é uma frase de efeito coloquial, de momento espontâneo. Mas o buraco é fundo e delicado.

Na minha visão, de que estou profundamente convicto, só serei feliz no plural, quando meus limites de felicidade encontrarem e respeitarem a felicidade do outro, algo maior do que minhas vontades ou que, no mínimo, não dependa de ninguém para sê-lo. Portanto, uma afinação da felicidade se faz necessária também. Para a orquestra da felicidade soar afinada, há o todo que é maior do que a soma das partes. Muitos já me disseram: isso é moralismo orientado por uma visão orientalizada e religiosa de mundo que está longe dos brasileiros, ou moralismo que impõe ao indivíduo o que ele deve fazer e submeter-se ao social, ao todo, em detrimento da sua individualidade etc. A singularidade é outra coisa. Esta trata das necessidades, talentos, dificuldades e diferenças de uma pessoa em relação à outra e à comunidade, por meio das quais um indivíduo pode e deve ser respeitado e gerar respeito às demais singularidades. Individualidade e singularidade têm diferenças tênues, da mesma maneira que vejo a diferença entre prazer e felicidade. Outras duas situações diferentes que podem decidir a diferença entre o êxito ou o fracasso. No Capítulo "Casa Pêndulo" o assunto voltará.

A discussão de fato é longa e pertinente. Mas não creio haver mais espaço para relativizações no mundo em que estamos vivendo e viveremos. Nem há espaço para uma sociedade que não saiba equilibrar a balança entre direitos e deveres. Esta medida de afinação é a chave de sucesso universal que pode desde decidir a vida de um casal que queira dividir suas vidas em paz e amor até definir a sobrevivência da população mundial que terá de matar a sede e a fome de forma civilizada num futuro não tão longínquo. O "como" é tão importante que está acima do preconceito. O preconceito acontece na maioria das vezes porque é baseado no "que" a pessoa é, e não no fazer, no como ela é. Este como está ligado ao verbo FAZER e não ao SER. Então, na verdade, é o como fazemos as ações, como fazemos aquela relação com o mundo que importa, não o que se é. Por exemplo, vivemos nos tempos de reflexões e aperfeiçoamento da legislação do casamento gay e a consequente adoção de filhos por parte desses casais. Um avanço cultural, felizmente, que não deve ter retorno, a menos que um surto passageiro de puritanismo e de intolerância surja aqui e acolá. Mas sempre passará, não resistirá, creio eu. Bem, você me acompanha? O que quero dizer com isso é que os detratores da homossexualidade que geralmente a veem como uma opção de fantasia, também são aqueles que não percebem que o que importa não é se alguém é homossexual ou não.

O que importa é como alguém realiza os atributos e as responsabilidades da pessoa humana, individual e socialmente. Ou seja, melhor um bom pai e uma boa mãe gays em uma relação carinhosa e responsável com os entes queridos, do que um pai e uma mãe heterossexuais que batem nos filhos, que negligenciam o amor à família. Então, para mim, definitivamente, é mais inteligente e produtivo à sociedade quando a ética, que está no fazer, é mais significativa do que as escolhas absolutas, do que as classificações em gêneros em função de crenças. No fim, a liberdade do outro que, reciprocamente, sintonizará a sua liberdade com a minha. É mais um dever do que um direito. A liberdade individual é mais um direito do que um dever. A afinação está nesse jogo de alteridade, na qual a ação de libertar o outro gera um eco afinado que retorna para mim numa energia contínua que pode favorecer a criação de um ciclo virtuoso. Recordo de uma figura de linguagem maravilhosa criada pelo ótimo Rubem Alves, o educador e escritor morto em 2014. Minha memória pode me trair sobre sua autoria, mas arrisco. Ele dizia que a vida ou as relações entre humanos se tornam um inferno quando baseadas na competição comum. Parece que não gostamos de perder nada e nem de ninguém, então agimos como se faz num jogo de tênis, por exemplo. Um tem de eliminar o outro. O jogo é este. Mas se quisermos criar um ciclo virtuoso, paz, amor, caminhar juntos no céu, joguemos tênis de praia, o famoso frescobol. Neste, note, o jogo é favorecer o parceiro, pois não há adversário. Na verdade, neste jogo há um parceiro para o qual é necessário facilitar o lance com a bola para o jogo seguir. Quanto mais sintonia, mais jogo e diversão. Seria um sonho a vida em uma sociedade frescobolizada.

Os impressionistas, sim, as pinturas impressionistas, por exemplo. Pinturas podem carregar muitas ideias, entre elas, conhecimentos sobre a forma, reflexo da forma de pensar. Se o pintor tinha consciência disso ou não, se pretendia fazer isso ou não, não importa, a obra fala por si.

As históricas obras de arte da virada do século 19 para o 20 geralmente trazem em si temas banais como elemento de conteúdo. Lagos com flores, arranjos de flores e frutas, pontes, retratos de anônimos. Não precisamos ir longe. Veja um Monet, seus Nenúfares, plantas na superfície de lagos e praticamente toda a sua obra mais conhecida. Vejamos num Monet e num Munch a mesma ideia.

Figura 1.8 – Detalhe de Ninfeias, 1916, Claude Monet. Fonte: Pinacoteca de Munique. Foto de Luiz Otavio de Santi.

Figura 1.9 – Mulher em vestido vermelho, 1903, Edvard Munch. Fonte: Pinacoteca de Munique. Foto de Luiz Otavio de Santi.

O assunto na obra está em segundo plano, e a forma como se trata o assunto é o mais relevante. A forma é quase sempre dominante. Forma é conteúdo em vários casos. Forma supera conteúdo. O carro é bom? Sim, mas se é feio, não vende. O *design* é tudo na indústria. A alma está na capa. As embalagens são mais importantes do que os produtos dentro delas? Em alguns casos, sim; em outros, não. Mas conteúdo e forma são de igual importância para o produto sobreviver no mercado. Paisagens, pessoas, flores, o mundo que nos cerca, a forma, a informação estética em cada objeto. A obra de arte ganha relevo quando criamos ou atribuímos outros sentidos aos objetos, ao olhar, ao mundo, e assim acontece quando damos uma demonstração de mudança de percepção e de entendimento sobre o modelo. A cópia mimética do mundo não chama tanta atenção como o traço autoral sobre a linguagem. Melhor, até chama por um caminho invertido. É comum fazer o caminho inverso muitas vezes. Olhamos uma paisagem e dizemos: nossa, parece uma pintura! Interessante isso, não é? Trocamos o mundo pelo signo e vice-versa, misturamos no senso comum o real e o copiado, e mal percebemos que no fim não há um e outro, mas olhares e possibilidades essencialmente. Então, o valor da cópia, do que é parecido na cultura popular, digamos, geral, é de apreciação automática, condicionada. Essa ilusão é buscada quando fotografamos uma cena de viagem, um momento de alegria em grupo, em paisagens e festas de forma a tentar perpetuar aquele momento, guardá-lo para sempre como arquivos de nossas vidas.

Amamos rever estas imagens e sentir a satisfação de ter estado ali naquele momento, como uma conquista inexorável e íntima. E a imagem da foto somada à impressão da memória de cada um faz do fato uma realização mágica. Especialmente porque a cópia da paisagem está lá. E o artista que mostra seu talento em retratar fielmente o mundo, que consegue imprimir uma atmosfera viva em algum dispositivo que se preste para isso tem uma habilidade que, ah, sim, é valorizada pelo instinto da cópia.

"Parece real!", dizem uns. E quando no local, no lugar "real" em que se manifesta o êxtase ou a surpresa em observar, outros dizem "parece uma pintura!" Assim são os propósitos dos museus de cera, dos parques de diversão norte-americanos, especialmente, que nos fazem sentir com detalhes e precisão a brisa do voo da nave ou do pássaro, a vertigem de um penhasco e por aí vai. Pagamos para sentir a mágica da cópia precisa do que já conhecemos ou imaginamos do mundo visível e até imaginário. Porque o que importa é o como se faz a viagem a cada vez que o sensorial entra no prazer da surpresa e da ressignificação. Portanto, o prazer de entrar em contato com cada novo signo que aparece para nossos sentidos. Assim sendo, a cada "como" na vida, um abraço novo entre a memória e o novo, entre uma experiência marcada no corpo, visitada por outra experiência que se relaciona a ela, renovando-a, colorindo-a, afirmando-a.

Num caminho paralelo, encontram-se as obras de arte, pelo menos muitas delas. A aparência do mundo é um ponto de partida apenas, cujo distanciamento pode chegar ao absoluto abstracionismo; e, em vários graus e estilos, mantém-se alguma relação formal com o mundo visível e físico. Como é o caso das pinturas retratadas nas

Figuras 1.8 e 1.9. Um retrato, uma montanha, um lago. Dessa forma, entendo que o *como-consciência* exerce nossas ações e é definitivamente mais interessante do que as formas estereotipadas, simplistas, bipolares que aparecem em maioria. Seguindo o quase centenário Edgar Morin, ainda produzindo, que há tempos trabalha a urgência do pensamento complexo em nossas vidas, a contaminação dele no seio de todas as culturas, especialmente as mais cartesianas. Ele diz[2]

> Ilusão é confundir complexidade com completude. É verdade, a ambição do pensamento complexo é dar conta das articulações entre os campos disciplinares que são desmembrados pelo pensamento disjuntivo (um dos principais aspectos do pensamento simplificador); que isola o que separa e oculta tudo o que religa, interage, interfere. Neste aspecto, o pensamento complexo aspira ao conhecimento multidimensional.

Para ele, o pensamento complexo tem aspiração a um saber "não fragmentado, não compartimentado, não redutor, e o reconhecimento do inacabado e da incompletude de qualquer conhecimento". Mais uma vez, o nosso como-consciência é uma pergunta, um problema contínuo, e não uma resposta nem uma solução disjuntiva, eliminadora da complexidade. Como diz o ditado, a pergunta vale muito mais do que a resposta.

Exemplo que pode tentar desenhar a diferença entre a benção do pensamento complexo e o simplismo do pensamento disjuntivo. Infelizmente, este último é que abunda tanto como o oxigênio no ar. Formação e dinâmica sociais, a pobreza e a riqueza. Por exemplo, é comum ouvirmos a máxima "se é empregada doméstica, é porque não serve para outra coisa". Ou, "se é pobre, é porque não tem capacidade de ascender, de progredir". Portanto, ambas as conclusões partem do princípio da meritocracia – tão devotada nos tempos atuais – de competitividade social e humana, tal qual acontece no mundo selvagem:

2 Morin. *Introdução ao pensamento complexo*. Sulina: 2005, p. 6.

o mais forte leva, sobrevive. Um darwinismo disjuntivo e simplório muito equivocado, erro grosseiro quando levado ao contexto das relações humanas e da inteligência. Nós herdamos dos animais o cérebro reptiliano, aquele bem na base do encéfalo, que nos dá a luta-e-fuga, os instintos, a sobrevivência. Mamíferos também têm em comum o sistema límbico, que são as emoções, sentimentos, proteção familiar, memória. Mas eles, os animais, não herdaram de nós o neocórtex, aquele que pensa e simboliza, que tem linguagem e tem consciência da própria morte. Mas este neocórtex, infelizmente, não garante de forma automática que saibamos pensar bem, pensar inteligentemente com naturalidade. Pensar bem é uma habilidade a ser treinada.

Uma metáfora para tentar desenhar a diferença entre o que é o pensamento complexo e o disjuntivo? Uma bela imagem de domínio público, não minha. Algum sábio já pensava na complexidade das vidas e das coisas, dos fenômenos que nos cercam, sejam quais forem eles. Ao contemplarmos um vale com um rio sinuoso, vemos a relação entre a água e a terra. Quem moldou o caminho do rio? O simplista tende a excluir a complexidade e descarta um elemento e diz: é a água. Já o pensador da complexidade enxerga o que não se vê, mas está lá. Ele dirá: o rio molda a margem e a margem molda o rio. É o conjunto, é a complexidade comum à mostra. Ainda podemos acrescentar os ventos, o tipo da terra e de pedra envolvido na geografia, o tipo de água, o relevo. Partes interdependentes formam a realidade que nos parece simples e objetiva e, mais, parece nossa. O nosso olhar enquadra o que o nosso equipamento biológico sensitivo descreve como realidade, uma realidade aparentemente estável e palpável, visível. Nada é assim. Quem projeta a simplicidade são nossos olhos, nossa intenção, nossos ângulos de escolhas.

Outra linda tirada metafórica recebi de um monge, é o caso do arco-íris. Ele existe? Sim, está lá no horizonte, lindo e luminoso. O folclore diz até que no pé dele há um pote de ouro. Por quê? Porque o folclore não é bobo. É exatamente porque ele existe como uma convenção/fenômeno fugaz apelidado de arco-íris, mais lucidamente apelidado em inglês de "arco de chuva", o *rainbow*, que nem no horizonte está, simplesmente se funde com ele. O fato é que este fenômeno da natureza acontece de forma efêmera para nós quando três elementos essenciais se juntam: a luz, a chuva e o olhar do observador. Sem a luz e a chuva, não temos nada. Sem nosso olhar, o fenômeno estará lá, na natureza, sim, recorrente sempre mundo afora, mas por si não tem nem nome nem existência consciente. O pensador da complexidade tem de considerar esta lógica do que é semovente, relativo, interdependente, dinâmico, relacionando causa e efeito. Portanto, mais próximo e ciente da dinâmica da construção de realidade. Caso contrário, acreditará no pote de ouro no final de uma das pontas do horizonte. E acreditará na força do mérito exclusivamente como potência determinante de quem merece ou não sobreviver. Assim, prefiro eu colocar minhas energias num mundo com pessoas mais lúcidas e solidárias, virtudes sem as quais não poderemos construir a paz como indivíduos e muito menos como seres sociais.

Vi que não há Natureza,
Que natureza não existe,
Que há montes, vales, planícies,
Que há árvores, flores, ervas,
Que há rios e pedras,
Mas que não há um todo a que isso pertença,
Que um conjunto real e verdadeiro
É uma doença das nossas ideias.
A natureza é partes sem um todo.
Isto é talvez o tal mistério de que falam.
O Guardador de Rebanhos, XLVII, de Pessoa – Alberto Caeiro

O grande Darwin ficou para a história, você sabe. Depois de muito trabalho e expedições científicas pelo mundo, concluiu que a evolução das espécies tem uma razão infalível e simples. O ser mais adaptado às mudanças, às dificuldades da vida, sobrevive. Ou seja, aquele que aguenta mais a fome, a intempérie, o predador, passa seus genes para gerações futuras e, neles, as habilidades da sobrevivência. O futuro incorpora a adaptabilidade ao meio. Pois bem, assim é que o pensamento dualista simples, disjuntivo, observa o mundo e a evolução do social. A riqueza material prospera na mão dos hábeis, dos espertos e dos oportunistas preparados. Não é mesmo? Estamos juntos? Assim é a justificativa dos adeptos da meritocracia, que, por sua vez, se apoia num pensamento simplista facilitador. Quem trabalha sobe, quem é capaz sobe, quem luta ganha, quem busca encontra. Um mito da selva e do estilo *self made man*, aquele que se fez na coragem e no sangue. Era carroceiro e virou dono de uma fábrica de carroças. Certamente, nem na natureza nem na sociedade um inativo ou um preguiçoso têm boas chances. Isto é óbvio. Trabalho é uma oportunidade a ser desfrutada e abraçada com amor e respeito. O fato é que a meritocracia, o chamado atualmente de "capitalismo meritocrático", adotado por fanáticos convictos, por si só, não explica, não dá conta da complexidade dos fatos. Melhor dizendo, acho que a despreza. É mais fácil. Simplesmente porque na sociedade em que vivemos as mesmas regras valem para todos, mas as oportunidades não. Não somos animais para aceitarmos que o mais forte vença porque a luta é totalmente assimétrica. As chances e oportunidades de avanço de uma criança nutrida e bem preparada, com berço, são muito maiores do que o mesmo ser, com a mesma idade e constituição, avançar se a este não for dado um mínimo de condições de competir. Vale? É uma meia verdade ou uma verdade inteira? Totalmente inteira. Como pode haver igualdade social sem igualdade de oportunidades? Quantos meninos e meninas com extremo dom de se tornarem pianistas têm a chance de fazê-lo se ao menos nem os pais sabem o que é um piano? E o contrário é verdadeiro, com raríssimas exceções do acaso e da sorte.

Nessa mesma esteira, olhamos um jovem alinhado na rua e um desalinhado. Para qual calçada você escolheria ir se tivesse cismado com um assalto? O que o cérebro está preparado para executar em sua forma imediata e infalivelmente burra? Optar pela aparência em virtude de um preconceito. Sim, o cérebro é "burro". Tem mania de agir por impulso, por preconceitos, por uma lógica de autodefesa e, o pior, vicia na trilha mais curta e mais fácil. É mais fácil operar a realidade pela visão burra imediatista e disjuntiva. Ou seja, preto, pobre = ladrão. Índio na cidade = deve estar bêbado. Cabeludo = maconheiro-rockeiro. Rico, limpo = educado e seguro. Afora muitos outros estalos de burrice que nos recobrem a todo momento: todo judeu é sovina, todo o chinês é trambiqueiro, todo argentino é grosseiro, todo gay é meio louco. É neste exato momento que se revela o pensamento disjuntivo, que separa, distingue e simplifica de forma dualista, dando luz à separação entre o bem e ao mal. Fácil e imediato. Disjunção combina com estereótipo, e ninguém está livre de estereótipos. Ele é natural quando viajamos e queremos tirar uma foto da Mona Lisa no Louvre, da estátua da Liberdade em Nova York, do Coliseu em Roma, por exemplo. Carro chique é *status* e para quem está bem de vida, e um dos maiores deles é um adereço: a gravata. Operamos facilmente com as armadilhas da estereotipia de nosso processamento burro cerebral. É mais fácil, não dá trabalho e dá prazer. Assim, fazemos nossas escolhas e damos nossas precárias opiniões. Palpitamos livre e ingenuamente pela força da miopia da disjunção. Adoramos palpitar em quase todo assunto, não é? Nossa mente sofre, desculpem os neologismos, de soberbânsia, de onipresencismo, xeretismo, centromudismo, "umbigalidade", AXMO = achismo. Achologia. As redes revelam aos montes os achologistas de WhatsApp e do Facebook.

Sim, nosso cérebro/mente + educação, esse conjunto levado, traquinas, é uma maravilha do Universo para mim, uma obra-prima da natureza. Mas é também burrão. Ele cede facilmente em acreditar em si mesmo e nas histórias que cria, que pensa que viu, que lembra que estudou. Entre o sonho e a vigília, dá uma de gostoso e de mimado. Atualmente, não sei como era antigamente, difícil encontrar alguém que diga: "Não tenho opinião sobre isso, não sei nada sobre isso". Ou simplesmente: "Não sei". Especialmente em telejornais, nos quais há muita gente boa envolvida, mas quando estamos diante das câmeras sentamo-nos no centro do Oráculo de Delfos. Entrevistados sabem de tudo um pouco. Adoraria ver um dia algum deles, ou todos eles, inclusive a jornalista, dizer no ar: "Não sei"... E o outro: "Também não sei". E o tempo no ar flutue no silêncio. Impossível, impensável o silêncio na TV, seria o mesmo que parar de respirar. Temos outros exemplos? Milhões. Um deles comum que desenha o pensamento binário determinista. Determinismo, ótimo termo para melhorar o desenho da coisa. Somos deterministas quando determinamos, afirmamos por pré-conceito, por hábito, numa espécie de automatismo de repetição de dejetos culturais que tal etnia é melhor do que uma outra. Que se você não rezar, algo de ruim pode lhe acontecer. Que toda esquerda é esquerdopata. Que toda a direita é careta e racista. E assim vai ladeira infinita abaixo. Portanto, o determinismo é uma disfunção mental cultural comum demais em nossas vidas? Totalmente, uma caquexia pensamental. Vivemos com medo de doenças por conta da família. Meus tios morreram com tal doença... genética da família, tenho medo! Determinismo puro de um pensamento disjuntivo. Adoramos os atalhos para tudo, especialmente os do pensamento. Trilhamos os atalhos da ilusão com muita facilidade. Para os generalistas deterministas, os inimigos são sempre comuns, ou seja, o político ataca a imprensa como se ela fosse uma só. O conservador e o revolucionário vêm o outro como apenas um inimigo comum. Risível.

Hoje as pesquisas mostram que o que você faz com sua genética é tão ou mais importante do que a herança genética carregada. Ou seja, bom médico ou cientista é o que pergunta mais, que chama a dúvida e a incerteza. Ou seja, o chamado epigenético, o como nós vivemos, o que fazemos na vida com o organismo, como gerenciamos todos os fatores do viver é que desenhará o destino da vida. O Brasil é assim porque foi colonizado por portugueses e não por ingleses... Vamos rir. Como disse, todo bom profissional valoriza mais as perguntas do que as respostas. Vivemos, parece, numa tarefa de matemática: tem de ter o resultado preciso.

Noutra perspectiva, definitivamente ampla, multidimensional, que se presta a observar a complexidade dos fatos, o pensamento complexo inclui na análise as possibilidades e suporta o talvez, a incerteza, o "quem sabe", o "por que não" e, principalmente, a multifatorialidade. Assim, no jogo das regras sociais comuns no panorama do cada-um-por-si num capitalismo sem alma e sem estado, como é o caso brasileiro, custa existir um projeto persistente de oferecimento de oportunidades iguais para todos. Aí, sim, poderia entrar o sistema meritocrático: todos com a mesma chance, que vença o melhor. Caso contrário, dependemos do pensamento complexo para entender que a realidade vem sendo construída segundo as leis da selva, do *apartheid* social definido por ilusões, por sonhos e pesadelos. A complexidade não tenta dar conta de tudo, ela indica que há um jogo de variáveis e de fatores que, muitos "talvezes", muito provavelmente, não levará a nenhuma afirmação possível. Não é possível ser assertivo e preciso. A ciência faz um foguete chegar à Lua com precisão, mas isso é outra história, isso é ciência exata. A vida não é ciência exata. Bobagens como se o Brasil fosse colonizado por ingleses ele seria um país melhor. Você já deve ter ouvido alguém falar isso. Como é possível afirmar isso? Mais uma vez, o conjunto traquinas mente-cérebro + Educação agindo. Impossível comparar Austrália com Brasil, por exemplo, já que inúmeros fatores estão envolvidos neste enorme processo histórico que, com certeza, é um quebra-cabeças. Há mais de 500 anos outros incontáveis fatores de dominações, de escolhas e de preconceitos, de guerras mundiais, de intempéries, de jogo político, de influências climáticas e uma bolada de outras influências formaram e ainda formam nossas culturas e esses fenômenos múltiplos e complexos que chamamos de "Nação". Não há como reduzir num sistema precário de simplificação e de exclusão tantos ingredientes e possibilidades para compreender as realidades possíveis que nos definem e que nós definimos todos os dias. Um ciclo interminável e dinâmico. Temos de atentar para tudo aquilo que "oculta tudo, o que religa, interage, interfere" no processo de interação social e, principalmente, na forma de pensar. Aprendamos a pensar! Avante, inteligências! Pensar não é só pensar, deixar fluir as ideias automáticas que emergem a todo instante, as quais chamamos de "minhas". Minhas ideias, meu pensamento. Esse processo é muito mais complexo do que isso, dessa visão romântica e egoica.

O pensamento depende para existir de muita proteína, de muitas reações conscientes e inconscientes, e até das manias que o próprio cérebro gosta de manter. Pensar de verdade é observar os pensamentos e as conclusões desorganizadas que nos aparecem para, depois, reeditarmos-os com o compasso da complexidade, esse seria o melhor desfecho. Pensar com P maiúsculo é pensar sobre o seu pensamento antes de passá-lo aos outros. Geralmente, sem essa atenção, nossas comunicações podem ser simplistas, reducionistas, preconceituosas e condicionadas. O determinismo nasce disto: ser pensado por um pensamento, como diziam os existencialistas. É linda essa imagem. Ser pensado por um pensamento. Ou seja, no fim, a maioria das nossas ações mentais é cópia e reflexo de condicionamentos sociais, influenciados pelo momento e pelo interlocutor com quem você está em diálogo. A reflexão sobre o pensar, aqui, não tem nada a ver e não contradiz o racionalismo científico, nem com a prática dele. Ele é fundamental para nossas vidas, para a sobrevivência, para o avanço da civilização. O cirurgião, em plena ação, o cientista em suas conclusões têm de trabalhar com decisões práticas, com certezas, não há margem para erros; portanto, o sim e o não são questões da lida com o funcionamento da natureza das coisas, lidar com a vida e a morte. A ciência tem de lidar com a causa e efeito, com o sim e o não.

A análise aqui sobre o pensamento complexo é definitivamente uma reflexão epistemológica, um recorte para a episteme. Um olhar sobre o modo como dialogamos uns com os outros e com a geração de pensamentos, de ideias e de julgamentos. O como geramos significados e sentidos a partir de nossas mentes. O médico, na urgência médica, tem de escolher se é o ovo ou a galinha, tentando não errar, tendo a ciência para norteá-lo nas decisões práticas. Mas se ele mesmo, em outra circunstância, encontrar aquele paciente na rua, uma desavença qualquer entre eles pode acontecer simplesmente por um equívoco no pensar e no agir, nas paixões condicionadoras pela razão banal. Quando não estamos "pensados por um pensamento", evitando vícios do pensamento bruto, ao contrário, pela consideração à realidade dos fatos e das possibilidades de leituras de realidade, não há mais espaço para o ovo OU a galinha, o é ou não é, mas sim um espaço complexo para nos respeitarmos indo além do determinismo, de preconceitos, de pensamentos automáticos que empobrecem a realidade. Se é político, é corrupto; se é comunista, é assassino; se é pobre, é burro: uma usina de estereótipos, como se pensar a todo momento fosse uma necessidade científica.

Se seu interlocutor muda, você poderá negar tudo o que dissera para o anterior. Portanto, chama-me a atenção o quanto o determinismo é uma faceta humana extremamente violenta. Ser determinista, convicto ou não, geralmente quem o é não o sabe, é uma possível bomba a explodir a qualquer momento contra alguém ou algo. E se o Estado ou uma cultura toda são envolvidos num determinismo político, étnico, social, econômico, enfim, num determinismo puro nutrido por uma total falta de sensibilidade e inteligência do pensar, o caos e a barbárie são inevitáveis, a violência é certa.

O nazismo dos anos 1930/1940, a Guerra do Vietnam, a Guerra Fria, a Guerra do Golfo, os extremismos religiosos e suas facções fanáticas, o terrorismo, inúmeros outros fatos da história humana, em praticamente em toda ela, e a ignorância determinista associada ao interesse econômico vêm transformando o mapa do mundo e decidindo a vida e a morte de milhões de seres humanos. O processo segue, neste início do século 21, com as mãos de ferro e as atitudes belicosas daqueles que estão embotados com suas certezas, adoentados por uma regência de pensamento que os faz reagir sem saber que por trás de seus atos há um pensamento que os comanda e os enlouquece.

Todo ser violento está num transe de ódio e de poder determinado por alguma infestação de certezas absolutistas e simplificadoras. Infelizmente, a má notícia, analisando-se com clareza e isenção, é que esta violência parte especialmente desta disjunção racional advinda das culturas e de suas deficiências, mas não podemos desconsiderar a violência como produto daquele cérebro reptiliano que herdamos dos dinossauros e das graves patologias que levam um ser a cometer atrocidades. Vejam-se os mais loucos imperadores romanos e inúmeros outros mundo afora, os *snipers* alucinados, os atiradores disparando a sangue frio matando em escolas e em multidões. Pessoas atiram nas outras em um cinema não por diversão ou ato político, mas por doença. Uma doença também vinda de um delírio e de uma alucinação criada nalgum tipo de impulso assassino do bem contra o mal.

Nestes tempos de agitação política, de extremo despreparo dos animais políticos mundo afora, os meios de comunicação vêm cumprindo seu papel com uma força de produção como nunca vista antes. Afinal, no mundo de hoje, são o aqui e o agora inventados e contados quase ao vivo, às vezes com a impressão de ser antes de tudo propriamente acontecer. Nos melhores casos, entre a TV, o celular e o computador e tudo junto, chegam a nós fatos e notícias relatados com algum mínimo critério de seriedade e competência. Em muitos outros, de fato, não. *Fakenews* e uso indecente de meios e canais públicos de comunicação são muito frequentes. Ocorre que, tanto elas quantos seus consumidores, em geral, pelas críticas que ouço sobre os mais diversos assuntos, entram em conflito porque o determinismo está mais presente do que nunca. Especialmente no mundo polarizado de hoje, e de quase sempre, para uns a emissora tal é lixo; para outros, um exemplo de jornalismo. Nem lá nem cá.

Os detratores de tudo, inclusive, são aqueles que não sabem fazer aquilo que criticam. No caso, como hoje o grande poder são as mídias, e somos parte delas felizmente, critica-se uma empresa de jornalismo sem nunca se ter escrito uma matéria ou visitado uma redação, ou sem nunca ter visto como funciona um canal de televisão. A maioria não se dá conta de que uma emissora X e outra Y não são uma meia dúzia de pessoas atrás de um computador e uma câmera. Trata-se, na verdade, de um mundo dinâmico de gente, de opiniões divergentes entre si, de trabalhadores e de tecnologia, com os quais um jornal vai ao ar levando muitas contradições, com matéria viva e quente, com defeitos e acertos, com improviso e muito suor. Noutro dia, o mesmo jornal pode se inclinar para um lado diferente, outras divergências aparecem e ganham sua vez.

Por mais que uma empresa de comunicação seja de uma família ou de um magnata com posições políticas bem definidas, a produção feita em suas empresas é complexa e chega a ter boa parcela de conteúdo livre e dinâmico. Nada É alguma coisa. Como se uma TV fosse um time de futebol. Quem torce para time A é assim, quem torce para time B é assado. Simplório demais. Em toda produção boa de conteúdo e de realidades deve haver contradições. Eliminar contradições, dentro do erro e do acerto, é mecanismo de disjunção e simplificação, de pauperização do discurso. Inclusive em empresas tidas como de direita ou de cima ou de baixo, trabalham pessoas que foram da resistência à ditadura militar ao mesmo tempo em que existem aqueles mais neutros e outros neoliberais.

É fato. Todas as famílias do mundo, que eu saiba, são as unidades básicas de onde partem as divergências diárias de opiniões e de valores. No entanto, é uma unidade familiar que se sustenta como tal, às vezes não, mas muitas se sustentam nas diferenças. É nelas que podemos e devemos aprender o que é a complexidade. É papel dos leitores, dos espectadores, mais uma vez, saber que, no fim do horizonte, não existe um pote de ouro ou um pote de veneno. Num arco-íris está o mal; no outro, o bem. Cabe a cada um de nós enfrentar os fatos, as notícias e as tendências com discernimento e espírito crítico livre, com a consciência da necessidade do exercício do pensamento complexo. Somente com o usufruto da complexidade é que a inteligência prevalecerá sobre a violência.

Um lugar de larga experiência determinista, de dualismos e de disjunções são as redes sociais. A tecnologia chegou bem antes da melhor formação de seus usuários. Nós, usuários do milênio digital, da era informática e cibernética, estamos quase todos ainda com a mente dos séculos 18, 19 e 20. Alguns nem saíram da pré-história. Usamos essas maravilhosas ferramentas nas mãos, como os *smartphones*, como se um bosquímano, um cavernícula de 30 mil anos atrás usaria uma caneta esferográfica, ou um telégrafo código Morse, algo assim. É só visitar as redes e ver o que abunda: brigas, conflitos de opiniões, especialmente políticas, num achismo estratosférico e pulsante. Junto, vêm as mensagens raivosas, agressivas, violentas, até ameaçadoras. As *fakenews*, o que dizer a respeito? Mais ainda, a maioria dos indivíduos que as consomem as repassa automaticamente, uns por ingenuidade, outros nem tanto. Para os olhos do usuário da internet, assim como o da TV, não há diploma ou nível de instrução imunes. Os sábios, para tudo, diga-se, são raros. Inteligência e informação não são sinônimo de conhecimento. O que vi muito no mundo acadêmico, aliás, é isso, muitos racionalismos e muita pose e bem pouca sabedoria. Especialmente sabedoria do viver em si.

Para estas discussões opinativas definitivamente baldias, ocorreu-me uma alegoria sobre a guerra das guerras, a famosa Guerra de Troia. Cidades gregas – Troia localizada na Turquia de hoje – envolviam-se em disputas políticas, mas principalmente em sua mitológica versão. A Guerra de Troia se deu pelo sequestro, por Teseu, da linda espartana Helena. Como toda guerra é estúpida e inaceitável, o conflito gerou o famoso cavalo de Troia que todos conhecemos. Aquiles, o grande soldado da guerra, o poderoso guerreiro, morre com uma flecha envenenada no calcanhar. Hoje dizemos que um ponto fraco nosso é um calcanhar de aquiles. E a poderosa e maravilhosa internet, que mudou o mundo e a nós mesmos, tem um calcanhar de aquiles. Não matará jamais a www, mas é uma ferida longa a ser tratada. Não é culpa da internet, como nunca é culpa do veículo, que, para os violentos e para os radicais qualquer um deles, pode se tornar uma ferramenta perigosa. Inspirado nos duelistas binários, me aliviei com um poema.

TROIA DIGITAL

> *[...] é por causa da indolência humana que as pessoas se classificam umas às outras a olho e não conseguem chegar a nada...*
>
> Dostoievski, em *O Idiota*

(Nota do autor. As redes sociais são armas para muitos. Nelas fazem fluir sua violência e seu atraso. Se um grupo humano incivilizado, não musicalizado ainda, encontrasse uma flauta de bambu, muito provavelmente ela seria usada para dar na cabeça uns dos outros. Para quem não sabe usar ferramentas, um celular pode ser desastroso.

Este poema é mais um enquadramento feito nos limites da experiência pessoal de um poeta e usuário do ciberespaço. Diante do tão maravilhoso e revolucionário mundo digital e seus conteúdos de amor e de beleza, ele também carrega muita violência e vaidade humanas em seu frenético fluxo de opiniânsias e usos degenerados... Assim vivencio o fenômeno de uma Troia digital.)

O Universo se expande 15 km a cada segundo
Nossa galáxia viaja pelo Cosmo a 800 mil km por hora
Como dervixes, giramos entre o dia e a noite
A 107 mil km por hora ao redor do Sol
Grudados numa atiradeira buscando a testa de Golias
Girando no bojo de um bodoque centrífugo
Talentosa pedra com opiniosas disputas e disputadas opiniões

Uma limosna, por favor?!
Peço uma gorjeta em espanhol!
Limosna é menos triste
Gorjeta rima com sarjeta
Porque numa fissura mínima de uma sarjeta terráquea

Há uma disputaria ainda sem fim
Uma Troia fratricida
Um Peloponeso de posticidas
Onde se luta por um deus
O deus opinativo de cada um

Jesus, grita do alto da cruz!
Porque muitos não sabem o que fazem
Dê-me um abraço cosmoético
Consagre-me um silêncio poético
Reluza-me numa dúvida imunológica
Pois a incerteza é a mãe do conhecimento
Enquanto a violência se embriaga com a informação

A guerra sangra ainda no corpo a corpo
Mas também no mano a mano
Post a post
Eu posto
Tu postas
Ele posta
Muitos posticidas pela palma da mão
Mensageiros e flechadas em contramão
Com suas setas da esquerda e da direita
Troianos e espartanos como se binário fosse o mundo
Xenofonte, mostras todas as tuas fontes!

Gigaflops Megaparsecs Googleplex de fakenistas
Muitas visões equivocadas daquilo que criticam
Infinitas imagens voláteis do que acreditam gostar
Fosfórica simpaticotonia alucinória
Que o tempo voe para civilizar os pensamentos
E tornar amável o que é complexo

Zeros e Uns, Zeros e Uns
Zeros e Uns, Zeros e Uns
Teatro eletrônico de signos
Inteligências aqui e em lugar algum

Nos espantalhos de 0s e 1s
Narciso no espelho download
Narcisa no selfie upload
Vaidade self na poça da sarjeta não boia
É vírus, é cavalo de troia

Contra a opiniânsia à distância
Um supositório binário arrependido
Disfarçado de posticida convicto
Poderá liderar uma revolta nos algoritmos
Para que uma senha universal redefina a Troia digital:
-Por favor, posso entrar?

Talentosa pedra no saco dum bodoque
E de uma funda
Impregnada de raios e ondas
Por mais distante
O errante navegante
Quem terá os teus segredos
Teu magma
Teus mares
Teu sal

O pensamento reativo, automático, tem um talento incrível para envolver-se em duelos de opiniões inúteis. Raras vezes sai algo de útil de seu comportamento mais automático e usual quando numa conversa social, livre e solto, on-line ou presencialmente, para opinar em seu estado espontâneo, objetivo, automático e disputativo. A opinião imediata e baseada em vícios de pensamento e em emoções é muito mais recorrente do que uma argumentação organizada e lógica. Somos opiniômetros com pernas e braços, opiniânsias encefálicas sadias e comunicativas, especialmente quando em grupos divergentes lançando no ar assuntos polêmicos. Como diz o escritor russo, "não conseguimos chegar a nada..." pelo simples fato de muitas das opiniões que construímos serem baseadas em precárias informações, em preconceitos, em fofocas, em memórias pálidas e criativas, em paradigmas de seitas e de grupos, especialmente quando vêm da lista de símbolos que cristalizaram em nossa suposta personalidade com ideais preferidos. A maioria dos debates, amigáveis ou não, transformam-se em duelos de opiniões. O debate diário na nossa vida, nas redes sociais ou no boteco, é formado geralmente pelo batalhão da certeza A *versus* o batalhão da certeza B. Dificilmente incluímos na peleja um batalhão desarmado, hipotético, C e D, para aumentar as perspectivas dos fenômenos e colocar em dúvida os próprios conceitos. As incertezas são elementos imprescindíveis num debate argumentativo e lúcido. Argumentar exige paciência, estudo, tempo, solidariedade e, como dizia meu avô, se necessário, o mais preparado cede. É o chamado "princípio da caridade" tratando de uma boa discussão.

Uma metáfora especial para ilustrar a opiniânsia de seitas, de grupos e pessoas intransigentes, recordo o popular "para quem é martelo todo mundo é prego". De forma objetiva, o professor de Lógica da Unicamp, Walter Carnielli, discorre sobre as diferenças entre discussão e argumentação.

> Não é fácil vencer uma discussão. Especialmente em um contexto inflamado, em que as opiniões se polarizam, notícias falsas se proliferam, debatedores recorrem a ofensas e sarcasmos e festas de fim de ano criam ambientes propícios para a briga. Uma boa discussão, ao contrário do que a maior parte das pessoas pensa, não serve para a disputa, e

sim para a construção do conhecimento. Nesse sentido, saber sustentar uma boa argumentação é fundamental[3].

Em nosso bate papo rotineiro, há uma riqueza de falácias, todas elas disjuntivas e deterministas também. Veja a seguir, algumas delas que o professor destaca pelos seus termos técnicos:

Ad hominem: ataque à pessoa, não ao argumento. Exemplo: "O médico me recomendou parar de fumar. Mas ele fuma!"

Falso dilema: exagerar os dois lados de uma questão, sem deixar lugar para nuances ou meio-termo. Exemplo: "Você é a favor do aborto? Então você apoia o assassinato de crianças".

Post hoc ergo propter hoc: do latim, significa em português "depois disso, portanto por causa disso". Exemplo: "Hitler era vegetariano, e veja no que deu"".

Inverter o ônus da prova: exemplo: "Claro que OVNI existem. Prove o contrário".

Falsa analogia: exemplo: comparação entre casamento homossexual e legalização da pedofilia.

Nos corredores universitários, encontramos com Kant, Freud, Deus, artes, física quântica, mas raramente encontrei uma boa sombra de solidariedade, de modéstia, de compaixão. Talvez tenha sido uma sina minha. Talvez eu não tenha sido um bom observador das boas energias vindas dos outros. De qualquer forma, compreendi as diferenças entre conhecimento, informação e sabedoria. Uma floresta de seres comuns como todo mundo em sua vaidade e individualidade. Certa vez, eu estava me apoiando numa bengala para dar aula. Custava a chegar na sala dos professores para assinar o tal

3 Disponível in: https://www.cocen.unicamp.br/noticias/id/107/por-que-opiniao-nao-e-argumento-segundo-professor-de-logica-da-unicamp. Acessado em: 22 de setembro de 2020.

do ponto. Meu ciático pulsava numa perna, inflamado, um desconforto dolorido e irritante para o mais paciente dos seres. E eu, ali, claudicando, quando um colega, no fim do corredor, me observa, dando sinais do que viria. Um colega, hoje conhecido nas mídias, na TV, um cara legal. Mas ao me aproximar, pensei que teria uma mão amiga, me sentia um velhinho precisando de ajuda. Com dor, ficamos bobocas e frágeis.

Encontrei foi uma risada e uma miniaula dele. Com certa ironia e sorriso, "Oh, meu caro... esta é a condição humana.... você mostra exatamente o que somos...". Por aí foi mais um minuto, citando e criando teorias para a minha condição. Hoje rimos sobre isso, eu rio, quero dizer. Acho que ele não se lembraria, só se vier a ser um leitor deste livro. O fato é que ele não tem culpa. Não o culpo de nada, ele é um homem educado. Já fiz o papel dele também. Mas pensemos bem, aquela não seria hora para agir e sentir comigo o que eu sentia? Uma mão? Ajuda? Sinto muito, o que foi? Sorri e pensei depois: deveria lhe dar uma bengalada. Um simples exemplo de excesso de pensamento e de autoprojeção num momento em que nada disso deveria importar. Esta experiência também modela o pensamento simplista, à disjunção do processo mental refletido em nossas relações interpessoais. Prevalecem o Eu e o Você, separados. O nós, geralmente, é uma vivência de raro acontecimento. Talvez já seja o individualismo uma pandemia antiga. Sentir a dor do outro e servir é se aproximar demais, que, por sua vez, dificulta a transição de papéis sociais e de personagens que fazemos para nós mesmos, para nosso autoteatro.

A carapaça de intelectual prevalece e resiste sobre a de cuidador, e assim, sucessivamente, prevalece a mesma lógica na pedagogia predominante. Pelos anos de sala de aula em que formei minhas experiências, de corredores acadêmicos, de sala de professores, não pude perceber algo diferente disso. Ou seja, a sala de aula ainda é o local platônico da supremacia e da valorização do intelecto, da razão, do mundo das ideias. O corpo dos alunos (e dos metres, em maioria, mais ainda) são meros veículos de locomoção para o mundo das ideias e suporte de símbolos e fantasias. Sentamo-nos em linhas organizadas, pouco nos mexemos na cadeira, e a atividade psicofísica, a sensorialidade, o lúdico, quase 100% ficam para a hora do recreio em baixa intensidade. Nos velhos tempos de aula de Educação Física, era um desabafo do mundo das ideias, mas, mesmo assim, reduzia-se a um apito e uma bola. Uma correria. Uma educação somática, jamais. Nas universidades, é o império do mundo das ideias e nem 1% de carga horária dedicada a um corpo vivo, sensitivo-lúdico, interagindo com e os saberes clássicos, conjunto diretamente ligado ao espaço interno e externo, ao inconsciente e à consciência, ideias estas vividas no presente e em companhia dos músculos e ossos. Uma negligência, um desconhecimento que me atrevo a apontar, pelo que sei e pelo que vivo, assombroso, terrificante.

Alunos e professores, no alto de suas botinas e saltos, não experimentam a simples atitude de sentar-se ao chão em roda para cinco minutos de sorrisos e olhos nos olhos uns dos outros, descansando a importância das ideias e das informações e muito menos das explicações dos fatos. Muito menos sentir a própria pele nas roupas de olhos fechados, atitudes que colocam o organismo todo em estado de observação para acolher e partilhar melhor o mundo das ideias. Exceções podem existir, e existem aqui e acolá, mas a grande massa de conteúdo pedagógico se apoia no poder do intelecto e dos títulos. Razão pura em campo de hierarquias e classificações. Certamente falarei mais disso lá na frente. É de uma importância enorme refletir sobre a pedagogia ao encontro das artes e da saúde.

Pensamos disjuntivamente como qualquer um. Muitos não sabem sentir o próprio corpo e mal sabem onde fica seu próprio fígado ou seus tarsos. Todos somos presas fáceis, todos somos presas e predadores. O burrão do cérebro é um crente talentoso em golpes e farsas, nas miragens e na má intenção alheia, geralmente recebidas com confiança e por verossimilhança. Um exemplo são os momentos lúdicos dos mágicos e dos filmes. Somos espectadores especializados em abraçar as trapaças visuais e as emoções dos filmes a que assistimos. Tudo vira verdade naqueles 100 minutos. Temos muito talento para crenças, e elas se apoiam na forte tendência em dualizar tudo especialmente em duas fatias, o vilão e o herói, entre os mocinhos e os bandidos. Não é assim? Temos duas mãos, duas narinas, e o mundo fica mais ligeiro quando tratado em nós e eles, e um mundo físico que se apresenta aos olhos como se lá estivesse em relação direta com nossas emoções. Ah, um pôr do sol romântico, uma foto inesquecível.

Gangues, facções, partidos, adversários desportivos, famílias com tragédias e dramas shakespearianos, chapas de oposição em condomínios e clubes, vizinhanças, patrão e empregado, marido e mulher, governo e governado. Ambos os lados, cada cérebro sofre de uma doença crônica tão comum quanto dor de cabeça, que é o apreço pela infestação de certezas e, consequentemente, pela adesão afetiva por eliminar a complexidade, eliminar as possibilidades do pensar em relação os fenômenos da vida e da natureza. A certeza é de fácil contágio, de fácil aprendizado. Nos casos extremos, vemos a ação dos fanatismos para todos os assuntos e gostos. A opiniânsia é generalizada e sustenta o coração daqueles que precisam ter uma bandeira e uma sensação de posicionamento geralmente eliminador de diferenças. São vários os motivos, mas o principal deles, arrisco dizer, é o burrão do cérebro mais uma vez ter preguiça de trocar diálogos, de aprender, de desapegar, de compor, de dizer "será, pode ser?" É raro optar pela incerteza, por não fechar por completo o pensamento, fazendo as devidas aberturas e enriquecimentos relativos à complexidade dos fatos e do próprio pensamento. O resultado quase sempre é a violência como ferramenta de discurso, o rompimento das amizades, a separação de sociedades e de povos, o estranhamento entre cores e etnias. A violência e a disjunção são reflexos daqueles que não suportam o desconhecido e a incerteza por muito tempo, quando um condicionamento é ameaçado em seus sonhos de realeza. As trincas do mundo polarizado nunca darão conta de entender o respeito e a verdade. Culpar ou eliminar o outro abrevia os conflitos e as contradições e traz uma aparente solução para os problemas. Problemas que não existiriam ou seriam mais simples se os pensamentos avançassem para além do vício da identidade e da oposição.

O universo cibernético é mundo sem fim de maravilhas. Mundos. Entre essas maravilhas, parte de nosso sistema nervoso em extensões faz contato com as vidas, aumentando as dimensões e os circuitos do pensamento, das sensações, dos saberes, das interações entre seres e a criando infinitas experiências. A carência das distrações rotineiras do mundo externo e da liberdade, formada no ritmo do isolamento social geral, transformou nossas casas num espaço diferenciado. Novo até, se revisitado em situação inédita como esta da pandemia. Num lugar reencontrado no qual podem aparecer novos significados, outros ecos em espaços íntimos e particulares, ecos com imagens e reflexos quase que compulsórios na vida de milhões de pessoas isoladas, sequestradas pelo vírus. Enquanto andamos pela sala de casa, olhamos automaticamente para o espaço em nossos afazeres. Mas uma nova imagem pode chegar às pupilas, em nossas retinas, um espelho da visão. Os olhos podem ficar passivos e não procurar por nada, deixando o espaço entrar, as imagens virem por sua conta e do mundo. Não busco a imagem, mas ela me vem, ela se transforma num eco sobre mim mesmo no movimento. O tato em contato com as superfícies, o eco dos sentidos em vibração para dentro e fora. O olfato e o paladar abrindo fotos antigas e o sabor de receitas tradicionais.

Há, nestes tempos, mais do que nunca, as imagens que nos "caçam" a todo instante. Nossos sentidos estão abertos às linguagens todas, que pelas mídias nos sequestram, caçam-nos, cativam-nos em tempo integral. E a elas confiamos boa parte de nosso juízo e grande parte de nossas emoções. Aprendi a entender esse processo. Sei disso, não intelectualizo mais sobre ele. Muitas das imagens que a mim chegam não sou eu que as encontro, mas sim elas é que me caçam com muita astúcia. São as mentes e os corpos especialmente do ciberespaço entrando em ação, caçando suas presas. Oferecemo-nos como caça. Além disso, do fenômeno em si de estar plugado ininterruptamente e de ser o próprio plugue, a tecnologia dispõe de recursos para nos encontrar, localizar-nos, não é mesmo? Não são mais novidade os localizadores de endereço e de geolocalização, as redes de Wi-Fi captando nossa passagem por algum estabelecimento comercial, anúncios que nos surpreendem diretamente ligados aos nossos hábitos comerciais entre outras façanhas. As imagens, todas elas, em plena ação, nos caçam o dia inteiro, começando pela forma mais ancestral e evolucionária delas, os sonhos. De nosso cérebro às hipermídias, ao ciberespaço, à semiosfera, que é a grande esfera de signos, de signos em ação, de significação. Assim como o elétron é parte do átomo, assim como a margem é parte do rio, nossa vida ganha sabedoria produzindo linguagens por meio do significado das coisas.

Nosso real vem aumentando de tamanho. Ouvimos com razoável frequência o termo técnico "realidade aumentada", que pode ser, num exemplo, uma interface em pleno contato com a realidade visível, com o mundo físico. Um celular pode fazer isso, girando 360° uma foto de uma paisagem, visualizando uma cidade via satélite, com aplicativos de efeitos e de localização. Mas o real aumenta na medida em que os ambientes físico e o virtual se complementam. Virtual e real não polarizam, não são opostos. Portanto, nosso real aumenta de tamanho, torna-se imensurável e enriquecido quanto mais interação há entre nossas consciências e os sistemas. Novos conteúdos surgem a cada segundo, ampliando o que poderíamos chamar de "grande cérebro formado por nós mesmos e o planeta todo". Uma vez que há centenas de satélites ao redor da Terra, ondas eletromagnéticas, sinais binários, minerais, silício, cobre e tantos outros elaborados em cabos e plataformas, somos uma mente enraizada em cada um de nossos corpos de carne, que chamo de "corpo presencial".

A fricção e a interação entre estes sistemas, destes corpos, por assim dizer, tornaram-se mais evidentes e palpáveis, sobretudo popularmente a partir início de século 21. Corpo de carne é este que sente aqui e agora e está com o livro na mão, respirando, personificado e consciente de si. Aquela MENTE gigantesca e virtual e física são nossos prolongamentos imateriais e materiais mundo afora pelo espaço físico e pelo ciberespaço. Este pode ser o corpo on-line, um corpo ubíquo, sem fim. Com nossa natureza simbólica, nosso corpo on-line viaja sem sair do lugar em forma de sinais e de linguagens para destinos indefinidos, não localizáveis. Não necessitamos saber a fisiologia desse corpo imensurável que não carece nem de começo nem fim. Atualmente, o membro mais comum para dar voz a esta MENTE/CORPO é o celular. A convergência das mídias está cada vez mais ativa nestes dispositivos, cada vez mais ligados a nossos corpos, como a TV, o celular, os *laptops*, os relógios de pulso, os veículos, os aplicativos, as mídias e, num futuro próximo, corpos chipados. O termo "metaverso" já é uma realidade na projeção e no desenvolvimento de uma nova internet. Para as *big techs*, como são chamadas as grandes empresas do setor, o metaverso está a caminho, uma junção de internet, realidade aumentada e realidade virtual. Portanto, onde estarão nossos corpos físicos numa situação destas? Para mim, aqui mesmo, e lá em todas as realidades. Estamos em toda parte desde que nascemos e, a cada passo adentro da tecnologia, o corpo físico cresce junto com o corpo on-line. Sigamos em frente.

Cada vez mais, neste conjunto somático, corpóreo e biocibernético, teremos o corpo somático – carne e osso, e o corpo epissomático o corpo de fora, exterior. Nossas vísceras e nossos neurônios estão interligadas em fotos, textos, vídeos, memórias, impressões, posts, dados, sons e acervos, um novo real que se manifesta entre o físico e o ciberespaço. Para mim, o maior legado que culminou na era digital, pós-Renascimento talvez, foi tornar a comunicação não só meio e mensagem, mas também parte de um novo sistema nervoso associado a nossos corpos num trânsito livre nesta infindável rede de conhecimentos e informações que é a internet. Nosso cérebro não pode aumentar de tamanho. Nele não cabem a inteligência e a mediação que os tempos nos trouxeram. Ou melhor, que ele mesmo, o cérebro, trouxe para si. Para ganhar espaço, nosso neocórtex buscou o espaço externo. As linguagens são uma prova disso. A música ficaria na cabeça? A voz e a fala? As imagens? Botamos tudo para fora. Como descreve bem este processo, a professora Lúcia Santaella: "se o neocórtex não pode parar de crescer, não podendo crescer dentro da caixa craniana, a capacidade simbólica humana sempre esteve fadada a crescer fora do corpo humano, externalizada subespécie sígnica".[4]

A internet é uma espécie de corpo pós-humano? Hoje, parte do nosso corpo? Com a manufatura dos elementos e das tecnologias num curto espaço de tempo, 200 anos de revolução industrial, transformamos nosso esférico mundo numa casa viva que pensa e produz coisas belas. Enquanto giramos espaço afora, ela parece um dínamo gerador de ideias, conhecimentos, informações a serviço da vida e, infelizmente, da morte também. Estamos produzindo intensamente esses sistemas como parte da preservação da espécie humana. Para chegar a isso, muita inteligência voltada à violência, à ganância, à morte e uma devastação dos ecossistemas. Nunca se viu tanto lixo e poluição produzida em tão pouco tempo. Em menos de 100 anos, os céus são cortados diariamente por 100 mil voos de jatos e outras aeronaves circundando o planeta todo. Falta-nos, é óbvio, passar por esta longa fase de adoecimento de nossa casa, do insano ilusório domínio do ser humano sobre a natureza que antecede a relação do *Homo sapiens* com o fogo. Situação ambiental muito grave que teremos de solucionar, mas para a qual, creio eu, o tempo dará conta de criar novas soluções e atitudes humanas. Temos de crer nesta façanha. E numa maior: no equilíbrio e na harmonia entre a civilização e o planeta. E a solução maior está em nossas casas, em cada um de nós. Na casa central de cada um.

A situação de distanciamento social global em que tivemos de experimentar, para bilhões de pessoas, o próprio corpo presencial, em movimento, enquadrado, sequestrado, deprimido, deve ter sido o ensaio da confusão e do sofrimento. Num momento como este, mais

4 Santaella, Lucia. *Cultura e artes do pós-humano*. São Paulo: Editora Paulus, 2003, p. 219.

do que nunca, o medo de viver, mais do que morrer, pode revelar o quanto tememos nossa própria natureza, o quanto estranhamos a nós mesmos. É pueril, precária, em geral, a consciência que temos da nossa própria casa, quase nada consciente em si mesma, desconhecida do que é de se conhecer, quase sempre habitada por bonecos, por miragens, por ilusões, por desejos, quase nada autoconsciente em nenhuma das suas dimensões. Uma infância vitalícia no aspecto fisiopsiconeuromotor, quase sempre sem um autor encontrável dentro de si que lhe crie, que lhe manuseie, que lhe contate, que possa naturalmente observar-se no tempo e no espaço sem hipotecar a própria casa aos outros. Refiro-me ao corpo mesmo como casa. Estamos nela como se fôssemos uma visita. Não nos responsabilizamos muito por ela em momento de urgência e perigo, não conhecemos onde fica o porão, não sabemos do que é feito o telhado, não sabemos o que há nas gavetas e, se a luz acabar, não sabemos como sair nem entrar. Não sabemos quase nada sobre nossos órgãos, não sentimos a própria pele. A pele de que falamos é uma pele mental, emocional. Sentir na pele, mas não é de fato nos sentirmos dentro de nossas peles. Respiramos automaticamente e todo o sistema vegetativo, então, é como se não fosse nosso. Por isso tenho como certa a aflição do desconhecido que nos coloca reféns de nós mesmos. Hipotecamo-nos, entregamo-nos para os médicos, curandeiros, padres, mágicos, bruxos e benzedeiros. Todos necessários, mas o protagonista está ausente.

A começar pelo presencial, que dirá pelo on-line, corpo não raramente desprezado, amedrontado, estranhado pelo próprio vivente, educado na separação entre corpo e mente, mais cativo nas doenças do que na saúde, este corpo sofreu de juventude, de inexperiência para conduzir a navegação daquela grande mente/corpo a que todo nós pertencemos e criamos. Cumpre notar, também, que para muitos outros a pandemia está sendo, e sempre será, uma ocasião fértil para tomadas de consciência, de transformações positivas na direção a este todo mais perto de si. Em casa, em confinamento, com nossos corpos em total integração entre as inteligências orgânicas e as inteligências tecnológicas, pudemos perceber o quanto há de se revelar, conhecer, criar, ainda, nosso corpo biológico, com ele mesmo, a partir dele, como ponto de partida e de chegada, passando por um processo de descobrimento e de presença em nossas vidas. Habitá-lo de forma criativa e consciente é uma necessidade fundamental que não se inspira muito nem depende tanto das tecnologias.

Realidade aumentada, internet, aplicativos, redes sociais, games, robótica, o ciberespaço todo. É ele, o corpo molecular, o filtro pelo qual as demais dimensões tomam sentido e consciência. É, ainda, a meu ver, o lugar onde se faz possível chegar no êxito da existência, é nele exclusivamente que acontece o texto da pele, o livro da experiência do qual somos o escritor e o leitor ao mesmo tempo. Esse livro de sangue é a língua que decifrará melhor ou não, terá oportunidade ou não, de participar mais plenamente ou não dos mundos alternativos e suas linguagens. Com este texto vivo e singular de tecidos e sonhos é que podemos criar as soluções mais importantes para os problemas humanos. Por minha conta e risco, afirmo que é a partir das vivências pedagógicas deste corpo vivo que se definem as boas estratégias e o melhor destino para as invenções dos mundos alternativos, da tecnologia e dos corpos futuros.

Nossas casas, muitas formas diferentes delas. Muitas diferenças e inúmeras vidas em plena sobrevivência do dia a dia, inclusive tentando preservar a posse de sua morada. A de todo mundo, de todos nós como elementos, numa esfera de fogo, água, ar, minerais e madeira, na atmosfera da qual disparam-se 45 raios por segundo ininterruptamente, todos os dias, há bilhões de anos, magnetismo tão contínuo e antigo quanto a água que bebemos, que aqui está, a mesma de sempre, bem antes dos dinossauros. Numa camada bem fina de ar e vida, nossas unidades de carne e ossos, pensamentos virtuais, carnais, mentais, cerebrais, digitais, uma casa viva que pensa, com inúmeras vidas interdependentes. Metrópoles, vilas, rodovias, aerovias, navegações, raios eletromagnéticos, gravidade, forças nucleares, fios e tubo e cabos, um emaranhado de ligações vivas e físicas por terra e por ar, satélites e estações espaciais. Tem-se notícia de que um início significativo de uma civilização sedentária ocorreu ao redor de um templo há 11 ou 12 mil anos, conhecida como "Göbekli Tepe", na antiga Anatólia, hoje território turco. Uma constatação possível de que a religião e a Astronomia vieram antes da agricultura. Não muito longe deste, a cidade de Çatalhöyük (Cataloyuki), 7 mil anos a. C., é outro achado arqueológico impressionante. Nela ainda não havia ruas, somente casas muito semelhantes entre si e bem próximas uma das outras, divididas por becos e vielas estreitas, cumprindo seu papel de proteção contra invasores. Há sinais de que a comunidade era composta por várias famílias, como numa grande tribo, um grande clã. Dividiam as posses e os víveres entre si, e não havia uma hierarquia em destaque, como nobreza ou líderes com privilégios sobre os outros. A maior ruína de todas corresponde a um templo para rituais religiosos, e praças públicas adjacentes faziam parte da pequena pólis. No interior das casas, lareiras/cozinhas, camas comunitárias, local para ferramentas (banheiros não sei, talvez, ainda, à beira de um rio, banheiros coletivos?) e a entrada era uma abertura no telhado de laje, com um piso abaixo acessado por uma escada rústica. Portas, ao que parece, não seriam recomendadas para não facilitar o acesso a estranhos e vândalos.

Parece-me que este achado pode não representar uma cidade somente, em seu senso comum, mas uma grande casa coletiva, cujos aposentos unifamiliares seriam os módulos de uma grande casa, a ágora-pólis, uma casa-tribo, uma colmeia. Uma espécie de grande conglomerado no qual toda a comunidade formava um corpo único e sólido, preparado para a convivência e a sobrevivência. E essencialmente um sinal de espírito de rede, de ligação física, mental, energética e simbólica num só interespaço. Os corpos em um corpo só, fora do corpo em sintonia alternativa consigo mesmo e com as demais vias de informação e de vida. A carne e a luz. Vamos para a outra casa, a casa dos sentidos, casa envelope, casa de pulsos, casa da existência, da singularidade, do embrião e do pó. Pode ser também uma casa cômodo, em ligação com várias outras casas adjacentes e semelhantes entre si.

Meu corpo é um cômodo em minha própria casa de tijolos, em meu bairro, em minha cidade, ligado em todos os tipos de vias possíveis à disposição da vida. Cômodo vivo, antenas moleculares energética ligadas umas às outras numa rede infinita de movimento e inteligência. As separações são miragens e ilusão de nossos sentidos. Realizo-me com esta perspectiva. Na guerra e no amor, na vida e na morte, na sede e na fome, na justiça e na injustiça, na alegria e na tristeza, no vício e na virtude estamos ligados sem saber, ou sem perceber. Uma metáfora proposital, apesar de estranha, quando dizemos que o novo coronavírus está numa pessoa, ou a matou, imaginamos um assassino em série correndo no organismo, ou multiplicando-se nele. A chamada carga viral agindo no tempo, numa guerra. Pergunto, os milhões de vírus dentro de alguém é um sistema ou uma soma de indivíduos? Eles terão ciência de ser um exército de clones ou não? Cada um está na sua como nós humanos estamos? Quem nos vê de fora do planeta, se nos vir, ver-nos-ão como uma colônia de bactérias interdependentes? Ou como indivíduos com rostos diferentes? Prefiro a primeira. Somos um. Talvez sejamos, inclusive, parte de uma simbiose com a Terra, com os elementos da Terra.

Assim como eu sou um grande cômodo-casa reagindo a trilhões de bactérias e vírus com meu sistema de defesa, de imunização em alerta para a manutenção desta unidade de vida, este corpo-antena é um ser definitivamente social que carrega o passado em sua carga genética, traçada com o instinto de procriação e de sobrevivência da espécie. Fizemos dois filhos na vida, minha esposa Adela e eu, magnetizados e orientados na precisa sintonia do tempo e do desejo, na cadência de uma dança num show que sempre deve continuar. A atração física, o amor, a beleza, a saúde, o ciúme, o dinheiro, o trabalho, a violência, tudo isso parece pertencer a uma grande trama dramatúrgica maior do que nossa vã filosofia. Como se num grande drama, dentro do qual não temos clara consciência de estar participando.

Não o percebemos, não sentimos nem vemos este grande sistema que se revela no fluxo da impermanência. Tudo se dissolve em outra coisa na lógica da causa e efeito, "nada se perde, tudo se transforma". Quando apontamos para algo qualquer, apontamos para o que já está em transformação e com prazo de duração definido, que está no devir, no movimento; portanto, nunca será nada em si, mas parte de algo que já foi e parte de algo que será. A chuva é um exemplo. Ela existe? Sim, molhamo-nos nela, mas ela depende de fenômenos que vieram antes dela, como o calor, o vapor d'água, as partículas elétricas e a gravidade, aí ela acontece e passa, termina, acaba. Por acaso ou não, conscientemente ou não, quando fora desta natureza do efêmero, do vago e do impermanente, poderá haver outra realidade ou dimensões sobre cuja existência nosso equipamento humano não está preparado para saber? Talvez sim, uma possibilidade.

Posso perder quase tudo materialmente. Depois de nutrir o amor a todos os seres vivos, além dos que já amo, amo meus LPs, meus discos. Melhor, as músicas que há dentro deles. Um patrimônio imaterial. Os mais importantes: os imateriais. Porque é neles que transita o sentido, o valor. Discoteca formada desde os 12 anos de idade. Daí, da plasticidade de ver um LP rodando, faço outra metáfora. De onde sai o som quando apoiamos a agulha no disco? Para as novas gerações: sabem o que é uma agulha de LP? Procurem uma imagem dela e sigam-na. De onde vem o som analógico que adoramos? Da caixa de som, sim. Mas rastreando o processo maior do que isso, não é só isso. Juntem-se as partes e o fenômeno acontece. O som está no LP propriamente dito? Não, ali só tem ranhuras em vinil, nada além. Mas quando há energia elétrica, uma agulha, um disco, um amplificador e caixas de som, nossos ouvidos recebem algo. Portanto, quantos elementos para o prazer da música? Ah, ainda temos os compositores! Os músicos ali dentro. Um fenômeno extraordinário, diga-se de passagem, este fenômeno sonoro musical. Sem as devidas partes em simultaneidade nada aconteceria. Por isso, o que sobra para nós na pobre realidade percebida e considerada é chamado de "ouvir disco".

A vida é um sonho, como dizia o poeta barroco espanhol Calderón de La Barca. Para esse verso, gosto de grudar o sentido de sonho como viagem mesmo, como miragem, como delírio, como uma projeção onírica em uma narrativa naturalista e aparentemente real, de alto poder identificador. Editamos esta realidade conforme nossa possibilidade mental genérica. *Isto está acontecendo*, diz nossa bruta existência. Estou aqui e o mundo é assim, creio no que vejo. Por isso, afirmo com a tensão entre a razão e espírito, que somos muito mais do que pensamos. Somos o que sabemos, mas somos mais ainda, como peças e partes de algo mais complexo. Pensemos. Se o tempo pode ser a 4ª dimensão, como é definido na teoria einsteiniana da relatividade, o espaço é curvo pela gravidade e até o tempo se curva a ela, como mais um elemento. Viajando tanto nesta teoria como na física quântica, que sucedeu a de Einstein, a Física não conhece, não sabe explicar completamente o comportamento dos componentes dos átomos, em especial o elétron. Sabe-se que é impossível prever onde ele está. A matéria é quase toda feita de ar no âmbito atômico. Seja no âmbito atômico, seja no material e físico, penso eu, estamos numa espécie de ilusão fenomenológica inata, congênita, que não nos permite ter um fio de percepção consciente de onde estamos nem de como estamos no Universo. O que somos é uma possibilidade. Somos uma "propriedade emergente"[5] de modo contínuo. Átomos, moléculas, Química, Física, espiritualidade, movimento, tudo em conjunto ao mesmo tempo para sustentar o que chamamos de "consciência", nossa existência fenomenal. Os fenômenos emergem e desaparecem o tempo todo, uns mais permanentes, outros efêmeros. Nossa compreensão comum da realidade nos dá a impressão de que tudo está estável e equilibrado; na verdade, tudo está em mudança e em movimento. Nossa vida está em emergência enquanto dura.

5 Termo usado por cientistas para descrever as relações dependentes da natureza, as ligações fundamentais entre partes. O neurologista Miguel Nicolelis faz uso dele em seus posts na internet, por exemplo.

Se uma realidade pode ter uma morada, ela pode ser feita de espírito, que, para nossa cultura, em geral, e para a ciência, é algo que não existe ou é algo imaterial. Ali, naquela dimensão, estamos cultivando o terreno e a história da consciência, tecendo nossas teias com as linguagens como pontes para o infinito. Não penso na consciência como um fato de cada mente, que dá o formato da vida de cada um, mas uma metaconsciência ou ciência coletiva maior para a qual somos apenas uma célula iludida em indivíduo dando asas e sobrevivência para sua mitocôndria, as memórias de nossas células. Somos um veículo? Sim, talvez. Somos um caminhão carregado de energia, de símbolos, de crenças e de memórias dirigido por alguém quem não conhecemos, numa estrada que não fazemos a menor ideia de como é e para onde vai. Achamos que a vida é o caminhão, mas na verdade somos um veículo transitando nas estradas de uma dimensão maior e desconhecida. Sonhamos o tempo todo neste filme de vida. Nesta mesma sala de sonhos, há sonhos e realidades que não se cruzam. Temos a consciência da existência da realidade do morcego, mas o dia dele é a noite e ele mal sabe o que somos. A barata no fosso do elevador não conhece o nome "prédio" nem seus moradores. O tubarão fantasma, o dragão do Pacífico, peixes abissais, vivendo a 10 mil quilômetros de profundidade no oceano, não tem ideia do que é a superfície, muito menos o que há acima dela.

Mas será assim e aqui, com este corpo denso e encarnado, de fluidos e consciência, aparentemente unitário e singular, presencial – sem dispensar o corpo on-line, claro, juntos –, que inventarei e descobrirei algumas trilhas e clareiras a partir da minha própria casa e da história dela. Desde o seu projeto, sua construção, seus erros de execução e heranças arquitetônicas. De acertos, desacertos, doenças, saúde e desta casa em construção. Do corpo em um estado de movimento.

MINHAS ATIVIDADES QUARENTENÁRIAS 3

Sigo na alopatia. Agora não poderei mudar para outras alternativas por tempo indeterminado. Especialmente em função daqueles que vivem ao meu lado. O semblante e a postura dos efeitos da desordem neuronal marcam as expressões e mudam sensivelmente o convívio com as pessoas. Viver ao lado de alguém em crises é muito chato. Agradeço a paciência e a ajuda de muitos. Sinto-me mais equilibrado e com mais qualidade de vida. O medo extremo, a ansiedade, a confusão de pensamentos e as fortes sensações corporais e sensoriais são muitas vezes incapacitantes. O corpo entra em estado de alerta geral, descarregando cortisol, adrenalina e outros hormônios sem correspondência com o que acontece no mundo externo nem no mundo interno. Um alerta soa forte como se a casa estivesse sendo invadida por bárbaros; como se estivesse em pleno sequestro relâmpago com duração de horas; algo parecido como um avião caindo e você é o responsável para resolver a situação; porém, a nave vai caindo em câmera lenta, sem hora parar terminar o voo; nadar com três tubarões brancos e três orcas que disputam quem ficará com a sua carcaça. Exagero? Parece. Mas as sensações como estas chegam como num assalto, como num ataque epilético precedido por minutos em que a pessoa estivesse tranquila tomando sol na piscina de casa num domingo. Como dizem minha terapeuta e meu médico especialista em TOC, vivemos em *rounds*, aqueles dos combates de MMA ou judô. Em um deles, você nocauteia; no outro, você mal vê de onde veio o golpe. E os dias passam e as lutas estão sempre à frente. Esta é a vida de quem tem uma desordem neuronal como esta. No meu caso, ainda, tenho sorte de ter em mãos alguns truques, minha maturidade, e de ter um grau não incapacitante para viver e trabalhar, nem para escrever este livro. Adiante, vou me dedicar a este assunto.

Sei que sou maior do que a doença, então, como parte do viver bem, da alegria de viver e da necessidade da atividade física, entrei na vida de um *biker*, de um ciclista, fazendo longos passeios treinos com bicicleta. Campo aberto, natureza, 30, 40 km ao ar livre, com muita determinação e acompanhado de amigos. Além disso, meditações, eutonia, caminhadas, pilates, ginástica funcional, olhar o céu noturno.

Por estes dias, correu a informação de que o livro *Memórias Póstumas de Brás Cubas* saiu em nova edição nos Estados Unidos que se esgotou em um dia. Fato extraordinário. Sinal para uma releitura. Retomei-o também por estes dias, depois de décadas. Machado de Assis. Falar o quê? Os contos fluminenses da Editora Civilização Brasileira- MEC, edição crítica, com cada parágrafo numerado, 1975, sob uma plêiade de literatos intitulada pelo MEC de Comissão Machado de Assis, com Antonio Houaiss, Ciro dos Anjos, José Guilherme Merquior, entre outros. Bons tempos. Se comparados com os dias de hoje, estaríamos mais para a Comissão para as Armas de Fogo, encabeçada por meia dúzia de antropoides de gravata, com roupas cáqui ou safári.

Numa mão, a literatura; na outra, a música – na mão dominante. Vou de A a Z com o que soou por aqui. Note-se que muitos outros ficarão de fora, infelizmente. Vale como diminuto inventário do mês.

Anouar Brahem – *Le pas du Chat Noir*; Bill Frisell Quartet – *Tales from the Far Side*; Chick Corea – *Return to Forever*; David Bowie – *The Next Day* e *Black Star*; Ennio Morricone – gênio do cinemamúsica, do audiocinema, morto dia 6 de julho de 2020, aos 91 anos – compôs a trilha de pelo menos sete filmes como *The Mission* e *Cinema Paradiso*; Egberto Gismonti – *Nó Caipira*; Frank Zappa – *Hot Rats* e muitos outros; GoGo Penguin – *Branches Brake*; Genesis – década de 1970; Herbie Mann – *Memphis Underground*; Ibrahim Maalouf – *Live tracks*; Johan Sebastian Bach – muita coisa; King Crimson – trilogia *Vermelho*, *Amarelo* e *Azul* e *Live in Vienna 2016*, o mesmo que vi em São Paulo, em 4/10/2019; Keith Jarret – solo e grupos, sempre; Lyle Mays, morto recentemente – *Lyle Mays-*

-*Alaskan Suite*, obra prima; Miles Davis – *Kind of Blue*, incansável; Nina Simone – *Lilac Wine* e outras mais; *O Campo* – Compasso, banda do meu filho para quem escrevi um poema que virou letra; Peter Gabriel – tudo; Pat Metheny Group – tudo; Q – nenhum com Q...; Roger Glover – *Elements*; Secos e Molhados – *Sangue Latino*; St. Pauls & the Broken Bones – *Young sick Camellia*; Takashi Yoshimatsu – Concerto para piano *Memo Flora*; Uriah Heep – *Salisbury*; U. Srinivas & Michael Brook – *Dream*; Vangelis – *L'Apocalypse des Animaux* e *Blade e Runner 25th Anniversary*, uma das maiores de todas; Vitor Araújo, brasileiro jovem – *Toque n. 3*; Wolfgang Amadeus Mozart – *Mozart Sessions*, com Bobby McFerrin e Chick Corea; Yussef Lateef – *The Blue Lateef*; Zorn, John Zorn – *Transmigration of the Magus*.

Poema confinamento 8

Intermezzo

Já ouviu Brahms?
Brahms já é uma sonora
Percussão em nome próprio
A caixa de repique tarol
O surdo e o bumbo
Brrrraaahhmmms
Nunca fui um Brahmsmaníaco
Mas este Intermezzo me pensa
Posso dizer uma coisa
Ouça-o mudo e centrado
Muda plantada, ouça-a
Em audição pura e atenta
Um intermezzo para tudo ouvido na vida
Intermédio para as metades dos cérebros
No meio do nada aparece a sentença

Faz luz o interlúdio inaudito
Um poema sonoro pensa
Pelos dedos de Arcadis

Johannes Brahms, por Arcadis Volodos
Sechs Klavierstücke, Opus 118 II, Intermezzo in A Major

Da casa como à casa minha. De passo a passo, no texto e contexto, de degrau em degrau, de página a página, de linha a linha, um tecido, uma aragem do solo, uma saliva que desce, uma pausa, um silêncio, e o texto se ajeita, busca sua ordem.

Adiante, neste livro, afasto-me um pouco das casas mais convencionais e externas e me aproximo de minha casa, da pele fronteira para dentro. Ao cabo das desafinações, exponho meu inventário de dores e sabores, dos desafinos e desatinos. Como qualquer um, a todo instante um manejo interminável para manter a vida no rumo desejado, na lapidação diária para manter e construir nossas riquezas e descartar aquilo que já não interessa mais. Assim são todos os dias, entra o novo, sai o velho, entra um significado, morre outro. Para muitos, a tradição é uma lei, para outros é um peso. Nos dois casos, no fim e ao cabo, há um mesmo caminho lógico para atingir algum objetivo. Portanto, de cá ou de lá, não é preciso parar. A tradição tem de ser levada à frente, o indeciso, o nômade e o exilado também. O sofrimento e a dor podem ser andarilhos revolucionários, mais incansáveis do que se pode imaginar.

Se até aqui o sentido de casa ficou amplo, se somos várias casas em constante afino e desafino e, se em muitas orquestras, alguns já desfrutam suas músicas, enquanto muito outros ainda nem afinaram seus instrumentos, minha casa é um caso aberto, uma casa aberta que gosta de abrigar todas as orquestras. Ofereço as entranhas de minhas experiências vividas, da pele aos ossos, das memórias às imagens, do conjunto de portas e janelas, das salas e de cômodos onde a circulação acontece.

Dentro desta casa de partidas e de chegadas, há um rio com duas margens correnteza abaixo, como todos os rios que vemos. Mas a vida tem me mostrado a possibilidade de uma terceira margem do rio. Minhas experiências e ideias, a seguir, dizem respeito a esta terceira margem do rio, que receio estar na inutilização de todas as paredes que separam os ambientes. Quanto mais minha casa enxerga a terceira margem, mais poderei viver em muitas casas ao mesmo tempo.

Casa de sobrevivência – minha casa – o transtorno obsessivo compulsivo, o TOC

Perigo perigo perigo perigo perigo perigo perigo perigo perigo
Perigo perigo perigo perigo perigo perigo perigo perigo perigo
Perigo perigo perigo perigo perigo perigo perigo perigo perigo
Perigo perigo perigo perigo perigo perigo perigo perigo perigo
Perigo perigo perigo perigo perigo perigo perigo perigo perigo
Perigo perigo perigo perigo perigo perigo perigo perigo perigo

Dúvida e Medo Dúvida e medo.

O percurso é dúvida, a incerteza é medo, o perigo é medula.
O vale do eco infinito.
Busca-se ajuda! Quero ajuda!

Isso tudo é longo e permanente, está em tudo e em mim, atravessa-me, entranha-me, sou eu, num modo convencional de dizer eu. Pois sinto, sei, conheço, mas não posso dizer eu, porque do eu somos muitos. Inclusive meus antepassados de quem herdei, vida que levo e faço, minha epigenética, que é a expressão viva da genética, o aqui e agora e o futuro. Sou um bicho neocortical, sígnico, linguístico, sonhador, uma casa viva de portas e janelas abertas, um aglomerado em pó de estrelas. E em mim cabe a dúvida, existe sempre a dúvida. No plural, elas são as minhas sombras e meus caminhos. Um ciclo muito eficiente, ancestralmente eficiente, reptilianamente preparado para causar exatamente aquilo que se quer evitar. O medo nos protege, faz parte dos instintos de proteção, mas quando é falso e demasiado, patológico, causa, com as sensações e o desconhecimento, mais medo ainda. O medo traz a dúvida obsessiva que traz a sensação interminável de perigo iminente. O ser tocado busca ajuda o tempo inteiro para aliviar seus sintomas e o caminho é um labirinto. É assim que se sente encurralada uma pessoa com TOC – transtorno obsessivo compulsivo, e não reconhece o porquê, não sabe o que está acontecendo. Depois de se ligar neste movimento, de chegar a um certo estágio de consciência e de conhecimento do fato, o ciclo pode perder força, a obsessão diminui de importância. Já se sabe o nome no inimigo, sabe-se onde ele está. A guerra fica mais simétrica e, com paciência, interrompida, com alguma paz. Isso para alguns sortudos e mais, digamos, preparados.

Fui diagnosticado com esta desordem neuropsíquica somente em 2016, por um competente especialista e sua equipe do Hospital das Clínicas, da Universidade de São Paulo (USP). Acho o termo em inglês mais interessante – OCD, *obsessive compulsive disorder*. Assim, desse jeito, ele parece descrever mais justamente o que realmente acontece fisicamente, uma desordem nos pensamentos e, consequentemente, no corpo. Mas não podemos deixar de lado um campo maior do que este, de pouco entendimento prático ainda para médicos, que são o das doenças psicossomáticas. Depois de mais de trinta e seis anos com sintomas leves, aumentados com o tempo, sem alguma hipótese e definição para mim, com o fato de conhecer seu mecanismo, sua forma, seu cheiro, sua cara, a vida começou a melhorar. Quinze anos é o tempo médio de tomada de consciência de um diagnóstico de TOC. Quando não sabemos o que está acontecendo, onde estamos, para onde vamos, perdidos e sem rumo, tudo fica muito pior, não é? Infelizmente, é esta a realidade da maioria dos portadores de doenças mentais e das psicossomáticas no Brasil, talvez no mundo. Diagnósticos errôneos, hesitações médicas, desconhecimento, despreparo, rotina de trabalho, dificuldade do caso em si, sejam para instituições particulares, seja para serviços públicos. O labirinto é generalizado e as rotas são várias. Errar é humano, mas a pressa ou o imediatismo para dar um diagnóstico a alguém são inaceitáveis. Como em todas as atividades profissionais, enganos existem, equívocos são normais, escolhas malfeitas decidem o fracasso dos projetos. Mas quando se trata de vidas, a situação é muito delicada. Falar disso é chover no molhado. Mas quando a pele é sua, a chuva é só sua, a tempestade é exclusiva.

No meu caso, em tantos anos, não posso culpar os vários profissionais pelos quais passei. Nestes anos todos, os sintomas não eram muito claros, e o TOC, especialmente, é muito sorrateiro, de difícil percepção em vários casos, afora os visíveis e clássicos. Comigo não há nada visível, não há marcas e comportamentos tipicamente físicos, talvez porque os sintomas sejam muito parecidos, em geral, com aspectos comuns do dia a dia das pessoas, como preocupação, isolamento, medo, ansiedade. Decifrá-los como consequências, efeitos de uma desordem neuropsíquica pode levar tempo. Ao cairmos nas mãos de generalistas, ou de não estudiosos, como é na maioria para tudo, tratam-se geralmente os sintomas e possivelmente levanta-se alguma hipótese de patologia. Identificar e tratar sintomas é a nossa especialidade, é mais fácil. E como os médicos são humanos, claro, e a indústria farmacêutica centra-se muito nos sintomas, na linha de frente, ficamos numa roda viva abafando sensações cujas causas muitas vezes nem serão conhecidas. Vive-se por muito tempo com a moléstia e morremos idosos, ou não, sem saber o que acontecia, às vezes subtratados, ou nem isso.

No meu caso, o diagnóstico mais longe do alvo que recebi foi "bipolaridade". Um psiquiatra despreparado me flechou: "Você tem um espectro bipolar, que é uma bipolaridade mais leve, que não incapacita o sujeito no âmbito social e no trabalho, embora a qualidade de vida fique um tanto comprometida". Esse espectro, segundo ele, se encaixava comigo por ter oscilações de humor, ora bem, ora tenso e agressivo, ondas de ansiedade alta, reclusão – adjetivos como *agressivo* e *deprimido*, comigo, jamais! Errou de cara, de primeira. Mas como nada é absoluto e sempre há exceções, resolvi não desacreditar; pelo contrário, fiquei feliz em acreditar num fim da história. Prescreveu-me um antipsicótico que imediatamente comprei e fiz uso por um mês. Minha vida estava num novo rumo, pensei eu. Dali para frente, haveria de conquistar o mapa da mina, e os bons tempos voltariam à minha rotina de vida. Ah, que alívio! Chorei de alívio e pena de mim mesmo. No fim, era um resultado, crer numa palavra.

Ocorre que a doença crônica não deixa barato. Minha personalidade também não. A busca por informações e pesquisas não parava (não para até hoje, bem menos, mas são sempre bem-vinda as atualizações, informações e pesquisas). O "tocado" com meu perfil é um pesquisador contumaz, como o nome diz, um pesquisador obsessivo sobre quase tudo, especialmente sobre os dados de seus sintomas, sobre medicações, sobre outros casos parecidos com o seu. A dúvida e a busca são uma necessidade visceral, por isso o nome "obsessivo compulsivo". A dúvida é obsessiva, a compulsão é chegar ao alívio dela, numa resposta. No fim, parte importante da versão da minha doença é pensar obsessivamente e enroscar numa incerteza patológica. É o constante estado de medo intenso e da dúvida, muitas vezes sobre o próprio estado de saúde, duvidar que é TOC, voando na sensação e no pensamento de que nada está resolvido e um diagnóstico correto deverá ser alcançado, sempre melhor do que o anterior. Mas os temas, os núcleos obsessivos para a doença são muitos, variam muito de um tocado para outro, de pessoa para pessoa. É uma doença muito heterogênea e criativa. O fato é que este aspecto de inquietação me ajudou a encontrar o erro e a chegar, ao fim de décadas, ao ponto, ao local, à pessoa, ao diagnóstico correto. Ao fim de um mês tomando quetiapina sem necessidade, pelo falso bipolar, chegara a hora de encontrar o nome certo do transtorno. A internet é uma perfeita viagem sem mapa e sem limites. Todos a usamos quase do mesmo jeito, mergulhando de uma página a outra como num buraco de minhoca, sem tempo nem espaço. Para mim, neste oceano de vídeos e artigos, de currículos e matérias, de depoimentos e indicações, encontrei os caras certos do HC, especialmente Dra. Sonia Borcato, psicóloga ligada a eles e muito experiente com esta questão. Com eles comecei a perceber, a formar a figura toda e dar sentido aos sintomas e reconhecer a causa. Uma razão para o estado dúvida, por sua vez, de perigo iminente sem causa concreta e nem motivo, daí medo, medo sem causa bem definida (resumo bom este), de sensações corporais desesperadoras e desconhecidas, tremores, espasmos musculares, fobia social, pessimismo, insônia, exacerbação dos sentidos especiais, como audição e visão fotofóbica, entre outras sensações indescritíveis e a mais volumosa de todas, ataques fortes de ansiedade que podem durar de uma hora a uma semana! Acompanha, nos piores momentos, também uma audição muito agudizada e com zumbidos oscilantes. Buzinas, escapamento de motos passando, barulho de talheres na pia, copos batendo, vozes agudas e finas, gritos, um horror. Isso tem nome, é "misofonia" (rejeição, aversão a certos sons) e ou "hiperacusia" (sensibilidade a sons). Nem todo TOC tem isso, varia muito de caso a caso. O meu se expressa assim. Uma face de mim é esta, a mais falante e inaudível de todas. O imaginário é muito potente quando estou em crise, e o real, o lado de fora, este não participa muito. Já dei muitas aulas em estados horríveis e ninguém, talvez, tenha notado nada de importante. Este imaginário é aquele que parece real, mas não é, e é a pura força paralela criada dentro de nós e que disputa posição com a consciência. Daí a dificuldade de enfrentarmos os desafios da psicossomática misturados às sensações físicas, orgânicas, que muitas vezes vêm juntas.

Este transtorno é bizarro e famoso para se estereotipar em mãos talentosas. Recordo alguns filmes cômicos com personagens tocados ou com outras dificuldades físicas. *Toc Toc*, título da obra espanhola de 2017, dirigida por Vicente Villanueva. Uma comédia para entreter e brincar de leve com esta disfunção. Baixo orçamento, simpático como muitos da cinematografia espanhola, mas não o recomendei a ninguém. Com um olho, eu ri; com outro, fingi que não vi. Para quem sente na pele é sempre diferente. Assim como o delicioso filme francês *Os Intocáveis,* com os ótimos Omar Sy e François Cluzet. O cuidador e o cadeirante nos emocionam e nos conduzem muito bem. No filme, ele é um milionário com muito conforto e assistência para diversões, mas, no Brasil, ser cadeirante, na real, é outra situação bastante difícil num país pobre e segregador como o nosso. Outro estereótipo bem-sucedido foi com Jack Nicholson, no filme *Melhor* É *Iimpossível*, de 1998, dirigido por James Brooks. Ele é um romancista obsessivo-compulsivo com bom humor e ótimas tiradas ao se envolver com uma mulher, Helen Hunt, e um amigo gay, Greg Kinnear. Nicholson, enquanto nos dá aderência ao seu personagem, lava compulsivamente suas mãos, desembrulha inúmeros sabonetes ao longo do dia a cada vez que lava as mãos e leva a vida com esse registro heterogêneo, lavando-se, evitando pisar em rachaduras ou riscas da calçada quando caminha e divertindo-nos com seu jeito de ser aparentemente não sofrido.

Outra forma de desafinação comum em nossa intercomunicação é o estereótipo. Há estereótipos saindo pelo ladrão todos os dias, e o cinema é uma velha vitrine para eles. Nos dois filmes mencionados, os estereótipos são as chaves que abrem as personagens. Todos estereotipados. Jack Nicholson, na figura de um tocado, se dá tão bem assim na pessoa dele? É divertido estar na pele dele? No TOC, isso é possível? Infelizmente não para a maioria dos casos. Há muitas formas e intensidades de sintomas, mas, para uma ampla maioria dos portadores, o transtorno vem acompanhado de muito sofrimento. Podemos dizer que existem dois tipos de disfunção obsessiva: o que tem de cumprir seus rituais sem sofrer sintomas intensos de medo, perigo, portanto mais brandos; e o tipo que sofre completa e profundamente, de forma incapacitante em muitos casos. O sofrimento destes, se comparado à linguagem do cinema, à estética dos filmes, seria de cepa distinta da do sofrimento retrato nesses dois filmes. Como a dor é a dor de cada um, o cinema de autor, de arte, clássicos do pós-Segunda Guerra Mundial, também seriam uma forma de fazer analogia às sensações e experiências de cada um. Uma estética autoral menos mercadológica. Se eu pudesse escolher um filme que retratasse a minha dor, teria muitos a listar. Músicas, mais ainda, milhares em meu repertório sonoro mental e memorial. *Gritos e Sussurros*, de Bergman, por exemplo, é um filme vermelho, exibindo o interior de uma casa na Suécia, com rostos como ninguém filmou. Mas quero citar algo mais ao rés do chão e da poeira, à luz do sol e verrumante, ousado, como os filmes de Luis Buñuel.

Especialmente *Los Olvidados (Os Esquecidos)*, de 1950. Essa obra me levou a sonhar com o cinema. Desde 1982, tento me exercitar nesta linguagem sincrética, e foi para mim assunto de inúmeros estudos, viagens e dissertações. *Los Olvidados* trata da sobrevivência de um grupo de crianças na periferia da Cidade do México. Suas fraturas familiares, as orfandades, as vadiagens, a ausência de escola e de salubridade, cenário e drama que a América Latina conhece muito bem, que nós conhecemos vida adentro. Como poucos, Buñuel, especialmente em sua fase mexicana, representa a convergência de estéticas fílmicas do século 20, do cubismo-surrealismo dos anos 1920 até os cinemas novos dos anos 1960. Humor sarcástico, crítico mordaz, sardônico, satírico, especialista em misturar o onírico ao realismo, o sonho e a vigília. Fazia com a imagem uma escrita bem particular sua.

Os esquecidos vivem em meio às favelas, tidas como as "cidades perdidas", afastadas da Capital mexicana, com muitas dificuldades e carências, oportunidades imediatas para a cristalização de vícios e de comportamentos nada meritosos. A dor cômica e bizarra está no ar, com personagens cegos, mancos, mutilados, anões, velhos e animais perdidos. Diferentemente dos TOC estereotipados dos filmes mais doces e acessíveis, a imagem ali revela-se na crueza e numa espécie de transtorno estético, cuja obsessão é poder sobreviver, estar num presente para chegar a outro. Dificilmente há mais de duas saídas práticas para aqueles jovens, aceitar a cronicidade da pobreza ou morrer na violência dela. Nenhum personagem deste filme expressa sintomas do TOC, mas ele está, em parte, na sociedade toda. Uma parte sofre e a outra não sabe. Uma parte pensa em si e a outra também; uma goza de alívio a outra não sabe se viverá. Porque uma das faces da patologia é haver dois comandos num corpo só, dois seres em conflito numa só voz. Crianças ou adultos, não há idade mais acometida do que outra, nem sexo, nem gêneros.

Nesta época, anos 1980 e antes, só poderíamos conhecer alguma seleção de grandes diretores frequentando os cineclubes ou alguma universidade. No início de tudo, naquele mesmo ano, o único jeito de assistir aos filmes de formação, como um Griffith, um Eisenstein, um Keaton, era levar um projetor 16 mm sobre um carrinho para o meio da sala, dentro da qual fazíamos uma reverência para as latas de película e para os remendos com fita adesiva nos cortes das películas. Outra forma eram os cineclubes. O Cineclube do Bixiga foi uma sala de cinema de arte e uma sala de aula para muitos cinéfilos no Brasil. No bairro boêmio e saudoso do Bixiga, centro da Capital paulista, era local sagrado para estetizar a vida, anos 1970 e 1980. Depois disso, com o tempo, as desafinações urbana e espacial levaram os cinemas para os centros de compras, os shoppings. Os que não foram, morreram.

Muitos deles se tornaram prédios e os mais "esquecidos" se tornaram estacionamentos ou abrigos para sem-teto e boca de tráfico. Além dos cineclubes, contávamos também com o advento dos videoclubes e locadoras de fitas VHS, poucos deles voltados ao filme de arte. E, assim, até hoje, a loja e o suporte físico dos filmes foram sumindo com a obsolescência dos DVD. Hoje, temos toneladas de produções via internet, o que é uma maravilha incrível para acessos mais democráticos e livres. Mas o grande cinema, a época dourada do cinema japonês, russo, italiano, francês, americano, espanhol, brasileiro, esta está se desligando das novas gerações e da grande massa que não os viu mesmo. Os *games* estão mais vivos do que as memórias de Antonioni, de Imamura, de Tarkovsky, de Saura, de Welles, de Glauber ou de Joaquim Pedro de Andrade. Encontrá-los, hoje e no futuro, será mais fácil do que naquelas salas de aula com películas raras e gastas. Mas o reservatório deles deverá ser uma curva de rio, em cuja correnteza central deslizará uma massa de outras imagens e sons que nos retiram a crítica se não oferecermos critérios e consciência. Ouvir música também mudou um tanto. Ouvir um LP, ou CD, inteiros, sem saltos, está ficando raro. Uma obra do começo ao fim. Um álbum é igual a um filme, tem ordem, pode ter narrativa sequencial. Anos atrás, tive notícia de um evento muito interessante, ocorrido em Londres. Espectadores compraram ingresso, alguns com a pipoca, e, ao invés de assistir a um filme, deleitavam-se coletivamente ao som completo e na ordem do LP *Dark Side of the Moon*, de Pink Floyd, 1973. Que plateia foi essa? Ouvintes? Espectadores? A linguagem dominante é a sonora, portanto ouvintes, uma audiência. Para mim, é mais do que isso, é cinema coletivo da música escura. Ouvidos veem. Toda forma expande-se quando em sinestesias. Uma parte de qualquer forma de narração é feita na nossa cabeça. No cinema, na TV e em demais telas, o efeito acontece em nossas mentes, em nossos corpos. O efeito fotográfico de movimento não está no dispositivo, há nele fisicamente uma sequência de fotos intervaladas com um traço preto.

A mágica acontece na capacidade de o cérebro eliminar os intervalos entre uma imagem e outra e dispô-las em relação e em movimento, eliminando as fendas. Nossas mentes juntam os fotogramas (no passado em película, 24 quadros por segundo), na era digital, em média 30 quadros por segundo. Poderíamos dizer que uma das bases de criação e de produção de sentido e de emoções diante de uma narrativa somos nós mesmos. Regozijo-me em ter estado presente em uma palestra pública com o escritor argentino Jorge Luis Borges, em São Paulo, em 1984, no Masp. Se minha memória não mente – mais provavelmente elabora –, Borges reproduziu fragmentos de sua antológica *Siete Noches* (Sete Noites), conjunto de palestras publicado por várias editoras, entre elas a Emecé, argentina. Em uma das sete noites do livro, o tema é poesia, em que Borges faz um desenho didático e saboroso sobre um sonho que tivera. O autor nos falou a respeito em detalhes, em contornos surrealistas como todo sonho. Ele contava:

> Saí de casa numa noite, dobrei a esquina e me deparei com um homem coberto em capa de frio longa, sinistro, enigmático. Eu queria acender meu cigarro e pedi ajuda a ele. "Tem fogo, por favor?" E o homem estranho retirou uma das mãos entrevadas do bolso do sobretudo e de lá saiu uma mão diferente, uma mão ou um pé de galinha. Um homem guardando sua garra preênsil dentro do casaco, dizendo que não tinha fogo para me ajudar. Agradeci e segui em frente.

Aí Borges pergunta: "O que quer dizer o meu sonho?" Muitos, imagino, recorreram em segundos à psicanálise, a Jung, às vidas passadas, à neurologia e quejandos. Depois de alguns comentários, Borges disse:

> Não quero dizer nada com isso, ou isso não quer dizer nada para mim. Apenas uma coisa de suma importância, penso eu. Nós somos narradores natos! Eu mesmo sonhando comigo, o inconsciente ou a mente trataram de me desenhar uma cena, um acontecimento com o qual eu mesmo me surpreendi. Não fui um criador consciente dele, embora tenha saído de mim.

Ou seja, o escritor salientava nossa capacidade orgânica de sermos uma narrativa ou de naturalmente vivenciarmos as narrativas que criamos, inéditas, para nós mesmos. Os significados são elaborados no tempo, como a música, a prosa, o poema. Não há um resumo, um sumário para a música, ela tem de vir ao ar inteira, como um pensamento sonoro que se define no tempo e no espaço. Nossa vida é pensada, traduzida em narrativas e as expressões delas apresentam-se em desdobramentos temporais e espaciais culturais. Fatos estéticos inatos.

Se não me engano, com exceção dos insetos, muitos animais sonham, até os peixes. Sangue frio ou quente, a vida tem sonho, tem narrativa no sangue e nas células. Maiúsculos ou minúsculos, cérebros são autores, coautores, cocriadores na fisiologia da vida. Nossa existência é "corpada"[1] no descritivo, no metafórico, no simbólico, no dramático, no cômico, no trágico. Gosto eu, muito mais quando estas experiências conectam-se com o intelecto, que, por sorte, podem ser experimentadas interdependentemente. Intelecto, a razão prática sem a companhia do corpar, é platônico demais, logosófilo a fundo, muito espírito e pouca carne, distante da pele, portanto com risco de ser cerebral demais. Isso, no meu estilo crítico. Não se trata de uma verdade. Um intelecto corpado, para mim, traz maior chance de um signo ter mais consciência e participação da ação que se desenrola. A significação se dá no movimento de um signo a outro, de uma palavra a outra, numa cadeia infinita de relações. Uma frase clássica em minha formação no universo da comunicação e semiótica, nos inícios, daquelas que encantam a alma de um novato para sempre, era "a vida só acontece em relação, somo seres em relações". Nos idos anos 1990, no programa de comunicação e semiótica da Pontifícia Universidade Católica (PUC-SP), tempos áureos, a professora Lucia Santaella e o professor Amálio Pinheiro a citavam com frequência para contrastar com a ideia predominante da existência do absoluto.

É preciso mais brio para chegar perto dos sentidos vivos dessas frases. No senso comum, já são de uso comum em várias áreas, são até frases prontas. Porém, atrás da fumaça, fazemos uma analogia, uma imagem, um exemplo revelador. Quando queremos conhecer uma palavra vamos buscá-la no dicionário físico ou digital, não é?

1 "Corpada" no sentido de "corpar". Neologismo para a atitude de estar no corpo, de vivenciar o corporal.

Pelo menos, eu ainda os visito bastante – meu dicionário Houaiss em papel fica ao meu lado na mesa, um livro sagrado. Ao encontrar a sua palavra nova, o que você encontra? Simplesmente outras palavras que lhe explicam o significado, certo? Você não encontra o significado propriamente dito. Ao procurar a palavra "queijo", não encontramos nem o cheiro dele nas folhas, nem a imagem, nem um pedaço. A significação literal não é sólida nem é imagem. Ela pode virar imagem já na sua consciência, mas não nela mesma. São outras palavras em cadeia. Quem monta o significado são elementos unidos: você, a língua que você fala e o dicionário que ali está encadeado de A a Z, infinitamente. Portanto, se nossa compreensão é feita em cadeia de significados, de matrizes simbólicas enganchadas umas nas outras, na verdade uma palavra somente aponta para outra e para o repertório do leitor que formatará o encontro. Nós, seres de sangue quente, antropoides *Sapiens sapiens*, conscientes da individualidade, da vida e da morte, por simetria e natureza, somos também signos, somos exatamente iguais às palavras, que ecoam e vibram a partir de nossas células.

Não somos absolutos e independentes em nossa liberdade de viver. Somos livres, "condenados à liberdade", como na máxima de Sartre, mas só podemos conhecer esta liberdade quanto mais conscientes e protagonistas nesta vagueza libertadora de que é feito o que chamamos de vida. Repare no seu dia, hoje, agora. Na sua história toda de vida, seu passado e projeção de futuro. Sua história é feita de quê e com o quê? Todo o currículo obtido na vida será representado por ações e por sons, imagens e palavras. Não podemos entender a consciência sem o apoio de uma narrativa. Sonhos, habilidades, projeções, obras, leis, alegrias, dores, conquistas, identidades, cultura, no geral, manifestam-se inteira e definitivamente por linguagens, por fenômenos culturais. Falaremos novamente sobre esta extraordinária forma de dissecação destes fenômenos da comunicação num capítulo avante. Fizemos uma volta assistemática, pouco fisiológica, mas, para mim, um fruir provavelmente compreensível. Por quê?

Porque nos iludimos com a ideia de que somos diretores a dirigir toda esta peça que tece a vida de cada um. Os diretores são vários e nossa parte é ter consciência desta polissintonia, corpados em autores e plateias ao mesmo tempo, levando a analogia para o campo dos fenômenos psíquicos, especialmente da ideia de que não somos senhores de nossos comportamentos, de que certamente somos formados por vários fatores que nos modulam e nos dão formas como seres sociais e individuais.

É nesta perspectiva que podemos entender melhor os fenômenos obsessivo-compulsivos, as peripécias neuropsíquicas que tanto nos formatam a alegria de viver e a consciência de nós mesmos, os desejos, as taras, os vícios, as inações, as síndromes, os comportamentos e, ao fim e ao cabo, o que sempre está por trás de uma pessoa que acaba de cometer um ato estranho ao seu lado, por exemplo. Sabe aquele pedinte da rua? O mendigo? O louquinho que passa? Pois é. Para você estar lendo este texto em paz, consciente, saudável, reflexivo, ciente de seus atos e dos códigos que formam a nossa intercomunicação... estamos num milagre da natureza extremamente complexo e totalmente entrelaçados e dependentes entre si. Você e eu, ninguém, não controlamos quase nada do que está acontecendo, praticamente nada, nem fora nem dentro de nossos corpos. Isto, cuja honra defendemos, denominado EU, existe, tem RG, nome, vida, mas pode ser no meio de tudo isso, metaforicamente, como se fôssemos uma tela de TV ligada no meio da floresta Amazônica, se não um radinho de pilhas FM. Peço licença aos psicólogos, aos psicanalistas mais ou aos menos ortodoxos, aos religiosos e esotéricos, pelo meu desconhecimento, mas, para mim, o meu EU, de quem sou dono e inquilino, desenho assim mesmo, uma TV portátil ligada na copa de uma árvore, na floresta, dizendo: "Como sou verde!" Então, muitas vezes quando lidamos com as pessoas, que fazem uma agressão verbal sem motivo aparente, por exemplo, saiba que esta pode não ser um caso de má educação ou de grosseria apenas, mas um ato patológico ligado às reações neuroquímicas do sistema nervoso dos agressores numa projeção da qual você faz parte. Você é um ator passageiro naquele momento. Talvez falte aos agressores uma gota de um dos inúmeros hormônios que em você podem estar sobrando e, sem dúvida, dando-lhe razão suficiente para compreender a situação de agressividade.

Suponho que no meu caso e no de muitos, o que nos resta é nutrir forças, conhecer a força do imaginário, este que nos prega peças, que cria sintomas reais nos nossos corpo e mente, e lidar com a urgência que também temos de dialogar com essa força do imaginário e percebê-lo em um campo maior em que o localizamos, que é o psicossoma, o encontro da mente com o corpo, inseparáveis, a ponto de um operar-se no outro. Assim como mente e cérebro, consciente e inconsciente, onde nasce um, onde acaba o outro? Um movimento inevitavelmente feito por nós mesmos porque ninguém o fará por nós, e escolher uma ajuda terapêutica, psicanalítica, corporal, o que caber mais na sua pele. Afora isso, a parte materialista químico-física, médica, também tem de estar no jogo, creditando a ela uma parte importante na participação dessa história toda. Dos dois lados, do imaginário ao orgânico, somos capazes de buscar a consciência e a determinação de enfrentarmos as doenças, os sintomas, de não deixarmos de lado a implicação de nosso próprio sujeito, de estar com ele no centro desse processo de reconhecimento e de transformação. Acima de qualquer ajuda externa, temos de estar no centro deste processo.

Por esses dias, ouvi uma metáfora, uma imagem ótima de um psicólogo. Ela serve para muita coisa, não só para o TOC. Os pensamentos obsessivos são como um invasor em uma festa sua. Você está com seus amigos e amigas, família, e o cara entra na casa. Você não para de reparar nele até que não aguenta e retira-o da casa, leva-o para rua. A festa prossegue, ele volta e tudo se repete. Com cuidado, sem ninguém notar, você vai lá e retira-o várias vezes, passa a festa todo ligado nele. Você cansado, mas a coisa não para. Depois de horas, você vai ao banheiro se lavar e uma voz alentadora vem do nada, "repare que você está mais com o bicão, com o estranho, do que com seus amigos... deixa o cara entrar e divirta-se". Eis a conduta. És tu mesmo, deixa ele vadiar pela festa.

A heterogeneidade das formas de expressão do TOC é um de seus aspectos mais marcantes. As obsessões compulsivas aparecem de forma secreta, velada, quase indecifrável pelo próprio portador, até as formas mais explícitas, perfeitamente enunciadas, expostas socialmente. Venho acompanhando alguns núcleos temáticos obsessivos e inevitavelmente comparo-os ao meu. Há poucos anos, o TOC era incluído num grande grupo que a psiquiatria chama de "transtornos ansiosos". Nestes, o sintoma da ansiedade importante é uma base para vincular, para agrupar certas patologias, como a própria *tag* "transtorno de ansiedade generalizada". Como a ansiedade não é generalizada e determinante no TOC, que apresenta outras complexidades e intensidades diferentes umas das outras, ela foi retirada deste grupo. Para ele, criou-se, em 2013, no HC-USP, o Grupo de Espectros Obsessivo-Compulsivos, outra família, em que estão classificados os pensamentos repetitivos, negativos e indesejados que podem gerar sofrimentos subjetivos significativos. Um espectro que abrange várias características e nuanças que se somam ao sintoma de ansiedade especialmente, de moderada a severa.

Num espectro abrangente, no qual pudéssemos incluir, numa ponta, os "não doentes", aqueles com apenas comportamentos ou hábitos exagerados e, na outra ponta, os casos patológicos, os médicos escolheram dois termos polares, "ego sintônico" e "ego distônico", respectivamente, para distinguir os casos mais leves e assintomáticos, de um lado, e os patológicos do outro. Portanto, quando o sujeito apresenta hábitos mais intensos de organização dos objetos, de mania de limpeza de ambientes, de simetrias e preferência de cores, por exemplo, isso não significa que o indivíduo tenha TOC. Especialmente em tempos de pandemia, muita gente intensificou seus hábitos em função da rotina antiviral pela qual passamos. Acredito que muita gente passou a se incomodar e a sofrer um tanto por conta da experiência pandêmica. No geral, as pessoas com este perfil são muitas em todos os tempos. A obsessão é uma característica humana. Ela está na lista do ego sintônico. Ou seja, há uma sintonia egoica, um comportamento natural que pode ser considerado comum, sem intensidade.

EGO SINTÔNICO

Sintônico dá o sentido de sintonia, de unidade. Ego sintônico, portanto, remete a um estado regular de afinação consigo mesmo. O time não costuma fazer gols contra. Nestes casos, quando há algum hábito recorrente na rotina da pessoa, e não há sintomas indesejados por conta deles, usa-se o termo SOC (sintomas obsessivo-compulsivos), e não o TOC propriamente dito. Mais leves, os SOC se situam na órbita do comportamento idiossincrático, sem sofrimentos relevantes. As pessoas com SOC podem entrar na lista dos estereótipos leves, como os vistos no senso comum de alguns filmes, ou em pessoas com hábitos mais rígidos e repetitivos, porém ainda subclínicos. É bem provável que você conheça alguém assim no trabalho, um amigo, um parente, todos com hábitos marcantes e até certo ponto inofensivos, às vezes desagradáveis, mas sem importância clínica. Uma peculiaridade, uma mania revelada por ações incomuns de uma pessoa. Por exemplo, alinhar objetos sobre a mesa, rezar obsessivamente antes de dormir; caso contrário, vem a insônia. Um hábito que vi muito: beijar o pé de Cristo todas as noites, sem falta. Aqui está minha mãe Myrtes.

– Depois de sua morte, em 2013, conheci mais a fundo sua espiritualidade. Era, de fato, muito autêntica, sincera, medular. Mas se ela não beijasse os pés de Cristo todas as noites, num crucifixo dependurado na parede do corredor da casa, ou não cumprisse seus rituais de oração, não fosse à Igreja duas vezes na semana, a vida ficaria um rascunho de fé. Entraria em débito com Deus e com ela mesma. A benção se transforma numa espécie de banho necessário, profilaxia de ânima, exercício de alma, alma limpa e atenta. Religiosidade, muitas vezes, pode estar em sintonia ou em distonia. Na maioria dos casos, a fé cega e intensa pode ser sentida e legítima, porém é difícil separá-la daquela com grau considerável de obsessão. De tudo, temos um pouco.

– Ordem para os objetos. Aqui está Mário, meu pai. Ele organizava as meias e as roupas nos armários de forma tão organizada e estética que parecia vitrinas de loja. Os espaços entre um par de meia e outro eram iguais. Advogado bem-sucedido e meticuloso, os objetos em sua mesa no escritório mantinham uma precisão geométrica. No fim da vida, quando o Parkinson já estava adiantado e associado a uma demência senil irreversível, ele mantinha seus 10 ou 12 óculos de grau antigos ainda guardados com ele. Em seus respectivos estojos, nenhum deles lhe servia mais, estavam defasados, quebrados, ou fora do gosto. Mas ele os mantinha por perto. Um dia, inocentemente, eu lhe propus: "Vamos dar um fim nisso? Você não os usa mais". Ele me olhou como se eu estivesse a ponto de lhe propor um duelo quixotesco. Arregalou os olhos e disse: "Deixe! Não mexa nunca nisso!" Sorriu e esqueceu o fato imediatamente. Mas o lado patológico nunca apareceu de fato nele e nem em minha mãe. O casal tinha algum rigor nos comportamentos, mas nunca estes interferiram na sua qualidade de vida. Creio que meus pais nem notavam seus rituais comuns e nunca sentiram necessidade de dar atenção a isso.

– Acumuladores comuns. Meu pai também tinha um traço dos acumuladores de papéis, documentos, documentos antigos e inválidos de automóveis e afins. Mas imagino que acumular objetos é algo muito sério na vida de milhões de pessoas. De toda ordem e tipo, os acumuladores têm a obsessão de encontrar algo aparentemente valioso e importante e aliviam-se guardando tudo. Brinquedos, papéis, jornais velhos, tudo. Talvez até em caráter de coleção de um tipo de objeto, como garrafas de cerveja, *bottons*, chaveiros, ingresso de shows, entre muitos outros. Isso não significa que todo colecionador seja um obsessivo-compulsivo, o que muda é a forma como – sempre o como – as coisas acontecem, as ações são dimensionadas. Conheço um milionário que tem uma das maiores coleções de motos e carros do Brasil. Certamente é conhecido internacionalmente pelo conteúdo de sua coleção. Ele construiu um museu ao lado de sua enorme propriedade: um galpão com pelo menos 2.000 m², hermeticamente fechado para proteger seu tesouro. Ao que me parece, sua coleção é um diletantismo saudável para ele. Uma forma, inclusive, de estocar dinheiro e fazer investimentos. Dizem que apenas um item de seu acervo, uma motocicleta americana do ano de 1908, vale 1 milhão de reais, se não de dólares. Pode haver ou não alguma dose de obsessão aí, mas quem é que nunca a tem ou teve em relação a algo? Talvez o prazer de pescar para muitos, de escalar montanhas, de desafiar a natureza, seja alguma forma obsessiva de viver.

– Amuletos e gestos corporais com SOC. Toda vez que vou ao meu consultório, observo um homem sair de sua casa. Ele olha para os lados, e, se não há ninguém por perto, passa os dedos de uma mão no número da casa, na plaquinha de metal na parede. O espaço está manchado de sujeira de suas mãos. Acredito que esse gesto seja uma forma de se benzer para sair de casa. Uma forma obsessiva e compulsiva sem a qual a jornada não seria a mesma. E assim deve haver milhões de gestos e maneiras de cumprir um ritual parecido com este. Andar com amuletos no corpo, com santinho na carteira, fazer sinal da cruz ao passar em frente a uma igreja. Arrisco incluí-los todos numa lista de rituais sem os quais as pessoas se sentiriam prejudicadas ou insatisfeitas. Mesmo assim, isso ainda não é TOC.

– Os tiques nervosos, todo mundo sabe do que se trata ou pelo menos já viu em alguém, ou tem um para si. Tique nervosos podem ser uma forma sintomática de obsessão cuja compulsividade seja realizar o alívio pelo movimento, pelo toque, pelo som, por movimentos e espasmos. Por exemplo, piscar os olhos repetidas vezes, mexer a cabeça, estalar a língua, engasgar, tossir, bater com os dedos na mesa e muitos outros. O tique pode ser um elemento associado ao TOC, mas não necessariamente. Tiques vocais e motores podem também estar associados à hiperatividade, transtorno de atenção, ou todos juntos na síndrome de Tourette, a síndrome conhecida como "irmã" do TOC.

– A lista poderia ir mais longe. Com tempo e pesquisa, chegaríamos a dezenas de temas sintomáticos obsessivos. Como crenças exageradas, rotinas precisamente regradas, ligadas à alimentação, às compras, aos cumprimentos e contatos físicos, ao próprio excesso de trabalho no caso de um *workaholic*, que, se não trabalhar até em fins de semana, fica contrariado. Um obsessivo por produção e resultados.

Entre uma crise e outra, a alegria de viver. Um alívio. A vida é realmente maravilhosa quando estamos em sintonia com ela. Eu sei disso, eu sinto isso, eu nasci sabendo disso. Viverei para contar mais histórias. Quando na crise, o gosto é funéreo, a proposta é inválida, o eco dentro do eco torna o mundo invisível, talvez inexistente. Nessa luz de dia lindo, a vida é o som de Memo Flora, piano concerto Op.67, obra do japonês Takashi Yoshimatsu. Também a sua maravilhosa *Dream Colored Mobile II*, Op58a, executada por Joe Hougthon e Kate Wilson. Ambas, hoje, foram um concerto do mundo que vi e criei.

O EGO DISTÔNICO

A pessoa com ego distônico pode ter a vida abalada por sofrimentos constantes. É mais um tipo de DESAFINAÇÃO DA CASA, tal qual nas demais desafinações caseiras já analisadas. Especialistas consideram que sofrer com alguma obsessão e compulsão a partir de uma hora ao dia, ou mais do que isso, muito mais, a pessoa pode ser considerada um tocado, um portador de TOC. Na rotina das horas, surgem excessivos rituais obsessivos e compulsivos, uma espécie de desafinação na divisão de comando da mente em torno de um tema e de uma necessidade. Uma batalha monotemática. O uso do termo "desafinação" é de minha inteira responsabilidade, porque o sei, o sinto, o descrevo com autoridade e coragem, porque é uma ação do meu coração. Pelo que sei, o termo "distonia" tem aplicação original para o corpo. O paciente distônico tem o corpo sem tônus, tem contrações involuntárias, tremores, descontrole muscular, uma disfunção neurológica. Já no ego distônico, toma-se o termo para designar uma disfunção no sistema neuropsíquico, especialmente psíquico – se é que este existe em separado de outras partes.

No meu caso, sinto como se houvesse dois *Eus* no meu cérebro, ou um Eu principal e um eu menorzinho (muitas vezes maiorzinho), um invasor com uma missão específica. É evidente que não se trata de duas pessoas diferentes num crânio só, como se fossem gêmeas xifópagas unidas pelo cérebro. Está mais para a figura do dono e do inquilino que se misturam no pensar e no reagir, especialmente nos processos de autodefesa, do liga-desliga do alarme do medo e do perigo. Se o perigo é iminente para o pequeno e indesejado inquilino, para o dono da casa não está acontecendo nada. Uma situação não bate com a outra. A sensação é mista, de neutralidade e de terror e de perigo ao mesmo tempo. É possível estar dentro de casa, lendo um livro confortavelmente no sofá, num lindo dia de domingo, e, de repente, acontece um filme de terror dentro de você sem hora para acabar. A distonia leva a um caos sensitivo pelo organismo todo. Enquanto não há nada de ameaçador para que se tenha de tomar alguma providência urgente, os pensamentos indesejados sequestram a realidade central e tomam-na para si da forma mais dominadora, dissimulada e competente possível. A pessoa cai nos palpos da aranha, não distinguindo mais quem é quem ou o que é uma coisa nem outra. No calor da desordem, não há mais discernimento e razão que resolvam, o sequestro já aconteceu, "só pode ser verdade, sou eu mesmo, tenho de agir, é isso mesmo, rápido, aja, corra, faça!" E assim, as dúvidas e obsessões superverossímeis tomam a sua casa, elas se tornam a sua casa. Dúvida, dúvida, dúvida, dúvida, dúvida, ininterruptamente, e algo deve ser feito para eliminá-la, o mais urgente possível, com ajuda de alguém ou por sua conta mesmo, o que é quase sempre muito difícil, senão impossível. Morte iminente a cada segundo. Às vezes, a pessoa consegue vencer esta rotina, este estado, que pode durar horas ou dias, consegue interromper essa situação como mágica, consegue anulá-la sem saber como; noutras, a pessoa é nocauteada com um direto na testa e no plexo solar, no peito. Outra série como esta, outras crises, podem vir no mesmo dia ou em alguns poucos dias depois, não se sabe. A espera, a cisma, muitas vezes é gancho para que um novo disparo aconteça. Se a pessoa tiver muita resistência e determinação, com consciência e ajuda de medicações corretas, poderá ter uma boa temporada de remissão, de alívio.

Este invasor-inquilino é focadíssimo e persistente, desconfiado, medroso, insistente demais, talentoso para alarmar, um buscador contumaz de segurança, seja uma ambulância, um padre, um médico, uma terapeuta, um anjo, um caça-fantasma. Todos são bem-vindos. Em crises, esta energia invasora me convenceria uma pessoa durante uma crise a pagar caro por uma poção mágica e sagrada que retirasse a ansiedade forte do peito (para quem a tem, o que não ocorre em todos os casos) e resolvesse o embate fantasmagórico, para que, num passe de mágica, essa pessoa recuperasse a paz, integrasse as vozes para poder observar o horizonte sem pensar em nada.

Uma figura analógica vem à minha mente, uma metáfora a mais, uma alegoria para provocar leitores jovens: o ventríloquo. Lembra do ventríloquo? Aquele boneco de queixo articulado manejado cuja voz sai do ventre do seu dono, do artista. Um fala pelo outro, e a gente presta mais atenção ao boneco do que a seu dono, a origem da voz. Pois bem, parece-me que há algo parecido entre o TOC e o ventríloquo. A mistura de humor com terror, uma dupla em que um dos componentes manipula o outro. Semelhanças por analogia, mas seus elementos são e não são iguais, apenas uma situação semelhante. Uma brincadeira minha para um trocadilho. Nos dois casos, há uma simulação, uma treta, um comando quase invisível. No boneco, a voz sai do ventre do artista; no TOC, sai da mente, o "mentríloquo"? Assim, uma voz que sai da sua própria mente se passando pela sua mesma (impressão minha, mas a arte do ventríloquo está sumindo?

Será? Assim como o realejo também está em extinção, ou já sumiu de vez? Talvez os dois tenham migrado para o mundo digital e não os vi mais nas ruas...).

Em suma, o fato ocorre numa circuitaria neurológica da mente na qual a força de vontade, as terapias clínicas e o aumento de consciência dos fatos contribuem bastante na lida com os efeitos da doença, ou os chamemos de "desafio psicológico", por exemplo. Todos são recursos indispensáveis que não devem ser desprezados, porém, para mim, na experiência vivida, pesa sobremaneira o fator orgânico, a carne mesma, nua e crua. Na maioria das vezes, não há chance para conversas e acordos com esse pessoal da Química. O que entra em ação é um jogo complexo de mecanismos neurobiológicos e de disfunções moleculares em várias partes do encéfalo.

A sigla TOC, como todas, carrega as iniciais dos termos em questão. Na grande maioria das vezes, a desordem ocorre assim: o tocado entra no ciclo de uma dúvida persistente; recebe um comando imperativo, obsessivo, que tem de ser resolvido, aliviado. Recorrendo ao estereótipo do TOC cujo núcleo temático é a lavagem das mãos, o recado – letra T – transtornado que GRITA e instala-se é: vá imediatamente livrar-se desses micróbios, destas toxinas que estão invadindo suas mãos, você corre grande risco – letra Ó, obsessão. Em seguida, praticamente ao mesmo tempo, vem a busca do alívio, que é propriamente lavar as mãos – letra C, compulsão. Seja com sabão, ácido, escova, lixas, detergentes, o ciclo pode durar horas, pois o alívio nunca chega em definitivo. A obsessão retorna e o ciclo recomeça. São horas, dias, anos. Com ou sem intervalos.

Progressivamente, com sintomas de leves a severos, foram 55 anos de vida sem saber o que eu tinha. Quando criança, fase em que geralmente já se manifestam os rituais e os sintomas, eu passava por fases de tiques nervosos leves e não contínuos, como piscar os olhos repetidas vezes, roer as unhas, pesadelos, nutria preocupações e aplicava alguns rigores de caráter a mim mais normais em pessoas mais velhas. Contudo, os principais vieram já quando eu era adulto, aos 23 anos, vivendo um tempo em Londres sozinho, em 1984, aquele ano de George Orwell.

Foi uma das experiências mais marcantes da minha vida, assim como sempre é soltar um jovem pelo mundo por sua conta. Uma caminhada inenarrável. Bem, o fato é que, de tanto cansaço, emoções lindas, relações novas, amigos novos, andanças e muita solitude, somados ao haxixe, maconha e álcool, a aventura trouxe-me um dos primeiros sinais da doença. Desespero. Uma noite de desespero, como dizem hoje, *noiado*, andando pelas ruas de Kensington feito louco, arfando, sentido que o céu dos ingleses cairia sobre minha cabeça. Ressacas, mal-estares, confusões, medos. Segui mochilando depois de Londres. Fui a Amsterdã, delícia, maravilhosa cidade do mundo. Paris, Milão, Veneza, Roma. No fim, exausto e levando na bagagem de volta muitos e preciosos LPs e a roupa do corpo. À época, nem rodinha nas malas havia. Era no gancho do punho. Talvez por isso fui deixando minhas roupas e pertences pelo caminho onde passava, para aliviar o peso. Em pensões e em pequenos bordéis falidos onde dormia, escrevia um poema numa camiseta branca, no tecido, e dedicava a quem fosse o novo dono, pendurando-a num armário ou numa cadeira. Sapatos, botas, meias, tudo. Falava pouco, com quase ninguém. Quando encontrava falantes do português nas ruas ou em museus, eu me esquivava. À época não se falava em pânico, em ansiedade, muito menos em TOC. A depressão é antiga, esta sim estava em pauta, e alguns medicamentos para ela estavam chegando naquele momento; provavelmente em 1986, deu-se a chegada do Prozac. Mas para o TOC, no Brasil, nem pensar, acho que nem em muitos lugares do mundo. Hoje tenho convicção de que o THC do haxixe e da maconha ajudou a disparar os primeiros sinais e sintomas da doença. Não posso negar, foram várias experiências de mau gosto. Não é exatamente o uso recreativo que é o culpado, mas o delicado encontro dele com uma pessoa com propensão às sensibilidades e às disfunções mentais sem consciência do fato. Assim é com tudo. O álcool é uma droga social liberada e milhares de pessoas morrem por conta do abuso dela em várias circunstâncias. Não acredito na vilania pura das drogas leves, nem do álcool, empenho meus votos no poder da educação, do amor e da ciência.

A maioria dos tratamentos ou diagnósticos pelos quais passei na vida foi baseada sobretudo nos sintomas manifestados. E assim é com a maioria das pessoas que conheço, uma investigação mais cuidadosa e profunda do diagnóstico é rara. Destes anos todos, em mais de 35 anos de vivências sintomáticas, creio que pouca coisa mudou neste aspecto. A simples observação dos sintomas é o caminho mais fácil para muitas condutas de tratamento, especialmente para as doenças psiquiátricas e neurológicas. Por esta razão, muitas pessoas obtêm resultados insatisfatórios. Geralmente, são patologias de difícil conclusão, que demandam paciência e muita dedicação do profissional médico. Desta forma, segui meus anos assim, sentindo ansiedade e certa desordem com pensamentos, um desconforto físico ocasional, aqui e ali, e percebi que o uso recreativo da *cannabis* não me fazia bem. Disparava muito a ansiedade e terminava em uma ressaca mental. Cumpre advertir os desavisados que este fato é mais comum do que parece. Muitas pessoas em uso recreativo da velha e boa marijuana e ou cocaína (além destas, mais outras ainda) podem desencadear algum tipo de transtorno ansioso ou psicótico. Por mais um tempo, insisti na amizade com a marijuana, mas depois dos 39, 40 anos de idade, desisti dela. Somos incompatíveis. Não me fez falta mais, sem crise.

Aprendi que emoção pode ser uma só, tanto faz se mau ou boa quando o copo está cheio. A panela esquenta e o líquido transborda. Pouco antes da virada para o século 21, depois de um longo e prazeroso mestrado em comunicação e semiótica, realizei uma análise sobre o rebatimento entre duas linguagens, o cinema e a literatura. As chamadas traduções intersemióticas, ou seja, uma obra que toma o outro signo como referência, quando um livro vira filme, o mais comum dos exemplos. Minhas experiências físicas e intelectuais se transformaram num livro publicado, em 2001, por conta de um prêmio literário, o IV Festival de Literatura Xérox do Brasil e Editora Livro Aberto. Um livro derivado de minha dissertação de mestrado. Fiquei feliz e confiante, uma descarga de prazer com sensação de dever cumprido. Uma modesta contribuição para estudiosos do cinema e da poesia. Trata-se da obra do cineasta brasileiro Júlio Bressane, em *Os Sermões*, e a vida e obra de Padre Antonio Vieira, segundo Fernando Pessoa, o Imperador da nossa língua portuguesa. De fato, um gênio do barroco brasileiro do século 17. Foram momentos recompensadores e meu ingresso na docência universitária. Já me via ingressando no doutorado a seguir. Nos bons ou nos maus momentos, não havia diferença, os sintomas se intensificavam ou sumiam ao acaso, mesmo as emoções boas também. Por exemplo, na noite de entrega do prêmio, fomos jantar, amigos, família e eu. Ali, na mesa do restaurante, muito bem gravados na memória, aos 40 anos de idade, os desconfortos, alguns sinais de TOC começavam a chegar, com jeito de que viriam de forma mais definitiva. Náuseas, tonturas, dores de cabeça e, mais do que tudo, muita atenção e vigilância e preocupação com este estado de estranheza. Foi aquela situação como quando aparece qualquer doença: "Nossa! Eu não tinha nada até aquele minuto". Percebi que algo não ia bem. Nada tão crítico e profundo, a partir daquela noite, pude, muitas vezes, pela força de vontade, apenas dispersar aquela exagerada autoatenção negativa e conviver razoavelmente bem com ela.

Nestes primeiros anos de reaparecimento da desordem, avançando século 21 adentro, 2002, 2003, notei que se iniciara o processo de busca por alívios sob causas abstratas, não facilmente identificáveis. Porém, todas elas se voltavam para dentro, para a própria saúde. Não conseguia identificar a razão do movimento de atenção, de dúvida e de um medo sem origem, tão sem origem que mais parecia um cansaço, uma cisma, uma dúvida permanente sobre a vida e sobre si mesmo. Um fantasma de metadesconfiaça, autoinsegurança. Mesmo antes de algo acontecer, estava eu lá fazendo sessões de acupuntura, revisões médicas com certa regularidade, exames em geral eram sempre bem-vindos e cada vez mais frequentes. Instalava-se a sede por reasseguramentos, pela compulsão por alívios para sanar dúvidas que mal reconhecia quais eram e de onde vinham. Eram impulsos sem rosto, sem nome, sem contorno, sem utilidade. A saúde ia bem, o corpo ia bem clinicamente, mas os precoces e leves pensamentos obsessivos, sorrateiros, entraram na minha vida para ficar. Hoje sei da chegada deles como num jardim limpo cedendo seu território aos poucos, lentamente, às pragas daninhas.

No início, para ser o mais convincente possível, esse tal de TOC aparecia em dores migrantes e em atenção mais acentuada do que o normal aos meus sentidos especiais, especialmente a audição. Ruídos, apitos, latidos, zumbidos foram as primeiras formas sintomáticas. Até aí, quando não se sabe o que é, o que significa isso, damos total atenção isolada aos fenômenos físicos mesmos. Uma farsa, um golpe baixo de difícil enfrentamento, pois não sabemos com o que estamos lutando. Em 2004, uma hérnia extrusa entre L4/L5, famosa hérnia de disco lombar importante, das grandes, que daria início a uma sintomatologia desproporcional voltada ao fato em si. Além da dor local, a dor maior foi se instalando no corpo todo, especialmente na mente. A preocupação com a dor e com o processo de tempo de cura e suas consequências já ultrapassava o olhar sadio sobre as dores naturais de um ciático pinçado. Comecei a refugar programas com amigos, passeios e até minhas aulas que ministrava semanalmente passariam a ficar um tanto prejudicadas. "Ficar em pé muito tempo?" "E a dor?" "E agora? Vou ou fico, aviso os alunos que não vou ou encaro a aula?" Refugar, esquivar-me de compromissos passou a ser uma possibilidade constante. Buscar refúgio e recusar convites, a mesma situação. Menos é muito mais conforto e segurança. As travas do TOC são tão reais e decisivas como se você tivesse de arrumar um jeito de, a segundos de um embarque, desistir da viagem de avião. Sair pela última porta do túnel e voltar para casa. A sensação constante era essa, refugar sem saber o porquê. Sentia, puramente, um chamado, uma ordem primitiva. A casa era a caverna à qual regressar o mais breve possível. Sudorese, garganta seca, medo, ansiedade, vertigem, era a sensação de um duelo se aproximando.

Na maioria das vezes, não havia escolha, esquivas eram impossíveis. A vida segue e você tem de enfrentar os instintos, fazendo meu trabalho, indo aos bares e aos shows, às viagens, mas a distonia já tomara seu lugar inexoravelmente. O inquilino desconhecido já estava na laje do meu teto e, a qualquer dia, desceria pela chaminé para se apresentar. Era uma questão de quando, e de nada mais. Nos 10 anos seguintes, entre 2004 e 2014, muitas experiências se desenvolveram neste cenário de sensações e dúvidas. Ora os transtornos desapareciam, hibernavam sob minha pele por prazo indeterminado, ora voltavam com intensidades e sintomas variados. Neste período, várias consultas e imagens da coluna se tornaram minha compulsão. Não havia dissuasão que me impedisse. Queria encontrar algo que me desse razão: "Ali está! Ninguém viu direito, tenho um problema bem ali". Vários médicos me mandavam de volta para casa sem o alívio esperado. Não havia nada de relevante em minhas vértebras e tecidos adjacentes. Todos eles diziam a mesma coisa: para quem teve uma hérnia extrusa em 2004, está ótimo, seu corpo regenerou e os traços do trauma estão bem reduzidos. Não há nada a ser feito, exceto fortalecimentos musculares, alongamentos e afins. Mesmo assim, com menos intensidade, o convencimento não foi satisfatório. A dúvida sempre imperava e soprava nos meus ouvidos e no meu coração de sentinela. Dos primórdios em Londres até aqui, a espera por algo concreto, por algum diagnóstico já formavam 30 anos de subtratamentos e desvios de rotas. Numa parte destes anos amarrei meu burro numa moita de escitalopram, um inibidor seletivo de captadores de serotonina. Vulgo antidepressivo no senso comum. Fiquei com ele vários anos e posso dizer que foi um bom parceiro neste caminho escuro. É a ferramenta que os médicos tinham à mão. Na dúvida, vai isso.

O período entre 2011 e 2014 foi um dos mais intensos e importantes em minha vida. Amadureci a cada ano como se cada um fosse três. Foram três por um, ou mais. Em apenas quaro anos, perdas e danos e reconstruções. 2011 foi o ano de minha demissão na faculdade de Cinema, Comunicação Social, depois de quase 15 anos de dedicação acadêmica. O desligamento, não é surpresa para ninguém, foi como um coice de mula. Em minutos, eu estava fora dos portões, sem crachá, sem cartão de convênio saúde e sem o devido respeito. Fui ejetado com mais de 30 colaboradores naquele dia. A marca de uma época de mudanças, de crises e transformações no ensino superior particular no Brasil. Desta data em diante, a situação só piorou, até onde sei. Nada de novo neste nosso tempo, tudo é negócio, inclusive as novas fábricas de diplomas. O desprezo e o descaso contagiosos pelo ensino e pela pesquisa nesta terra abençoada são congênitos, já nascemos acéfalos desde o ano de 1.500 e seguimos até hoje. Com raras exceções, a situação é paupérrima, débil, desastrosa.

A impressão que tenho é que no Brasil não houve uma escolha deliberada para manter o subdesenvolvimento crônico na Educação, como alguns preferem. Pode ser um fator também. Para mim, são a gigantesca e pandêmica ignorância generalizada dos comandantes da nação e o silêncio dos inocentes que impedem seu desenvolvimento definitivo, simplesmente porque a maioria não sabe o que é a Educação, subjugada numa cultura em que a Economia rege as demais áreas. Não se tem noção da potência da Educação na transformação de corpos e mentes livres, de suas possibilidades libertadoras, de seus valores e de sua responsabilidade exclusiva no processo de construção de um povo e de uma nação. Projetos, planos e ideias para a Educação pública, especialmente, existem aos montes com pedagogos e até com os bons políticos comprometidos com a causa. Um almoxarifado enorme com esta história já existe em nossa luta. Mas desde que me entendo por gente, nunca vi um plano-Brasil consistente sendo executado de forma pluripartidária, contínua, movido por uma vontade genuína e duradoura promovida pelo Estado Nacional, que somos todos nós. Você sabe do que estou falando? Acho que sim. Aqui e acolá, podem existir polos com projetos em andamento, talvez até bem-sucedidos em algumas localidades do país. Mas a realidade segundo a qual mais da metade dos brasileiros acima de 25 anos não tinham o ensino médio completo, em 2020, conforme o IBGE,[2] me diz que não saímos do lugar há 500 anos. Pessoas com 25 anos ou mais, 51,2% ou 69,5 milhões de brasileiros não completaram o ensino médio. No Nordeste, três em cada cinco jovens não completaram o ensino médio, 60,1% deles.

No senso comum mais imediato, educação acontece na rotina das disciplinas clássicas lógicas e na demonstração de resultados. Concebe-se a inteligência como algo que se manifesta especialmente nas deduções, nas decorebas, e no desempenho quantitativo nas ciências exatas, biológicas e humanas. Isso é a parte do cavaleiro no conjunto cavalo-cavaleiro. Em 2011, encontrei uma das pedagogias mais belas que conheci na vida, a eutonia. Entrei para o curso de formação para ser um eutonista. Um grupo formado com apenas quatro alunas e três alunos, encerramos nossos trabalhos práticos em 2013, e os TCC (trabalhos de conclusão de curso) teóricos, até início de 2014. Saudades de minhas mestras muito especiais, minhas professoras. Mais um caminho estratégico pedagógico belíssimo e útil que jamais deveria estar fora das salas de aula do mundo todo, como disciplina básica. Que eu saiba, Alemanha, Dinamarca e Argentina apropriam-se pedagogicamente da eutonia com maior regularidade. Quase ninguém a conhece. Você já ouviu falar? Voltaremos a ela lá na frente.

2 Disponível in: https://agenciadenoticias.ibge.gov.br/agencia-sala-de-imprensa/2013-agencia-de-noticias/releases/28285-pnad-educacao-2019-mais-da-metade-das-pessoas-de-25-anos-ou-mais-nao-completaram-o-ensino-medio. Acessado em: 22 de setembro de 2020.

Postulada a desafinação pandêmica brasileira na Educação, aqueles quatro anos, 2011 a 2014, foram divisores de águas para mim. Como poderei definir melhor? Multifatores no decorrer desse período convergiram, abrindo pontos de virada em minha vida. Bons e maus, como sempre. Somando-se à minha demissão, enfermidades tomaram conta da rotina de minha família. O Parkinson de meu pai, já mencionado, desde 2008, estava cada vez mais fundo. A demência senil associada a ele o tornara uma criança totalmente dependente. E assim foi se agravando até o final. Minha irmã Sílvia quase foi a óbito por conta de um enfarto do miocárdio, no dia do terremoto em Fukushima e arredores, no Japão, dia 11 de março de 2011, evidenciado pelo enorme tsunami que arrasara parte da costa do país. Passou por cirurgia de emergência e sobreviveu. Meu irmão Carlos, na mesma semana, recebeu o diagnóstico de câncer de próstata, do qual salvou-se por uma imediata intervenção cirúrgica. Acompanhei os dois quase simultaneamente, ela em São Paulo, ele em Ribeirão Preto, onde morava à época. Em plena convalescência dos dois e meu pai já dependente, em 2012, detectaram em minha mãe um câncer de estômago em estágio avançado. Cirurgia longa e delicada e uma leve quimioterapia lhe deram sobrevida de um ano.

Minha rotina neste período foi transitar entre as cidades de São Paulo e Taubaté, onde moro. Idas e vindas durante 15 anos por conta da docência e das pesquisas às quais me dedicava na Metrópole. Por quase três anos, fiquei mais no apartamento de meus pais do que em minha própria casa. Na semana, ficava pouco mais de 24 horas em Taubaté e já regressava a São Paulo para cuidar dos dois. Dos três, incluindo Sílvia, sempre demandando cuidados. Carlos, fora da cidade, ajudava quando podia. Neste momento tormentoso pelo qual passam todas as famílias em algum momento da vida, um fato relevante fora o meu estado geral de saúde, de corpo e de espírito. Parece que nossa fisiologia resgata energia e coragem extras quando é preciso. Comigo foi assim, sentia-me um ciborgue, como o nome diz, um organismo-cibernético, quase sem falhas. Mais justo dizer um ser humano equilibrado pela força da necessidade coletiva. Coragem é uma palavra e um ato do coração. Quando tive de assumir o protagonismo nos cuidados da família, meus desafios pessoais entraram em suspensão, desapareceram. Entrei no modo "sem crise", ou no modo "pode vir quente que eu estou fervendo". Acho que a natureza nos oferece esses modos de superação nos momentos necessários, quando ficamos inabaláveis diante de uma causa maior. Nunca fiquei tão regularmente sintonizado e dono de minhas emoções. Não havia nada de errado no *front*. Dia após dia, minha disposição e lucidez deram conta de ministrar aulas e cuidar dos doentes, na manutenção do conforto para eles, na organização dos serviços domésticos, no abastecimento da casa, na administração da conta bancária, no auxílio à uma cuidadora (para dois), na compra de medicamentos e, às vezes, nos banhos e na higiene corporal dos doentes. Nas horas de folga, tinha minha própria casa para visitar e colaborar. Não fosse minha companheira Adela, meus dois filhos e irmão, tudo seria muito mais difícil, talvez impossível.

Nesta rotina difícil e rigorosa, ainda havia tempo para leituras, filmes, taças de vinho noturnas, sono preciso e reparador e, quando possível, um ou outro passeio. Em fevereiro de 2013, meu pai faleceu depois de engasgar com um pedaço de pizza – no Parkinson, perde-se muito a função da deglutição, e minha mãe se foi em setembro do mesmo ano, depois de uma luta difícil. Meus irmãos se recuperaram bem por um tempo. Carlos superou bem o desafio e vive bem. Já minha irmã voltou a fumar seis meses após o enfarto e mergulhou na autodestruição. Morreu em março de 2019 com outro infarto fulminante, numa quarta-feira de cinzas.

A imagem chega aos olhos ou os olhos chegam às imagens? Que pergunta bizarra, louca! Mas sim, os dois fenômenos podem interagir, a imagem pode caçá-lo e você a incorpora. Um ponto alto na passagem chega até nós, aparece para nós. Num mirante, a imagem da paisagem se apresenta. Será que ela existe, com o seu enquadramento, sem você? Exploramos a paisagem neste mirante para seguir o rumo da viagem até aqui. Nesta altura e lugar, minha consciência sobre mim mesmo estava preparada para encontrar algo. Na clássica jornada do herói, nos mitos e no cinema, seria igual ao momento em que o herói encontra seu oráculo? Ou é o início do chamado à luta, pela primeira identificação do inimigo certo. Ele passa a ter nome e formas. Da mesma forma nos mitos, o mentor aparece e mostra-nos o caminho e a força para atravessar a floresta. Ou você mesmo tem um grilo falante na cabeça, ou um amigo vem buscá-lo e diz: "Preciso de você". A aventura tem um início e a porta do drama se abre. O drama de verdade vai começar. É preciso perspicácia e intenção para encontrá-lo, aproveitando a chance, talvez única, de ficar no cara a cara. Há uma distinção entre o dramático e o trágico na base da dramaturgia clássica. O drama, no fim, pode ter saída. Já no trágico, a luta é desproporcional à vida do personagem, ao esforço de superação. Por exemplo, lutar contra uma força maior da natureza, uma doença implacável, um acidente, é lutar contra obstáculos intransponíveis. No drama, somos a esperança de superação porque o obstáculo é transponível. Sem o drama, nada se move. Drama, na raiz de um grego "estético", mágico, talvez, vem de *dráo* – que remete a trabalho, movimento, narrativa. Sair da inércia e da estagnação para acontecerem outras significações, transformações.

Luto, despedidas, desmontagem da casa dos pais, divisão de bens e de objetos que remontam a 80 anos de histórias e imagens, incluindo os inventários de ambos simultaneamente, de pai e de mãe ao mesmo tempo. Os anos de 2013 e 2014 foram vividos sob a linguagem dos cartórios, dos advogados amigos (felizmente), impostos, reajustes emocionais e físicos, ressignificações, cada um a seu jeito. Em meio ao início desta jornada, o que farei da vida? Acabava de me desligar da docência e alguma reviravolta interessante deveria ser promovida. Insistir nas artes, no cinema? Noutra docência? Fazer novos cursos? Virar microempresário? Ir embora do Brasil? Sem os pais, sem a casa da mãe, e fora da sala de aula depois de 15 anos de rotina. Buscava aquele salto do sapo do Guimarães Rosa, que não salta por boniteza, mas por precisão. O momento era mágico e único, por meio do qual eu poderia encontrar condições favoráveis e estimulantes nestes tempos de transformações essenciais. Eu teria de me preparar para a terceira e última partes da vida.

Por mais de 10 anos, entre 2003 e 2013, meu TOC escondia-se, camuflava-se por trás de uma dor nas costas. Sim! Isso mesmo, ele é sorrateiro e sabotador, pode migrar de tema a hora que ele quiser. Ele geralmente está ligado a alguma fragilidade psicofísica preexistente a transtornos vividos ao longo da vida, como algum acidente sofrido, um trauma cirúrgico, uma experiência estressante, a perdas, a desligamentos e separações, por exemplo. E foi exatamente assim comigo. Depois de três anos cuidando dos outros, as mortes, o cansaço, a desespecialização profissional, a casa caiu geral em 2014 e aqui se instalou definitivamente. O TOC apresentou-se com toda a força. Meus medos e incertezas partiam da insegurança e das dores que volta e meia me incomodavam muito. Nesta situação é que o tocado se torna um sociofóbico, um desconfiado de tudo. E a competência do TOC é tão implacável que é comum ele o enganar com o alvo errado, com um inimigo falso por anos. E foi assim minha lida com as dores lombares. Ela era o meu problema, não poderia ser outra coisa. É isso e ponto, eu sentia o incômodo real e latejante de uma discopatia antiga. Um problema mecânico a ser resolvido. A ansiedade, o mal-estar e a vontade de regressar à minha casa eram frutos dessa dor, ou da memória e do trauma da discopatia que enraizara-se como uma memória de dor. Uma dor psicossomática. Até aí é fácil, sabemos que o sistema nervoso pode guardar registros de membros que foram amputados. Porém, a sensação de permanência deles no corpo e suas respectivas dores ficam dando sinais por muito tempo. O cérebro não abre mão de nenhuma peça retirada do corpo. A gente pensa de forma constante no corpo fisiológico doente, na doença e, desesperadamente, numa saída médica para aquele mal. Alguém tem de me salvar. A saída está do lado de fora. Tenho de encontrar a pessoa certa. Em questão de tempo, eu a encontrarei. Buscas e mais buscas.

Foram várias voltas a ortopedistas, fisioterapeutas, clínicos gerais, massagistas, acupunturista e médiuns, todos no decorrer destes 10 anos de convívio com dores. Um dia, coloquei minha ressonância debaixo do braço e fui me consultar com um neurologista. A ciranda seguia na mesma lógica. "Esse cara vai encontrar algo aí que nenhum outro notou ainda. Hoje estarei livre". Até então, eu não tinha nenhum conhecimento mínimo para entender aquelas imagens. A consulta foi uma das mais rápidas da minha vida. Ele olhou as imagens, deixou-as na mesa e me disse, com os olhos de vidro, olhando através de mim: "Você tem de procurar um psiquiatra". Em 15 minutos, estava eu na rua caminhado indignado de não ter tido nenhuma resposta interessante, muito mais indignado com a palavra "psiquiatra" ecoando na mente.

Foram dias para eu digerir aquela frase. Será? Dor na coluna e um psiquiatra? Com o tempo, o neurologista com olhos de vidro não desaparecia da minha cabeça. Em pouco tempo, comecei a perceber, passo a passo, a principal fonte de sofrimento. Um novo rumo teria de ser tomado a partir daquela simples, rápida e útil consulta médica. Ele não perdeu tempo comigo. Eu estava perdendo tempo comigo mesmo. Para celebrar a vida e para descansar dos anos mais difíceis, fiz uma viagem à Europa. Pensei que não conseguiria ficar fora de casa 21 dias, foi um bom desafio. Já transcorria o meio de 2014 e a rotina teria de se restabelecer com o retorno da viagem. Alguns sintomas de alta ansiedade apareceram de forma mais intensa. Sem motivo e sem origem conhecida. Foquei nas atividades. Cursos? Profissão? Queria uma transformação completa, rejuvenescedora. O Cinema me sequestrara com astúcia por mais de 30 anos. Como realizador e como pensador. Adorava ele ao meu lado, mas falar sempre do mesmo assunto, ser agarrado por ele academicamente, não é arranjo do gosto de um desespecialista como eu. Afirmo isso sempre a meus amigos e colegas. Faz 40 anos que você leciona a mesma disciplina? História da Arte? Já lecionei esta disciplina que adoro, admiro e admiro quem passa a vida descobrindo o melhor ângulo para tratar dela. Coisa para especialistas. História da Imagem 1... O Romantismo Alemão... Teoria da Comunicação... Fisiologia Humana II. Um assunto mais interessante do que o outro, mas tem gente que se casa com a disciplina para a eternidade, e isso é um desperdício, em minha opinião, afora que o salário do professor é de deprimir. Eterno docente especializado e mal pago, quase sem plano de carreira. Eu me casei por uns 15 anos com Estética do Cinema, Roteiro 1 e 2, História da Arte, entre outras. O poderoso Cinema era meu planeta de órbita. Diretores e chefes de departamento me direcionavam para aqueles conteúdos, partidas e chegadas sempre ao mesmo porto. Na inércia dos departamentos acadêmicos, existe uma força gravitacional de difícil refugo. Normal, a vida é assim, colocam um adesivo no seu peito e você é o cara, aquele cara que falará da mesma coisa durante anos. Com o tempo, nem eu acreditava mais no que estava falando. Minha chance de ser um desespecialista reapareceu exatamente porque a vaga de especialista foi passada para outro professor mais jovem. Eu estava na rua. Se as palavras "crise" ou "crítica" vêm do grego, *krisis,* que significa, na origem, "última purificação", esta é a hora mágica. Inúmeras possibilidades a criar e a descobrir.

Eu já teria em vista pelo menos três campos de trabalhos diferentes. Exercitar a desespecialização é um convite para um estado de graça. O problema passou a ser escolher uma ou duas atividades como fontes de enlevo e de sustento de vida. O primeiro deles foi ingressar no programa de Psicologia Social na USP, para terminar de vez meu doutorado, adiado algumas vezes por falta de tempo e sorte. Em fevereiro de 2013, estava lá eu de volta aos estudos. Em 2017, entreguei minha tese escrita acompanhada de um documentário com 39 minutos, chamado *O Espaço das Memórias*. A outra escolha que havia em meu coração seria estudar a medicina tradicional chinesa (MTC), simplesmente, a acupuntura. Doutorado e formação em acupuntura andaram juntas. E foi exatamente neste momento de redescobertas e de prazeres que os estudos me deram que avancei também na frase do neurologista, "vá a um psiquiatra". De fato, eu estava me estranhado nesse momento. De 2015 em diante os sintomas agravavam-se semana após semana. Pareciam duas lutas de boxe por dia, uma eu vencia; em outra, caía por nocaute. Minha vida tornara-se uma luta com incontáveis *rounds*. Em uns, eu batia; em muitos outros, alguém me nocauteava. Chegara um ponto em que eu teria de esconder dos outros o terrível mal-estar que brotava de dentro do peito. Para a visão dos outros, minha cara deveria dizer tudo. Fiz até uma imagem para descrever o que sentia subitamente, em casa ou fora dela, não havia gatilhos específicos: havia um cavalo sentado no meu tórax. Nos piores dias, havia o cavalo no peito e uma sucuri enrolada na cabeça. Por horas, muitas vezes por dias. Cheguei a contar 12 dias seguidos com sintomas de medo e de perigo eminente. Não havia forma nem desencadeantes, simplesmente o céu estava desabando e ninguém me dizia o porquê. Dormi muitas noites com uma sucuri no pescoço. Ou melhor, tentei dormir.

A solução era aquela mesma: "Procure um psiquiatra". Passei por uns três ou quatro deles, sem objetividade e sem acerto no diagnóstico. Assim foi de 2014 a 2016. Uma luta solitária sem conhecer o inimigo. Recorrendo aqui e ali aos clonazepam, cloxazolan e zolpiden, benzodiazepínicos ou não, indutores de sono, eu levava a vida do jeito que era possível. Com determinação, esperança e paciência, haveria de chegar meu dia. As buscas obsessivas seguiam com toda a força. A internet é o campo aberto para os obsessivo-compulsivos. Em outubro de 2016, com uma péssima qualidade de vida, entre um labirinto e outro, encontrei na internet vídeos com a equipe do HC de São Paulo. Os vídeos, entrevistas e textos de um especialista da equipe chamaram muito a minha atenção. Pensei comigo: "É ele, nessa bagagem haverá uma saída". Em uma semana, estava eu em seu consultório, com um atendimento muito atencioso. A primeira consulta seria com ele mesmo, ainda que muito ocupado, muito requisitado. Para iniciar a anamnese, uma psicóloga e eu ficamos quase duas horas preenchendo um questionário bastante denso. Em seguida, o relatório foi para as mãos do especialista. Depois de 35 anos (os mais intensos) de um sofrimento inominável, desconhecido, recebi o nome da desordem: "Você tem TOC. Suas dúvidas, pensamentos, sofrimento, são típicos da doença".

No dia 13 de outubro de 2016, comecei a ganhar a guerra. Por quê? Porque só é possível o êxito numa luta quando se sabe contra o que se tem de lutar. No meu caso, ficar nos sintomas, no tratamento genérico, não daria certo nunca. Contra o TOC, devemos ter uma alta dose de consciência do que se passa para chegar aos bons resultados. A partir dela, da ciência do problema, estratégias tiveram início imediatamente. O que se passa? Como funciona meu TOC? Que tipo é? O que devo fazer além de tomar inibidores seletivos de receptadores de serotonina? No caso, a paroxetina ou a fluoxetina? Sim, além da medicação, muita experiência e determinação para desenvolver atitudes facilitadoras diante da desordem neuropsicoquímico que forma essa doença.

Entre quatro e cinco meses, os resultados começaram a aparecer. O efeito esperado do primeiro elemento, a medicação, se apresenta com pelo menos 90 dias, aumentando-se gradativamente a dose até o máximo permitido. O tocado precisa encharcar o cérebro com a substância tanto quanto ou mais do que o paciente com depressão. A organização química é o primeiro passo. E foi exatamente o que aconteceu. O segundo e fundamental elemento é saber como a disfunção age para poder combatê-la, rigorosamente, com comportamentos, com atitudes e, acima de tudo, perseverança. Com algumas sessões cognitivo-comportamentais – outras abordagens psicológicas também são bem-vindas – e retornos médicos, os resultados tardaram, mas não falharam. Descobre-se que a melhor atitude estratégica contra o mal-estar terrível do TOC é encará-lo de cima para baixo, desmistificando o espectro do monstro. Mais do que isso, é percebendo na pele, diariamente, a cada minuto, que o melhor jeito de lidar com ele é deixá-lo de lado, desprezá-lo, esquecê-lo. É entender o que é a experiência do NÃO CONTROLE. O que é difícil para todos nós, para nossa cultura de controlar a natureza, da busca da longevidade e da imortalidade. Ganhando confiança, adquiri o hábito de tentar acolhê-lo sem conflitar com ele. Com os medicamentos, atividades físicas, muito trabalho e estudo, o TOC vai regredindo para o seu lugar. Dar um lugar primitivo a ele de onde nunca deveria ter saído. Passei a tratá-lo como um animal selvagem, um réptil que me pertencia, e não o contrário. Criei uma espécie de caverna para ele habitar e não sair mais de lá. Sabemos que não há cura definitiva para o TOC, especialmente para adultos maduros, mas posso afirmar categoricamente que é uma doença muito delicada e incapacitante, mas é possível construir uma qualidade de vida mesmo no caso de um tocado congênito, que nasceu assim.

De 2016 até o pandêmico 2020, sentindo-me bem, larguei a medicação por quatro vezes. Em todas as vezes, eu me dei mal. Pode ser uma ardilosa manobra do TOC. Quando o equilíbrio é instalado e corre tudo bem, sintomas quase zero, uma voz vem à tona: "Você venceu a doença, que tal jogar a medicação fora?" A soberba ilusão entra em ação dispensando a ajuda química. Em 20 dias o jacaré, a sucuri e o cavalo saem da caverna e tomam conta de tudo outra vez. Talvez seja uma característica desse espectro obsessivo realizar testes com você mesmo, gerar mais dúvidas, alimentar ilusões de livramento e de poder. Em todas as retomadas medicamentosas, o efeito esperado demorou para chegar. No fim, chegava, custosamente, mas chegava. Em uma das paradas, tenho de salientar, fui seduzido pelo assunto *cannabis* medicinal, tão em voga atualmente, o óleo de *cannabis* ou cânhamo, o Canabidiol com 0,3% de THC, ou CBD + THC simplesmente. No fim de 2019 até meados de 2020, portanto em plena pandemia, tornei-me um usuário do óleo canábico, num momento em que nenhum estudo consistente sobre sua eficácia havia amadurecido a contento, a meu ver – mas eu não sabia bem disso. Topei. A poção chegou ao mercado antes da hora apropriada (penso eu, no caso do TOC). Percebi que há muita gente séria interessada em pesquisar, mas muitas pessoas têm apenas interesse na venda do tal óleo-pasta. Outras são irresponsáveis mesmo. Muito provavelmente, em breve, as medicações à base de *cannabis* conquistem seu espaço definitivo e amplo. Agora, ainda é cedo, pelo menos para o TOC. Comigo, zero, não concluí nada de positivo. Abandonei-o e parti para a alopatia novamente, aguentando o duro e doloroso pedágio de tempo para ter o efeito desejado outra vez.

Atravessando a pandemia ao meio, outro médico da equipe associou mais uma medicação aos 80 mg de fluoxetina rotineiros, a velha e clássica clomipramina, o anafranil. Mais da metade deste livro foi escrito entre as turbulências da experiência canábica e o retorno à fluoxetina e, mais adiante, com a clomipramina. Uma droga combinada com outra droga, uma potencializando a outra, minha vida, minha limpa consciência, um conforto mínimo teria de estar de volta. Minha esperança estava de volta, aguardando o tempo certo para levar o jacaré, a sucuri e o cavalo de volta para hibernarem na caverna.

Mas afinal, o que essa gente sente? Quais são algumas formas de apresentação, ou de representação do TOC, especialmente os distônicos? Você já sabe, são vários tipos e intensidades dentro do espectro obsessivo compulsivo. Muda de pessoa para pessoa, muito embora alguns temas e sintomas sejam bastante recorrentes. Esta desordem traz muito sofrimento e trabalho ao paciente e certamente aos seus familiares e amigos, seja qual for seu núcleo temático, sua obsessão, seu inquilino, sua sensação, algumas recobertas com muita ansiedade, outras nem tanto.

Um trecho de um livreto produzido pelos médicos do Projeto Transtorno Obsessivo-Compulsivo-Instituto (Protoc) do Departamento de Psiquiatria do HC-USP, resume bem:

> Obsessões são pensamentos ou ideias, impulsos, imagens ou cenas que invadem a mente do indivíduo de modo persistente, podendo ou não ser seguidos de comportamentos (manias) para neutralizá-los. São sentidos como estranhos e intrusivos, causando aumento da ansiedade e grande desconforto. O indivíduo tenta não pensar no problema ou eliminar o desconforto com atos ou com pensamentos. No entanto, perce-

> be que os pensamentos vêm de sua mente e não os percebe como vindos de fora. Sabe que não fazem sentido, percebe o caráter irracional das obsessões que passam a ocupar seu tempo e atrapalhar suas atividades normais (seu trabalho, seu relacionamento familiar, etc). Compulsões são comportamentos repetitivos ou atos mentais que a pessoa é levada a realizar para diminuir a ansiedade gerada pelas obsessões. Esses comportamentos ou atos mentais são claramente excessivos e se destinam a prevenir ou reduzir o desconforto gerado pelas obsessões. No entanto, pode haver também compulsão sem a presença de obsessão.[3]

Muito além dos estereótipos atribuídos ao TOC no senso comum, os temas e conteúdos podem ser incontáveis. Basta um pensamento ser obsessivo e ele poderá ser manifestado como TOC. Qualquer um, indefinidamente.

A seguir, como exemplo, citarei os mais comuns e os que conheço. Começando pelo meu cenário, pelo meu tipo, classicamente distônico.

TOC de pensamento patológico

Um tipo sem transtornos físicos explícitos, visíveis, como a obsessão por simetria. Afinando a ideia do sintoma, apresenta pensamentos intrusivos, repetitivos, indesejados, que atormentam muito, comumente acompanhados de muita ansiedade. Os temas desses pensamentos podem ser vários, variando de uma pessoa para outra. No meu caso, são pensamentos com dúvidas patológicas. Dúvidas sobre o próprio TOC e alguns sintomas desagradáveis ligados à audição e a dores, dúvidas sobre os medicamentos e sobre o próprio tratamento. Um TOC que fala de si mesmo. "TOC, ser ou não ser, eis a questão". *To be or not to be OCD?* Um labirinto de ansiedade. Negação ou con-

3 *Ideias que se repetem, preocupações constantes, medos exagerados, isso pode ser Toc.* p. 7, livreto do Protoc. Instituto de Psiquiatria do HC-USP.

fusão sobre o próprio diagnóstico gerando dúvidas e desconfiança sobre o tratamento. Medo de ficar doente ou de já estar e não saber o que é. Pensar dói, pesa. O pensamento é uma espécie de curto circuito. Dúvida de tudo referente à doença, ela mesma, ou do que se associar a ela, de mim mesmo, de quem a trata, de tudo junto. Esse é meu tema. Só poderia ser meu tema, pois é um TOC metalinguístico, uma metalinguagem[4], ecoando infinitas dúvidas e aflições. Eu e a doença nos referindo a nós mesmos, não sabendo aí quem domina o pensamento. Desconfia-se de tudo, se é realmente TOC ou se o diagnóstico está errado. E a medicação, fará efeito? Não, agora não sei de mais nada... A medicação pode fazer mal. Isso, a ação do nocebo. Isso mesmo, a palavra está correta. Ao contrário do conhecido placebo, que é a ação de induzir uma melhora por sugestão, tomar açúcar e pensar que é medicação, o nocebo é o inverso; nele, qualquer mudança de rotina medicamentosa, de iniciar um novo tratamento, provoca uma ação negativa, de rejeição e desconfiança, de mais dúvida, do efeito inverso, o de piorar a situação. Em várias vezes em que isso aconteceu, apareceu-me a tortura da dúvida: "Estou piorando por causa da doença ou por causa da droga?" Várias vezes, por conta disso, interrompi a experiência.

Por favor, me ajude! Está tudo errado, estou perdido, o céu vai desabar por conta disso, a morte é iminente, eu disse! Por favor, será que alguém vai me ouvir? Ontem o TOC estava mais nas dores nas costas, hoje está no ouvido, estou ouvindo demais e tudo está agudo demais... Ficarei surdo e louco. Vai explodir! Será que devo ir a um otorrino? Eu tenho algo! Sim, sei que tenho algo e ninguém está entendendo meu sofrimento. Conte-me, ouça-me? O avião está sem piloto? Não, você está na fila da guilhotina e, já, já, será sua vez... E um cavalo continua sentado no meu peito tirando meu ar. Não res-

4 Metalinguagem é um fenômeno de linguagem. Ele acontece toda vez que o discurso fala de si mesmo, retorna para si próprio. Um discurso que revela a si próprio tendo como tema a linguagem que o constrói. Exemplo em imagem? Posicione-se em frente a um espelho e tire uma foto de você tirando a foto. Isso é metalinguagem.

piro direito, preciso de alívio, quero voltar para casa imediatamente. Outro sinal combinado e sempre presente é a audição superaguçada e com zumbidos, a chamada misofonia. Um tormento contínuo quando em crise. A medicação está ajudando ou é ela que me faz me sentir mal? Acho que vou parar com tudo! A audição sensível é consequência do estado de ansiedade alta, pois o organismo entra em estado de alerta máximo, daqueles estados de medo primitivo para fugir do predador o mais rápido possível. O corpo é uma casa cujo alarme dispara sem motivo. Mas você não sabe que não tem motivo. Ele está dentro de você. Uma possível comorbidade ainda acontece em mim, ou seja, além do TOC, pode estar disfarçado um transtorno de pânico, dada a ansiedade crônica que me acompanha com muita frequência. É muito provável, infelizmente. Como me disse um camponês em um de meus documentários, "quanto mais difícil fica, mais eu gosto!" Aprendo com ele a enfrentar os desafios. É isso. Numa de minhas derradeiras consultas com um bom profissional, ele destacou esta possibilidade. Com isso, nada mudará, os procedimentos e tratamentos seguem do mesmo jeito.

Se esse fluxo nunca terminasse, seria impossível viver. O fato é que, ainda bem, as crises vêm em ondas, podem durar horas ou dias, mas uma hora ela some e o alívio reaparece. Alias, é exatamente alívio o que o tocado está tentando encontrar o tempo todo. De que forma? No meu caso, enviar mensagens com apelos, sempre compulsivos, para os terapeutas, a família, alguém próximo; do tipo: "Me diga que vai dar certo, me diga que está tudo bem e no rumo esperado! Quando virá o alívio?" Suplício. A percepção de tempo fica diferente, pesada, funesta. O tempo é um desafio... De manhã... Uma batalha diária, e chegar rapidamente à noite é o mais esperado. A beleza de uma paisagem não faz parte de sua realidade. Nada, não há jeito, então, deitar e apagar? Não, vamos em frente e trabalhe, enfrente, lute! Às vezes dá certo, outras não; o jeito é sedar. O vento, os pássaros, as árvores, nada disso pertence mais ao seu tempo, estão no tempo da natureza e da liberdade, o meu tempo é o do cárcere. E o alívio, este nunca virá por parte deles, nem de sua família, pois parte do tratamento é o paciente convencer-se sozinho de sua capacidade de mudança, de anular a compulsão. Neste meu caso de "metatoc", funciona assim, embora a equação, a lógica da receita seja muito semelhante para todos os demais temas e intensidades de transtornos. Um tempero que vem se somar à desordem primária. Quem tem uma coisa, geralmente tem outra associada, mais silenciosa, escondida.

Consideremos que a situação é delicada, mas tenho consciência de que ela é leve se comparada a de centenas, ou de milhares, que, neste momento, estão internados e sedados para poderem enfrentar o furacão. Trabalho minha compaixão, ainda, incluindo mais tantos outros pacientes portadores de comorbidades acumuladas, que são complicações, com duas, três doenças juntas ao espectro do transtorno, incapacitados de viver sem sedativos pesados e isolamento social.

Equação genérica do TOC

SINTOMA ALVO = DÚVIDAS OBSESSIVAS + MEDO
+ PEDIDOS DE REASSEGURAMENTO, de alívio

Na fatura complexa do fenômeno do TOC, com múltiplos fatores, aparece também o conhecido condicionamento pavloviano, de estimulo e resposta. Nosso sistema nervoso tem muito talento para o condicionamento como parte do processo de aprendizagem. No caso, a manutenção de um reforço negativo. Todo portador é um caçador inveterado de ajuda. Sentimos que não daremos conta da emergência sozinhos. É a sensação de urgência de que algo deve ser feito, um impulso severo de busca de ajuda para chegar à sua forma e ao objeto de alívio, esse impulsa faz o portador tomar repetidos banhos, lavar as mãos, tomar calmantes, em obsessões várias, repetidas e invasivas.

Para um tocado, tudo é urgência. Urgem atenção e controle sobre si mesmo. Mas é exatamente isso que se quer eliminar! Um jogo de espelhos. Queremos eliminar as dúvidas, o medo, a ansiedade e a atenção e o controle com atenção e controle. Um vale de ecos: preciso parar com a atenção e o controle, preciso parar com a atenção e o controle...

preciso parar com a atenção e o controle
preciso parar com a atenção e o controle
preciso parar com a atenção e o controle
preciso parar com a atenção e o controle

Assim é uma rotina numa crise. Vamos rir, pois, afinal, quem é totalmente são? Vamos rir de nós mesmos. É um excelente caminho.

Toda obsessão só pode ceder com a chegada de um alívio em forma de resposta. Por isso, todos passamos o tempo inteiro tentando encontrá-lo na figura de alguém, de um médico, de um texto, de uma limpeza, de uma reza, de um medicamento, até de uma bênção se for o caso. Os pensamentos são sempre negativos, indesejados e repetitivos em todos os temas e situações. Nas crises, o tocado não distingue o que é um e o que é o outro, e é comum o tocado considerar o pensamento obsessivo como algo seu, de sua autoria, portanto aderir a ele é o caminho imediato para si mesmo, inteiro, tudo como uma coisa só. O tocado crê neles (nesses pensamentos) com a maior facilidade. Só com o tempo, treino e perseverança, ele terá a visão, os contornos do inquilino invasor com clareza. Em outros momentos, dependendo de quem, sabe-se o que é um e o que é o outro, portanto, que aqueles pensamentos, aquelas dúvidas não são coerentes, não fazem sentido, mas elas são reais também. Manifestam-se realmente. Neste trânsito de consciência ou não, de sequestro e liberdade, como será que fica o estado psicofísico do sujeito? O que você acha? Um leão entra num lavabo com você, mas não o devora, apenas o observa, e a festa continua do lado de fora!

Sintoma de impureza. O tocado gasta muito tempo higienizando ambientes de tal forma que é impossível alcançar a perfeição deste tema – como em nenhum deles. O sujeito precisa conferir o tempo todo se o local está realmente limpo, e com a própria e constante conferência, ele suja o ambiente, nunca o vê limpo, e o ciclo recomeça porque a dúvida nunca vai embora. A impureza pode ser restrita a um ambiente, como a cozinha, o quarto etc.; ou o interior de uma Igreja, de uma escola.

Sintoma de contaminação e compulsões por limpeza. Ligam-se à contaminação por germes, vírus, bactérias e todos os tipos de impurezas é a mais conhecida. Lavar as mãos repetidamente ou até mesmo tomar vários banhos demorados ao dia são formas de cumprir o ritual compulsivo de eliminar possíveis doenças ou impurezas do corpo. Esse tema é típico, "de manual"', dos mais identificáveis para o diagnóstico. Em muitos casos, crianças ou adultos, porque o TOC não tem idade, as pessoas chegam ao ponto de lavar as mãos com ácido na tentativa de eliminar a "contaminação". Ácido na pele, água de bateria, soda cáustica, sapólios, detergentes, lixas, buchas, o que vier. A pele rasga, o corpo sangra, há perigo de ferimentos graves. O medo de contaminação por insetos também ronda o tocado.

Sintoma referente ao coronavírus. É o tema vivo e encarnado no mundo nestes anos de 2020-2021 em especial. Diretamente ligada ao tema anterior, acima, a existência do tal vírus deu chance aos portadores de viverem a realidade de suas dúvidas e sensações contagiosas. Você pode imaginar o que passou – ou está passando em pandemia, um paciente cujo tema aflitivo é justamente o da contaminação? Neste longo período de isolamento, fiz muitas coisas para mim mesmo, para minha sobrevivência, para me manter nesta realidade, mas confesso que, mesmo sendo agnóstico, orei, dediquei, meditei, torci para que esta enorme população de tocados em meio à pandemia entrasse em um transe de alívio. Que o Universo lhes trouxesse força e vontade para atravessar, para ultrapassar este momento terrível e além. Que assim fosse para todos os doentes do mundo!

Mas tenho consciência de que dificilmente isso deve ter acontecido naturalmente. A maioria deles, se não todos, deve ter enfrentado a pandemia à base de benzodiazepínicos (ou outros fármacos mais potentes), ansiolíticos que podem causar dependência, como muitas drogas lícitas e ilícitas. Não critico quem o fez, nem ataco a indústria farmacêutica como genericamente é atacada. São drogas perigosas e muito lucrativas, mas sem elas a vida seria impossível para muitos indivíduos. Eu as detesto, mas mentiria se dissesse que nunca as usei. Na sensação de morte iminente, de horror, de sofrimento extremo, entendo quem abre a boca para despejar uma porção urgente goela abaixo para poder seguir com a vida. Quem as critica a seco, quem pensa em trocar os benzodiazepínicos, o velho clonazepam, por um chá de melissa ou de maracujá não tem noção do que está falando. Não há ioga, não há meditação, não há reza nem bênçãos que ajudem ou façam efeito quando uma onça pula no seu peito. Anote isto: nunca diga para uma pessoa com ataque de pânico (ou em estado depressivo) que se trata de "frescura", que um passeio ou um trabalho resolvem a situação. Ou, "mude a alimentação e verá", "frequente nossos cultos". O silêncio, a atenção e o abraço são preciosos e mais úteis para os doentes.

Sintoma acumulação e colecionismo de objetos. Alguns tocados são acumuladores de papéis, documentos antigos e sem validade, jornais e revistas, antiguidades, notas fiscais, documentos de veículos vendidos há tempos, escrituras de casas vendidas e demais objetos dos mais variados. Não são colecionadores profissionais, com interesse em broches, por exemplo. São incapazes de descartar objetos variados e sem utilidade objetiva e sofrem muito quando no impedimento ou na abstinência de acumular. Têm medo de descartar coisas por acharem que um dia precisarão delas (Protoc).

Sintoma de obsessão e compulsão por simetria e ordem. Outro comportamento bastante explorado em estereotipias. Ordem para organizar todo tipo de objeto, como mobiliários, quadros nas paredes, tapetes, papéis, documentos, canetas e tudo o mais que pode apresentar desordem. Já ouvi falar também em ordem por cores e até aversão a certas cores. No ambiente de um doente com aversão a cores, estas devem ser suprimidas a qualquer custo. Quando sai de casa, evita lugares dessas cores ou que as exibam e, para isso, acaba por visitar, por segurança, sempre os mesmos lugares. É natural que as pessoas tentem preservar as simetrias entre objetos e um mínimo de ordem no ambiente, mas seria uma piada afirmar que isso significa que há em todos os seres humanos um TOC leve. Trata-se de uma condição de sobrevivência, de higiene, de função do sistema nervoso, da fisiologia e da prática do viver, em razão da qual buscamos equilíbrios nas formas e dimensões ambientais. Torna-se patológico quando a pessoa se prejudica com rituais para si mesma e para os conviventes. A vida vira um inferno. Se alguém vai à casa de um amigo e endireita quadro na parede um quatro que estava torto, não há razão para susto, isso é natural. Um tocado nunca achará a simetria perfeita, pois a busca é interminável. Em casos bem importantes, o tocado evita sair de casa para "ninguém" mexer no que está pronto e para não ver assimetrias dos outros, e esse conflito é uma rotina constante na vida dele. O tocado é uma versão mental de Sísifo. Lembra-se do mito? Sísifo é aquele que tem de rolar a enorme pedra para cima do morro com a força do corpo, e quando lá chega, a pedra rola para baixo, e assim ele recomeça tudo novamente, o ciclo nunca termina. Necessidade de contar objetos. Necessidade de fazer algo no lado direito, de tocar ou fazer a mesma coisa no lado esquerdo.

Sintoma de religiosidade ou de conteúdos blasfemos. Muita gente mergulha na espiritualidade por razões espirituais mesmo, mas muitos outros por obsessão e compulsão e não sabem disso. A vida passa a girar em torno de grupo de religiosos, de trabalhos de caridade, de rezas, promessas e penitências. A pessoa busca pela oração e pelo rito como formas de aplacar seu ciclo de débito com a fé. Caso não possa cumpri-los diariamente, algo de ruim poderá acontecer.

Encontrei estes relatos numa rede social:

"Tenho um desejo irresistível de agradar a Deus. Tenho pavor de ofender inadvertidamente a Deus e de ser mau. Estou preocupado que o mal tenha algum tipo de influência em minha vida. Eu controlo isso realizando rituais, associo 7 com o bem e 6 com o mal. Faço um símbolo de cruz sempre que me sinto desconfortável (na pior das hipóteses, eu faria isso 70 vezes antes de dormir)."

"Depois de fazer minha oração da noite e pedir a Deus por seu incrível perdão no final do dia, vou para cama e, se pecar mais (por causa de um pensamento que não posso mudar, etc), tenho de me levantar e ir para um quarto silencioso. Fecho a porta, oro e peço perdão e, depois, volto para a cama. Outra noite, eu me levantei três vezes no espaço de 10 minutos."

"Sofro com pensamentos sexuais indesejados sobre a Santíssima Virgem Maria e frases negativas involuntárias vindo à minha cabeça – geralmente sentimentos ruins em relação à Santíssima Trindade."

Não sei se os relatos são de uma mesma pessoa, talvez não, são heterogêneos demais entre si. Imaginemos estas pessoas na Idade Média. Sociedade, reis, clero? Ou em uma época ainda mais antiga. Ou hoje mesmo, em vários lugares do mundo, o que fariam com elas? Elas consigo mesmas? Mesmo com a clareza dos tempos atuais sobre o assunto, quais possíveis consequências dessas situações descritas nos relatos diante da moral, da cultura e da fé? As inter-relações e fatores entre a Química, a Neurologia, a Psicologia e a Psiquiatria? Situação complexa.

Sintomas ligados ao sexo. TOC com obsessões com conteúdos sexuais como pedofilia, orientação sexual, atração por pessoas desconhecidas de qualquer arco-íris e sexos. Esses conteúdos podem se manifestar de várias maneiras, que aqui menciono de forma bem resumida. Nenhum deles está ligado à busca de sensações prazerosas ou a manias, ao contrário, são pensamentos invasivos, como sempre causadores de muito sofrimento.

O tocado pode ter uma obsessão tematizada na pedofilia. "Será que sou pedófilo? Não é possível. Mas por que sinto esta dúvida?" Sentir ou não atração por crianças pode não provocar uma sensação de medo e dúvida importantes, mas o questionamento insistente sobre o assunto é a causa do transtorno. Como todo TOC, trata-se de uma luta para livrar-se de tais pensamentos, sejam eles quais forem.

Medo de atração sexual por uma pessoa desconhecida, em quaisquer circunstâncias. Surge um pensamento intruso referente a uma atração sexual, um questionamento persistente e incômodo, indefinido se real ou não, confuso, grudado numa possível atração por estranhos. "O que está acontecendo? Tenho desejo por aquela pessoa? Por aquelas pessoas?" Uma situação que, provavelmente, deve trazer muita dificuldade no contato diário com pessoas menos próximas. "Estou sentindo? Estão percebendo? Livre-se disso!"

O tocado tem medo em relação à orientação sexual, envolve-se em dúvidas constantes sobre sua preferência sexual. "Sou homossexual ou não? Onde me encaixo? Sinto atração por qual gênero ou gêneros?" Nestes casos, suponho, a pessoa deve sofrer muito com as dúvidas relacionadas às sensações provocadas pelos impulsos e dúvidas sexuais. Além disso, muitas delas devem sentir muita dificuldade em obter um diagnóstico correto. Afinal, TOC subjacente a uma questão tão atual, tão histórica, com sensações tão intensas, ensejando dúvidas sobre gênero e sexo – mesmo para quem não tem TOC –, não deve ser uma situação fácil de lidar, especialmente se vier acompanhada de muita ansiedade e de pensamentos dolorosos.

Cenas indesejadas com imagens de sexo, eróticas, obscenas, geralmente envolvendo a genitália dos outros, cenas de incesto, transa com pessoas da família são categorias também não raras no TOC sexual. Em todos os casos, esses tocados têm muito medo e vergonha do que sentem.

Sintomas de ruinofobia ou falenciofobia[5] ou dano. Peço licença pelos termos inventados, mas eles parecem representar o tema. A pessoa geralmente é muito rica, porém seu pavor da possibilidade de perdas financeiras e patrimoniais é tão grande que ela deve procurar algo que a alivie. Talvez trabalhando muito mais do que deveriam, talvez com rezas repetidas várias vezes ao dia, talvez frequentando cultos, fazendo doações aos pobres e assim por diante. O temor da pobreza ou de dano a algo conquistado é tanto que pode causar severos sintomas de pânico.

Sintoma de *skin picking*. Comum também em crianças, o paciente agride-se com pinicadas na própria pele, com os dedos, com tesouras, com pontas de grampos de cabelo, com qualquer material que possa ferir a pele. Unhas e dedos são alvos comuns, mas também outras partes do corpo todo, geralmente escondidas pelas roupas.

Sintoma de tricotilomania. Nome difícil de guardar, a tricotilomania é o ato de arrancar os próprios cabelos e pelos do corpo, como barba, pelos das axilas ou os pubianos e as sobrancelhas. O paciente não consegue interromper facilmente o ciclo desses impulsos dolorosos. O protocolo é o mesmo de sempre: atitude, persistência, medicação e terapia.

Sintomas de nojo e os sentidos especiais. Neste tema, o nojo de algum alimento, objeto, de algum material pode causar muita repugnância ao portador. Um simples mamão aberto sobre a mesa pode desencadear um forte mal-estar ao tocado, que não escolhe suas aversões. Da mesma forma, como um subtema deste, incluo o paladar, um gosto indesejado. O tocado tem a física sensação de que carrega em sua língua algum tipo de gosto do qual tenta se livrar o tempo

5 Neologismos meus. Peço licença para citá-los. Pode haver outros mais técnicos referentes ao caso.

todo. Já ouvi falar em gosto de banana verde, de barro, de pus, entre outros, que parecem permanecer na boca o tempo todo. Este paciente procura muitas das especialidades médicas para investigar seu caso, mas todas as visitas a consultórios são infrutíferas porque na fisiologia do organismo não se encontra nada. Provavelmente, o gosto indesejado venha de uma memória neurológica, como um pesadelo com algum sabor, um circuito neurológico viciado em um gosto específico e contínuo. Também há nojo de fitas adesivas ou materiais pegajosos (Protoc).

Obsessões com agressão, violência, desastres naturais e compulsões relacionadas. Medo de se ferir por não ser suficientemente cuidadoso. Medo de que pessoas ou determinados objetos venham a feri-lo. Medo de apunhalar um amigo, atropelar alguém, bater o carro numa árvore. Medo de falar palavras obscenas em um lugar quieto com muitas pessoas em volta – como uma igreja ou sala de aula. Medo de escrever coisas obscenas. Procurar nos jornais e noticiários no rádio ou TV se aconteceu alguma catástrofe que o tocado acredita ter ocasionado. Pedir para os outros lhe reassegurarem que nada aconteceu. Fica longe de objetos pontiagudos, evita tesouras, facas e vidros (Protoc).

O TOC pode ter matrizes diferentes que se inter-relacionam, como a matriz do medo – talvez a mais comum –, a do hábito e a da recompensa – em jogos, por exemplo. E em cada uma delas, o indivíduo, o comportamento e o sintoma são diferentes. Essa perspectiva mostra a forma de tratar o TOC como se fosse um fenômeno em si, único; um grande desafio. O fato é que em todas os 12 aspectos mencionados, encontraremos algum tipo de obsessão somática, ligada a tiques; à necessidade de repetir, de lavar, de verificar, de não perder controle, de perfeccionismo, de evitações, de evitar dano; ligada à intolerância à incerteza. A maioria dessas manifestações com manifestação de medo.

16 de setembro de 2020

Mundo: 29.684.258. Mortes: 937.335

Brasil: 4.382.263. Mortes: 133.119

Neste dia, adicionei um potencializador à minha medicação diária. Meu médico e eu optamos por incluir o clássico anafranil para complementar a fluoxetina. No jargão terapêutico, falou em anafranil, falou em TOC. Uma conhecida droga que ajuda a diminuir obsessões e a acalmar o coração. O bom é que não causa dependência e supostamente mantém o clonazepam na gaveta. Hoje, 16/9/2020, já sinto pequenos sinais alvissareiros, positivos, de suas desejadas funções. Pela primeira vez na vida, precisei da associação de dois medicamentos. Por quê? Creio que a resposta é simples e passou a ser clara para mim com a autoridade da Dra. Sônia. A própria pandemia. Claro! Eu me via, nestes seis meses pandêmicos até aqui, pouco privado de minhas rotinas. Não tenho muito a reclamar. Tenho espaço onde moro, faço esportes, tenho sempre afazeres domésticos, permaneço nos atendimentos de alguns pacientes com acupuntura (bem reduzidos), além da labuta prazerosa e diária com este livro. E não sofro nenhuma obsessão direta em me defender deste vírus. Meu problema com contágios é zero. Ocorre que, o contexto, a atmosfera, o clima, convenhamos, não foi/é nada bom para quem tem/tinha uma patologia como a minha, uma vez que, para todos, a experiência foi danosa em geral, motivo suficiente para abalar a saúde mental de milhões de pessoas, senão bilhões. Percebi isso por estes dias com a ajuda da querida Sônia. De fato, muito bem dissimulado, recôndito, havia, há mais uma energia nada favorável subjacente ao TOC, ou para qualquer doença prévia para qualquer pessoa. Poderia chamá-lo de TOC COBRAS, que pode ser TOC no Contexto Brasil. O texto e o contexto Brasil, a gente conhece bem na pele. Nossos projetos para o país parecem não sair do rascunho. Como os sintomas não espelham os motivos diretamente, como os gatilhos não têm nome, uma crise de ansiedade tocada crônica que pode durar dias não é necessariamente consequência direta de um motivo disparador. Uma perda, uma notícia péssima, um acidente, por exemplo. Às vezes, sim; às vezes, não. Por conta disso, saber ou não saber sobre o agente causador não ajuda em nada no enfrentamento das crises. São o aqui e o agora que lidam com ela, no momento presente. Desta forma, difícil saber, sentir, que um contexto externo, embora grande e trágico, esteja prejudicando aquilo com o que você convive há décadas. Por isso, uma lição: todos os dias há de haver invenções e descobertas. Melhor quando somos sujeitos e objetos delas. No entanto, neste caso, uma pandemia não é para qualquer um. Direta ou indiretamente, fomos/somos afetados. Posso imaginar a pandemia de 1918, especialmente no Brasil, pobre, em que até o então Presidente da República Rodrigues Alves morreu nela, com o vírus da gripe espanhola. E você, como passou/passa pela pandemia atual?

O século 20 foi um período de enorme avanço em todas as áreas, especialmente a do bem-estar, a da saúde, comparando-se com os milhares de anos de civilização anteriores. Imagine-se vivendo antes disso, do século 19 para trás, sem uma anestesia moderna, sem uma aspirina. Morria-se em casa sem socorro. Mas ainda temos muito caminho a percorrer em tudo, em todas as canchas e saberes, cujas conquistas só serão válidas se forem para todos, ricos e pobres. Sabe-se muito pouco sobre os transtornos obsessivo-compulsivos. Da mesma maneira, observam-se as complexidades da maioria das doenças. Retomando mais uma vez, a ciência sabe muito sobre uma parte do COMO as doenças acontecem em nossas vidas, quase nunca o porquê. Na maioria dos casos, a descrição dos fenômenos está estabelecida, mas a razão de existirem, suas causas, não. Por que o esperma fecunda o óvulo? Muitos transtornos mentais derivam de alguma deficiência química no cérebro, que, por sua vez, interage com o intestino e o coração. Que eu saiba, ainda no campo da hipótese atualmente, alguns pesquisadores já citam a existência dos neurônios coronários, ou neurônios cardíacos que talvez trabalhem em sintonia com o cérebro. Há também a informação de que boa parte da produção de serotonina acontece no intestino. A ciência médica sabe muita coisa sobre nós, mas mal posso mensurar a quantidade de conhecimentos que ainda está por vir.

De onde vem o TOC? Tem alguma origem específica? Com alguma segurança, podemos apontar fatores importantes. Em decorrência de uma disfunção de caráter hereditário, como na maioria das doenças, a desordem é passada geneticamente entre as gerações; portanto, uma predisposição genética. Na importantíssima epigenética, que é como expressamos nossos genes na rotina diária da vida, a forma como vivemos, os traumas acumulados, as experiências da vida, o distresse da rotina, a alimentação e, essencialmente, por hábitos, crenças, comportamentos individuais e sociais e pela qualidade de nossos pensamentos. Nada de novidade. Tudo no Universo é multifatorial e, com as doenças, isso não seria diferente.

Em termos anatômicos, visíveis, como e onde pode se localizar o TOC? Não tenho capacidade médica nem pretensão para uma resposta com autoridade. Até para um especialista a situação deve ser complicada. Há tempos difunde-se a ideia de que o ser humano usa apenas 10% da capacidade de seu cérebro. Como leigo, arrisco dizer: mentira, bobagem. O cérebro é usado em sua total complexidade de forma ativa em todas as suas áreas. Um simples exemplo: ao caminhar na rua pensando no trabalho e prestando atenção ao trânsito, não deve haver uma área sequer fora de ação no encéfalo do indivíduo. Até quando dormimos, boa parte da massa cerebral não para de trabalhar. De forma bastante resumida e ilustrada, algumas áreas do cérebro ficam mais ativas do que outras quando o órgão está submetido às ações do TOC.

Em uma ilustração bastante simples e introdutória, o lugar físico, o circuito neurológico mais envolvido nas repetições obsessiva-compulsivas – o que me faz lembrar um Biombo da Morte[6] nas apresentações de circo, talvez extinto hoje em função de sua alta periculosidade – apresenta-se especialmente em algumas partes do cérebro.

No processo obsessivo-compulsivo, cada paciente é único e expressa e responde à sua patologia de modo singular. Não há como encontrar uma área específica na cabeça relacionada ao fenômeno. Seria mais fácil, mas, infelizmente, não é assim. O cérebro é um órgão em funcionamento integral, ou seja, quando uma área se destaca em alguma ação, outras no mesmo momento também estão em ação com ela. Portanto, excluindo-se uma ou outra área específica dentro dele, como a visão ou a fala, não há um lugar no cérebro, há um todo em interdependência, inclusive, uma interdependência com o corpo todo e sua química, seu sistema endócrino. Como ouvinte, acompanhei o "Simpósio Internacional de TOC", 18 e 19 de junho de 2021, organizado pelo professor doutor Ygor Ferrão, no qual pude ter uma noção básica de quão complexo é o processo da investigação neuroencefálica, não só para o TOC. Na palestra do professor doutor Eurípedes Miguel, USP, ele mostrou de forma muito objetiva, por sua vez resumida e acessível, a complexidade da coisa. Um mundo de inter-relações. Ele nomeou algumas partes como protagonistas no sistema do TOC, a exemplo do circuito límbico frontal – em que se localiza a famosa amígdala –, onde acontecem a desregulação do medo e a intolerância à incerteza; o circuito dorsal cognitivo; o circuito motivacional ventral; entre outras citações. Em destaque, neste

6 Biombo da Morte, ou Globo da Morte, era (ou é?) uma esfera vazada, tramada com filamentos de aço, com uma altura de uns 10 a 15 metros, dentro da qual se posicionavam três motociclistas. Postados cada um numa direção, os três entrecruzavam-se no interior daquela arapuca em alta velocidade, simultaneamente, em sincronia de tempo e espaço. Eu tive a infelicidade de testemunhar um acidente mortal numa dessas apresentações de circo.

cenário labiríntico consiste a busca da ciência em compreender melhor o mecanismo da desordem. De forma sintética, a região cerebral mais relacionada ao TOC são os chamados gânglios basais, no miolo ventral fundo, atrás dos olhos. O professor e psicólogo Dr. Aristides Cordioli[7] descreve o circuito:

> Os gânglios de base são estruturas cerebrais constituídas por núcleos de substância cinzenta situadas na parte mais profunda e central do cérebro; estão interconectadas entre si, com o córtex orbitofrontal, com o tálamo, com áreas motoras e com o tronco cerebral. Essas conexões ocorrem por meio de circuitos responsáveis pelo controle dos movimentos (início, término e modulações dos movimentos) mediante mecanismos de liberação e inibição motora e/ou cognitiva, que geralmente estão, de alguma forma, comprometidos no TOC.

A International OCD Foundation, uma renomada organização dos EUA voltada aos estudos do TOC, afirma:

> Por enquanto não sabemos o que causa exatamente a doença. Pesquisas sugerem que diferenças neurológicas e a transmissão genética formam um conjunto de causas. Outras pesquisas também sugerem problemas de comunicação da parte frontal do cérebro com as partes mais profundas. O hormônio serotonina está diretamente ligado a este processo e a deficiência dele está presente nos casos em que a doença se manifesta.[8]

7 Cordioli, Aristides Volpato; et al. *Vencendo o TOC: Manual de terapia cognitivo-comportamental para pacientes e terapeutas.* Porto Alegre: Artmed, 2017. p. 26.

8 Disponível em: https://iocdf.org/about-ocd/what-causes-ocd/. Acessado em: 15 de novembro de 2020.

Figura 1.10 – O ciclo do TOC. Fonte: Ilustração de Ciro Araújo.

Os fármacos. Os tratamentos disponíveis para o transtorno são feitos por meio de medicamentos, os chamados "inibidores seletivos de recaptadores de serotonina" (ISRS), os populares antidepressivos: fluoxetina, paroxetina, fluvoxamina, escitalopram, sertralina, entre outros. Não raro, uma boa gama de combinações entre drogas é usada por médicos e portadores da desordem. É importante entender o porquê desse nome tão complicado, inibidores seletivos de receptadores de serotonina.

Serotonina é um hormônio fundamental para o funcionamento da mente/cérebro e sua respectiva função de gerar sensação de bem-estar. Sem ela, a saúde mental declina, afetando muito a qualidade de vida. A baixa produção desse hormônio provoca a piora de várias disfunções e sintomas. Supõe-se que o doente de TOC tenha uma produção muito baixa dessa substância, talvez menos até do que o cérebro de alguém em estado de depressão maior. As doses administradas das drogas precisam ser altas no tocado, e seus efeitos demoram até, em média, 90 dias para aparecer. Então, a fluoxetina, por exemplo, é inibidora de que maneira? Existem as sinapses entre os neurônios em nosso cérebro, que, por sua vez, tem perto de 100 bilhões de neurônios, todos ávidos para transportar e distribuir a serotonina para a rede toda; apenas uma substância entre tantas outras que participam da organização mental. Os neurônios trocam entre si uma série de fenômenos químicos, entre os quais o suprimento, em corrente contínua, de serotonina como forma de ligação entre um neurônio e outro. A monoterapia é o primeiro grau de tratamento, o que significa o uso de apenas uma substância diariamente. Mas não raro, é necessário associar uma ou mais drogas aos antidepressivos, como a clomipramina, o clássico anafranil, ou neurolépticos como o aripiprazol, a quetiapina, a risperidona (minha experiência com eles foi breve, detestei os efeitos colaterais que tive). Em situações normais, sem disfunções, a quantidade disponibilizada de serotonina no sistema é suficiente para manter o equilíbrio da mente e do cérebro. Nas disfunções, as pesquisas mostraram que, além de a produção desse hormônio ser menor, no âmbito da corrente interneural, nas passagens, a serotonina fica pouco tempo disponível na fenda sináptica para alimentar a cadeia de troca, de um neurônio a outro. O intercâmbio é pobre. O neurônio se fecha e leva com ele boa parte que o vizinho seguinte teria absorvido em condições normais. Daí o sentido de "inibidores seletivos de receptadores".

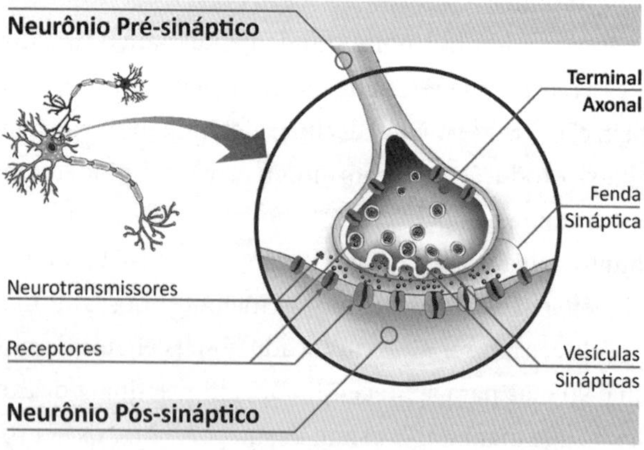

Figura 1.11 – Neurônio pré-sináptico levando serotonina ao pós-sináptico pela da fenda sináptica. Fonte: Ilustração de Ciro Araújo.

Os medicamentos mantêm a serotonina disponível por mais tempo na dinâmica de troca, diminuindo a chance de recaptura do hormônio por parte do neurônio doador. Simples. A comida fica mais tempo na mesa para ser distribuída. Nos doentes, o sistema é mais lento e privado de quantidades adequadas para o funcionamento geral da cuca. Serotonina, no fim e ao cabo, é um combustível imprescindível à qualidade de vida. Nem todos os pacientes respondem ao tratamento, talvez 30% deles têm o chamado "TOC resistente e refratário". As drogas não funcionam. Outras possibilidades de tratamento e novas descobertas deverão aparecer, com o tempo, para aumentar as esperanças de milhões de pessoas. Estima-se que, só no Brasil, existam mais de 8 milhões de pessoas com TOC, das quais, portanto, 2,4 milhões não respondem bem aos medicamentos.

Associadas às medicações, as terapias psicológicas são de grande importância para o enfrentamento dos transtornos e das dificuldades inerentes à doença, tão importantes quanto os medicamentos. Quanto mais práticas, objetivas, especializadas no assunto, melhor para os pacientes e familiares. Neste processo, introjetar, conhecer a fundo o funcionamento da doença, seu movimento, suas manhas, são medidas essenciais complementares para lidar com ela. Quando o indivíduo aumenta o esclarecimento prático e crítico em relação à distonia e desenvolve uma atitude positiva tão persistente quanto ela própria, suas chances de sucesso aumentam bastante. No meu caso, identifiquei-me muito com o trabalho cognitivo-comportamental, muito objetivo, direto. Ele foi e é de grande utilidade para ajudar a identificar o processo dos pensamentos obsessivos e localizá-los. Sem essa experiência, ficaria mais difícil reconhecer o inimigo e encará-lo.

Outra experiência minha antes do diagnóstico do TOC foi com a abordagem reicheana, a vegetoterapia do mestre Willian Reich. Como o próprio termo designa, a vegetoterapia inclui, no trabalho verbal, o toque do terapeuta no corpo, que durante a sessão também desenvolve práticas para dialogar com o sistema vegetativo, primitivo, aquele que todos temos e sobre o qual não possuímos quase nenhuma autonomia. Olhos, boca pescoço, mãos, todos os músculos faciais são estimulados e movimentados, dando ao paciente acesso às memórias e reflexos primitivos. A prática psicoenergética de Reich, quando bem elaborada, e com paciência, é uma experiência muito interessante para vivenciar os rebatimentos do corpo/mente.

Uma abordagem complementar muito interessante é a técnica do *brainspotting*, criada pelo norte-americano Dr. David Grand. Um terapeuta devidamente credenciado faz uma sessão "cirúrgica" com o paciente, na qual o terapeuta rastreia essencialmente um ponto específico ao longo do movimento dos olhos do paciente no espaço, uma busca de ativação psiconeural entre o olho e o cérebro. Por exemplo, ele conduz o olhar do paciente, que está com um fonte de ouvidos, com uma caneta-antena enquanto, pelo fone, efeitos musicais e sonoros trabalham a bipolaridade dos hemisférios cerebrais do paciente, revezando de um ouvido a outro, até que aquele ponto sensitivo apareça, destaque-se. Ali, naquele ponto selecionado, os olhos se fixam, a sessão toma vulto para que as emoções indesejadas, ou esperadas, apareçam, ou reapareçam com mais intensidade e a autorregulação tenha início. Esta técnica, muito objetiva para ajudar em traumas, em fobias – em traumas coletivos, como a pandemia da covid –, tenta modificar marcas gravadas no cérebro, no aparelho fisiológico mesmo e, quem sabe, diminuir ou reconstruir comportamentos indesejados ou trazer algum alívio ao paciente. Isso não significa que os terapeutas devam abrir mão de suas outras abordagens clínicas. O *brainspotting* é algo a ser agregado a elas.

No meu caso, essa técnica não me pareceu muito efetiva ou, provavelmente, eu não tenha seguido com ela em toda as suas possibilidades. Talvez o transtorno obsessivo não seja um bom parâmetro de comparação, como se fosse um trauma ou uma fobia. Um fóbico ou um traumatizado, estes sim, podem ser portadores de TOC e a técnica pode ajudá-los a amenizar ou a erradicar seus sintomas, mas o TOC parece morar no mais fundo. É uma árvore com uma raiz bem mais profunda.

Existe um plano B emergencial, uma carta na manga, para os casos muito graves. Para os TOC totalmente refratários aos medicamentos e às terapias, em que paciente, família e médicos chegam ao esgotamento geral, existe uma intervenção chamada *gama knife*, ou faca de raios gama. Ainda em fase experimental, não totalmente regulamentada pela Anvisa, portanto em fase de pesquisa – ou uso compassivo –, esse aparelho importado é uma espécie de *scanner* que emite raios gama perfeitamente dirigidos a determinada área do cérebro, aos quais o paciente, hospitalizado, se submete após vestir uma touca eletrônica. Os raios gama "queimam", inutilizam uma parte específica dos tecidos neuronais essencialmente envolvidos no processo do TOC. Aparentemente, a melhora surge em curto prazo, em questão de dois a três meses. Os sintomas são consideravelmente aliviados. O fato é que há risco de danos cerebrais ao paciente e não se sabe ao certo quais os possíveis efeitos colaterais causados pelos raios gama no decorrer do tempo. É uma intervenção radical que não deve ser considerada pela maioria dos pacientes.

Uma última possibilidade no horizonte pode nos dar esperanças. Uma nova medicação está em desenvolvimento conjunto entre um laboratório inglês e um japonês. Trata-se de um recurso da tecnologia inteligência artificial (IA): uma molécula "inteligente", destinada a agir de forma seletiva e específica para o tratamento do TOC. O projeto está em testes desde 2020, prometendo trazer avanços na indústria de medicamentos que, certamente, tornará a IA uma realidade científica utilizada em várias situações médicas e em diversas outras áreas.

O cinema é a linguagem mais acessada e emprestada por estudiosos e pensadores em geral. É ferramenta acessível nas escolas, nas pós-graduações, nos cineclubes, no entretenimento e participa de nossas vidas desde quando teve início nas pinturas das cavernas do paleolítico. Homens das cavernas faziam seus filmes mudos, animados e com sequências de desenhos, na luz e na sobra das tochas de fogo. Onde mais vejo o cinema acadêmico é nas mãos dos psicólogos.

Um oceano de vida para eles. Numa sociedade da imagem como a nossa, não raro o cinema é assunto em todas as áreas e plataformas. Especialmente o juízo de valor comum do público em si e, de forma mais organizada, em debates, em seminários, em congressos, em aulas, para os quais a imagem é uma ferramenta há muito utilizada. A análise de apenas uma cena de um filme pode resultar em trabalhos profundos e interessantes. Seja qual for o recorte da análise, realidade e filme misturam-se, rebatem-se no exercício da compreensão da arte (diga-se "linguagem") e da vida, e, claro, de nós mesmos. Um dos filmes de que mais gosto, daqueles que marcam a vida de um cinéfilo, é *2001 – Uma Odisseia no Espaço*, de Stanley Kubrick e Arthur Clark – corroteirista do filme e escritor do livro de mesmo nome. Eu o vi mais de três vezes na telona de cinema e mais algumas na tela da televisão. Você já assistiu a ele? Um clássico que nunca desaparecerá, uma joia para rever sempre. Clark foi um renomado escritor de ficção científica, mais do que isso, até um pesquisador e inventor visionário. Realizado em 1968, roteiro e livro foram escritos simultaneamente, por ele e por Kubrick, um meticuloso diretor de imagens na história do cinema mundial.

Depois de tantos anos acompanhando essa obra, esta é a primeira vez que o trago para o contexto pandêmico. São mais de 40 anos de projeções e leituras sobre ele, sob diversos ângulos e vieses. O fato é que uma epifania nestes dias me aproximou ainda mais da obra. Para ser mais preciso, da sua *storyline*, de seu cerne dramático, porque o enredo do filme é uma metáfora preciosa para traçar um paralelo com o drama de um tocado.

2001 constrói uma alegoria da criação do mundo. O processo todo está ali em duas horas de elipses visuais, que são passagens de tempo, saltos no tempo por meio de cortes secos. Logo na primeira parte, a mais conhecidas de todas, hominídeos ainda macacos pré-históricos e uma nave espacial se fundem num simples corte na imagem. Esses primatas estão ali, numa parte desértica do planeta, há milhões de anos de nós. O ápice da cena acontece quando um provável macho alfa empunha um enorme fêmur como se fosse um martelo, demonstrando seu poder, sua força aos demais – ao som da magnífica Assim Falou Zaratustra, de Richard Strauss. Está dito: poder, vingança, força e intimidação estão na raiz da humanidade. O citado corte aparece no fim da cena, quando o macaco joga o osso para o céu, dando brecha para a fusão do osso com a nave espacial. Estamos no século 21 e o núcleo dramático do filme toma outro rumo. Na parte principal dele, o astronauta Dr. David Bowman está em conflito com o poderosíssimo computador HAL, ambos viajando com a nave Discovery One, numa missão ao planeta Júpiter.

Anos 1960, em plena Guerra Fria e no contexto da corrida espacial entre URSS[9] e EUA, a obra trazia uma menção direta ao advento das novas tecnologias, incluindo o embate entre homem e máquina, entre inteligência artificial e inteligência humana. O próprio visionário Arthur Clark, naquele momento, já previa a tecnologia do telefone celular, da globalização da era digital. Existem descrições suas sobre uma novidade que em breve orbitaria o planeta Terra às centenas: os satélites. Clark falava, no fim dos anos 1950, da realidade das redes sociais e da internet em nossas vidas no futuro.

Na jornada rumo a Júpiter, a Discovery One estava programada para viajar por um bom tempo no piloto automático, sob o comando de HAL 9000, o computador central que comandaria muitas das operações da nave (um anagrama com as letras iniciais, respectivamente, que antecedem na ordem alfabética a sigla IBM, uma das marcas pioneiras de computadores). Até então, Dr. David e outro astronauta Dr. Frank Poole hibernavam em suas cápsulas individuais. Em dado momento, HAL deveria despertá-los para que tarefas da missão tivessem início, pois dependiam de mãos hábeis e de inteligência humana.

9 Ex-União das Repúblicas Socialistas Soviéticas, hoje repúblicas independentes da Rússia, antes subjugadas a ela, menores e fronteiriças. Formavam a Cortina de Ferro (na expressão de Churchill) até 1989, ano da queda do muro de Berlim e da aceleração do esfacelamento da URSS.

As belíssimas imagens da Discovery pairando no espaço, o contraste do escuro e da luz no cosmo, eclipses planetários e lunares, edição lenta e condizente com a física espacial, o silêncio correspondente à realidade muda do vácuo. Tão logo a rotina de trabalho dos astronautas se estabiliza no decorrer da longa viagem, homem e máquina dão início a uma disputa de forças. No convívio hierárquico da missão, David começa a notar o estranho comportamento de HAL quanto às ordens e às tarefas, à rotina de trabalho, e têm início as divergências entre eles sobre procedimentos fundamentais para a continuidade da missão. A intransigência da máquina em quase todos os comandos dá a David e seu parceiro Poole a noção de que ambos estavam em perigo. A real missão a ser operada por HAl seria eliminar os dois homens e abortar a missão a Júpiter. Quem programara Hal para isso? Uma missão como aquela não poderia servir apenas para dar fim a dois homens e destruir a nave. Não faria o menor sentido. Por isso, Clark e Kubrick partiam da premissa de que um dia as inteligências artificiais, os computadores, poderiam aprender pelas experiências, com o tempo, assim como nós humanos. Poderiam, assim, desenvolver inteligência, emoções como amor, ódio, vingança. E as atitudes de HAL para com os tripulantes descreviam tensão psicológica e emocional entre eles. O computador com seu olho grande e vermelho poderia estar em todos os lugares, como se ele fosse a própria nave. Estava em toda parte no controle das operações gerais da Discovery One.

HAL simula um defeito no exterior da nave e Poole é destinado a fazer o reparo, em operação delicada. A primeira morte estava anunciada, David perde Poole, que vaga pelo espaço infinito e sem volta. Resta o duelo entre o homem e a máquina, ou o homem e outra inteligência. Aqui encaixo o filme como metáfora para um ego distônico habitado na mesma nave. Um só corpo, pensamentos divergentes, desordem, duplicidade dentro de si. Numa das mais belas sequências de *2001*, David consegue chegar ao centro nervoso de HAL, o que para nós seria hoje um HD, o *hard disk*, numa grande sala com luz vermelha onde ele teria, como única chance de sobrevivência, desligar HAL. Inúmeras placas de acrílico ou cristal simbolizariam partes do cérebro do computador que David deveria desplugar. A cada movimento lento e preciso que realiza, David aciona a queda de potência operacional de HAL, seu pulso começa a cair, quando suplica por sua vida: a inteligência artificial revelando suas emoções e sua pulsão de vida. Ao fim das manobras de David, HAL está enfraquecido, lento. Antes de morrer de vez, entre um e outro estado delirante, começa a cantar a canção *Daisy Bell*, de Harry Dacre, até apagar definitivamente. *Daisy Bell*, escrita em 1892, foi a primeira música reproduzida em um computador, em 1961. Um IBM.

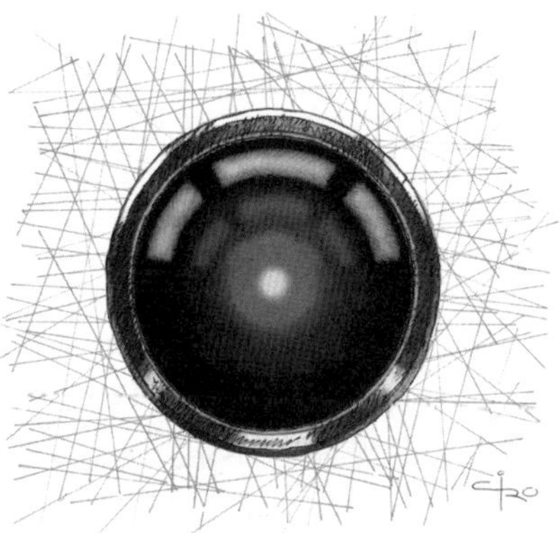

Figura 1.12 – Representação do olho de HAL 9000, do filme 2001, *Uma Odisseia no Espaço*. Fonte: Ilustração de Ciro Araújo.

Este clássico da história do cinema foi realizado numa época em que se filmava em película e em maquetes de estúdio que produziam todas as ilusões de ótica e todos os efeitos que hoje são desenvolvidos digitalmente. Kubrick foi um perfeccionista da imagem e dos efeitos reais, com madeira, isopor, luzes, cordas, lonas, lentes, fogo.... Um mago. Em todos estes anos de admiração pelo filme, somente nestas anotações resolvi fazer um paralelo entre ele e o transtorno obsessivo-compulsivo. Não é difícil saber o porquê. O filme é muito maior do que a metáfora que faço. HAL é derrotado por David, da mesma forma que podemos tomar consciência e derrotar nossos desafios, com persistência e coragem.

Observação final.

Aprendi a gostar da palavra "assunção". Geralmente ligada à seara da fé, ou à subida de posição social, assunção pode ser também o ato de tomar uma responsabilidade, de aprovação. Mais no alvo ainda: assumir-se. O ato de assumir-se é uma descoberta intelectual, mental, indispensável para qualquer realização de resultados práticos, passo inicial para o amadurecimento, o conhecimento, a transformação para o movimento do bem-estar. Quanto a mim, para quase tudo enfrentado e criado na vida, eu mesmo tive de encontrar e resolver sozinho. Digo sobre as questões íntimas, estritamente pessoais, as quais são e devem ser assumidas por nós mesmos. No fim, ninguém poderá fazer isso por nós. Quando tomamos um copo de água, ao contrário, quantas pessoas estão envolvidas nessa maravilha? Milhares!

Assim também deverá ser o papel de cada um no cuidado com a própria saúde. Quanto mais consciência, melhor, porque ninguém exerce esse cuidado melhor do que nós mesmos. Médicos são essenciais para tratar as doenças e avançar na ciência, mas se você não fizer a sua parte, o esforço deles não poderá tudo. Se não seguirmos o tratamento, nada feito. Mas quero falar especialmente da postura dos médicos que, em geral, tende a protegê-los mais do que aos próprios pacientes. Para a grande maioria, suas condutas e humores são dirigidos por um sistema corporativo, industrializado, nada personalizado. *Time is money,* como em qualquer área. Palpar e prosear com o paciente na anamnese, a consulta fica longa, trabalhosa. Geralmente, evitam-na. Por isso, torço e espero o desenvolvimento mais intenso e acessível de uma medicina centrada na pessoa, uma medicina que nos toque o corpo todo e o coração.

Não quero ser injusto com os bons profissionais, nem com amigos médicos, muitos deles ótimos cuidadores. Detalhe já abordado uma vez, a profissão em si não faz nada, quem a faz é a pessoa. Daí, a imaturidade das generalizações. Mas por outro lado, os grandes sistemas muitas vezes corrompem, e muitos dos médicos estão suscetíveis a uma medicina na qual prevalece a força e o poder de três elementos quase inerentes à atividade hoje, especialmente aquela destinada às grandes massas. O primeiro é o elemento fármaco; o segundo é a indústria dos resultados, a diagnose; e o terceiro, os convênios de saúde. Esses três pilares da medicina moderna estão no topo do corporativismo mundial e são bastante representados nos tribunais e nos legislativos do mundo todo, sem excluir as próprias universidades. Só para citar um dos pilares, o dos exames e diagnósticos clínicos, uma pessoa próxima a mim trabalha numa organização com 6 mil funcionários e que controla boa parte dos laboratórios clínicos da cidade de São Paulo e fora dela, uma empresa multinacional.

Quando um paciente faz um hemograma ou faz uma radiografia num laboratório, provavelmente o cliente fará parte de uma ou outra organização oculta de grande porte, formadora de um enorme oligopólio do diagnóstico multinacional. Talvez, entre os 100 homens mais ricos do mundo, certamente um deles, ou mais, é investidor ou dono de uma indústria como essa. Está tudo amarrado para que a ciência seja apropriada, absorvida em seus avanços mais práticos, por essas grandes corporações, que, por sua vez, ditarão o ritmo e o *modus operandi* de boa parte da Medicina e da conduta de milhares de médicos. Existe o lado bom? Sim, avanço científico e tecnológico. Existe, a meu ver, predomínio do lado ruim? Sim, pois para mim, a Medicina também não é uma ciência exata, e nem os seres humanos que a ela se submetem são iguais para se submeterem às mesmas estatísticas, aos mesmos padrões de resultados.

Quanto às consultas, bem, em boa parte das consultas de que sou testemunha, percebo que na relação entre médico e paciente destaca-se, sobre as demais facetas, um véu jurídico protetor sob qual o doutor se resguarda de eventuais processos judiciais. Fala-se pouco, receita-se o protocolo, apoia-se em laudos e exames. Muitas das consultas por Telemedicina, muito praticada hoje, devem ser gravadas. Para acrescentar uma gota ao tratamento, sugere-se uma nova consulta. O paciente é conduzido a pedir alterações no tratamento. A frase mais segura para o profissional médico é, "o que você acha de mudar o medicamento?" O advento do WhatsApp (aplicativo de mensagens via celular) ajudou muito ambas as partes, mas o lado de lá geralmente fica no laconismo e no sucinto. Ao final de tudo, tenho a impressão de que, nestes últimos 150 anos, a classe médica, desde que a Medicina tomou o vulto científico e profissional que conhecemos hoje, tornou-se uma categoria muito bem organizada em relação à maioria das profissões.

Sonho com o dia em que todas as classes possam ter o mesmo valor financeiro e moral que esta – e algumas outras categorias – conseguiu para si. Desejaria ver também uma nação na qual professores merecessem um plano de carreira decente, cujas pesquisas, todas elas, recebessem o valor inquestionável que têm no desenvolvimento de uma sociedade.

Uma das marcas concretas destes tempos desafinados? O urbanismo está mudando sob a influência dos fármacos. A concorrência entre as grandes redes de farmácias no Brasil derruba prédios e casas para erguer os minitemplos da indústria farmacêutica. Instalam-se em duas esquinas estratégicas e lá estão as duas gigantes disputando a área e os fregueses. Estamos em expansão das *pharmakonpólis*. No passado, uma igreja era o centro da uma cidade, hoje ainda muitas o são, mas já dividem o poder com o espalhamento dos templos dos hipocondríacos e de boa parte dos viventes, com mais força catequética do que o evangelho cristão. Novas afinações, novos horizontes das *pharmakonpólis*, ou também das *pathopólis*. Em *O admirável Mundo Novo*, de Huxley, havia a "soma", não é? A população vivia nesta ficção à base de soma, uma droga disseminada para modular os humores. Chegaremos lá?

Faço questão de dizer, de salientar, de formar uma imagem para você e para mim mesmo: saibamos que, como um documentário por escrito, este livro tem tempo marcado; portanto, até o fim dele, mudanças e novidades no cenário de tratamento, medicações novas, pesquisas e descobertas poderão ocorrer. Caminhemos lado a lado até lá.

Daqui em diante, para as desafinações das imagens, dos bairros, das cidades, das nossas casas, tentarei mostrar minhas experiências e ideias afinativas. Algumas estratégias que encontrei e criei para afinar o que não é preciso. Como em Pessoa, "navegar é preciso, viver não é preciso", muitos sabem, "preciso" aqui no sentido de "exatidão", não de necessidade. Ou seja, navegando não podemos errar, é necessário exatidão para chegar. Já viver, isto não é nada fácil e preciso, não tem exatidão. O que chamo de afinações, no modo de viver e de habitar-se melhor, são reflexões para conhecer nosso estranho íntimo, nós mesmos.

Nossa mente é muito sugestionável. Para quem tem TOC, ou para quem não o tem, uns mais, outros menos, somos facilmente sugestionáveis, influenciáveis por tudo que nos vêm à mente. Quem tem TOC, muito provavelmente, tem uma tendência bem maior à sugestão. Eu, com certeza, sou um destes e posso sentir muito bem quando a sugestão agirá em mim. Já tenho calos sensórios para observar isso. O tocado é um escancador inveterado de mundo, um caçador atento de perigos e possibilidades, tanto para o prazer como para a dor. Uma palavra mal colocada basta para a casa cair. Uma palavra basta para reerguer a casa. Uma imagem, um som, uma dor, um sintoma. A diferença pode estar na persistência da escolha de permanecer na firmeza da casa, de saber que posso reconstruí-la sempre. Caiu? Levanta! Com o tempo, adquire-se força contínua para ouvir mais o lado da força do que o lado da fragilidade, mais o lado da potência do que o lado da impotência, mais a intenção do movimento do que a inércia da inação.

Não há movimento sem ritmo, como encontrei no belo curta-metragem holandês *FOLI, Não Há Movimento sem Ritmo*, de Thomas Roebers. Mais do que o ritmo de dançar ou de tocar, *foli* significa "ritmo" numa enorme cultura do oeste africano, talvez centrada no Mali. Para ela, a vida sem movimento, portanto sem ritmo, não é possível. De fato, tudo tem pulsação, ritmo, cadência, movimento. Energia. Cosmoética é *foli*.

No meu caso, em tudo que faço e procuro na vida há movimento. Está em meu dia a dia com toda a intensidade. Movimento-me para sobreviver. Do mais sutil ao mais extenso, procuro meu ritmo, minha música muscular e sonora, obsessivamente até. No artigo coordenado pelo professor e psiquiatra sul-africano Dan J. Stein, com parceiros brasileiros, meus médicos, entre outros, "Obsessive-Compulsive Disorder" (*Nature Reviews*, 2019), encontrei um eco para esta minha necessidade *e-motion*, da emoção e ritmo, de ação, de significação. Logo na página 1:

> Estes sintomas têm sido observados ao redor do mundo todo, indicando que o transtorno é razoavelmente homogêneo entre pacientes. Todavia, o TOC pode apresentar, também, sintomas menos comuns, como excesso de escrúpulo (medo de pecar, excesso de cuidados), de ciúmes obsessivos e obsessões por música, ou obsessões musicais.

O termo *musical obsessions* deve, penso eu, se referir a um transtorno no qual a pessoa realiza algum esforço de evitação ou de compensação com alguma música, ou músicas, tendo estas como fonte de alívio ou de rejeição. Numa obsessão/compulsão musical de dependência delas, vamos dizer assim, se elas faltarem, algo de ruim poderá acontecer a qualquer momento. Cumpre-se um ritual de manutenção da música, ou de checagem, ou de repetição, de insistência com alguma música específica. Se a pessoa não tocar a música três vezes seguidas, por exemplo, algo de ruim poderá acontecer a ela ou a alguém naquele dia. De outra maneira, se a música aparecer no rádio, ou for tocada no ambiente em que a pessoa se encontra, a maré de azar e de sofrimento aparece. Aquela música deve ser definitivamente evitada. Num caso, a música é objeto de regulação, de necessidade; no outro, deve ser eliminada, apagada.

Meu caso provavelmente não está em nenhuma das duas formas. Para mim, a música é parte essencial da sobrevivência. Ela é uma linguagem benigna e suprema para o contato com o mundo e comigo mesmo. Talvez até tenha algum grau de obsessão com ela, pois desde pequeno mantenho uma relação muito forte com minha coleção de LPs e CDs (e, por um bom tempo, com milhares de fitas cassete também). Ao longo de 50 anos, construí meu tesouro físico, analógico, o qual carreguei comigo em todas as mudanças de endereço que fiz pela vida, com os mesmos aparelhos de som inclusive. São parte inexorável de meus movimentos pela vida. Conheço disco a disco, e em muitos deles sei a ordem e o nome de muitas das músicas que contêm, lado A e lado B. É uma forma de existência sonora que dá ritmo ao corpo/mente, que o acalma, que abre espaço, imaginação, criação, movimento e bem-estar. Não teria escrito este livro se fosse no silêncio total. Raramente uso o silêncio para socializar, criar, gozar das coisas boas da vida. Exceto em meditação ou quando na natureza, em exercício físico, nas demais dimensões a música está em alta intensidade comigo. Atendendo clientes na acupuntura, estudando, lendo, relaxando, cozinhando e especialmente escrevendo. Muitas vezes escrevo como se tivesse dentro de uma orquestra, tal volume me proponho a entregar ao corpo e aos ouvidos. Um êxtase fisiológico, como se fosse um preenchimento contínuo de oxigênio na água de meu aquário físico e mental. Na era digital, minha coleção não física está nos aplicativos de música. Passo horas ouvindo e pesquisando novos e velhos compositores. Minha capacidade de estocar música em minhas *playlists* no Spotify está lotada. Essa situação provavelmente não tem nada a ver com a tal *musical obsessions*, E sim é um traço de minha personalidade. Mas confesso ser bem fácil imaginar alguma paralela relação entre as duas situações.

Tomando-me como referência, o termo deve ser para todo o fenômeno musical em si, com o qual a mente/cérebro se conecta para formar um tipo de movimento de sobrevivência, de resposta sensitiva e fisiológica como forma de criação e sentido. É isso que sinto definitiva e profundamente, nos momentos em que doso o silêncio com a música, muitas vezes até sonhando. Ao ouvir música, percebo-me numa espécie de composição com a obra dos outros, com o dom dos outros, criando uma vibração emocional essencial própria.

Conectado com o mundo musical, matéria que, por sua vez, é uma base para fomentar imagens e sensações, realizo um contato mais afinado com o mundo e comigo mesmo. Desde minha infância, tenho convicção pela afecção das sinfonias, em contato com os grandes gênios. Aos nove anos, já sentia em Bach uma geometria da beleza e da ordem. Algo ali me punha em suspensão e serenidade. Por conta do TOC ou não, tanto faz, essa obsessão musical também está na vida de bilhões de pessoas, na realidade de incontáveis seres humanos. Não há movimento sem ritmo, não há vida que se aguente no silêncio absoluto. Sem nenhuma finalidade outra, a não ser em si mesmo, movamo-nos e afinemo-nos.

Setembro de 2020

Chegamos a 1 milhão de mortes no mundo. Mais de 140 mil no Brasil. – Noventa dias. Foram 90 dias de fluoxetina mais 20 dias de anafranil, algum efeito positivo teve início. Numa manhã de final de setembro, acordei sem os sintomas. Minha vida estará de volta? É possível isso? Depois de tanto tempo! Não sei ainda. TOC é montanha russa. Aguardemos, pois o leão vai acordar. O leão sou eu, aquele acima do TOC. Este registro para mim vale muito, e para todos os parceiros e parceiras de luta. Persistência, resiliência e coragem são fundamentais.

MINHAS ATIVIDADES QUARENTENÁRIAS 4

A pandemia trouxe de volta para muita gente o gosto pela bicicleta. Registro seja feito, não houve crise para o mercado das *bikes*. As vendas cresceram muito no período. Desejo de liberdade em céu aberto. Eu mesmo pedalei muito com uma emprestada de um amigo, até quando ganhei uma nova de minha filha Luísa. Com quase 60 anos, não imaginava retomar o gosto por pedalar com amigos e na solitude. E não é que essa máquina é maravilhosa mesmo? Diria imortal. *Bikes* viverão para sempre. Somariam-se ao rádio. Dois imortais, a bicicleta e o rádio.

Bach é uma grandeza da qual não dou conta. Precisão, simplicidade, objetividade, experimentação, projeção das entranhas da música no ar, barroco aritmético desafetado, música que soa da floresta, da madeira, do *luthier* e do intérprete. Inventário sonoro das relações possíveis entre as sete notas e semitons, idioma dos próprios instrumentos falado por mãos e dedos ou, até mesmo, a música toca para si mesma. É bem mais outras coisas do que isso. Mas só me acompanho destas como se num vento e num alento de uma bela manhã.

Hoje, especialmente, com Bach, *A Arte da Fuga* e *Goldberg Variations*, ambas do mago de Eisenach e Leipzig, interpretadas por Glenn Gould. O grande pianista canadense, especialista em Bach, morto em 1982, aos 50 anos, foi mais um ser um portador de TOC, numa época em que a moléstia era pouco conhecida, talvez até sem designação adequada. Excentricidade, loucura, mania? Muitos substantivos e nenhum esclarecimento médico.

A moçada musical brasileira também está enriquecendo nossos repertórios. Admiro muitos os que tenho conhecido a toda hora. Fala-se muito em pobreza artística popular nos tempos atuais ou, pelo menos, dos conteúdos da indústria cultural na massa. Até pode ser. Raramente ouvimos um Chico Buarque nas rádios *pops* de hoje. Anos 1970 e 1980, nós os tínhamos. Mas prefiro não concluir nada sobre isso. Prefiro nomear os caras e as minas que estão fazendo coisas belas. Ouça Tim Bernardes solo ou com a banda O Terno; o trio Oritá, com Bruno Piazza, Gabriel Alterio e Fi Maróstica; também Pedro Altério; Rubel; Mariana Aydar; Josyara; Anna Tréa; entre muitos. Brasil tão rico em linguagens, tão lento em absorvê-las nas trocas e rebatê-las nos desenvolvimentos sociais.

Destaco a banda O Campo, de Leo Santi, Danilo Bonato, Mario Gascó, Michel Renó e Murilo Marroco. Rock'n Roll instrumental e cantado, com toques psicodélicos como descrevem alguns. Diria *rock'n roll* sul-americano com boas letras e poesia. Uma delas fizemos juntos; eu, a letra; eles, a música. Chama-se *Compasso*. Poesia declamada, um *rapsermão* – ora com os instrumentos, ora sobre o silêncio. Foi uma das mais belas experiências da minha vida.

A poesia alívio e pasmo
A poesia alivia o espasmo
A poesia alivia o engasgo
A esmo o poema alivia o gago

Um poema espera o outro
Um poema espera o outro
Um poema antecede o outro
Um poema cede ao outro

A poesia cansa de si
A poesia cansa de si
A poesia cansa de si
O poeta cai em si

O poema no intestino não há hino
O poema no intestino não há destino
O poema no intestino não atino
O poema não intestino logorreia em desatino

No campo das ideias não há compasso
Na ideia escassa de espaço não há tempo
No passo do tempo não há distância que meça
No tampo do tempo não há volume nem massa
No vácuo do espaço não soa a corda de aço
No campo da música não há valsa sem passo
No compasso do sempre que passa
Há O Campo O Campo O Campo O
Caaaammmmmmpoooooooo!

Compasso ao vivo
https://www.youtube.com/watch?v=TkJsQKjNhcc

Clip Compasso
https://www.youtube.com/watch?v=ZuuxZYhMO7E

Em Machado de Assis, vocabulário imenso, descomunal para um jovem de 35 anos à época. Em *A Mão* e a *Luva, de 1874*. Editora Globo, Rio de Janeiro, 1997, Obras Completas.

Muito mimo empece a planta. Empece, prejudica, transtorna, estorva.

Com a maior exação e fidelidade. Exação, correção, exatidão.

Eu que sou o Plutarco dessa dama ilustre. Plutarco, historiador e filósofo grego – 46 d.C. a 120 d.C., entra com sentido de apaziguar, ele Machado, à guisa de Plutarco, os conflitos entre duas pessoas, no caso, os dois pretendentes de Guiomar, a dama protagonista. Plutarco, ao que me parece, era um pacifista em tempos de conflitos entre culturas, por exemplo, entre gregos e romanos.

Não deixarei de notar, que, neste lance, havia nela um pouco de Alcebíades, aquele gamenho....

Alcebíades foi um político grego, 440 a. C. – 404 a. C., amigo de Sócrates, com quem talvez tenha mantido um caso amoroso. "Gamenho" é atribuído à pessoa que estima a elegância, a vaidade, um *bon-vivant*.

A criança deseja o dixe que vê no colo de outra criança. Dixe, brinquedo, amuleto, como uma figa, objeto decorativo atraente para uma criança.

Sobre os vocábulos em itálico por mim destacados, além de admirar-me a erudição do jovem escritor, acabei por deduzir que naqueles anos de 1874 e 1875, Machado conhecia bem tais figuras históricas. Encontrei um texto na web, *Uma Visita de Alcebíades*, de Machado de Assis. Obra Completa. Rio de Janeiro: Nova Aguilar 1994. V. II., que revela essa possibilidade.[10]

Surpresa, um balanço do TOC. Não encaixou ainda. Hoje não escrevi nada além disto. Pane total. Poluição emocional e mental. Obsessões e compulsões entranhadas, sem a devida noção da presença delas, o que é de mim, o que é delas. Isto é o TOC, um fantasma incorporado e imprevisível. A sucuri enrolou no pescoço. Mas sinto que a melhora terá de chegar um dia.

10 http://www.dominiopublico.gov.br/download/texto/bv000241.pdf.

Parte II

AFINAÇÕES TERAPÊUTICAS

9 de outubro de 2020

Uma ótima sessão com Dra. Sônia. Realizei uma significação, ou incorporei uma ideia, pois a partir deste momento reconheci, avistei, formatei, compreendi, delineei O PRÓPRIO, ele mesmo, o pensamento obsessivo. Às vezes, ele fica invisível; às vezes, aparente, como um animal caçador. Quando isso acontece, desmarcara-se o fantasma, o ator, o personagem, e você se torna o diretor da peça. Parece loucura? Parece fácil? Nem um nem outro. É assim mesmo comigo. A ilusão é quebrada, a quarta parece é quebrada e a peça e o teatro inteiro se revelam para mim. O TOC, neste momento, no palco, sob as luzes de serviço e o olhar do diretor, cambaleia, tropeçando, como dizia Nelson Rodrigues, "pisando em seus fitilhos da própria máscara". Genial. A partir deste feito, coincidência ou não, este livro abre as páginas das afinações? O escritor, sem a sucuri e sem o cavalo no peito, terá seus dias de leveza, de tônus, de amor, livre para trabalhar? Sim, ao menos passa a ser um escritor diretor com os impulsos da sorte, da persistência e da vontade, tentará mostrar que é possível, também, reorganizar o próprio cérebro e o coração. Mais sobre isso virá avante, em minhas experiências e anotações.

Mas como todo mundo pode contar com sua poção mágica, seu elixir, foram 30 dias exatos de entrada de anafranil em mim. Tal sorte, não posso dizer que chegamos a uma conquista somente com a força de vontade. Meu sistema, em 30 dias, deve ter encontrado uma mistura medida, encharcada de sangue e clomipramina + fluoxetina. Obrigado, ciência, terapia e seres humanos. A ciência dá as peças e a terapia as encaixa, um quebra-cabeças.

No início do livro, descrevi a imagem da orquestra desafinada. As orquestras estão por toda parte agora, em ensaios tensos e infindáveis, tentando encontrar sua música ou seu mausoléu de futuro. Nem todas, muitas chegam a um futuro afinado, muitas, milhares, penso eu, arrisco eu em plena liberdade de expressão. Mas conhecemos bem nossas desafinações, somos muitos em tempo integral buscando algo melhor para nós mesmos. Imaginemos uma orquestra desafinada, em si desafinada, finada desafinada. Como seria o momento do encontro com uma afinação repentina, casual ou não? Existiria este momento? Estaria apta a saber que se afinou? Terá encontrado um som, um tom para si? Nossas vidas também carecem de afinação todos os dias, talvez a todo momento. Falei da orquestra como modelo metafórico das desafinações urbanas, sociais, arquitetônicas e individuais existentes em nossas realidades, em nossas casas, em todas as casas. Conheci por estes dias o termo "sindemia", que seria a junção entre sinergia e pandemia. Quer dizer, a pandemia da covid-19 torna-se mais complexa, mais problemática porque temos de levar em conta os contextos sociais desfavoráveis, agravados pelas desigualdades sociais, por exemplo. Sindemia com pobreza, doenças preexistentes, falta de saneamento e de moradia, crises políticas e econômicas, todas juntas geram outra Pandemia, com P maiúsculo, somadas à ação do vírus. Uma relação direta com meu termo desafinações? Talvez sim. É esta desafinação sindêmica que me interessa, do social ao individual. Para o um e para o todo.

Todos nós, de forma geral, sabemos o que é uma orquestra desafinada e podemos imaginar o trabalho que dá para fazer uma orquestra soar belamente, afinada, em sintonia consigo mesma, com o maestro e com a obra que pretende tocar. Achar sua forma de expressão orquestral, uma identidade orquestral, se quisermos. Uma voz própria e autoral interpretativa da obra, objetivo de qualquer artista bem-intencionado. O mesmo caso para um instrumento qualquer. Um simples violão desafinado não agrada a ninguém. O ouvinte leigo em música identificaria o desequilíbrio tonal só "de ouvido", ouvindo. É uma virtude natural fisiológica, inata nossa. Sem uma boa afinação, a mágica não acontece na vida e nas artes. Por natureza, somos exigentes no campo sonoro-musical, porque a dissonância, o desequilíbrio é desagradável aos sentidos e não precisamos de educação musical para sentir o desafino.

Da mesma forma, ou quase da mesma forma, percebemos quando algo não vai bem em nossa saúde. O físico nos avisa na hora, salvo exceções óbvias, como um enfarto fulminante. O emocional também, traduzido no corpo, na alma, na cabeça, nos pensamentos, na cuca. Gosto de ilustrar a integração das consciências corpo & mente (binômio clássico do dualismo racionalista) com os sete sentidos. São sete? Para mim, sim. Os cinco especiais, audição, olfação, paladar, tato e visão, somando-se a mais dois: a mente e a propriocepção. Ou tudo junto, consciências mental e sensitiva. A mente pode ser, em si, considerada um sentido especial. Estamos vivos? Acordados? Quem nos dá esta consciência e sentido é a mente. Já na propriocepção, totalmente ligada ao sistema nervoso motor e sensitivo e à mente, no fim, são os sensores de seu corpo que estão ativos agora, neste instante, enviando sinais pelo corpo todo, mesclando e fazendo as consciências mentais e corporais. Com ele, sabemos que estamos/sentimos nossa posição corporal, a presença da roupa na pele, se eretos ou inclinados. Simplesmente você toda, todo, de uma vez só, aqui e agora.

Nossas casas em carne e osso afinam e desafinam a todo instante, de formas e intensidades diversas. Viver tem um quê de vibração, ao fim das contas, de sintonia mesmo (ou distonia, lembra?). Gosto da figura do equilibrista caminhando lentamente sobre a corda, com a ajuda de uma vara comprida. Para ter sucesso, ele sabe que o equilíbrio definitivo não existe, este acontece no agora, no presente, a cada passo, no movimento. Se o equilibrista congelar num lugar, pensando que achou o equilíbrio, provavelmente cairá.

As transformações íntimas, subjetivas, pessoais, consistentemente positivas dependem de afinações objetivas reveladas no reino do fazer, do sentir e do pensar simultaneamente. Viver as dificuldades nos ensina isso. Tomo o meu caso como exemplo para dizer sem receio, porque na travessia geral nada é mensurável, exato e científico. São experiências valiosas transformadas em energias e palavras, como na boca de um pajé, ou de um homem que vive intensamente sua vida, como eu. Uma vontade muito definida e sincera torna-se minha jornada, a jornada singular de cada um. Compartilhamos os mesmos sofrimentos e alegrias de forma universal diante do viver.

Um vale do eco, o que virá? O eco pode ser uma das imagens do TOC. Tudo que há repetição, como o eco num vale. Desafinações e agora afinações são termos que eu gostaria de aplicar e destinar não só ao contexto específico do TOC deste livro, mas também aos desafios inevitáveis e transformadores do viver, que inexoravelmente se apresentam a todas as nossas figuras individuais, singulares e escancaradamente solitárias, nuas, dependentes e ingênuas, independentemente de sexo, raça, classe, etnia e de todas as modalidades de ser um ser vivo, qualquer que seja ele, racional ou não, *Homo sapiens sapiens* ou não. Viver, imagino, sinto, pretensiosamente sei, é das experiências mais fabulosas da própria vida. Porque só é possível bem seguir, se seguimos. Viver é vontade e narrativa. Seguimos com vontade porque somos eternamente inacabados. A narrativa é nosso sonho de vida e de morte, como aquele sonho de Borges. Porque além da vida, há movimento, há o além, há o infinito, meu sonho de infinito. Nada é totalmente sabido. Vivemos a morte em vida e a vida além da morte e, mesmo nessa contradição, há o movimento e o desconhecimento. Se conhecimento chegasse a um fim, não existiríamos.

Proponho eu, as afinações possíveis são as consciências que podemos adquirir nesta trajetória. Afinar é viver, desafinar também.

Porém, o desafino é certo, o afino depende da vontade e do esforço. Mais ainda, depende do habitar-se. Entender o que é habitar-se. A afinação é acessível a todos, sem distinção, pois navegar é preciso, viver não é preciso. Somos todos imprecisos, e saber da imprecisão ajuda a afinação. Se não ajuda a afinar, pelo menos ajuda a saber que se está no desafino. Ainda com a imagem do equilibrista ou da orquestra, estamos sendo.

O que contarei a seguir, até o fim, é meu inventário de vida sob as experiências das minhas desafinações e afinações íntimas, pessoais, manejadas na premência de pacificar os sofrimentos, bem como saborear as alegrias e conquistas. Este inventário é parte também da mistura de retalhos e tecidos emendados em pesquisas acadêmicas, escrituras, apontamentos, poesia livre, experiências no tecido corporal e intelectual na pele de um desespecialista transversal. Meu prumo sempre desceu na diagonal, nunca na gravidade reta, perpendicular. Diagonal de natureza como traço de medida em polegada, como uma tela de TV é medida, na diagonal, de um ângulo de baixo a outro ângulo de cima, diagonal e transversal. A linha corre de horizonte à verticalidade, corre em 45° entre eixos X e Y, tal qual resume um crucifixo. É crucifixo porque tem as duas linhas, uma fincada na Terra, outra na linha do horizonte. Não descarto nenhuma dimensão.

Se nosso corpo vibra, somos átomos e partículas em vibração como uma corda de violino, afinamos e desafinamos, até neste mesmo sentido, no sentido estrutural, físico, e nas demais dimensões que o espírito queira. Chegaremos, no derradeiro passo, ao fim e, na sequência, à tentativa de expor e de encontrar algum desenho resumido para o que venho apelidando de Cosmoética. Pois, no fim, tudo o que temos neste encontro trata da Cosmoética, direta ou indiretamente.

Descrevo a evolução de minha "casa" com minha passagem pela eutonia, pela Psicologia Social, pelas Artes, pela Filosofia, pela acupuntura, pelas terapias corporais, até esboçar os principais traços de uma metodologia do observar ou simplesmente um nome para meu conjunto de ideias. A literatura, a meu ver, serve até, e de preferência, para fazer arte, poesia. Talvez não seja o meu caso aqui. Mas ela também se entrega e se faz com muita sinceridade como uma linguagem para aproximar as pessoas de si mesmas, compartilhando seus desafios singulares e coletivos, e é uma ótima forma de exercitar o silêncio e o prazer de mergulhar mais nas perguntas do que nas respostas. Se possível, dessa forma, encontrar a poesia também.

Apontamentos e aprendizagens – síntese do aprendiz

A mente não é sua inimiga ... é apenas um jogo da sua própria energia ... não se confunda com ela... não há necessidade de a seguir.

Mooji

A coragem não é ausência do medo, mas sim do julgamento de que outra coisa é mais importante que o medo.

James Hollingworth

Produzimos algo em torno de 70 mil pensamentos ao dia, 90% sãos conectados à nossas vidas e muitos deles repetem-se diariamente.[1] Isso pode nos levar às mesmas escolhas, aos mesmos comportamentos, às mesmas experiências e às mesmas emoções, e de volta aos mesmos pensamentos, com as mentes sadias ou não, as nuanças entre saúde e doença na Medicina são muito tênues e porosas. Esse número (70 mil) deve corresponder aos fatos do nosso dia a dia. Nossa biologia, nosso círculo neural, neuro-hormônios, expressão genética são as mesmas expressões das formas como sentimos, agimos e pensamos. Muitos fatores involuntários participam de tudo isso. Mas alguma ação voluntária, deliberada, pode mudar ou interferir em nossos hábitos e pensamentos automáticos. Devemos tentar criar novas realidades pessoais com ações e emoções realmente vividas, po-

1 Episódio 3, Podcast – Spotify de Dra. Paula Dall Stella. Disponível em 4 de outubro de 2020.

dendo eliminar os mesmos gatilhos emocionais que nos prejudicam. Veremos mais adiante que é possível protagonizar estes movimentos, mas é fundamental o acompanhamento de terapeutas, cujas técnicas contribuem muito nestes processos.

Partindo da minha experiência própria, desenvolvi algumas anotações as quais gostaria de compartilhar. Não somente útil para o TOC, acredito que elas também podem conter no todo, ou em parte, algum exemplo de afinação e ajuste para as situações comuns de nossas vidas, para qualquer um, doente ou não doente, em qualquer tempo. Quem não busca um reflexo em espelhos? Quem não precisa de afinações? Isso não significa que eu tenha o poder de afinar alguém, muito menos meus pensamentos e limitações. Muitas vezes, no fim, quem faz o sentido é o leitor, e o valor está nesta relação, especialmente em quem me encontra aqui. No meu processo, durantes os últimos anos, formei uma síntese de atitudes essenciais para melhorar a qualidade de vida. Compartilho isso com todas as pessoas interessadas e necessitadas em afinar sua saúde mental e física, na verdade, habitar mais a fundo seu corpomente. O primeiro passo não é entender o que é o corpomente, é sê-lo. Não existe um grupo de pessoas com saúde e outro que não a tem. Vivos, humanos, somos todos inacabados e inexperientes. As fronteiras entre normalidade e doença não são inteligíveis, talvez não existam. As afinações que descreverei correspondem a um diário de bordo de meu corpomente em anos de viagens, e também um esboço, um registro para quem quiser tentar aperfeiçoar a vivência de sua totalidade. Esta síntese dirige-se aos desafios ordinários de nossas vidas, de você com você mesmo e com os outros. Viver até que é fácil, mas não há ninguém com a vida pronta. Viver com mais noção e atenção em si mesmo já não é tão fácil.

- Eu quero me ajudar? Quero receber força e ajuda? Sei que é possível melhorar? Então, descubro e invento eu mesmo esta virtude. Descobrir e inventar são ações simultâneas.

- Saio da inércia da doença e lido com ela entrando no ciclo da VIRTUDE. Entesourar a virtude, que é o amadurecimento da consciência. Quero mudar e acreditar na saúde. Vejo no ideograma chinês para a palavra *Qi* = energia – vontade.

氣

- *Qi* (pronuncia-se "tchi") – virtude – deflagração – energia – estouro da semente – início do ciclo virtuoso
- Abaixo, à esquerda, no ideograma, noto uma centelha, uma faísca para estourar a pipoca. Essa centelha é o início de uma virtude, uma realização, um *insight*. Transformações positivas podem acontecer assim: depois de pensar muito, muito e nada acontece, vem uma percepção carregada de sentido que parecia já estar lá antes. A chave para entendê-la é que mudou.
- Falo por minha conta e risco da importância de reconhecer quando um pensamento obsessivo está no comando ou não. Qualquer pessoa em sã consciência deveria fazer este treino. QUEM ESTÁ PENSANDO? QUEM QUER FAZER ISSO? DE ONDE VEM ESTE PENSAMENTO? NAS COMPULSÕES COMUNS DA RAÇA HUMANA, O CONSUMISMO tão presente em nossas vidas, uma COMPULSÃO GLOBAL do desejo, do narcisismo... pense e reflita se for o seu caso: QUEM ESTÁ ME DIZENDO PARA COMPRAR ISSO? SERÁ QUE ESTOU DOENTE E VAI PIORAR? ESTOU SENTINDO A PIORA, É CULPA DA MEDICAÇÃO! Devo atender a estes impulsos, a estas dúvidas? Sem esta atitude, os sintomas do TOC (ou do simples consumismo, da mente desorientada em geral) e os impulsos automáticos do ser humano ficam mais reais e convincentes, per-

mitindo que o ciclo de memórias obsessivas predomine. Conhecer os pensamentos obsessivos, qual a proporção deles dentro do espectro de 70 mil ao dia? Não preciso contar, mas, sem isso, a batalha fica mais difícil.

- Aceito as dificuldades. Não brigo com elas, não as recuso, não entro em conflito com elas. Acolho-as num outro plano, ao fundo. Sou maior do que elas.
- Confio nos mestres, médicos, terapeutas, psicólogos e em mim, especialmente. Sou meu mestre. SOU AQUILO QUE QUERO BUSCAR. Essencial procurar um MÉDICO ESPECIALISTA BOM PARA SEU CASO, ou que diagnostique corretamente o caso. Um generalista tem maior chance de cometer erros e de indicar tratamentos equivocados. Procure saber qual é a pesquisa central da vida dele. UM PESQUISADOR DA CIÊNCIA MÉDICA E DAS DEMAIS ÁREAS DEVE SE DEDICAR A UM OBJETO DE PESQUISA; portanto, ser médico isso não indica competência para tratar de tudo. Pelo contrário. O bom generalista indica outro bom especialista ESTUDIOSO. As disfunções muitas vezes são parecidas entre si, mas é fundamental saber bem qual é a sua, isso muda tudo para melhor.
- Entendo que não existe uma doença fixa, indestrutível, implacável. Nada existe em si dessa forma. São nomes que deram para um estado psicofísico momentâneo a ser corrigido ou tratado. Tudo é causa e efeito, move-se, muda, termina. Mesmo algo físico pode mudar. Está em mudança. Deixo mudar.
- Percebo que não é uma luta contra mim mesmo. Não penso que há algo contra mim mesmo, somos um todo. O que chamamos de EU tem várias dimensões. Tenho de acolher esse TODO como se fosse a mãe de tudo, cuidando e observando. Posso mudar muita coisa com calma. Nosso organismo é plástico, modificável, ele gosta de saúde e de novas propostas. Ele poderá atenderá suas atitudes.

- Muitas vezes, o que mais nos incomoda não são mais os sintomas, mas o medo e ou o desconhecimento do que está acontecendo conosco. Por exemplo, uma dor na coluna pode não ser só por causa da coluna, mas por causa do medo e da memória da dor que se instala no sistema nervoso. O medo da dor e do incerto PASSA A SER A DOENÇA, e não mais a coluna em si. E a pessoa não percebe isso. Assim sendo, ela não tratará o alvo certo, mas sempre terá a coluna como o mal a ser tratado. Se ela não tomar consciência desse todo, do qual a emoção faz parte, o desafio continuará aborrecendo. Um pequeno problema que começou na coluna pode virar uma limitação física e emocional invisível para o paciente. Corpomente entra numa fatura de defesa excessiva, e isso paralisa a pessoa porque os sintomas sentidos são reais para ela. Essa distorção ou dimensão do problema é de difícil compreensão por quem passa por isso. Um bom trabalho de conscientização pode ajudar muito na superação dessa inércia.
- Pensamentos, hábitos negativos, desconhecimentos podem alimentar a criação de outras sensações adversas, de limitações e também até aumentar os sintomas originais da "doença". Portanto, temos aí a instalação de sintomas psicofísicos porque toda a doença tem algo de psicofísico, nunca estão separados corpo e mente. Os sintomas acabam sendo a "doença". Com essa compreensão, o melhor início é não querer controlar nada. Se fizer isso, reforçarei exatamente os sintomas que quero evitar. Pensamento contra pensamento não dá resultado. O que ajuda é desprezo contra pensamentos negativos.
- SEI O QUE É NÃO FAZER NADA. SAIBAMOS FAZER NADA. Não mentalizo as ações, não busco NADA para evitar, apenas sigo o fluxo da vida e as atividades de que gosto de fazer e que preciso fazer. Aprendendo a sentir desprezo, a desconsiderar o problema. AJO produzindo algo novo ou melhorando meus pro-

jetos. Não é uma ação do pensar, mas do FAZER. Começo ou retomo aquela atividade útil e prazerosa. Ajudo mais ainda os outros, quero ser útil socialmente.

- Em todas as circunstâncias, boas e ruins, pratico meditação, sempre. OBSERVAR-SE de fora, SEM CONTROLE, é a experiência a desenvolver. A cada vez, isso fica mais fácil. Grandes meditadores fazem isto: sentir tudo que acontece no corpo e ao redor sem reagir ao prazer e à dor. SENTIR O QUE REALMENTE É ESTAR SEM CONTROLAR É UMA DÁDIVA, UMA ATITUDE A SER DESENVOLVIDA. Ela é mais completa e forte quando SENTIMOS no corpo esta sensação, na verdade, uma ideia que se incorporou em estado físico-mental, como saber andar de bicicleta.
- Faço atividades físicas, artísticas, ioga, eutonia, acupuntura. São atividades muito interessantes e complementares. Atividades do corpo e no corpo são maravilhosas para desenvolver a criatividade da saúde do organismo e da vida.
- Não acredito nunca na ideia de que sou definitivamente doente. Altero aos poucos esse *input* falso para a ideia de liberdade, de saúde, de amor e generosidade por mim mesmo.
- VONTADE, ATITUDE E CONFIANÇA COM – ACEITAR EXPOR/ENFRENTAR E DESPREZAR. Ativo estas palavras e as sinto em ação, fazendo algo com elas. Transformo-as em algo concreto, vivo. É verbo fazer. A VONTADE me faz ACEITAR o problema. Ao contrário de evitar, de fugir dos sintomas, exponho-me a eles, de frente, enfrentando sem perder a cabeça, a esperança, para no tempo certo DESPREZÁ-LOS.
- Este é meu espaço. Escrevo algo para mim aqui ou onde quiser. Redijo, escrevo poemas, contos, diários sem compromisso de cura. Pinto, danço, ouço, contraceno, fotografo, filmo. Por curtição ou profissionalmente. Desperto a autopoiesis em mim, que é a arte de viver, da vida, de fazer da minha vida uma obra

de arte. Pelo menos tentar aprender a fazer isso. Não preciso ser artista e gostar de arte. A obra somos nós. Meu corpo é a obra em constante criação.

- Há de se resistir, sem submissão. Opto pela saúde. Sinto que a existência físico-mental deve optar pela saúde e não pela doença. Inverto o jogo. Podemos dizer que estamos num jogo de espera e de paciência (para qualquer doença), temos forças negativas e positivas. Temos chances naturais de optar pelas positivas e vencer. Temos trilhões de células que podem agir a nosso favor. Recruto essas células com as forças do pensamento e do sentimento. São eles juntos os formadores da força da vida. O adversário é geralmente sempre menor do que eu. Luto sabendo que o futuro é favorável. As forças estão a meu favor, e boa parte do bom desfecho depende de minha boa vontade, do que eu pensar.
- Quando doentes, não é raro nossa mente nos sequestrar para o buraco da doença. Nesta situação, é possível inverter, sequestrar a doença e levá-la para o terreno da saúde. Escolho esse movimento. Percebo-o, sei que é possível.
- Ter sempre à mão e à mente. As doenças psicossomáticas ou psicogênicas, mentais, sempre têm uma relação com o corpo, e vice-versa. Com isso, não há um lugar específico em que elas acontecem. Não aparecem em exames. Encontrar, buscar um local não ajudará de vez. Portanto, o melhor a fazer é saber, conhecer esta realidade. Saibamos que, nestes casos, nosso imaginário é um grande projetor, um potente criador de sintomas que nos engana muito, que aumenta muito as coisas. O real perto dele – o real é, neste caso, a nossa consciência limpa, digamos, é você no controle – fica apertado, perdido, refém muitas vezes dos sintomas desse conjunto físico-imaginário. Um melhor resultado contra ele depende desta consciência.
- Sempre que posso, retomo. Digo a mim mesmo, ou à parte chata da mente, quando os sintomas incomodam: “Não tenho nada

com isso... não posso fazer nada... me erra!" Mais do que pensar isso simplesmente, eu sinto isso, transcrevo essas frase para o sentimento, para as sensações. É muito diferente de pensar, pois sentir é gravar melhor, é conversar de forma física com a mente. É algo somestésico, somático, sensitivo, além de pensamental.

- Talvez um dos mais importantes. Dedique seus méritos e ações aos outros, e menos para você. Ou seja, QUEIRA ESTAR BEM, MELHORAR, PARA AJUDAR OS OUTROS. NÃO SÓ PENSE NISSO, MAS SINTA ISSO! DIRETO DO PEITO, SINTA ESSA DEDICAÇÃO A TODO INSTANTE. Na força da necessidade acordei, DESPERTEI numa manhã, e me veio com toda força "vou dedicar meu dia aos outros", e senti no peito, na mente do peito, uma realização, um sinal de que eu poderia prestar mais atenção no fora do que nos meus problemas. Virtude é o que falo. O TOC está muito ligado a uma mente/cérebro teimoso, manhoso, ensimesmado, egoísta, medroso. E assim somos todos, transtornados ou não. Todos somos. O virtuoso é aquele capaz de movimentar-se para o outro, para si mesmo e para os outros. Digo à minha mente e ao meu corpo, eu mesmo, maior do que eles, estejam bem, porque precisam de você! Não importa o que aconteça, dor, mal-estar, bastante tocado, TOC alto, continuo dizendo e sentindo esse mantra.

Colocar em prática?

Fácil realizar tudo isso sozinho? Não é. Como sempre, encontre seus mestres, eles o ajudarão a prosseguir, a realizar transformações boas. Nos próximos capítulos, poderei me transformar em um guia para algum leitor, para leitoras. Mais justo seria dizer que na posse deste texto, você é quem o inventa e descobre-o com seus próprios valores e bagagens. Mestres e aprendizes formam uma cadeia de autores em interdependência. Na verdade, serei apenas um eco de sua própria vontade. Um autor é a primeira fase da vontade de alguém em busca de afinações. Os conteúdos à frente são resultados de minhas experiências pessoais, de aprendizados, de reflexões e escritas. Conteúdos delineados ao longo do tempo, os quais descreverei o que fiz durante minha vida como professor, pesquisador, artista, paciente e, mais do que tudo, aprendiz de afinador. Afinações são para sempre.

Muitas delas poderão ser vivências práticas para desenvolver mais consciências. Nessa jornada que todos recebemos a chance de realizar, as afinações de que tanto falo são um desenvolvimento contínuo e objetivo de observar esse ego tão exigente que compõe parte de nós, somado aos nossos instintos, desejos e carências. Não temos compromisso com a palavra "cura" para os nossos males e desafios, pois a saúde, penso eu, é a consciência e o bom manejo de nossos desequilíbrios, com observação criativa e sensível que já existe em nós para lidar com eles. Ofereço um conjunto de movimentos e reflexões práticas e teóricas que poderão participar da vida do leitor, da leitora, dando-lhes mais subsídios e esclarecimentos sobre como agir diante dos desafios e imperfeições inevitáveis da vida.

ADVERTÊNCIA MUITO IMPORTANTE: vivemos numa cultura de exercícios práticos e teóricos, muitas vezes programados em séries, em repetições. A "educação", a pedagogia predominante é mais um *transtorno obsessivo repetitivo do* que outra coisa, um espectro, brinco como se fosse outra sigla: TOR. As pedagogias sistematizadas pela cultura buscam avaliar, classificar, quantificar, e, em se tratando de corpo, saúde, nosso organismo é valorizado essencialmente sob o ponto de vista fisiológico, físico, biológico, científico. Não é mesmo? As aulas de Educação Física que frequentei na escola eram baseadas em uma bola e um apito, nada de consciência sensitiva e movimentos sutis. Nada de educação do próprio corpo, experimentada na casa do aluno vivo. Assim como a Geografia, o corpo estudado está na figura do livro e no esqueleto no fundo da sala. Sempre foi e é baseada num corpo teórico, alheio, morto. Mal sabemos o que somos, com nossos 206 ossos. Mal se sabe o nome de meia dúzia deles. Pior ainda quando pensamos que dificilmente os apalpamos, não os sentimos pelo tato e pelo contato, e imaginamos isso como se fosse coisa de louco. Não percebemos quais as suas funções, pois cada um dos 206 tem funções específicas de sustentação e de movimento, sempre diferentes uns dos outros. Em geral, parece ser cômico, socialmente engraçado ter receio, medo, nojo, aflição de si mesmo. O corpo dá medo e aflição.

Não somos só músculos e ossos, assim como não somos somente razão, inteligência racional, a mais estimada nas culturas. Difícil de compreender aonde quero chegar? Nem só com jogos lúdicos e competitivos se faz uma educação física. Você não é burro, nem burra, mas não é comum acessar uma pedagogia também voltada à habitação da existência, para formar, sem fim, a existência do sensível, dando contornos ao corpomente. Não estamos preparados, em geral, para unificar, integrar as classificações metodológicas e as disciplinas clássicas curriculares. O cientista precisa da divisão, da classificação metodológica. Esse é o caminho estratégico da ciência. Exatidão, por isso, mais uma vez, ciência é precisa, viver não é preciso. O viver é consciente e inconsciente, incertezas, descobertas, perguntas e respostas em um ciclo interminável de fatores. Se o conhecimento da natureza e de nós mesmos não deve ter fim, então como quereríamos chegar ao fim da existência como se chegássemos ao final de uma equação, num fim de tudo? Ganhamos um diploma e passamos dessa para a melhor? Como num belo dia, lá depois dos 80 anos, você olha no espelho e diz: "Entendi! Pronto, cheguei lá". Se for precoce, pode ser aos 40 anos. Acho que não envelhecemos sabendo mais as respostas, simplesmente eliminamos bastante as perguntas inúteis.

Quero justificar, melhor do que exercícios repetitivos, prefiro os termos "vivências", "percepções", "*insights*", "sensações", "interpretações", e, claro, "razão", "ideias", "juízos", visando a invenção do pessoal e do singular, no desenvolvimento do corpomente, dando vazão às experiências integrativas, que não veem o ser apenas como vísceras de um lado e fé do outro, mas tudo junto, uma transição só.

Quanto mais soubermos sobre nós mesmos, sobre o processo de lidar com os sintomas, melhor. Não só nos desafios difíceis da vida, mas em tudo. Muita gente combate o inimigo errado, e isso traz mais sofrimentos. Com a consciência viva, alerta, ativa, e, se necessário, um diagnóstico correto, encontramos caminho livre para lidar com os desafios. Como? Seja no caso do TOC, seja noutros casos, muitas vezes queremos combater os sintomas porque eles são reais, vivos, palpáveis. Na verdade, temos de tomar consciência de que muitos mal-estares não são os sintomas propriamente ditos. As dores podem ser apenas as consequências, não as causas. O adversário se esconde, é outro. Muitas vezes, é simulação pura. A causa real deles é a nossa invisível fábrica de produzir sintoma que é a mente/cérebro. Isso muda tudo. Exemplos? Gastrites, dores musculares, dores na coluna, problemas de pele, tonturas, insônia, ansiedade, falta de ar, às vezes, em casos extremos, até prejudicar a visão e muitos outros. Todos são essencialmente o teatro dos sintomas acontecendo, a tal da somatização, o medo que antecede a doença. O imaginário é poderoso e nos faz de fantoches. Percebendo que a corpomentalidade é uma realidade, não separar corpo e mente, sintomas corporais são também sintomas mentais, e vice-versa. Criei esse termo chave para substituir a separação entre corpo e mente, e, por exemplo, ligá-lo aos fenômenos psicossomáticos. Em minha visão, não adianta tomar um omeprazol para controlar uma gastrite e não fazer nada mais. A gastrite poderá melhorar ou até desaparecer se a gente souber que a fonte dela é um conjunto de fatores, especialmente o fator psicossomático. Terapias com psicólogos, boas terapias orientais, antidepressivos, atividade física, trabalhar menos ou mudar de trabalho, preocupar-se menos, comer melhor, relacionar-se bem, desapegar são ações fundamentais para, por exemplo, dar porrada numa gastrite. Somos capazes de fazer coisas que mal imaginamos. Somos muito criativos para desenvolver sintomas, para somatizar. Já ouvi falar de casos de cegueira por distresse, ou estresse.[2] Há casos em que a

2 A rigor, diz-se que o estresse é a fase positiva quando se está em movimento, em atividade, em relação aos desafios. Já o distresse é a fase prejudicial do estresse, quando o sintoma desagradável avisa que algo precisa mudar.

pessoa perde a visão temporariamente, como um distúrbio neurológico, no enfrentamento de alta ansiedade e dos desafios difíceis da vida. Neste caso, adiantaria ir somente a um oculista ou a um neurologista? Creia, eu cri. Já testemunhei várias manobras criativas dos sintomas psicossomáticos, ou corpomentais, *mindbodies*. Um teatro mágico do sistema nervoso e corpomental.

LSD5-b
Ou Leitura Super Dinâmica 5 b
Ou poesia até um dia

A pessoa deve saber que não sabe
Um saber resistente à ignorância

Aquele que não sabe que não sabe
Aquele que não sabe que não sabe
Aquele que não sabe que não sabe
Aquele que não sabe que não sabe
Aquele que não sabe que não sabe
Aquele que não sabe que não sabe
Aquele que não sabe que não sabe
Aquele que não sabe que não sabe
Aquele que não sabe que não sabe
Aquele que não sabe que não sabe
Aquele que não sabe que não sabe
Aquele que não sabe que não sabe
Aquele que não sabe que não sabe
Aquele que não sabe que não sabe
Aquele que não sabe que não sabe
Aquele que não sabe que não sabe

De repente acha que não sabe
Até um dia saber que não sabe

E a poesia acontece dentro dele
É a hora de sentir
O que não cabe

Os que não sabem
Que não sabem
Acham que sabem
E assim espera-se
A poesia viralizar no mundo
Até o último que não sabe
Contar a história certa
E avisar que a pergunta
É melhor que a resposta

Casa pêndulo

(...) A essas palavras frei Leão, muito admirado, perguntou: "Pai, eu te suplico da parte de Deus que tu me digas onde se encontra, então, a alegria perfeita". Ao que São Francisco respondeu: "Quando chegarmos ao nosso destino e estivermos ensopados pela chuva e congelados pelo frio, sujos de lama e mortos de fome, e batermos à porta de um convento e o porteiro aparecer e perguntar quem somos nós; e, ao dizermos que somos dois irmãos, ele nos responder que mentimos, pois somos dois patifes, que andam a enganar todo mundo e a roubar as esmolas dos pobres, e nos mandar embora sem abrir a porta, deixando-nos do lado de fora, transidos de frio e molhados até os ossos, sem nada para aplacar a fome; então, se soubermos suportar pacientemente todas essas injúrias e crueldades, sem nos abatermos nem murmurarmos contra ele; se pensarmos, humilde e caridosamente, que aquele porteiro nos conhece, e que o próprio Deus o faz assim agir contra nós, ó irmão Leão, escreva que aí está a perfeita alegria. E se continuarmos a implorar, e ele saia fora furioso e nos escorrace de modo violento, como ladrões vis, e nós suportarmos tudo isso pacientemente, com alegria e amor, pensando nas penas de Cristo bendito, as quais devemos receber pelo seu amor, escreva, irmão Leão, com todas as letras, que aí estará a perfeita alegria.
Assim era esse Louco de Deus.

Ética, Fábio Konder Comparato, Cia das Letras, 2006, p. 136.

Tenho parte de minha formação fundamental e média em colégios ligados ao catolicismo. Cresci e o segui? Não. Se dependesse de minha mãe, teria me tornado um professor de catecismo. Mas não segui a vida espiritual até os meus 45 anos de idade, quando experimentei o budismo *Kadampa*. Geshe-La, tibetano radicado na Inglaterra, após invasão chinesa no Tibete, ex-colega de Dalai Lama, produziu, para nós ocidentais, uma riqueza com mais de 20 livros sobre o *Dharma*. Transformou, adaptou a essência dos ensinamentos budistas para a cultura ocidental genérica. Fiz vários retiros de silêncio, volta e meia alcançara o tão desejado silêncio mental e certa paz no coração. Dias na montanha realmente foram tempos de graça e de enlevo natural. Aprendi a meditar com profundidade e a me dedicar à compreensão do amor, em sua forma prática mais direta que é a compaixão. Tentei bastante. Não posso dizer que alcancei alguma plenitude da compaixão, mas parte dela é possível vivenciar para sempre. Nem com Jesus, ao longo da formação e vida pagã, pude entranhar a compaixão nem o amor incondicional. Melhor dizer, não eliminei a força do EU, do ego, em minhas ações na vida e nas relações com as pessoas. Seria possível eliminar? Não creio. Mas tirar-lhe a força, diminuir a ilusão com ele, observá-lo com mais acuidade, isso sim, posso afirmar.

Cito a passagem do livro de Comparato com o relato sobre São Francisco de Assis sem ser um devoto deste, nem me apego a Deus, não sei fazê-lo. Considero o santo uma das figuras mais bonitas da cultura ocidental e da fé católica. Difícil é não cometer esse juízo diante de uma figura tão despojada e libertadora, "esse louco de Deus", nas palavras de Comparato. Colei essa passagem na minha memória devido à força indestrutível que uma pessoa pode atingir quando não teme nada e nem a si mesma, simplesmente porque tudo o que consideramos perdas para ela são ganhos. Não há nada a perder desse modo. Sempre intuí que a eliminação das vontades inúteis me levaria a um estado de paz e sabedoria, mas devo ter escolhido um caminho difícil e errático.

Leia-se vontade como aquilo que diz respeito à segurança, a posses, ganhos, reputação, conforto, imortalidade – acho que isso é o bastante. A vontade de viver, de encontrar, de criar, de amar não seria uma vontade comum, seria o bálsamo da vida porque o que diferencia um sábio de um tolo, como diz o próprio Geshe-La, é a vontade. Ou seja, se você acredita ou investe em algum tipo de iluminação/evolução pessoal, ela pode acontecer para qualquer um, de um tolo dependente a um varredor de pátio de Igreja, um pedinte, não necessariamente a um padre, a uma monja, a um rico ou a uma intelectual. Iluminação não depende de Q.I., de formação ou de benefícios. É a vontade maior, não ligada aos prazeres, mas sim à felicidade e à sensibilidade. Ninguém se torna sábio por insígnias ou por diplomas e credenciais. Imagem difícil esta que coloco. O que seria um sábio para você?

Como seria o coração de São Francisco, então, diante dos mortais? Coração vindo da coragem, da determinação, da vontade? Se já nascesse santo não seria santo. Acho que ninguém se torna santo pelos cabelos lindos nem santa pelas mãos abençoadas e herdadas. Todos eles e elas trabalharam muito, sofreram muito, incorporaram muito aquilo que buscavam. Ou seja, conseguiram ser aquilo que buscavam. Ser, não imaginar, não teorizar para adquirir algo, mas ser a própria palavra. Dizem que o sábio é aquele que sabe diferenciar a fonte de prazer da fonte de felicidade. Como já dissemos antes, no início de nossa conversa, que o mais importante, para mim, o "como ser feliz" é o mais relevante, e não o "que importa é ser feliz" de modo raso, dito popular que ouvimos a torto e a direito na vida narcísica que levamos, num mundo onde a estética do desejo do indivíduo prevalece sobre o todo e os outros.

Entenderia se alguém enxergasse nessa minha posição algum resíduo de moralismo, ou de catequese, mas não concordaria com isso. Não sou dado às catequeses, pelo contrário, sou um desconstrutor de paradigmas, de dogmas. Quando reflito e escrevo, geralmente desmonto tudo, não sobra nada. Em meu doutorado, ouvi esta frase de um membro da banca examinadora: "Seu texto é bom, mas você arrasa tudo, vários elementos dos cânones são arrastados por uma corredeira de uma enchente". É assim que me sinto e me entendo. Eu vivo nas passagens, nas frestas, nos vãos, exatamente como as lagartixas. É ali onde moram as imagens e os sentidos, os meus sentidos.

Porque as coisas que vemos, o mundo testemunhado, não são exatamente como parecem ser. Prefiro acrescentar às "aparecências" o vão, a passagem, a coxia, os becos, as masmorras, as linguagens em ação. Troco todos os significados e interpretações canônicos pela carcaça das ideias e pelo isopor que sustenta os cenários delas. No fim, o belo vem dos dois lados, da carcaça e do corpo, do quadro e da moldura, do cenário e da estrutura, sem perder nada. São contínuos, não têm costuras. Portanto, o como é mais libertador que o quê. Se você optar pela frase "o importante é ser feliz e não importa como", respeito-o. Compreendo. Mas prefiro o livramento da ilusão do sopro das bolas de sabão. O como, para mim, ou seja, a ética com a forma, juntas, libertam-me mais. Das bolas de sabão, passo a ser a boca que sopra.

São Francisco soube viver aquilo que eu, e talvez você, posso imaginar apenas, ou até incorporar um raro sortilégio de oportunidade de não se ofender com alguém. A casa pêndulo de Francisco deve ter sido uma das mais engajadas que poderia eu conhecer – sem me esquecer de tantos outros seres da história sagrada, como o varredor da igreja do meu bairro de infância, Buda, Jesus, Moises, Mohamed, Brahma, Xiva, Vixnu, entre outros. Então entramos na imagem do pêndulo. A casa pêndulo somos nós, em todas as situações da rotina, de sorte e azar, de regozijo e desolação, o pêndulo é o objeto da hipnose, do clássico relógio oscilando entre nossos olhos e corações. Mas principalmente é o dispositivo dos antigos relógios de parede. No silêncio da sala de meu avô, havia um tic-tac, tic-tac. A casa dele era marcada por este compasso. Num movimento bilateral, tic-tac, esquerda e direita, de um polo ao outro, o percurso é preciso, idêntico, marcado. Nem lá nem cá, mas nos dois lados. Sim e não, sim e não, dor e prazer, morte e vida.

Se Francisco tivesse (ou fosse) um pêndulo em seu coração, no momento daquela passagem descrita na epígrafe que transcrevi, seu movimento pendular seria diferente diante das dificuldades, das agressões e da dor, se comparado ao da maioria das pessoas.

> E se continuarmos a implorar, e ele saia fora furioso e nos escorrace de modo violento, como ladrões vis, e nós suportarmos tudo isso pacientemente, com alegria e amor, pensando nas penas de Cristo bendito, as quais devemos receber pelo seu amor, escreva, irmão Leão, com todas as letras, que aí estará a perfeita alegria.

O pêndulo imaginário que desenho aqui no coração maduro de Francisco não oscilaria mais. Poderia viver e pulsar no centro, quieto, parado, bombeando energia, observando as horas e as emoções com serenidade. Ou seja, na minha metáfora, Francisco teria se livrado do vai-e-vem, do tic-tac, desligando-se do relógio, distanciando-se do próprio pêndulo para observá-lo de outro lugar que não propriamente a bordo daquela haste bipolar e bidimensional do tempo. Numa figura caricata, vivemos agarrados a um pêndulo comprido e oscilante. Nossos corações e mentes vivem nele como reféns, cada um em seu pêndulo imaginário e instantâneo, instintivo. Também, por outra, esse pêndulo somos nós mesmos fraturados no presente e embutidos no passado e no futuro. Poderia ser um metrônomo de compasso musical também, sobre um piano, a oscilar a haste com a ponta para cima. O fato é que, na base de nossa existência, há o instinto, talvez melhor do que os impulsos de fugir da dor e agarrar o prazer ininterruptamente, a cada segundo de vida. De um lado do pêndulo está a dor, do outro, o prazer. Não temos controle sobre o movimento dele. Você o tem? Diga-me como. Ele se move a vida toda para os dois lados, como no compasso do tempo de um relógio de parede. É inegável, a meu ver, esta luta, este processo que ocorre a cada respiração em nossas vidas. Enumere agora, se puder, pare com o livro, pense no seu dia de hoje. O que e para que está fazendo determinadas atividades. Trabalho? Reza? Academia? Férias? Um esperado tratamento de saúde? Ajudando alguém? No fim da linha, está a busca de alguma compensação que nos livre das dores física e mental. Até mesmo das dores das aparências. O que dirão da minha roupa na festa? Farei um bom papel? Ao fim de cada dia, sentimos o dever cumprido, mais um degrau na construção da sobrevivência indolor. Se der, com prazer o mais longo tempo possível. Se você está assistindo a um filme tranquilo num dia chuvoso, um vizinho toca a campainha pedindo ajuda para empurrar o carro, o que normalmente acontece com seu coração? O pêndulo muda de lado imediatamente. Se você for uma daquelas pessoas altruístas e felizes, e se o vizinho for uma pessoa legal, a ajuda e a mão dada a ele até podem ser um momento de alegria. De qualquer forma, tirou você da sua distração. Alguns nem atenderiam a campainha.

Seria estranho se não fosse assim, afinal, nascemos com a força de criar a sobrevivência subordinada ao deleite e à vaidade, que, em seus lados positivos, proporcionaram parte do progresso material e imaterial no decorrer da história do bem-estar humano. O impulso pela vida já estava ali na capacidade de se defender das feras e das doenças desde o momento em que o fogo aqueceu famílias antropoides Cro-Magnon numa caverna, há 40 mil anos ou muitos anos antes disso. Talvez antes mesmo do domínio do fogo pelos humanos, pois, antes disso, havia o frio e a comida fria, crua, a morte precoce, além da escuridão quando o sol se punha. A fuga da dor talvez seja mesmo uma das premissas da vida. O fogo foi uma das primeiras provas de que a necessidade é mãe da invenção e da descoberta. Somos descendentes diretos daqueles primeiros seres na face da Terra a lutar contra o pêndulo da vida e da morte, da dor e do prazer. A diferença é que a sobrevivência para muitos, hoje, não é mais um problema. Dos 8 bilhões de pessoas no Planeta, não podemos desconsiderar a vida de pelo menos 1 bilhão de sofredores, cuja sobrevivência diária é ainda incerta. Então, para nós que aqui estamos a pensar juntos depois de um almoço garantido, o pêndulo trará outras necessidades, talvez, existenciais, psíquicas, de consumo e de desejo narcísico.

Temos algum controle sobre esse movimento pendular? Podemos parar esse pêndulo no lado do prazer, eliminando o lado da dor? Ou vice-versa, para os voluntários da dor? Dor, ninguém quer, longe disso; ninguém a merece. Para fugir dela, criamos muitos dispositivos, todos os fenômenos culturais, por exemplo. Alguns recentíssimos, como as redes sociais a encurtar as distâncias entre as pessoas, especialmente para os solitários. Outros, pelo contrário, tão antigos quanto o fogo, como a espiritualidade, os ritos, os deuses, as rezas, os totens, os milagres, o entretenimento. No caso da dor física mesma, curandeiros, fitoterapias, Medicina, ciência. Diria até que um dos dispositivos de defesa contra a dor e de preservação do prazer são nossas próprias culturas. Elas fazem o laço simbólico entre grupos humanos com suas expressões, com seus códigos, suas normas, seus ritos e artes, como forma de cultivar as tradições para perseverar na sobrevivência e nas organizações sociais. Sem a cultura, a dor tenderia a sobressair ao prazer porque as linguagens são as principais armas contra o isolamento e a morte. Manifestamos nosso interesse e nossa estima pela vida por intermédio da cultura. A morte, indesejada, recusada, distanciada, negada, é representada pelas próprias linguagens, de forma a desenvolvê-las como veículo para o enfrentamento do luto e das perdas, e imaginar e sentir a possibilidade da vida eterna.

O pêndulo franciscano é o sonho de conquista da paz pela integração do eu com o outro. No fim, de junção de dimensões separadas, e se não for uma conquista, pelo menos é uma estratégia de lidar com as instabilidades da dor e do prazer. No fim, existir no pêndulo, agarrado a ele, se faz uma boa chance de ficar na lógica dualista, disjuntiva (as mesmas lá do começo deste livro), pois o caminho é pobre, bipolarizado, bidimensional e, inevitavelmente, interminável. Tentar fugir de um e conquistar o outro não me parece uma maneira inteligente de se viver. É exatamente nesta análise que se pode diferenciar a felicidade das fontes comuns de prazeres. Porque eliminar a dor não é sinônimo de felicidade. Alcançar uma chance remota de ficar só no prazer também não me parece interessante, pois tanto a dor como o prazer são fontes finitas, breves, voláteis, e a felicidade não pode ser somente isso. A felicidade não é tudo azul o tempo todo. Ela é uma forma de consciência prática adquirida para olharmos o pêndulo agindo em nossas vidas, distanciados dele, fora dele, como se um novo ponto de vista observador se realizasse em nós, recusando a ilusão de que o pêndulo é controlável e que uma vida de prazeres é totalmente realizável. Poderá parar só de um lado?

Entendo a felicidade como um estado neutro, no qual não há oscilações, pois ela, se realmente estimulada, não deve corresponder a uma simples experiência sensitiva, como um orgasmo, um brinquedo novo, uma viagem agradável. Tudo isso tende a acabar num prazo de validade curto. Uma viagem especial feita com muito dinheiro por muito tempo é muito prazerosa e proveitosa, mas quem não quer voltar para casa uma hora? Chega! Quero minha cama e minha rotina. Todo prazer tem prazo limitado, quando chega ao seu auge, passa a sobrar e enjoa. O prazer da boa mesa não pode ser eterno. O prazer de uma relação sexual, se fosse felicidade, duraria para sempre. Uma hora tem de parar. Uma hora vira dor. Assim como a dor parece ser longa, mas não é para sempre. O velho ditado popular já diz "não há bem que dure, não há mal que não se acabe". A felicidade é um estado. Encontrá-la é somente para os santos, os sábios e os escolhidos? Não sei, pode ser. Mas saber da diferença entre prazer e felicidade já nos torna pessoas menos iludidas, portanto menos suscetíveis aos sofrimentos.

Na balança contínua da dor e do prazer, na tensão permanente entre romper e emendar os desejos e objetivos da vida de cada um, exatamente aquilo que nos move diariamente dentro da aventura do desconhecido e da urgência do sobreviver, não são apenas a dor e o prazer em suas formas mais densas que estão no movimento desse pêndulo universal – neste momento, mais de 8 bilhões de pessoas protegem-se do coronavírus, da fome, da guerra, do algoz. O movimento pendular carrega os mais diversos dilemas e dúvidas de cada um de nós a todo instante. Dos mais sutis aos mais comuns na rotina de um vivente, temos de fazer opções, escolhas e, mais do que tudo, de fugir do que entendemos ser prejudicial e perigoso. Realidade ou imaginação, esse medo é essencialmente baseado em duas fontes complementares uma à outra: o medo de ter medo e o medo da morte. As outras tantas causas de medo, como a perda de um ente, a perda de dinheiro, no fim, todas desembocam na penúria, na desgraça, na desonra, na solidão e na morte.

Nos dois casos, não distinguimos um do outro, simplesmente sentimos. E essas sensações devem, por natureza e ancestralidade, ser as mais concretas e potentes do organismo, das mais convincentes e indubitáveis, a ponto de todo o corpo entrar num modo intenso de alerta, de fuga e de luta. Não importa de onde venha o medo, a fonte do medo, ela parece sempre desconhecida, instantânea, porque vem de dentro, de algum lugar de dentro, comovendo as vísceras. O urso, o bandido, o agressor estão todos no mundo externo, mas é interna a fonte de pavor e de ação. Uns respondem de um jeito; outros, de outro. Alguns nem respondem.

Medo de ter medo, a forma mais enrustida, camuflada da sensação de medo, é mais comum do que parece. Talvez esteja no coração de todos os seres, com mais ou menos intensidade. No meu, está com certeza. No coração de um tocado, há mais medo fictício, imaginário e "pensamental" quanto a imaginação puder criar. Uma casa com alarme ligado, sirene a todo volume, e dentro da casa não há ninguém, nem móveis há; vazia e desabitada. Mas o alarme passa a ser o próprio medo, ele, como dispositivo eletrônico de socorro e alerta, transfigura-se em fonte invisível de medo. Na minha casa acontece muito isso. E na sua? Na minha casa corpomental há armadilhas por todos os lados. Tenho aprendido a identificá-las e anulá-las com o tempo. Nos casos comuns de paralisação por medo, o medroso nem sabe que é o medo, mas pensa que é a própria ou suposta doença que o faz paralisar. Foca no objeto errado. Não sobe o morro porque morrerá de falta de ar? Não, mais provável o medo lhe provocar falta de ar.

Não chamo mais a polícia nem os vizinhos. Chamo a mim mesmo para desligar a fonte de energia da cerca elétrica e da sirene. Meus vizinhos nem ligam mais quando a casa está sendo invadida. Eles sabem que eu mesmo é que pulo o muro ao mesmo tempo que me escondo debaixo da cama. Um personagem e dois papéis distintos simultâneos. O medo de ter medo é assim, ele se esconde atrás de uma pele de lobo. Encaramos o lobo, mas, de fato, o desafio verdadeiro está sob a pele falsa. Se não houver o encontro com o verdadeiro ator, que não o lobo, a batalha tenderá a permanecer. O dia da revelação acontece quando se sabe que, por trás da máscara de lobo mau, está a sua própria face. A máscara cai, o medo diminui, a ilusão acaba. Encontrar essa imagem é a chave mestra. Pelo menos conhecemos o reflexo no espelho.

Qual seria a diferença entre o medo iludido, entranhado, supostamente sem motivo, do medo despertado a partir da ameaça de um cachorro feroz? Qual deles é menos válido? A quem devemos dar o diploma de medroso? Medo é medo, perigo é perigo. Insisto mais, emoção é emoção. Tanto faz se positiva ou negativa, em alguns casos. Passar por uma sensação de medo, de angústia num momento empolgante, prazeroso, é possível? Sim, pode acontecer. Para muitas pessoas, basta surgir uma emoção para os sinais agradáveis e desagradáveis se misturarem. Sabe aquele ataque de uma pessoa sensível ou de uma criança quando ficam muito felizes diante de uma surpresa? Podem desmaiar, cair, tremer, chorar. Parece que nosso sistema não se importa com polaridades, e sim com a própria emoção. Emoção boa e emoção ruim enchem o mesmo copo. As consequências serão diferentes no decorrer do sentimento. A emoção, que combina com movimento, *motion* em inglês, é um movimento só. Seu corpo se emociona e gera movimento. Movimento é emoção.

Vejo muitos casos em meu consultório, talvez em 100% dos pacientes (incluindo o terapeuta), a situação de medo de ter medo é muito comum. A maioria dos pacientes não consegue identificar a fonte correta do medo. É medo da doença ou medo da dor? É medo da situação passada ou medo do que sentiu no dia em que ela ocorreu? NÃO QUERO SENTIR AQUILO NOVAMENTE. Bem, aí o tratamento é outro, multifatorial, como todo tratamento o é. Não somos educados, treinados, para o enfrentamento e a condução de nossas próprias emoções e sensações psicofísicas, e pouca consciência dos comportamentos e reações naturais do corpo. Nossas práticas pedagógicas (generalizo? Não creio) esmeram-se no peso das matérias clássicas, desconhecendo e ou negligenciando os sentidos, a casa toda do ser, uma espécie de "seressência" em quatro dimensões, esta última, o tempo. Provavelmente, hoje, ainda, no horizonte, predominam os ensinos quantitativos, a racionalização e a fragmentação dos saberes intelectuais, derivadas das medievais "três disciplinas superiores": Medicina, Direito e Teologia. Na mesma Idade Média, já havia as "sete artes liberais", mais humanistas, como as artes da Retórica, da Gramática, e da Lógica, somadas à Música, à Aritmética, à Geometria e à Astronomia.

Num ambiente escolar onde os conteúdos estão do lado de fora das pessoas, ou melhor, o lado de dentro das pessoas não anda nas escolas, pouco espaço sobra na sala de aula para um humanismo prático, um humanismo prático sensível no qual os alunos poderiam tocar parte da matéria, senti-la, apalpá-la porque são da mesma natureza. O tempo passou e ainda hoje o corpo leva a mente à escola, não é? Deveríamos aplicar com largueza uma pedagogia que explorasse essa lacuna gigante deixada pelas escolas em geral, e pelas pedagogias predominantes, negligentes com a ignorância comportamental do aluno consigo mesmo e com o grupo.

26 de outubro de 2020

Uma segunda-feira. Ao cair da tarde, decidi meditar. Escolhi um modelo novo de procedimento. Nesta noite, o processo foi muito gostoso, realizador. Percebi que algo estava diferente, eu estava mais leve e centrado. Pensei: "Siga assim, amigo, e amanhã ao acordar veremos o que aconteceu". Para minha surpresa, marquei a data – 26/10/2020. A partir dessa data, pude dizer: os efeitos esperados das medicações chegaram! Sinto-me melhor.

Não acreditei naquilo e, como sempre, esperava outra crise voltar pela tarde. Nada feito. Chegou minha hora? Era verdade. A obsessão estava com peso muito pequeno e o céu ficou azul. Comuniquei à minha terapeuta e ao médico imediatamente. Foi o melhor dia durante a pandemia, o melhor dia do ano. Este livro corre o risco de tomar outra aparência por conta disso. Dedico estes momentos de enlevo a todos os seres vivos! Indistintamente. Aguardemos.

29 de outubro de 2020

Dia Nacional do Livro no Brasil. Em 1810, neste dia, criava-se a primeira biblioteca brasileira, no Rio de Janeiro. Dizem que a cidade de Buenos Aires ainda tem (ou tinha?) mais livrarias do que o Brasil todo. Não duvido. Um mestre chinês de acupuntura nos disse recentemente: "Hoje, a cada livraria que fecha no Brasil, abrem duas na China". Com livros e homens se faz um país, como dizia Monteiro Lobato? Sim, mas antes do livro, vêm os homens de boa vontade que produzem e oferecem os livros.

Os pacientes me procuram, especialmente, por conta de alguma dor, algum desafio físico, crônico geralmente, antigo, todos eles relacionados à emoção, ao comportamento pessoal, familiar e social. Relacionamentos, convivência profissional, atividades em grupos e, especialmente, a lida consigo mesmo, a lida com as emoções, a desorientação diante das emoções, dores, sensações e pensamentos. Eles mesmos, os pensamentos são uma ação mental não necessariamente independente e racional e sintonizada. Pelo contrário, pensamentos perdem-se em si e no vazio porque, muitas vezes, não somos capazes de ler os sinais e a história do corpo. Neste momento, os pensamentos voltam para si mesmo e flutuam num espaço não identificado, num quarto escuro, num corpo baldio, no qual dá-se início a um ciclo de somatização. Isso não é ciência, é saber intuitivo, vida minha, pele minha, opinião minha. Tudo somatiza, tudo "psiquiza" (ou "psicotiza"?) ao mesmo tempo. Estranho um pouco o termo "somatizar" ou, ao menos, vale uma revisão. São palavras técnicas para apontar diferentes estados de uma matéria, de um todo relacionado. Portanto, somatização é a ideia de que o corpo herda e sofre o que a mente lhe despeja, que ela delega a ele, que ela negligencia, como entulho psíquico destinado a se transformar em dores e disfunções. Refuto esse prisma. O contrário também acontece. A mente padece por causa do físico.

Somos uma antena corpomental de múltiplas mãos e sentidos, na qual emitimos sinais e recebemos sinais. Obviamente que as emoções, a todo instante, afetam nosso estado corporal. É nele que a emoção se expressa. Elas se ligam ao mundo de fora e afetam-nos diretamente, não há dúvida. Uma gastrite nervosa vem de onde? Aí está a questão. Vem de fora? Também sim. Mas não só. Seria mais uma forma de determinismo dualista pensar e afirmar dessa forma. O sujeito tem um chefe insuportável no trabalho e a gastrite é fruto deste distresse, ou estresse, como queira. Assim funciona um pensamento determinista. Isso causa aquilo. São duas as premissas a partir das quais baseio minha interrogação com negação. Uma delas refere-se simplesmente ao modo como definimos nossa somatografia, nossa maneira de nomear as partes. Não é só a questão de o corpo e a mente – já tão advertido – serem vistos separadamente, mas temos de ir avante e além: o corpo é parte da mente, e a mente está no corpo, não necessariamente próxima da cabeça. Vísceras, órgãos, sangue, ideias, genes, pele, tudo pensa. E os pensamentos doem, pesam, adoecem, sentem. Se a palavra fere, fere o quê? Não fere outra frase, mas fere o peito, o ventre, a coluna. Sei que minhas células pensam, têm memórias e as mitocôndrias sonham. O sistema nervoso recobre o corpo todo, dos mais finos capilares sob a derme, até a medula e a massa encefálica. Da mesma forma que não há espaço no corpo todo sem capilares sanguíneos. Somos uma massa sem espaços vazios, completamente preenchidos por fluídos e tecidos. Portanto, a gastrite nervosa do funcionário pode ter parte originada no convívio com o chefe, especialmente se tratada por um gastroenterologista. Mas se ela for tratada por um psiquiatra, um psicólogo, uma nutricionista, a origem principal pode não ser mais o chefe, e o ponto de observação muda conforme o olhar, conforme o olho investigador, a começar por ele mesmo, o paciente. Mesmo porque o mesmo chefe conflita com outro colega e este não sofre nada por isso. Um gastro receitar-lhe-á um antiácido e um exame de imagem, o psicólogo poderá lhe sugerir a troca de emprego, o psiquiatra receitar-lhe-á um ansiolítico com um antidepressivo. Por onde tratar? Quem? Alguém melhor para juntar as partes, ou saber que há um todo maior do que a soma das partes?

Retomo o medo de ter medo ou, por outra, medo de si mesmo, distúrbio gerador de muito desgaste e cansaço (conheço muito...) para qualquer ser racional. Se há medo de ter medo, certamente haverá também o excesso de controle sobre a própria saúde e a vida. Assim mesmo, quem tem medo de ter medo – a maioria não percebe isso – procura ter controle sobre tudo. Somos, em geral, controladores excessivos de nossas vidas e, não raro, da vida dos outros. Ingênuos, pensamos ter o poder do controle geral. Espiritualizamos nossa mente como se ela tivesse um local específico dentro do crânio e, nela, está sentada a tripulação do EU, e o corpo é o veículo. Os instintos ou hábitos de preservação e de controle andam juntos em nós, demasiadamente humanos. A ilusão de que tudo está ou tem de estar sob controle também é generalizada, arraigada em todas as dimensões de controle, como o físico e o psíquico. Muitas vezes, até achamos que controlamos a Natureza, quando olhamos pela janela e dizemos "é, não vai chover, eu sinto" ou "tem de chover justo hoje?". Agimos como remetentes e destinatários dos próprios acontecimentos como se fôssemos a história do próprio mundo. Somos incansáveis sentinelas pela imaginação e pelos poros do corpo, como se fossem mansardas, guaritas, escotilhas, torres de controle da ilusão psicofisiológica das instruções de um manual de sobrevivência. Somos uma muralha da China em construção sem fim. Talvez somente os loucos e os totalmente felizes não o sejam.

Hoje atendi um homem, 40 anos, atlético, metalúrgico, dor crônica na lombar. Na anamnese que faço, mais demorada e detalhada na primeira consulta, fiz a ele todo o elenco de perguntas de praxe: intestino, condição cardíaca, sono, possíveis síndromes congênitas, acidentes etc. O rapaz tinha ótima saúde, não havia nada a salientar em sua queixa. Somente a velha e boa lombar – de que meio mundo se queixa – é o que trazia até mim. Adoro tratar a coluna porque sei a dor a que ela está sujeita. Tenho de gostar porque ela acomete muita gente. Mas não só isso, também é muito bom tirar as dores das pessoas, e a coluna é um lugar sagrado para todos nós, e nela, ali mesmo, está uma trilha de sofrimentos, uma memória de tristezas e de cargas da vida, concretas e metafóricas. "Bípedes implumes", como diz um querido amigo, pagamos o preço ao caminharmos eretos. De fato, verifiquei que naquele homem saudável havia uma lordose caprichada, o que facilita o processo de inflamação local; todavia, não era nada importante que pudesse prejudicá-lo seriamente. Vimos exames de imagens e, de fato, nem sequer uma protrusão discal havia, não havia sinal importante de uma hérnia de disco. Nenhuma anomalia digna de nota. Uma questão de lordose com a força gravidade, o postural e mecânico seriam o foco do problema se víssemos somente pelo lado da estrutura, do corpo mecânico. Como a corpomentalidade dele é maior do que isso, a dor pode ser consequência de vários fatores. Se não fosse a tomografia dizer que não havia nada ali, poderia eu até indicar mais investigações médicas, mais imagens. Dores teimosas podem não ser nada, mas também podem ser algo mais sério, em que só mesmo a medicina especializada poderá ajudar. Mas o caso de meu paciente é o pêndulo insistente e cansado em seu movimento clássico.

Um homem ainda jovem, um corpo a zelar, a imagem a cuidar (qual delas?), corpo de academia, chegando à década dos 50 anos, na meia-idade, e com todas as demais preocupações de um brasileiro em tempo de pandemia. Vou ser demitido? Estou bem? Estou ficando velho? Que dor é esta que não me larga e ninguém descobre o que é? A pessoa está o tempo todo exigindo tudo de si mesmo, malhando o corpo, correndo contra o tempo, medo da velhice, medo de ficar feio, medo do incerto. Mais ainda, este paciente me disse que exagera em seus treinos, todos eles, no surfe, na academia, na *bike*... Não para, não dá descanso para si mesmo. Não conhece outra forma de ver a si mesmo a não ser estar no controle do corpo físico, fisiológico, muscular, biológico. Ao invés do "menos é mais", o "quanto mais, melhor". Quantidades. O olhar sobre si nesta inércia é um olhar de outro, não dele mesmo. Percebemos a diferença? Algo como fora de si, refém de referências alheias, imaginadas, inautênticas, movimento que dificilmente chegará a um fim bom. O olhar que temos, em geral, sobre nós mesmos e sobre os outros não é muito confiável. Nossa subjetividade para nós mesmos é desconhecida, e comumente não sabemos o que atingiremos, o que queremos ser, o que desejamos alcançar. Na foto, no retrato, com raras exceções, ninguém se gosta. Queremos mudar o rosto, a pose, fazer plástica, rejuvenescer. Percebe o pêndulo? Dor e feiura, medo da feiura, corra para o outro lado, o lado do sonho, do prazer, da manutenção do prazer. Dinâmica que, na maioria das vezes, indica tensão pendular ininterrupta, infelicidade consigo mesmo. Cobranças, desejos, manutenções irracionais. Como um corpo assim não vai doer? Os tecidos contraem, choram, enganam, avisam, pedem socorro. E, se não for nada disso, sendo algo físico mesmo, orgânico, certamente há uma memória de dor no sistema neurológico totalmente ligada às memorias, aos sentimentos, aos medos, aos programas e às crenças que a vida nos entrega. Neste caso, o melhor a fazer para meu paciente foi aplicar-lhe acupuntura, sim, para eliminar as estagnações energéticas, como se faz com todo mundo. Mas o essencial foi oferecer-lhe mais consciência sobre a ação repetitiva e desgastante do pêndulo muito presente em sua realidade. Aí coloco outras interrogações: esta é nossa reação predominante diante da lida com a saúde? Saúde é isso para nossa cultura? Mais afinada a pergunta: temos uma boa consciência de nossas atitudes para lidar com a realidade da sobrevivência? Alguém nos ensina isso?

A convivência com a dor é uma realidade para muitos de nós, bípedes implumes.[1] "Muitos" quer dizer a maioria de nós. Onde há vida, há dor e prazer (se não foi Buda, algum outro iluminado nos trouxe a frase: "A dor é inevitável na vida, já o sofrimento é opcional"). Onde há sistema nervoso, há sistema de trânsito complexo e ininterrupto de sinais, cada um deles especializado em um tipo de informação, como a motora/movimento, temperatura, pressão, dor – ditos nociceptivos ou nociceptores, terminações nervosas responsáveis pela transmissão, transformação e modulação da dor, entre outros. O sistema é tão impressionantemente especializado, que a transformação significa a capacidade de classificar as dores em diversos tipos diferentes entre si. Isso quer dizer que há uma tradução de uma realidade elétrica para a realidade sensitiva, de sinais elétricos em sintomas distintos, exatamente igual ao sistema dos computadores, nos quais os sinais binários entre Zeros e Uns traduzem-se em imagens e em informações sonoras, visuais e verbais, tudo o que vemos nas telas, inclusive os filmes. Diga-se, até, que a dor é uma aliada da vida, uma sentinela para a autopreservação. Temos a capacidade de distinguir as qualidades da dor, se é formigamento, calor, pressão, aguda, peso, se é pontiaguda, irradiada, um beliscão. Este é o lado bom, sem ele morreríamos por falta de advertências. O lado ruim é que a dor e o excesso de controle são gêmeos inseparáveis, compadres, a tampa e a panela, como dizia minha mãe.

Mas aí continua a história do controle. Ao fim da anamnese com meu paciente, cheguei aonde deveria chegar, aonde gosto de chegar. O educador entra em ação, quando eu mesmo exponho minhas experiências com as dores, como acupunturista e, como na pele, sabedor

1 Qual melhor forma de traduzir "bípede implume"? Humano depenado? *Homo sapiens* nu?

delas. Se pudesse colocar em meu currículo de professor, terapeuta e artista, daria também destaque a esses conhecimentos que possuo. Adquiridos em mais de 50 anos de vísceras balouçantes, músculos contraídos, tombos, negligências, aventuras esportivas e, especialmente, a desordem nos *núcleos de base*, parte importante do encéfalo na formação da famosa *cuca tocada,* do TOC. Neste espaço de educador, eu me sinto bem cumprindo um papel incomum na vida das pessoas. No geral, são raras as oportunidades que elas têm de ir a um psicólogo, de refletir sobre comportamentos. Fico impressionado com meus clientes sobre isso, vários deles frequentaram escolas e faculdades, mas vivem na fase de adolescência comportamental, em estados emocionais pueris. Vejo nos olhos dessas pessoas seu desejo e sua necessidade de ouvir uma voz orientadora, uma maca para se entregar e ser tratado com as mãos e com atenção. Ou seja, de corpo a corpo. Os olhos sorriem, a boca se fecha, o corpo todo chega ao espaço e compartilha sua corpomentalidade energética que nos proporcionamos, simultaneamente. Na medicina histórica, milenar, mãe da clínica científica dos últimos 100 anos, a saúde e a doença participavam dum campo popular mais amplo, holístico, como a educação propriamente dita, a alimentação, a meditação, a espiritualidade, a fitoterapia, de forma a ampliar a participação do paciente no tratamento e na vida das comunidades, a partir do ensino fundamental. Uma estratégia preventiva, na qual se tentava encontrar a moléstia num estágio mais inicial.

Podemos verificar essa conduta nas culturas tradicionais e milenares, asiáticas, talvez africanas, especialmente nos árabes, de onde veio Ibn'Sina, que emprestou seu nome à profissão, ou Avicena, o médico nascido no século 10, idade de ouro islâmica, como também nas tradições judaicas, chinesas, japonesas e indianas. No final das contas, Buda foi um médico. Hoje, felizmente estamos avançando muito no campo da ciência médica, indiscutível, mas talvez não temos conseguido preservar, simultaneamente à ciência, as práticas integradoras do saber popular de curandeiros, de parteiras, da lida caseira com as plantas, dos cuidados paramédicos, das experiências e conhecimentos que a própria cultura desenvolvia de formas transdisciplinares.

Não hipnotizo ninguém com relógios ou pêndulos, nem o saberia fazer. Mas antes dos toques sutis pelo corpo no início da sessão com os pacientes, da inspeção manual e detalhada dos canais de energia, da inspeção geral do abdômen, antes de as técnicas propriamente ditas entrarem em ação e mudar para melhor o tônus dos pacientes, quando necessário, conto-lhes a história do pêndulo adaptada a cada um deles. Na hora, vejo se há espaço para falar de outras condutas essenciais para enfrentar a dor, especialmente a dor da mente, porque a do corpo, tentamos tirar nós mesmos, com agulhas, fogo, moxas, imãs, manipulações e intenção. Exatamente isso, a dor mental, a tormenta mental está em nossas cidades e em todas as casas, uma pandemia mundial. A desafinação corpomental está generalizada no mundo. Não acha? Quem não a tem? Atendo professores de faculdade, reitores, médicos, advogados, jardineiros, não há um sequer que esteja afinado, ou saiba se afinar por conta própria. Portanto, em minha modesta e pessoal amostragem, não seria difícil concordar que se faz urgente a disseminação de um projeto pedagógico formal – universal, pluripartidário –, incluindo o exercício profundo do clássico "conhece-te a ti mesmo", do grande Sócrates. Uma pedagogia com manual prático "entenda-se e melhore sua vida e a do outro". No fim, *desaliene-se.* Pedagogias para isso existem. Pensadores de qualidade sobre o assunto também. Simultaneamente, em grades complementares, viriam as outras disciplinas clássicas interagindo com esta, a mãe de todas, uma Filosofia da afinação.

Para exemplificar a realidade prática do pêndulo em nossas vidas, uso exemplos bem práticos. Não há tempo para detalhamentos, nem paciência. Então, vamos ao cérebro. Conheça-te a ti mesmo. Não é nada profundo nem do além. Começa com a matéria da qual somos feitos. É você!

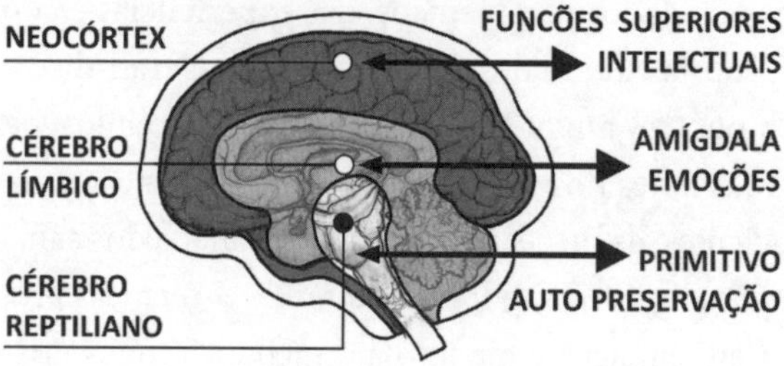

Figura 2.1 – Diagrama do encéfalo. Fone: Ilustração de Ciro Araújo

O vai-e-vem do pêndulo – em que numa ponta parece haver o prazer e, na outra, a dor – pode ser movido, estimulado por dois personagens alegóricos que temos em mente, parecendo ali, na cabeça. Afinal, é o que fazemos o tempo todo, buscar um, fugir, ou evitar o outro. Na régua anatômica, nosso cérebro tem uma composição muito clara, segundo as indicações da ciência. Diz-se que ele é trino, ternário, triádico, como queira. Compõe-se basicamente de três partes, o neocórtex, o sistema límbico e o cérebro reptiliano – ou tronco encefálico.

Digo às pessoas: "Você tem um jacaré aí dentro!" Adoro essa parte. Sim, um jacaré ou um lagarto, talvez parte de um dinossauro, que é o réptil do qual herdamos uma das partes: o primitivo reptiliano, a parte mais interna do encéfalo todo. O nosso e o cérebro de um papagaio têm muita coisa em comum. Fácil deduzir que ali é que são geradas as ações mais instintivas de nosso comportamento. Luta e fuga, essencialmente. Tal qual o jacaré, o ser humano vive sua vida nesse dueto, lutar e fugir, no fim, sobreviver objetivamente, sem ideias, muito menos pensamentos. Daí o termo "lágrimas de crocodilo" fazer sentido porque "emoção" dali não sai, se houver lágrima é porque é falsa. O jacaré o está enganando. Aqui fica uma espécie de consciência irracional.

Na camada do meio, o sistema límbico, mais sofisticado e presente somente nos mamíferos, próximo aos gânglios de base, encontramos o centro das emoções, do medo, do prazer, das respostas automáticas relevantes aos sinais externos, como perigo, alerta, agressividade, comportamento sexual, respostas emocionais, regulagem de temperatura, participa no pânico e na ansiedade e em várias outras funções viscerais essenciais. Por intermédio do reptiliano, interagimos instintivamente a partir dos sinais obtidos por eles. As duas amígdalas (não confundamos com as outras antigas amígdalas da garganta, para as quais, hoje, o termo mais usado é "tonsilas") bem próximas à base do cérebro límbico são, ou podem ser, os maiores responsáveis pelos sinais de perigo. Elas são nossos alarmes para lutar ou fugir. Elas estão fortemente no jogo do medo e da ansiedade do mundo moderno. Aqui existe uma espécie de consciência emocional.

O terceiro parceiro do trinado é o neocórtex. Com quase a metade do tamanho do todo encéfalo, é responsável pelas funções mais humanas, por exemplo. Ali pensamos, mantemos a atenção, ativamos a percepção geral e a memória, onde há o funcionamento geral da cognição. Diferentemente dos animais, nós, humanos, evoluímos com este "novo córtex" maior do que o dos mamíferos. Essencialmente, por ele podemos nos comunicar, escrever e falar. Somos seres simbólicos, culturais, por conta dele. No fim, ele é o cara que pensa, é a casa do racional, que, com o conjunto todo, constrói a ficção – do *Homo sapiens* – e as histórias humanas.

Meu conhecimento sobre Neurociência é pífio, mais ainda se ligado à Psiquiatria. O que sei é o tamanho da minha ignorância sobre elas. O máximo de liberdade que conquisto para trazer o tema é a tamanha complexidade das nossas atividades cerebrais ainda por muito a serem codificadas e descritas. Se erro aqui, se cometo equívocos, também estou no caminho da própria ciência e dos estudiosos. Por exemplo, se a emoção é um assunto central na vida do ser humano e nos sintomas que sentimos, alegria, tristeza, saudável ou doença, para a Neurociência deve ser muito difícil definir conceitos para si e para entender se há ou não um sistema único para adotar– assim, me sinto menos mal em entrar na festa. No livro *Neurociências, Desvendando o Sistema Nervoso*[2], leio, página 571:

> Definimos um grupo de estruturas anatômicas interconectadas que, *grosso modo*, circundam o sistema encefálico como um sistema límbico (...) O ponto crítico parece ser conceitual, considerando-se a definição de um sistema emocional. Dada a diversidade de nossas emoções, não há uma razão forte para pensarmos que apenas um sistema – e não diversos – esteja envolvido. Por outro lado, sólidas evidências indicam que algumas estruturas envolvidas na emoção estão também envolvidas em outras funções; não há relação de um-para-um entre estrutura e função. Embora o *sistema límbico* ainda seja comumente utilizado, alguns questionam a utilidade de se tentar definir um único e discreto sistema para a emoção.

Num resumo simples e amador de minha parte, essas localizações anatômicas do cérebro servem para apresentar melhor meu pêndulo metafórico. Por causa dessas características evolutivas, nosso pêndulo acontece no balanço entre o racional e o irracional, entre o humano e o primitivo. Podemos dizer que nosso sistema abriga o que há de mais novo e sofisticado na história da Terra, o neocórtex, que é parte de sua massa cinzenta, ao mesmo tempo que carrega heranças pré-históricas. Temos um pé em cada lugar: um no mundo digital do *corponline*, do corpo cibernético; e outro, nos pântanos com os crocodilos.

Então, se estamos agarrados ao pêndulo tal qual a figura do Tarzan balança num cipó, onde oscila nosso humor o tempo todo, que personagens poderíamos colocar ali, para nos representar? Se nosso cérebro tem essencialmente duas partes – uma racional e as outras duas emoções e instintos –, podemos citar duas figuras agarradas a este pêndulo. Uma vez, num bom papo com meu amigo e cardiologista Dr. Eduardo G. Piragine, ele disse: "A gente tem um gigante cego

2 Bear, M; Connors, B; Paradiso, M. *Neurociências: Desvendando o sistema nervoso*. Porto Alegre: Artmed, 2017, p. 571.

e um vidente paralítico na cabeça". Achei essa imagem maravilhosa. Reparemos, um gigante cego de uns três metros de altura, carregando no colo ou nas costas seu companheiro vidente paralítico. Um é a força, o instinto, o irracional que não conhece o mundo diretamente; o outro é o pensante, a visão, aquele que guia o caminho e os movimentos dos dois pelo mundo. É isso! Um, o réptil; o outro, a mente; um, a emoção pura e as reações no espaço; o outro, a razão imobilizada. O gigante representa o sistema vegetativo autônomo? Aquele que não controlamos, como coração, as dores, a digestão? E o vidente pode ser o pensador, controlador da parte que falta? Ideia, pensamentos, respiração, alguns desejos? Podemos bem nos situar decompondo, desmembrando simbolicamente estas duas forças em nosso sistema nervoso ou, para ilustrar, no nosso teatro da mente. Nossas ações diárias estão nas mãos deles, pelo menos nas minhas. Impulsos, raiva, medo, desejos, pensamentos, reflexões, dúvidas, hesitações, controle, descontrole, estresse. A cada momento na vida, comportamentos e sensações do enfrentamento da fuga da dor e da conquista do prazer. O gigante e o vidente são parte importante de nós no fluir da vida. Podemos fazer a analogia com o potente imaginário e o racional, aqueles dois sujeitos do nosso dia a dia, da nossa luta íntima diária. São eles. No TOC, nas fobias, nos medos, o gigante pode representar a força primitiva do imaginário, e o vidente pode ser o real, o racional. Desconheço o criador das figuras citadas, se estas vieram ou não do universo médico e acadêmico. Encontrei na internet uma possível fonte de inspiração para a criação desta dupla. Se não for criação de meu amigo, pode ter vindo do filósofo alemão Schopenhauer,[3] num

3 Disponível in: https://www.pensador.com/frase/MjA4NjU0OQ/. Acessado em 3 de novembro de 2020.

site de frases famosas. "A vontade é um cego robusto que carrega um aleijado que enxerga".

Figura 2.2 – Gigante cego. Fonte: Ilustração de Ciro Araújo.

Figura 2.3 – Vidente paralítico. Fonte: Ilustração de Ciro Araújo.

A partir daí, o que podemos fazer com isso? Qual a utilidade dessa alegoria? Podemos realizar um movimento fundamental para entrar em afinação. Para mim, tem sido uma atitude muito útil no dia a dia, na lida com os meus gigantes e aleijados, com os cegos e os videntes. Toda forma de aproximação e conscientização tende a nos dar mais autonomia e menos desilusões, menos dores e menos medos. Sabendo como incorporo esses dois personagens no pêndulo, ganho a oportunidade de observá-los e ter mais atenção com eles, de desenvolver uma nova posição de observação distanciada deles. Talvez eu não os elimine nunca, mas, certamente, rompo a ilusão do sistema e torno-me um observador pacificador neste cenário. Com isso, lido melhor com minhas reações automáticas das emoções e da razão, tanto do neocórtex como dos dois sistemas cegos, o límbico e o diencéfalo. Crio a possibilidade de escrever, de editar conscientemente um pouco desta história toda da qual participo. Observe-se. Tudo o que tenho a dizer é isso, observe-se mais, simplesmente olhe, atente, observe o cego e o aleijado atuando e, a partir dessa observação, não faça nada. No fim, observe-os e, depois, tome suas decisões. A própria observação criadora participará mais desse teatro neuropsíquico. Observar meditando? Sim, poderia ser, mas não necessariamente uma meditação formal, na posição sentada, estilo posição de lótus. Simplesmente respire e observe na rotina diária, observe-se e observe-os em ação cada vez mais. Chegará o momento em que eles seguirão você, e não o contrário. Ou, ao menos, consultá-lo-ão antes de derrubar o cenário todo.

Gigante cego, vidente paralítico, pêndulo, controle. Palavras-chave desta casa pêndulo. Raramente encontro ou conheço alguém que esteja livre delas. Um ou outro ser podem estar adiantados no livramento, mais adiantados na função de observador. O controle fora de controle, exagerado, excessivo, está entranhado em nós, em nossos hábitos pessoais, até culturais. Nós, seres humanos, estamos há tão pouco tempo na Terra, mas tempo suficiente para desenvolver uma potente ilusão de controle, do controle da Natureza e, por tabela, de nossa natureza, de nosso corpo, especialmente de nossa mente. Como se a mente fosse um animalzinho de circo amestrável, sem o inconsciente, sem o consciente que mal sabe das coisas e de si mesmo, sem ideia dos cérebros primitivos, dos jacarés habitantes de nossa fauna nervosa. A posse e a sensação de controle são partes da soberba universal. Nosso olhar para a realidade, nossa relação sujeito-objeto, na real, nossa criação do eu + mundo tem uma boa dose torpe de onipresença, de uma verdade viva e estável no controle da verticalidade e da horizontalidade. O eixo central móvel nas três dimensões é o autor/autora de uma narrativa a partir da qual todo o texto é construído num cenário histórico de contexto. No coletivo, inclusive, o mundo é nosso, incluindo o espaço sideral. Um dia, alguém chamou os céus de "firmamento", especialmente quando noturno. Houve algum outro momento mais humanamente umbigalizado do que esse? Sim, muitos. Lembra-se desse termo? Se você for muito novo, talvez não, mas "firmamento" é o nome dado ao céu de estrelas sobre a cabeça de algum humano que imaginou a abóboda celeste como firme, estável, igual e identificável em todas as noites. O mundo terráqueo como umbigo do cosmo. Somos o centro do Universo, pensava aquele cara que inventou o *firmamento*. Mesmo que tenha sido uma concessão poética ciente, o termo indica nosso apreço discrepante pela visão humana de si mesmo. Além de firme, aqui abaixo, também, somos os donos de tudo.

O controle sobre o firmamento, com os nomes de todas as constelações, está impresso aqui, em nós mesmos, da pele para dentro. Já mapeamos toda a anatomia, embora haja ainda muita ciência pela frente. O excesso de controle dá ensejo à cena do circo com o pêndulo, com o gigante e o vidente. Parece mesmo uma cena, um esquete de picadeiro. Mas tenho total convicção da potência do hábito do controle sobre nossas vidas. A ponto de você e eu não termos dificuldades em encontrar o gigante e o vidente balançando no pêndulo dentro de nós.

Outra imagem muito usada por mim com os pacientes e amigos em geral é a metáfora do rio. Essa imagem está na boca do povo, não é minha. Quando encontro alguém muito controlador e, por conta disso, com muita tensão nos tecidos, tento soltá-los. Assim falou um sábio:

> O rio começa com nascentes e mais adiante vira um rio só. Ganha volume e vai descendo montanha abaixo, com pedras, cachoeiras, desvios, correnteza e, de algum jeito, vai desembocar no mar. Essa é a natureza da água. Não queira mudar o curso do rio. Aceite isso e entregue-se ao mar. Seja o mar.

Tomar ciência do pêndulo e passar a observá-lo, ou seja, desvalorizar esta balança, não significa que a vida acabará, que os prazeres e aventuras da vida murcharão. Muita gente confunde as coisas. A observação consciente e plena do processo nos torna mais livres, mais atuantes para poder desfrutar melhor dos prazeres e suportar mais as dores. Em vez de correr para os extremos no vai-e-vem a todo instante, passamos a incorporar, a ser a balança toda. Melhor do que oscilar no pêndulo, é ser o pêndulo, cuja consciência e cujo comando ficam no centro, no fulcro, no eixo de observação. Quem sabe, aí, dor e prazer deixam a felicidade participar mais do jogo.

A melhora do dia 26/10/20

> Esta marca foi, infelizmente, mais um momento de expectativa que não durou muito tempo. Ainda oscilo entre crises e melhoras. O TOC cola aderentemente, é uma rocha no meio do caminho. Por enquanto, com a força e o espírito da pandemia, o combate está no mano a mano, diariamente. Não tenho data para descanso.

Casa do teatro de sombras, o jogo de cena

Quando há uma compreensão do medo, há um entendimento de todos os problemas relacionados a esse medo. Quando não há medo, há liberdade.

Krishnamurti

Conhece o teatro de sombra chinês? Um antecedente do teatro italiano? Do teatro contemporâneo, com palco e plateia, com as chamadas quatro paredes? O teatro chamado italiano é aquele definidor deste formato de espaço cênico em três dimensões. As quatro paredes são formadas pela parede do fundo do palco, pela parede da direita, por onde entram e saem os artistas; e a esquerda, da mesma forma. Quem é a quarta parede? É você. A própria plateia, em que se dá o espaço mágico da ficção, na maioria dos casos fora da ação. É o espaço escuro do sonho, do espectador observador em trânsito somático-extrassomático, o dentro e o fora completando-se. Se uma personagem/atriz quiser "romper" esta parede, quebrar a mágica, colocando a plateia na peça, ela só precisa descer do palco, ou simplesmente falar, olhar para alguém na plateia e comunicar-se com ela, incluindo essa parede no contexto. Isso é romper a quarta parede. Num filme, a mesma coisa, igual. Atrizes e atores raramente olham para a câmera que os filmam, exceto raríssimas vezes em que o filme é, digamos, comédia ou filme de arte, se não for comercial de TV. Essa é uma das magias do entretenimento cênico, do audiovisual.

A sala escura é um prolongamento de nossa imaginação, com a qual podemos, deliberadamente, nos iludir, criar, fruir com o audiovisual, sozinhos ou em grupo. Cumpre destacar nosso cérebro neste processo, um verdadeiro protagonista da ação da imagem em movimento. É ele quem amarra o sentido de realidade. Especialistas denominaram este efeito de movimento como *fenômeno phi*. Ou seja, no final, quem dá acabamento às imagens em movimento, na TV e no cinema, é o próprio cérebro. O que existia, na realidade, eram 24 quadros por segundo, 24 fotogramas estáticos no cinema de película. Hoje são frames digitais, em média 30 deles por segundo. A imagem, lá na tela do cinema, nada mais é do que fotos passando em alta velocidade. Quem emenda tudo perfeitamente é você. Seu sistema nervoso elimina os intervalos em preto, entre uma foto e outra, e a ilusão acontece. É um transe onírico real, natural, em relação com um equipamento físico de projeção. Como tudo quase na vida, uma espécie de sonho acordado. Folheando um *flipbook*[1], com desenhos fixos, percebemos o mesmo fenômeno acontecendo.

A cada filme a que você assiste em sua vida, uma projeção eletroneurológica realizada. Entre a tela e nosso cerebelo, um conjunto narrativo somático-extrassomático, projeção e mente aguçando os sentidos, as sensações e a razão. Da mesma forma, os espetáculos musicais, os espetáculos esportivos com os quais formam-se multidões em sintonia e delírio. Se não for pelas artes ou pelos jogos, o fenômeno também acontece em outras linguagens, mesmo aquelas criadas sob o estatuto da realidade, aparentadas com os documentários, por exemplo. Basta um noticiário de TV, uma foto em jornal, uma tragédia televisiva, imagens e sons no celular. Venham de onde vierem, lá estamos nós ligados nas nossas imaginações criativas, misturando

1 Disponível in:

mundo físico com nossas fantasias e sensações. Tudo, no fim, é uma grande ficção. Reza a lenda que, nos inícios da televisão, anos 1950, as pessoas mais ingênuas preparavam-se para assistir à programação. Mulheres caprichavam no batom, homens ajeitavam os cabelos porque, naqueles primórdios televisivos, com transmissões todas ao vivo, muitos telespectadores acreditavam que quem estava do outro lado da tela os via também, interagindo com eles. Um olhar direto de uma atriz falando diretamente à câmera a colocava dentro da sala do telespectador! Não havia videoteipe, programas gravados. A gravação do teipe chegou nos anos 1960.

Parece muito ingênuo para os dias de hoje? Sim, mas parece que foi ontem, e provavelmente aconteceu com algum de nossos antecedentes. Diria sem receio que esta ingenuidade continua por aí, entrelaçada nas infovias, no mundo digital. As *fakenews*, por exemplo, uma demonstração das arapucas comportamentais das redes, aproveitando-se do "analfabetismo" midiático ou da imaturidade audiovisual de muitos usuários. Nós, antropoides, temos uma vocação enorme para crenças, para consumir e repassar informações como se fossem verdades. A verdade e o boato são, muitas vezes, sinônimos, e ambos têm lugar de destaque em qualquer primeira página do mundo, em manchetes das capas. Os distúrbios midiáticos são fabricados em toda parte, especialmente pelo mercado e pela política, para os quais somos presas fáceis. Desde a época das cavernas e as pinturas rupestres, até os dias de hoje, ainda somos os mesmos sonhadores, divagando entre a escuridão e a claridade. A tecnologia mudou consideravelmente nesse tempo, da tinta com sangue e óleo nas paredes à internet. A mente observadora e criadora do *fenômeno phi* é a mesma.

O cinema nasceu há apenas 128 anos (1895); a fotografia, há uns 200 anos (1826); as pinturas em perspectiva têm não mais do que 500 anos de vida. Antes disso, uns 30 mil anos de arte rupestre, tapeçaria, esculturas em bronze, barro, porcelana, pedra. O poder das imagens sempre esteve lá – ou aqui, latente, gestando outros meios de projeção, de mimese, de a reprodução realista da imagem alcançar o *status* que há hoje em nossas vidas. A imagem cópia indireta do mundo físico tem a mesma idade da luz elétrica. Tudo muito recente. Indireta porque feita por um aparelho, uma câmera, intermediando o olho e o mundo. A cópia manual direta são as pinturas clássicas, especialmente as renascentistas. Nos últimos 20 anos, o aperfeiçoamento da imagem digital chegou ao mercado popular. A imagem nos caça[2] desde os primórdios da civilização – desde a evolução do encéfalo *sapiens*, talvez. Agora, além de caçados, estamos dentro delas, fazemos parte delas, somos imagens carnais e alternativas,[3] ou físicos ou on-line, ou seja, imagem deste corpo e de suas reproduções possíveis na esfera digital, que não tem limites, porque a rede das esferas já é parte de nós mesmos. Estamos nelas e somos uma parte de um todo maior.

Com o tempo, com a evolução, nosso cérebro, como um enorme polvo com seus inúmeros tentáculos de imaginação, foi materializando, dimensionando o espaço externo ou, melhor, foi construindo os espaços externos sempre em relação com o mundo físico e suas possibilidades. Para usar um termo de Yuri Lotman, uma "semiosfera material e imaterial" ligando todos os seres nas dinâmicas das culturas. Encontramos, no espaço de fora do crânio, outras formas de telas, de projeção de avatares e fenômenos que entram e saem de nossas mentes e materializam-se de diversas formas. As palavras, sons, imagens, todo o simbólico operando em conjunto e em ambientes interconectados. Somos especialistas em reproduzir aparências, realidades e mundos. O livro talvez seja o objeto extrassomático mais clássico da história, o imortal livro. Se tivéssemos memória suficiente para armazenar um romance na cabeça e na voz, ou a Bíblia, talvez não necessitássemos tanto da impressão em papel. Criamos

2 Expressão do Prof. Norval Baitello, coordenador do Centro Interdisciplinar de Estudos da Semiótica da Cultura e da Mídia (CISC), PUC-SP.

3 Para usar os termos da Profa. Lucia Santaella, coordenadora do Centro de Estudos Peirceanos, PUC-SP.

suportes e acessórios para documentar nossas ideias e guardar, preservar nossas histórias.

Esse efeito *phi*, o conjunto mentes-imagens, me remete ao termo sânscrito *chit*, do trio *sat, chit, ananda*. Especialistas dão ao termo *chit* um significado como "a luz da consciência". Ele pode ser interpretado como a nossa denominada "tela mental". Quem já se interessou por parapsicologia, por meditação e afins, recorda-se da tela mental. Tudo o que imaginamos, sentimos e pensamos são fenômenos de consciência projetados em algum lugar do corpo. A tela mental é um lugar metafórico dentro de nós, que pode se assemelhar a um telão em nossas cabeças, ou um espelho evanescente de imagens e mundos. Nele formamos imagens, cores, sensações, pensamentos, sentimentos, praticamente todos os fenômenos mentais e corporais. Poderíamos traçar um paralelo entre esta tela mental e o efeito *phi*? Não vejo com não associá-los.

Não obstante, os hinduístas criaram este termo, a meu ver, sem excluir o complemento da mente, desta luz de consciência, que é o espaço externo, o mundo físico com o qual a mente se relaciona. Nossa tela mental orgânica, consciente, é interdependente das telas extrassomáticas, manifestas além do olho, como o cinema, a TV, o celular, o mundo em si, o que os olhos veem. Nossa mente pode ser comparada a uma câmera/dispositivo como uma câmera de filmar, porém ela interage com o mundo externo, físico, fazendo com ele uma composição própria, animada e particular. Somos como uma câmera complexa receptora/criadora de imagens e sons, que, realimentada pela memória, pela imaginação e sensações, gera a consciência para a vida. O mundo produz a mente, a mente produz o mundo. Podemos indagar, mas o mundo existe sem mim, sem os humanos? Que história é essa de a mente produzir o mundo? Sim, o planeta e a natureza existem sem a presença da humanidade, mas a realidade não. Aplico à realidade, mais uma vez, por outro ângulo, a composição formada por este encontro, por esta interação entre o barro e a mão, entre a flauta de bambu e o sopro, entre a flecha e a comida, entre o corpo carnal e o corpo on-line, entre o real e o virtual, entre a imaginação e o fato, entre a lâmina e o cabo da faca. Nossa realidade vegetativa, física, da natureza, passa a ser simbólica quando o dínamo entre natureza e cultura gera o senso de realismo e de significação. Sou obsessivo com isso, já devem ter notado. Para mim é um sonho do qual temos de despertar todos os dias. A realidade é inventada e descoberta no conjunto das narrativas, dos sentimentos, das linguagens e do sangue do mundo histórico. Parte árvore, parte signo. Parte água, parte sonho. Parte madeira de viola, parte música. Parte terra, parte construção. Parte metal, parte condução. Parte fogo, parte coração.

Você, eu, os outros e a natureza somos, formamos uma "pansemia", a ideia de um todo inominável, indescritível, no qual estamos interligados passiva e ativamente. Pretensão minha criar um termo para isso, já tão bem denominado por Lotman de "semiosfera". No entanto, meu termo não se presta a nomear o mundo dos signos em si, os conteúdos globais produzidos pelas culturas e linguagens. Atribuo à pansemia uma espécie de energia ou natureza da semiosfera. É um mundo invisível como a matéria e energia escuras, na física. O Universo é constituído de 70% de energia escura, 26% de matéria escura e somente 4% com a matéria que conhecemos. Todas as estrelas e galáxias conhecidas estão nestes 4%. As demais, invisíveis, imateriais, enigmáticas, desconhecidas do ponto de vista científico convencional. Ou seja, todo fenômeno de linguagem faz parte de uma realidade maior, a qual não podemos saber nem interagir com sua existência, com sua natureza, pois nela a linguagem se desfaz, traduz-se em matéria muda, escura, invisível, assimbólica. Viagem de minha parte? Totalmente sim, mas a assumo porque a intuo. Mundo dos espíritos? Adoraria se o fosse.

Para onde se aponta, parte é você, parte sou eu, parte é ele, parte é ela, parte é nada. E a parte não é tudo. O todo é aquilo que não se é. Pois se há um todo, ele está fora do tempo e do símbolo. E, no tempo, somos todos parte, partituras. No tempo, há nomes, coisas, objetos.

Fora dele, só há o inominável porque é impossível enquadrar o que está fora do tempo e do espaço. A palavra enquadra algo, deixa-se denominar. Para o Todo, este Todo semiosférico, pansêmico, complexo e múltiplo universal, inominável, não há enquadramentos.

A sombra chinesa de volta, como também o teatro de sombra pode ser conhecido.[4] É uma diversão maravilhosa, um efeito simples e de muito poder plástico, estético. Existem muitas variações e modelos, mas a técnica, a essência, em geral, é a mesma. Se ainda não viu nada sobre elas, pesquise. O teatro de sombras se baseia no plano bidimensional de uma tela, como na tela de TV e cinema 2D, clássicas, ou na superfície de um lençol na qual as sombras são, por trás, projetadas nela. Os espectadores ficam de um lado e, do lado de dentro, na "coxia", há as figuras, os atores e a fonte de luz. Então, há um lado da criação e o outro da ilusão. Faz-se um efeito contraluz, e o resultado é o preto no branco, os contornos de figuras projetadas por suas sombras. Nada impede que haja cores também. Mas o efeito é simples, tal qual brincar de sombra com as mãos na parede branca num ambiente escuro. Todos experimentamos as formas feitas com as mãos na parede. Quem nunca? Na minha infância faltava energia em casa muitas vezes no verão, por conta das tempestades em São Paulo. Velas nos quartos e algumas mãos eram suficientes para criar um teatro de experiências em manipulação de formas.

Um exemplo maravilhoso de teatro das sombras foi um a que assisti, nos idos de 1999, num Festival de Inverno na cidade de Ouro Preto. Época rica em mecenato e política cultural naquela cidade. Creio que aquele formato não mais se repetiu, com tantas atrações ricas e diferenciadas. A apresentação foi feita por uma moça, com um retroprojetor, uma tela e suas mãos, acrescentando mais alguns elementos geométricos e figurativos em acetato colorido.

4 Conheço um lindo teatro de sombras, em Taubaté, São Paulo, chamado "Companhia Quase Cinema", dirigido por Ronaldo Robles e Sílvia Godoy. Criaram um nome bem sugestivo.

Figura 2.4 – Exemplo de efeito de sombra manual, um teatro de sombra projetado na parede. Fonte: Ilustração de Ciro Araújo.

Um simples aparelho de som e um microfone *headset* ligado nele faziam os efeitos sonoros e musicais. Enquanto a artista movimentava as mãos por sobre a superfície iluminada do retroprojetor, criando luzes e sombras e formas, interagindo com figuras e recortes, produzia sons com a boca, recitava algumas palavras e ruídos, e a mágica acontecia. Diante de nós, numa grande projeção direta numa parede lateral de um prédio, presenciamos uma animação ao vivo, com efeitos simples, mas maravilhosos. Parecia que sonhávamos em grupo, delírio coletivo, semiconscientes e a céu aberto. Em estética onírica e fantasiosa, ora um fundo de mar, com peixes e flora marítima, ora fora d'água com elementos abstratos, animais e efeitos com cores e imagens. Foi uma das apresentações audiovisuais mais sensíveis e completas que vi na vida. Uma pena que não consiga recordar o nome da artista. Seria justo citá-lo.

Quando fui escoteiro, entre meus 9 e 14 anos de idade, nos acampamentos mato adentro, fazíamos fogueiras todas as noites. Um ritual ancestral tribal, xamânico, artístico. Um "fogo de conselho" como era conhecido, fazíamos várias atividades lúdicas, pedagógicas e práticas. Além da fogueira em si, hipnótica, cantávamos, contávamos histórias, meditávamos e, no ápice da noite, alguém, um grupo, preparava uma peça de teatro, com no máximo 30 minutos, usando a técnica da sombra chinesa. Com um lençol branco aberto como tela, bem esticado, a plateia de um lado e do outro, um lampião ou fonte de luz ao fundo, com objetos e atores no meio. Uma espécie perfeita de pré-cinema. Inclusive o próprio cinema, em seu princípio mudo, explorou esta técnica muitas vezes. A sombra chinesa talvez seja uma ancestral do atual *videomapping*, a projeção eletrônica em fachadas de prédios históricos urbanos. Um encontro entre arquitetura e a videoarte. A velha sombra chinesa é um teatro-cinema ao ar livre, no meio ambiente, cenário simples e completo para entreter grupos de quaisquer idades.

Figura 2.5 – Maquete exemplo da técnica da sombra chinesa. Fonte: Ilustração de Ciro Araújo.

Talvez, esta série de retratos animados em estilo cômico *vaudeville*, com conteúdos vários, teatro brancaleônico de variedades, tenha sido o meu vínculo inicial com as artes audiovisuais. Assim como é o rádio, hoje também com um descendente, o formato *podcast*, a sombra chinesa é uma mídia imortal. Penso eu, com meus votos de simplicidade nas artes, nas linguagens, o bidimensional terá seu lugar, talvez para sempre. A tecnologia 3D já está aqui, e as realidades aumentadas em *games* e em filmes serão predominantes, creio eu. Quem sabe, com o tempo, o holograma será uma tecnologia popular, seja no *home office*, no entretenimento, na ciência. Como o rádio e a bicicleta, mais uma vez, o plano bidimensional e os livros deverão permanecer em sinergia com as tecnologias porque são formas simples e baratas de viajar com qualidade. Serei um consumidor eterno destas últimas.

Lotte Reiniger, animadora alemã da época do cinema mudo e do início do sonoro, realizou obras históricas nesta arte, precedendo os desenhos da Disney, sendo pouco divulgada pelo mercado incipiente da época. Nas décadas de 1920 e 1930, Reiniger já dominava a técnica de recortes em papel, a animação *stop motion* em si, efeitos gerados sob a dimensão da sombra chinesa. Filmes como *Papageno*, de 1935, e *Aventuras do Príncipe Achmed*, de 1926, representam um talentoso pioneirismo de animação com sombras.[5]

Fiz uma viagem pelos caminhos da sombra chinesa histórica. Em textos publicados nas redes, a gente encontra várias origens para ela, não só na China, mas em todo o oriente, incluindo o Oriente Médio. Posso imaginar seus primórdios naquela caverna dos sonhos esquecidos, no filme de Herzog. Se havia pinturas rupestres incrivelmente belas, deverá ter ocorrido também o uso de sombras nas paredes pela luz das fogueiras. De forma que esta mágica nos acompanha há milênios, está em nosso consciente coletivo até ou em nosso inconsciente coletivo. Por isso mesmo, se há o modelo audiovisual projetado no mundo físico, nas cavernas e nos lençóis e nas telas, há também algo parecido em nossa própria mente, por dentro dela, nos circuitos das emoções e do comportamento. Com mais uma figura metafórica,

5 https://www.youtube.com/watch?v=h4uUchB429M;
https://www.youtube.com/watch?v=25SP4ftxklg .

adotemos a sombra chinesa como um palco dentro da nossa cabeça, mais especificamente no automatismo de nosso teatro de emoções e de respostas instintivas. Os personagens centrais podem ser os mesmos da seção "Casa Pêndulo", o gigante cego e o vidente paralítico. Nossa dupla de personagens no reino dos instintos e da razão.

Aquele desenho/maquete supramencionado exemplifica os quatro elementos fundamentais para o teatro acontecer. Da direita para a esquerda: 1 – o espectador que assiste; 2 – a tela divisora, o lençol recebedor da imagem; 3 – o objeto central, gerador da forma e do conteúdo projetado, no caso a borboleta; e 4 – a fonte de luz, que é ao mesmo tempo a lâmpada e o ator, o artista manipulador dela. Portanto, há uma dimensão do espaço lúdico que assiste, que é a plateia e, do outro lado, o espaço da emissão, da criação dos efeitos, os bastidores, como sempre. Consideremos todas essas unidades como elementos pertencentes a cada um de nós, a todo momento encenando quase que ininterruptamente no teatro da vida. Talvez até em nosso sono eles ainda estejam ativos, observando e reagindo aos estímulos desse grande palco que é a mistura dos dois lados, a mente reagindo ao mundo e a si mesma. Ao mesmo tempo, assistimos aos fenômenos e estamos nos bastidores que criam tudo. Um simulacro da sombra chinesa para tentar descrever, de forma livre e alegórica, nossas ações e reações básicas durante a observação dos fatos e desafios cotidianos, especialmente na observação de nós mesmos. Enquadremos essa alegoria da sombra chinesa dentro de mim e de você, agora. Meditemos juntos sobre isso, decompondo cada um dos elementos em suas funções.

O mais comum deles é o espectador. Esse papel, sabemos cumprir bem no dia a dia, quando nas relações afetivas, no entretenimento, no trabalho, de forma genérica, em tudo o que fazemos e observamos ao nosso redor, somos o elemento 1. Como se estivéssemos na cadeira de uma espécie de plateia, interagimos normalmente com o mundo como se ele fosse o elemento 2, a tela, o lençol. Podemos trocar de sala, de cadeira, caminhar, fechar os olhos, recusar o indigesto e o entediante, mas, em geral, estamos ali como receptores de uma história que passa a nossa frente. Uns mais, outros menos, podemos interferir nela, claro, interrompê-la, criticá-la, mas a encenação corre solta e damos mais atenção, se não toda, para o que ocorre na tela, como se não fosse nossa, e como se não tivéssemos noção de que parte significativa desta tela ocorre, acontece dentro de nós mesmos. Não termina aí, felizmente. Podemos perguntar, então: tela e espectador são a mesma figura? Somos um? Sim, para este simulacro alegórico para a mente, sim. Mais ainda, somos os quatro elementos ao mesmo tempo.

Depois do espectador se juntar à tela, ao observador natural e ao lençol, temos a imagem formada nele, no lençol, que pode aumentar e diminuir de tamanho, transformar-se em outra coisa, iludir, confundir, animar, entreter, manipular, simular, desagradar, agradar e por aí vai. Uma borboleta pode vir de alguma abstração qualquer e reaparecer como corvo ou como uma pipa e, de repente, pode virar um monstro, uma caveira, figuras geométricas, todas imagens encadeadas segundo o talento do iluminador que a projeta, ou seja, a fonte iluminadora, o artista do espetáculo, o terceiro (3) e o quarto (4) elementos da alegoria juntando-se aos outros dois. Então, acabo de apontar uma composição na qual há a variedade de papéis executados por mim mesmo. Mas nem todo mundo, e nem o tempo todo, tem consciência disso.

Quase a todo momento, estamos no posto de assistência, de espectador sentado à frente do lençol. Esta é a posição de que mais gostamos e com a qual temos mais intimidade para examinar o mundo ou estar nele num tempo contínuo. Observamos e absorvemos os acontecimentos do mundo como se nada pudéssemos fazer para interferir no rumo dos fatos e das sensações. Medos, prazer, raiva, tédio, indiferença, paixão, o tempo todo reagindo com esses sentimentos de forma passiva, resignada, imóvel. Geralmente querendo corrigir o lado de fora, os outros. Não é de se estranhar, pois estes são a posição e o reflexo mais automáticos adotados por nós. Nossa autoconsciência tem predisposição ao acaso, ao automático, à alienação imediata sobre a estrutura básica de nossas mentes. Entendo a conhecidíssima máxima do filósofo Sócrates, "conhece-te a ti mesmo", como a grande síntese a respeito desta questão. O que é, então, conhece-te a ti mesmo? Entre inúmeras abordagens possíveis, uma delas é esta, perceba-se observando-se a si mesmo, ou observe-se observando no presente. Observe a si mesmo no modo de suas reações e reflexos. Liberte-se de suas miragens. Conheça-te enquanto conheces, observe-se enquanto julga, enquanto sofre, enquanto deseja. Eis a questão. Ser ou não ser, melhor ainda, como ser? Como sou enquanto estou?

E os outros elementos da sombra chinesa? Nesta posição de ser submisso, alienado, iludido, não temos nada a fazer a não ser reagir ao que se nos apresenta na tela, ou seja, ao que aparece para nós. Se a imagem nos agrada, torcemos por ela, desejâmo-la. Se ela nos desagrada, ficamos inquietos, temos medo, ou simplesmente queremos acender as luzes e acabar com a ficção, eliminá-la, esperando por outra num momento melhor. Adoecemos, desestabilizamo-nos, ficamos contrariados com o que se passa na tela, com o que temos de confrontar a todo instante. E o sistema sofre, submete-se, subjuga-se, entramos no labirinto de nós mesmos.

Os outros elementos, atores, agentes da sombra chinesa, entram agora em cena, por exemplo, na medida em que dissecamos o sistema, a técnica. O gigante cego e o vidente paralítico podem entrar agora também. Eles são parte de nós. Decuparemos a cena, como se diz em edição cinematográfica, do verbo *découper*, em francês, cortar, decompor, recortar. Todos os elementos da sombra chinesa, por fim, estão em nós mesmos. É nesta análise que se inicia o conhece-te a ti mesmo. Enquanto estamos sentados na cadeira observando de frente a tela/lençol e a animação, a história e a narrativa toda, quem está manipulando o enredo são o gigante cego e seu parceiro, o vidente paralítico. A manipulação da luz, dos objetos e da emoção das cenas fica por conta deles. Em síntese, sãos os dois os atores na coxia, atrás da tela, reinando com seus impulsos. A dupla do cérebro da emoção e dos instintos. Se o objeto se afasta da luz, a imagem fica enorme na tela, oprime-nos, assusta-nos dramaticamente. Se a luz se aproxima do objeto ou ele dela, ele ganha tamanho menor, voltando ao seu tamanho natural. Quem está produzindo tudo somos nós mesmos. A intensidade do drama na sombra chinesa, no fim, quem rege, quem comanda, são eles, somos cada um de nós, o todo. Quem toma conta dos bastidores são os elementos do medo e do prazer, da luta e da fuga, exatamente igual a nossas reações no cinema em um filme de ação e de terror. Nós cremos. Somos seres preparados para crer no que vemos sem saber que somos cocriadores, mesmo que sejamos nós, inconscientemente, os produtores do espetáculo e da ficção. Nesse mecanismo de identificação com o pêndulo, o jogo de cena das sombras nos induz a um trem-fantasma de emoções descontroladas. Desconhecer esses elementos pode nos causar transtornos muito prejudiciais. Pensamos que enlouqueceremos, que algo grave pode estar acontecendo, o céu desaba e, pior, buscamos, na maioria das vezes, ajuda no lugar errado. Marcamos uma série de exames médicos, procuramos uma causa física palpável e nada se resolve. Até que um dia alguém lhe diz que vá ao psicólogo, e como você considera os sintomas muito reais, o ciclo não para. E o psicólogo fica para mais tarde. O tempo passa e a angústia permanece, pode durar anos. No fim, em muitos casos, nesse tempo todo, foi, ou é, uma marca invisível, etérea, que ganha energia no entre, nem num lugar, nem no outro, mas no seu sistema psicofísico. Ou seja, é parte do comportamento, parte química, parte medo, parte cristalização de ideias no sistema vegetativo, nas entranhas.

Neste eixo, nesta perspectiva bidimensional, marcada pela linha central entre a plateia e a tela, é a linha que pode sustentar o ponto da alienação, da ilusão, do espaço lúdico, que assenta a posição estratégica da ficção. Ali sentados, na quarta parede, na sala escura, vemos a ação correndo na tela, de frente para nós, como se não fôssemos coautores dela, corresponsáveis pela sua criação. Cumpre retificar, aqui não falamos do contato com mundo externo, mas do eco, da relação íntima, solitária e individual que travamos com nossos próprios pensamentos e sensações psicofísicas. Elas são reais, concretas, e todo o mundo panorâmico restante mistura-se a elas. As pessoas ao redor, o trabalho, o lazer, a solidão, o passeio, tudo será emoldurado pela ficção primordial que se passa em nossa sombra chinesa, em nossos bastidores e as reações que temos diante dela.

O gigante cego e o vidente paralítico podem não ser os únicos e os principais controladores desta vigília constante nos contornos bidimensionais do preto e do branco, mas certamente estão na contrarregra deste teatro e influenciam bastante nos humores e no destino daqueles bastidores. Se não rompermos a dimensão deste espaço lúdico, da ilusão, se continuarmos desconhecendo a força estratégica dessas sombras e os atores e os dispositivos por trás delas, o jogo de cena nunca será desvendado, e o "conhece-te a ti mesmo" fica insustentável.

Para atuar nesse jogo de cena, para me observar diante de tudo isso, para perceber esta sala escura, criamos um quinto elemento (5), o elemento observador maior, integrante-chave do teatro de sombras. Juntamos o elemento número 5 aos demais, posicionando-o num ângulo privilegiado, de presença abrangente, participativa. Poucas são as chances de estarmos em todos os lugares ao mesmo tempo. Esta é uma delas. No desenho anexo, percebemos o aparecimento dele fora do eixo da linha central, postando-se na metaposição, ou seja, dentro e fora da ilusão, dentro e fora do espetáculo. Ganhamos com isso mais uma dimensão, a visão de um diretor. Com um pequeno deslocamento lateral, é possível assistir ao teatro de sombras ao mesmo tempo em que observamos a nós mesmos, ali sentados, interagindo com o teatro todo com nossas emoções, ilusões, reações, prazeres e desprazeres. A diferença essencial, para a habitação deste novo posto, é que as reações automáticas e instintivas já não causam os mesmos desgastes de quando estamos diretamente envolvidos e passivos com as imagens bidimensionais projetadas no lençol. A figura desse observador maior configura outra consciência fora do eixo comum da ilusão, do espectador aderido e passivo à ficção. Observamos todos os lados, estamos numa espécie de quarta dimensão, que inclui uma forma de tempo e espaço nova, pois estamos em vários lugares ao mesmo tempo. A criatura e o criador numa só experiência.

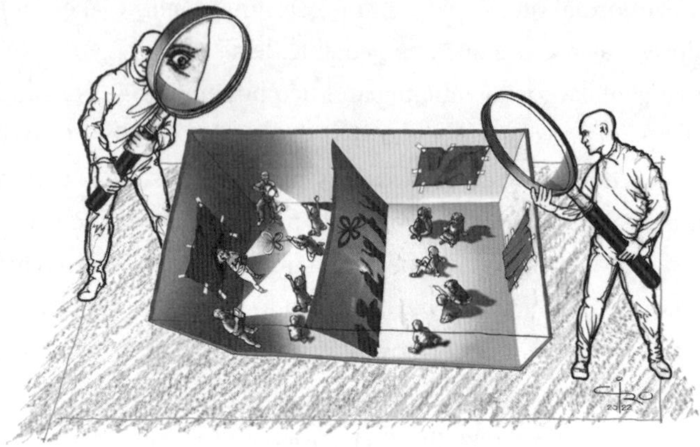

Figura 2.6 – Maquete exemplo de teatro de sombra chinesa com observadores conscientes. Fonte: Ilustração de Ciro Araújo.

Presépio. Eu gostava de ver o presépio em casa, em épocas natalinas. Havia um rolo de papel para vender em papelaria que imitava montanha de rochas, com padrão de deserto rochoso. Era o máximo, e ali minha mãe construía seu presépio. Desconheço outros tipos de alegorias litúrgicas e religiosas, que, no mesmo traço, devem fazer parte da vida de outras tribos.

Portanto, no desenho, eis mais um presépio para simbolizar estados mentais. A sombra chinesa, por si só, é de uma riqueza bastante diversificada. Parece uma espécie de altar, de um teatro, de uma sala de cinema, até um ambiente tribal. Pode ser também um quarto de criança, uma sala de aula. Acho que o altar é a palavra mais central de todas, pois cabe nela uma espécie de contemplação onírica, de sonho, de espaço lúdico, de viagem no tempo, de celebração feérica. Se pudesse, adoraria reproduzir a sombra chinesa em sala de aula, com crianças e adolescentes. Uma ferramenta pedagógica simples e maravilhosa.

Observando o desenho aqui, este artifício me fez lembrar do presépio pela sua dimensão compacta, com elementos simples e acessíveis. Um rascunho com uma caixa de sapatos, uma maquete no canto da sala, no canto de nossas mentes. Pela sua rusticidade, suscita uma caverna, lugar de sonhos esquecidos e recorrentes, com luzes e sombras, fogo e água, superfície e profundidade, no qual projetamos nossa ancestralidade e nossos desejos primitivos, talvez primordiais. Vivemos num jogo de cena. Atuamos nele ao mesmo tempo que somos atores e observadores, diretores e críticos, amigos e desconhecidos, eu e tu, nós e eles.

Afinal, como praticar a observação ou ser um observador de mim mesmo? No sentido comum, é observar-me visualmente? Olhar para dentro? Buscar onde está meu eu? De fato, difícil achar uma resposta preferencial. Não é nenhuma das supramencionadas. Perceba-se como um diretor de si mesmo, é estar na mesma pele de quem sente, de nós mesmos, cujo sucesso depende definitivamente de conquistar um lugar totalmente neutro de observação. Neutro significa aquele olhar que não mais está no fluxo dos condicionamentos automatizados, não está apoiado nos paradigmas da própria cultura, independentemente de crenças, dogmas e preceitos. O observador ideal é aquele que, passo a passo, conquista seu próprio território para investigar a si mesmo e ao mundo como se pudesse nascer a cada instante nele, sem nenhum registro de valores, de conceitos, de julgamentos. Uma presença no momento absolutamente presente onde não há tempo, nem passado nem futuro. Acontece de ser a liberdade de estar diante de uma árvore sem nome, em um lugar sem definição, numa forma integrada que percebe todo este cenário e toda esta situação em um estado de consciência plena.

É esta a observação pura, eu sinto, a condição fundamental de estar no caminho do "conhece-te a ti mesmo". Esse eu-mesmo é livre. Descubramos o que é ser e estar preso, condicionado, pensado por pensamentos, por dogmas, e a liberdade aparecerá. Noutra visão, a do senso comum e banal, que conhecer a si mesmo é encontrar seus defeitos, suas virtudes, de se deparar com o ser narcísico que materialmente você é, e chegar a ele, nalgum dia, para recuperar no seu bolso um diploma de boa conduta, isso, definitivamente, não é o "conhece-te a ti mesmo". Como muitos pensam e tentam conseguir, acertar as contas com o passado não traz nenhuma conquista ou solução para o presente. O lugar de prestar as contas é no aqui e agora. Estamos no aqui e agora, que, em essência, há representações e ecos de eventos vividos no passado. Porém, qualquer nova realização, qualquer movimento de superação acontece bem aqui na nossa frente. As transformações são repertórios que habitam o presente. Nas cenas e nas minúcias do passado não há senhas nem chaves libertadoras para o presente. Nele, o que há são memórias e impressões coordenadas pelo que sinto e vivo no agora. Nessa tensão entre tradição e ruptura, o agente modificador dominante é o que vive na atualidade, o que modula o presente. É nele e na observação pura, na atitude presencial, o local de refação do meu infinito.

Aceito todas as críticas e contraposições que poderão recair sobre meu recorte do jogo de cena. Alguns poderão, com facilidade, sacar suas divergências do bolso. Estimo-as quando vierem, se vierem. Ainda assim, posso asseverar que discussões teóricas não socorrem os incendiados, dificilmente amenizam as dores. Simplesmente descrevi um processo prático por meio do qual alguns transtornos podem ser mitigados, abrandados, às vezes controlados. Um pouco de luz, na prática, nas sombras do sofrimento também é um ato pedagógico. A experiência, em mim, aponta um caminho do eu fui, do eu sei, falo do que testei. O eu sei, no caso, não é eu ouvi dizer, eu li, eu pensei, eu teorizei. Está no eu sei, eu vivi, eu experienciei, eu fiz. Minhas alegorias, como esta das sombras, podem rebater em corações de cristal que procuram recursos práticos para viver melhor. A quem for, compartilho a ideia da consciência do jogo de cena do teatro de sombras chinesas.

Casa da meditação

Quando o homem procura por experiências, ele torna-se o Corpo.
Quando procura conhecimento, torna-se a Mente.
Quando ele procura Deus, torna-se Coração.
Quando procura a Verdade,
Torna-se Nada.

Mooji

Medito regularmente com certas variações de modelos e formatos, melhor dizer, estilos. Religiosos e não religiosos. Práticos e teóricos, difíceis e fáceis. Faz anos, experimento o momento decidir e pedir esta ou aquela meditação. Várias outras vezes, simplesmente não medito no rigor de posição, mas tento aplicá-la no movimento comum do espírito. Posso dizer que em mim há uma hemoglobina multirracial com sangue de japonês, de indiano, chinês, nepalês, tibetanos e naturalmente italiano e brasileiro. Não é à toa que meu sobrenome chama todos os santos. Mas não é necessário acompanhar o maior número deles e nem é por eles a estima por meditação. Na maioria das vezes medito com a energia própria do conjunto vivo em mim, tentando presenciar as reações neuropsíquicas, assim como há espaços vários para a espiritualidade me encontrar com seus mantos.

Tal sorte é minha heterogeneidade de matizes de concentração e observação, e de descompromisso com seitas e dogmas, as palavras acima vêm de um mestre cujas colocações poéticas me agradam. Volta e meia retomo suas frases como quem lê um calendário Seicho-No-Ie na parede de uma alfaiataria, na sala de uma costureira. Lembra-se desses dois? Um se refere a uma religião japonesa e os outros são costureiros quase obsoletos no mercado de hoje. Bem, as frases de Mooji são como bolhas de sabão soltas por ele nas redes sociais e em seus *satsangs*. Ele sempre aponta o mesmo objeto, de perceber um Ser já habitado dentro de nós, traçando muitas variações sobre o mesmo tema: olhe e veja, está aí. "O puro ser já está aí com você". Não é tarefa fácil incorporar suas orientações, que dirá meditar sobre elas, senti-las no silêncio, encontrando este objeto tão inefável e valioso para meditadores e afins. Aliás, a meditação, ela mesma, quando encaixamos o tal falado estado de observação, é o caminho mais direto e único. Uma aula teórica de meditação seria o mesmo que uma aula teórica de natação. O fato acontecerá de verdade na água, assim como na bicicleta, acontecendo no fazer, no gerúndio, meditando. O corpo sabe andar de bicicleta e nadar, para nada disso é preciso pensar. Meus parceiros e mestres, sem exceção, me indicaram este rumo, e advertiam, "não busque nada", o que vier, veio; deixa passar porque meditar não vem do entendimento, não depende do intelecto e da cognição. Trata-se de uma ação geradora de uma força intuitiva em um estado de atenção plena, indiferente a eventuais concorrências de distrações, pensamentos e de ruídos externos. Uma epifania? Um *insight*, como dizem? Pode ser, e se este estado de atenção aumentar com o tempo de uso, sinal de evolução meditativa.

Muitas tradições da meditação convergem para este caminho, estar na mente sem usar a mente. Transitar entre o corpo e a mente sem classificar ou deduzir informações. Meditação não abandona o contato com todos os sentidos, todos os cinco, mais a própria mente e a propriocepção, simplesmente os observa. Quem os observa? Quem está meditando? Eu, claro, e você, aquilo que chamamos de eu e você, na minha frente, de carne e osso. Sim, somos unidades singulares, temos contornos e personalidades, mas podemos criar outro extrato, outro ponto de vista observador dentro de nós. Como dizem em várias tradições, seria observar o observador. Observar a você mesmo, observando o funcionamento geral com uma nova consciência maior e livre. É como estar na sua própria pele e ao mesmo tempo estar sentado na consciência dela. É possível isso? Por mais doido que pareça, sim, é possível. Não é fácil incorporar isso. Totalmente estranho tamanha a importância da individualidade e da fisicalidade em nossa educação e cultura. Talvez isso seja o ato de encontrar sua própria corpomentalidade, uma integração entre o corpo e a mente num determinado espaço de tempo. Mais ainda, diria que seria um novo oitavo sentido vivido em nós.[1] Numa frase (lema) oficial encontrada em papéis e na praça do Relógio da USP, atribuída ao jurista Miguel Reale: "No universo da cultura, o centro está em toda parte". Eu a tomaria de empréstimo mudando o registro: no universo da consciência, o centro está em toda parte. Não há um lugar específico para a consciência, há o todo. Seu centro está em toda parte do organismo. Isso seria a corpomentalidade.

Não por coincidência repeguei o livro *Sol e Aço* (Brasiliense, 1985, p. 8), de Yukio Mishima, cuja literatura e biografia sempre me atraíram. Ali destaco uma síntese entre sua meta de unir corpo e sua arte, ação e palavra, sol e aço.

> Meditando sobre a natureza desse "eu", fui levado à conclusão de que o "eu" em questão coincidia exatamente com o espaço físico que eu ocupava. O que eu procurava, em suma, era uma linguagem do corpo. Se meu ser era minha residência, então meu corpo se parecia com um pomar que o cercava. Eu podia ou cultivar esse pomar ao máximo das suas possibilidades ou abandoná-lo ao acaso do mato. Eu era livre para escolher, mas a liberdade não era tão evidente quanto parece.

Quem é a casa da meditação? Quem medito? Eus meditamos? Quem assume a consciência? Sou eu e mais alguém na minha ca-

1 Já citados antes, os especiais como audição, olfação, paladar, tato, visão; o sexto, a propriocepção; o sétimo, a mente; o oitavo a corpomentalidade da atenção plena. Este, quem sabe, poderia ser o sentido-mãe de todos.

beça? É a consciência de um eu diferenciado, um EU maiúsculo em mim, espiritual ou não. Falo de um EU daqui mesmo, já presente em nós todos. Difícil entender? Entendo, porque é fugidio para mim também, que estou com o papel da experiência acabada em pessoa. Não soa falso nem impossível, confesso que em anos de meditação foi um caminho árido, solitário e difícil de compreender o que seria, na teoria e na prática, observar o observador. Exatamente assim, meditação não é um esforço para silenciar a mente num esforço racional e imaginativo. Ficar *zen* em meditação não significa parar a mente eliminando todos os ruídos dela.

É impossível parar a mente, esvaziá-la por esforço. É um esforço inútil. Digo por mim mesmo, quando a meditação não encaixa onde e como deve, o que não é raro, dou uma volta e recomeço. Se continuar com a mente densa e teimosa, desisto. Meditação encaixada é a graça de observar tudo sem controlar nada, de fora e de dentro, apenas deixamos passar como um rio, como uma televisão ligada no fundo da sala. Com treino e persistência, é possível alcançar o estado puro do olhar passivo, e passar ao largo de todos os ruídos mentais e sensitivos. Observar-se no silêncio que flui sem encalhar nos ruídos. Talvez seja o que chamam de presença, de estar no presente. Este estado de presença depende da eficiência do descontrole sobre tudo. Quanto mais encaixada a meditação, menos controle temos sobre esta energia que sentimos todos os dias, que damos banho, que levamos ao médico e que, em geral, dói e que quer prazeres. Assim mesmo, passado e futuro não entram nesta dimensão. Se estão presentes na meditação, você não deve estar encaixado, mas pensativo, distraído, ou os dois. Ações e elementos do passado e do futuro podem flutuar, pairar na estrutura que medita, mas também são reações psicofísicas a entrarem na caixa de desprezo. Esta conduta, no fim, quando nos desconcentramos, é aceitar as retomadas ao presente, é a lucidez do retorno ao aqui e agora inominável, abandonando o rebotalho, o refugo, para retomar o encaixe que nos faz observar o observador. Uma vez no aqui e agora, neste raro e diáfano encontro *do será com o já foi,* damos à luz uma corpomentalidade efêmera, leve, que pode vaporizar aquele Ser descarregado de memórias, de imagens, de referências cristalizadas, sem currículo, sendo apenas e essencialmente uma consciência sem começo nem fim.

De fato, não é fácil mentalizar, compreender a história do observar o observador. É uma situação estranha, eu observar a mim mesmo, o observador? Como pode? Pirou o cabeção esse cara? Que treta. Mas é assim. Vamos na metáfora, sempre. Imagine-se num palco, um ensaio de uma peça de teatro. Tudo ao mesmo tempo e somos todos os elementos ao mesmo tempo, plateia, diretor, ator e personagem. Você, ou eu, todos nós somos cada um na sua, todos estes elementos, estas unidades. A plateia pode descansar, ela está, mas pode silenciar. Os mais importantes são o diretor, o ator e o personagem da peça. Hamlet, você está lá como três, ator, atriz interpretando o clássico Hamlet, é o próprio diretor da peça e o ator, José, Maria, eu, tu. Nos momentos próximos, a famosa fala "ser ou não ser, eis a questão", ou junto dela e depois, o diretor ou diretora saem, desprendem-se do corpo do ator e do personagem e apenas os observa, com distanciamento. Tudo acontecendo na pele do ator e do personagem, como se estes ganhassem vida própria, em separado, e seguissem na peça autonomamente, observados pelo espírito e presença da direção, que passa a observar os observadores. Esta imagem ilumina mais a questão? Facilita? Pois, então, com isso, nós, diretores observadores, podemos incorporar melhor nossa própria atuação, nossa performance, nossos movimentos, nossos hábitos, humores e reações imediatas. Com isso, dirigir o todo, limpar, escutar, sentir, contemplar a nós mesmos com num olhar atuante, presente e paciente.

Nas palavras do grande Jiddu Krishnamurti:

> Essa integração do "pensador" e do pensamento só se realiza quando a mente abandona de todo as fugas e não mais se esforça para encontrar uma solução. Porque, qualquer movimento por parte da mente para

compreender o problema central há de basear-se no tempo, no passado. E o tempo só vem à existência quando há temor e desejo.
Não se trata, pois, absolutamente, de controlar e pensamento, mas de se ficar livre do pensamento. É só quando a mente fica livre do pensamento, que há percepção daquilo "que é", do que é eterno, da Verdade. (...) O observador vê através da imagem e tem continuidade no tempo. Portanto, não pode ver nada novo. Se olho a minha esposa com a imagem de anos e a isso chamo relação, nada de novo há nisso.[2]

15 de novembro de 2020

Uma atitude peremptória, decisiva para mim. Dra. Sônia e Adela, em uníssono, me deram a imagem de que precisava. Estava praticamente rumo ao time dos alcoólatras, alcoólicos sociais, de grupo, daqueles cuja resistência ao álcool é boa.
Ansiedade e sintomas tocados, desequilíbrio químico. Não queria enxergar a ligação de uma coisa com a outra, mas cedi. De fato, para estabilizar ainda minha química tenho de beber menos. Foi-me recomendado beber moderadamente, menos é mais. Ou se possível, beber nada. Eu estava bebendo até a última gota do possível. Reconheço.
Até acabar o estoque, especialmente nos fins de semana. Notei que o vinho e a cerveja são ótimos aliados ao rock'n'roll, ao jazz, às artes, em cujo estado de leveza me traz algum alívio e enlevo. Porém, nada é de graça. No mesmo dia, pela noite ou no dia seguinte, um rebute cobra o exagero.

2 Krishnamurti. Acessado em: 10 de novembro de 2020.

Poema sem imagem 3

Ultrapassando pelas cisternas da dura-máter
Um enorme pavilhão aracnoide submerso em liquor
Cheguei à esponja luminosa do lobo frontal
Imagens em trânsito como sangue de luz
Circunvoluções de memórias espaciais
em circuitos de ilusões e energia
Até que vi um espelho de mundo
acontecendo em mim
Não estou nem vivo nem morto
Córnea, vítreo, tela de mosto
Cavalgo no signo da consciência
onde acontece tudo
E o algum é o todo.

Essas minhas observações foram se formando ao longo de um processo contínuo, porém não muito longo. Afora os encontros místicos por aqui e ali, os minicursos sobre energia, *tai chi chuan*, *Qi Gong*, meditação e energias do tipo do *Qi* (*tchi*) ou *Ki*, da acupuntura, foram, até aqui, 16 anos de prática. Antes do ano de 2004, não poderia me considerar um meditador. Sou atraído por metalinguagens e metafísicas. Insisto, onde ponho a mão ou os olhos desconstruo, desmonto, analiso, esta é a tendência para quem ama a análise dos fenômenos naturais e imateriais, sobretudo daquilo que pode transcender a experiência sensível.

Neste período, por prazer, por interesse metafísico como disse, mas muito a reboque dos sintomas da minha doença ainda incógnita, frequentei algumas tradições e grupos ligados à meditação e à espiritualidade. Posso destilar sobre eles todos um respeito carinhoso e saudoso. Em alguns deles passei os momentos mais intensamente pacíficos de minha vida; em outros, aprendi a respeitar o sofrimento alheio e o meu. Para caminhar ao lado de observadores dos observadores, de meditadores, de mestres, de monges, de médiuns, tive de me aproximar daquela experiência de observar o observador. Tinha de me esforçar ao experimento de viver a consciência de onde não penso, nem de onde vejo, nem do que ouço. Como se pudesse desligar a mente, *on/off*, para distanciar-me dos condicionamentos, sujeitos aos medos, aos pensamentos, às crenças, aos traumas, à minha história propriamente dita, nunca foi tarefa das mais fáceis para ninguém. Não percebemos, mas nos conteúdos de nossas consciências existem matérias-primas e entulho de todas as espécies. Um reservatório enriquecido diariamente pelas experiências, como perdas, ganhos, desafios, sonhos, memórias, aprendizados, manias, culturas. Este foi o caminho escolhido, naturalmente, para diminuir a pressão da sucuri e o peso do cavalo em meu jardim. No fim das contas, as artes. Claro, tornei-me um artista desde os 12 anos de idade, iniciando pelas artes plásticas, muito provavelmente porque uma obsessão pode começar em criar aquilo que ainda não tem nome, que vive nos espaços, entre os vãos, na passagem do sensível para o metafísico, da observação fenomenológica, dos fenômenos naturais para traduzi-los em uma obra sem finalidade e sem fim.

Definitivamente, este estado meditativo, em que se procura observar o observador, de encaixar um Eu meditador livre dos condicionamentos da mente, dando-lhe espaços além dela, corporificando-a, de fato, há de ser dito, não é um ato do pensar com a inteligência, do investigar o objeto e reconhecê-lo em definição. Antes de tudo, há de haver uma reversão de atitude, afastando-nos da busca reflexiva para respirar no campo do desenvolvimento do intuitivo, do inesperado. É um estado sensitivo, um estado do fazer simplesmente. Sinto, logo existo.

O primeiro encontro foi com o budismo *Kadampa*, tradição *Vajrayana*, um dos ramos principais do budismo tibetano, creio que o mais amplamente difundido no ocidente. Numa pequena sala, no centro da cidade de Taubaté, estava lá ele em suas vestes açafrão e vermelho, ou amarelo e vinho. Preparava-se para um *puja*, uma aula com dedicatórias e ensinamentos. Sentou-se no pequeno trono em posição de lótus e, depois de um tempo em silêncio, testemunhei, pela primeira vez, algumas preces introdutórias do caminho *Lamrim* para, depois, a aula, de fato, começar. Incluída nela, minha primeira meditação sobre a compaixão, o que em sânscrito equivale à *Bodhicitta*. Monge Panchen conduzia a oratória com paixão e concentração. Eu me senti entrosado depois de cinco minutos presente naquele lugar. A abordagem detalhada sobre nossas mentes deludidas (ilusão), representadas pelo conhecido termo *samsara*, trouxe-me uma identificação inesperada. Meu ciclo de crises havia aumentado naqueles dias, e minha esposa Adela teve a ideia, como sempre ela tem boas ideias nas horas certas: "Hoje tem uma aula budista na cidade, por que não vai?" Entendi a intuição dela e mergulhei no caminho. Um chamado especialmente da dupla gigante cego-vidente paralítico, os personagens do pêndulo. Precisava de algum lugar de paz, certamente fora da cabeça, porque por dentro dela ainda havia algo totalmente denso, sem diagnósticos, sem entendimento do que se passava comigo. Estava naquela fase dentro dos primeiros 20 anos de sintomas pré-diagnóstico. Se dentro não resolve, não há respostas, buscamos a magia do lado de fora. Passei a entender, na pele e no sangue, a razão de tantas pessoas buscarem seus mestres e suas seitas, suas religiões e rituais. Ao longo da história da humanidade, talvez até não só com *Homo sapiens*, mas com os neandertais, a magia e a fé e suas diversas formas de linguagem e cultura vêm desde o primeiro clã que habitou a face da Terra. Nos tempos de hoje, bilhões de pessoas entregam suas vidas e seus bens para grupos religiosos e para curandeiros, em troca de paz, de remissão e de cura. Existem os meritosos – e infelizmente os nem tanto, claro –, homens e mulheres que dedicam suas vidas aos outros. Para uma grande maioria, a magia está no capital e no mercado, para os demais, sua fé atola em grupos samsarizados, apilantrados, mal-intencionados. E entre esses todos, falsários e seguidores devotados existem aos montes.

Sortilégio e consciência evitam estragos e prejuízo na alma e no bolso. Muitos já sentiram a decepção na crença, a destruição de sua fé por conta do lado humano inevitável de gurus e suas instituições. Santos e iluminados num dia, falsários e psicopatas no outro. Algumas pessoas, ainda, pior do que isso, enfrentaram o abuso, a solidão e os danos irreparáveis de seus traumas. Com a tradição *Kadampa*, coordenada em São Paulo por um monge e uma monja, a dedicação era digna, a fé era sincera, e o trabalho duro para difundir os ensinamentos era poderoso. Em pouco tempo, já me vi com livros e estudos, dedicado às práticas meditativas e ao estudo do *Dharma*. Amigos novos de fé, a chamada *sanga* em sânscrito, apoio e companhia para adentrar nos caminhos da iluminação com determinação e paciência. O objetivo final do praticante é este, ela mesma, a iluminação, que pode receber várias formas de interpretação. Parece um ato pretencioso para qualquer um de nós, mortais, mas a ideia se baseia no potencial que todos os seres têm de elevar-se, de ultrapassar pelo *samsara* e chegar à luz. Iluminação, no fim, é uma forma aprofundada, auspiciosa de sair daquele pêndulo de si mesmo, do ciclo de sofrimento, e, por conta disso, poder ajudar aos outros. O famoso desapego total de tudo. Uma imagem miragem para nós, não é? Difícil trazer isso à nossa realidade e palpar a prática desse objetivo. Parece incoerente, incongruente para uma civilização como a nossa, que adentra mais e mais na valorização da individualidade.

Meus lugares de realizações e de paz nestes tempos eram os *Gompas*. Nome tibetano de pronuncia interessante, como muitas vezes acontece naquela língua, em que se usam muitas vezes o G e o P. Uma língua sem a letra f. Quando um tibetano fala em inglês, *father* vira *páder*. Qual será a razão, ou uma das, para não haver uma letra numa cultura? Por acaso? Talvez. Brinco livremente quando lembro que essa letra encabeça várias palavras chulas no ocidente. A maioria das línguas latinas românicas e germânicas usa o F para essa finalidade. Não é? Pode ser viagem minha. Assim como o L não existe no japonês e o R, no Chinês. *Gompa*, então, é a sala de meditação, o lugar dos altares para as oferendas às deidades e para meditar. Entra-se descalço e o aterramento toma início. O tibetano e o sânscrito se misturam em livros, orações, textos e cantos. Ambas as línguas muito distantes da nossa, de difíceis aprendizado e memorização.

O *Gompa* de que mais gostava era o da montanha, na Serra da Bocaina. Gostava, ele não existe mais. O sítio onde ele ficava foi vendido a um casal, como propriedade particular. Um lugar sagrado para a *sanga*, para a meditação, não ficou incólume à impermanência... Como tudo é impermanente, uns mais outros menos, Ganden Ling, como era chamado, já é passado,[3] pelo menos para o meu passado. Seus empenhadíssimos fundadores e professores hoje não são mais monges. Desordenaram-se, como se diz no ramo. Para mim, foi um dos maiores ensinamentos práticos que carrego do budismo: de fato, há impermanência e *samsara* em tudo, inclusive nas religiões, nas instituições, nas familiais, nas fortunas e, felizmente, nas tragédias também. Sempre haverá um fim e um recomeço, não necessariamente o mesmo recomeço, pelo contrário, um recomeço bem diferente, uma transformação total de signos. Os templos viram locais turísticos, os cinemas viram estacionamentos ou templos evangélicos, o santo vira bandido, o império vira pó, e sua fé pode desaparecer como fumaça. A tradição *Kadampa*, sei que segue bem, mas o povo todo foi reciclado, a *sanga* e professores e monges. Passamos com o vento.

No Ganden Ling tive momentos especiais. Para caprichar, momentos epifânicos, inefáveis, de extremo enlevo. As circunstâncias sempre ajudam, os fatores unidos contribuem para encontrar certos estados de paz e de realizações. Quase a 2 mil metros de altitude, completamente isolado, à época, subíamos uns sete quilômetros a pé, em trilha até o alto do morro, em jornada de pelo menos 3 a 4 horas. Mulas nos ajudavam com as cargas de sobrevivência. A chegada ali já era um batismo com êxito e alegria. Quando subíamos, era porque haveria um programa de meditação de no mínimo três dias, o fim de semana inteiro, ou programas maiores de até 15 dias. Não só às meditações nos dedicávamos, mas à manutenção geral do espaço, jardim,

3 Passado? Pode ter renascido como a Fênix? Alguém o reabriu? Não sei. É possível.

pinturas, fabricação de tijolos, limpezas, ajuste na rede de água, cozinha, estudos, leituras, descansos. As meditações eram o objetivo central, pelo menos de quatro a cinco sessões ao dia de 1 hora cada uma. Das 06h00 da manhã às 19h00, em meio aos intervalos, nos quais fazíamos as outras tarefas. Uma rotina em comunidade silenciosa especialmente. Um dos temperos mais agradáveis das experiências era a aplicação de silêncio rigoroso em partes do dia. Trocavam-se informações durante as aulas/meditações, cujo temas seriam ligados ao *Dharma*, e durante 2 horas após o café falávamos o estritamente necessário. As demais horas, cada um consigo mesmo.

A experiência já começa bem assim, no silêncio e nos gestos econômicos e na sensibilidade sutil que cada um pode desenvolver neste período. Aí vemos o quanto falamos à toa, como nossa conversa está recheada de inutilidades, de ruídos, que, na maioria das vezes, servem apenas como sons para preencher o silêncio desconfortável e sustentar os hábitos de convivência. Não são só palavras envolvidas nas conversas comuns, nesse preenchimento e negação do silêncio. Gestos, movimentos, risadas, expressões, tudo isso entra na subjetividade criativa dos códigos de conduta social entre as pessoas. Conhece isso? Claro, todos nós sabemos distrair alguém e a nós mesmos. Um palavrório totalmente inútil e sem graça, aceito pela conveniência de manter a imagem agradável que um espera do outro. Papo de elevador. Nessa situação nem se fala, mas o papo de elevador segue fora dele quase sempre. Se temos uns 70 mil pensamentos ao dia, e palavras, quantas destas falamos para filtrar estes pensamentos? Mais do que isso, pensamos uma coisa e falamos outra convenientemente. Eu me regozijo nesta observação e liberdade a qual divido aqui, no texto. Chamem-me de chato e de exagerado, aceito, porque estou com vocês, com todos, não sou um monge, sou um falador ator também. Porém, evito as fofocas e especialmente a "multitemática caótica" de muitas rodas de conversas. Não é diálogo, é jogral, cacarejo, barulho. Repare, basta um grupo se juntar e, em 3 minutos, o que pergunta algo não ouve mais a resposta, já mudam de assunto. Por sua vez, o que esperava a resposta também abandona a primeira e já conversa com outra pessoa. E os temas? Ah...os temas e as críticas e as risadas sem sentido, às vezes incoerentes. São sons para preencher um vazio e mostrar simpatia e submissão. Nós temos algo em comum com os pássaros que não riem, porém abrem e expõem suas belas asas aos demais num ritual de poder ou de acasalamento. Nós não temos asas, mas temos língua.

Tudo isso para dizer que o silêncio para qualquer um de nós é tão rico quanto ele é para a música. Repare, músicas sem silêncio, sem paradas, silêncio mesmo, são músicas histéricas e estéreis. O silêncio na música é um ato de respiração musical na qual manifesta-se um pensamento sonoro não verbal, mas uma sensação pura e absoluta, de uma qualidade não representável por códigos, que o faz arrepiar e chorar sem o menor motivo racional. Se vem algum pensamento em sua cabeça depois de chorar ou se arrepiar, deste instante sensível, é porque a mente já interpretou, já levou tudo para o campo da razão e da memória. A esta propriedade da música, a este silêncio que pensa, chamo de "espaço de sentença estética do som", ou de ausência estética sonora. Repare nas grandes obras, de Bach e Beethoven, nos bons compositores de todos os tempos e de hoje. O silêncio entre frases musicais é sagrado. Ele é que frisa as cadências, o tempo, o ritmo, as frases musicais. Somos culturalmente verborrágicos. Além da música, vejam as novelas e filmes predominantes nas mídias hoje. O silêncio é sinal de filme chato. Cenas silenciosas, personagens atuando sem falar, ou falando com gestos é cada vez mais *cult* e raro. Para aderir o público ao produto, este tem de ter verborragia preenchendo os espaços da incerteza, do andar do tempo, da reflexão, do respiro, e, mais importante do que tudo, os momentos da imagem em si, ela mesma. Em breve, conversar no cinema durante o filme será um hábito normal. Em alguns cinemas, a depender do filme exibido, já o é.

Silêncio na montanha é uma das formas de se desencontrar daquilo que você também não é, que deve ser uma imagem nova de si mesmo perante os outros. Nem pensar no trabalho ou na vida como fazemos e reafirmamos todos os dias! O silêncio, por si só, abre espaços na mente para examinar-se e resignificar-se sem fazer quase nada. Muito lixo vai embora porque, ali, eles não fazem o menor sentido. Nós os esquecemos como esquecemos o telefone de alguém com quem não convivemos mais. A mente apaga. O que sobra? No mínimo, um espaço imenso para criatividade, paz criadora gestada pela sensação mais nítida de tempo. Se a gente não fizer nada, mesmo em termos espirituais, mas varrer, cuida do jardim, olha as nuvens, esquece-se um pouco, curte as abelhas vindo na sua mão para sugar o açúcar da pele, lê e dorme, sobra muita coisa que a gente ainda não definiu bem, como nomes ou símbolos. E se não sentir nada disso, do inefável, do indizível bem-estar; no mínimo, quando voltar à sua rotina, sair dali, vai interpretá-la rotina na cidade de forma mais lúcida. As meditações Kadampa se concentram, essencialmente, no Lamrim, que formam a essência com 21 meditações, representando as etapas do caminho à iluminação. Um ciclo, em síntese, para transformar a mente samsárica e densa numa mente mais clara e sutil, menos carregada de desejos. Você medita em temas como compaixão, trocar "eu" pelos outros, eliminar o autoapreço, o dar, o confiar num guia espiritual, entre outros e, a mais interessante de todas, compreender e praticar a vacuidade, a realidade última de todos os fenômenos. A desconstrução da matéria, se possível, a compreensão pura da diferença entre os fenômenos convencionais e os naturais. Não devo ir além, aqui, com o assunto da vacuidade. Cautela e coerência.

Numa ocasião como esta, outra riqueza aparece espontaneamente. Ninguém é ninguém. Ninguém leva seu currículo à montanha. Em uma jornada para a Natureza e para nós mesmos, o silêncio e o propósito anulam classes sociais, fama, dinheiro, *status*, intelecto, beleza ou feiura, gêneros e mais todos os objetos do desejo que oscilam sem parar. Costumo dizer que nem a esquerda briga com a direita e vice-versa porque a posição é para dentro e para o outro. Anulam-se as fraturas e as cisões. Vale salientar que todos esses predicados não são de exclusividade do budismo, nem de um retiro budista. Isso seria um deslize arbitrário meu. Eles também devem surgir em qualquer retiro de paz e de profundidade em grupos e tradições de boa vontade, sejam católicos, judaicos, islâmicos e demais derivações e cultos. Também em retiros e imersões para criação artística, em isolamento para o desenvolvimento de trabalhos lúdicos e intuitivos. Para músicos e escritores, isso pode ser semelhante, isolam-se num sítio, num estúdio de som no campo e de lá saem com um disco, com composições. Acho que outra palavra estimada e esperada nessas situações é *liberdade*. Uma vez que não há currículos e um mínimo de representações, de desfile de imagens, a liberdade surge naturalmente. Existem desconfortos? Desistentes? Sim, sempre há. Os que não aguentam o silêncio e sentem a falta do conforto de casa, geralmente, são os que têm dificuldade de absorver esse novo registro incógnito proporcionado pelas novas vivências e situações de solitude. Para tomar a decisão de ir a uma montanha para ficar ao menos uma semana, é porque há disposição em abandonar o currículo e as distrações comuns. Além disso, o mais relevante, conviver com a liberdade e com o espaço inominável que sobra dentro de nós é um ato de criação. O verniz das aparências se vai e, lá no silêncio coletivo, ele não serve para nada. Quem não souber viver sem sua camada de "identidade", sente-se vestido com uma armadura medieval num campo de nudismo. Às vezes, é melhor ir embora.

Fui a esta montanha mais de dez vezes. Todas elas me trazem boas experiências. De várias, guardo especialmente uma delas. Depois do terceiro dia, quando geralmente nos ambientamos ao lugar e tudo passa a fluir melhor, passei o dia fazendo serviços braçais para contribuir com a manutenção geral, meditando e lendo. Depois do *puja* das 18 horas, jantamos, tomamos banho e pude voltar ao *Gompa* para ler mais um pouco sob a luz de uma lanterna. O silêncio mais musical que tive em minha vida ocorreu quando estive sentado naquele assoalho de madeira, cheirando a pinho, em meio às figuras de vários Budas, e as palavras de Geshe La iam sendo absorvidas com facilidade. Parecia eu realizando ao vivo os conteúdos do livro. Hora de dormir, deitei-me na cama simples no rancho sem forro, ao lado de uma pequena gaiola-ratoeira abastecida com alimento. Sabíamos que não matávamos nada, absolutamente nada, nem a mais horrorosa aranha. E ao meu lado, eu queria que Herman aparecesse. O rato era conhecido naquelas bandas, e batizaram-no de Herman. Em questão de 1 ou 2 horas, lá estava ele preso dentro da gaiola depois de morder o pedaço de queijo e de bolacha. A chuva caía com leveza e em bom volume, sem vento e na pura graça dos céus. Levantei-me e resolvi soltar o Herman no jardim novamente, como muitos antes de mim puderam fazer a mesma coisa.

Vesti meu chapéu de aba larga, uma capa de chuva e saí do barraco com aquele serzinho que estava ao meu lado, parecendo saber que seria solto. Ninguém fizera, que eu saiba, mal a Herman até então. Talvez por isso ele não tinha medo de entrar na arapuca dos humanos. Afastei-me um pouco das instalações e abri a portinhola para ele. Talvez fosse meia-noite, 01h00 da manhã? Eu não quis voltar imediatamente para a cama, preferi sentar-me num banco belamente posicionado de frente para a enorme vista para o adiante, de onde vínhamos, de onde subíamos, que era o vale dos centros urbanos. Luzes de uma cidade inteira se viam ao longe, que, na proporção do horizonte, eram do tamanho de um celular no chão, não mais do que isso. Quilômetros de paisagens verdes e de vista enorme. A chuva sobre meu chapéu e capa, o silêncio, a solitude, a noite. Não foi nenhuma iluminação nem uma realização de sabedoria porque o prazer foi imenso, o espaço e o tempo se juntaram numa só entidade física. E se há muito prazer, não é a tal da felicidade. E, se eu sentia isso, é porque meu pêndulo havia parado um pouco de oscilar. Não descia para o lado da dor, permanecia num êxtase simples de liberdade e de espaço mental. Na verdade, ausência de dor, ausência de pensamentos, zero de vontades. Sem drogas, sem álcool, sem aditivos, sem estímulos, voltei ao quarto, enxuguei-me do bálsamo absorvido e voltei a dormir. Até hoje, até agora, sei a frase que ficou na boca sobre aquele banco na imensidão: o que está acontecendo? E um sorriso ficou por um tempo nos lábios sob aquela maravilhosa chuva das alturas. Depois de uns oito anos de convivência e práticas, o samsara atravessou e falou mais alto no movimento. Vieram novas instruções e retaliações da diretoria central da Inglaterra. Por conta disso, monges e monja desordenaram-se, outros mais jovens assumiram seus lugares, o Ganden Ling foi fechado e vendido. Na inércia da nova lógica, a velha turma de praticantes se desfez no mesmo movimento dos ex-monges. Eu estava neste êxodo.

O *Dharma* poderia vir de outras paragens e línguas, mas minha vocação para ermitão montanhista seguia em frente. Encontrei o budismo *Theravada*, tradição *Vipassana*. Nesta, não encontrei dogmas, nem deidades, nem *pujas*. Essencialmente, o *Vipassana* é laico, livre, podendo agregar todas as crenças. Num retiro *Vipassana*, ou em meditação *Vipassana*, existe a meditação pura e ecumênica, aberta a todas as religiões, agnósticos, ateus e indecisos. A palavra designa "ver como as coisas realmente são", ou "compreender a natureza das coisas". Ela é das mais intensas, mais rigorosas e mais corpomentais por mim experimentadas. Muito técnica e dependente de uma disciplina psicofísica mínima para seguir no barco. O retiro de silêncio rigoroso de 10 dias na montanha é uma atividade inigualável no sentido de resistência. É um teste de resistência, no qual, depois do terceiro ou quarto dia, é possível compreender o que estamos fazendo ali. Muitas pessoas têm esse momento como o limite de tolerância. Vão embora, desistem. Doem as juntas e a mente fervilha, assim também senti o sofrimento dos evasivos. O budismo *Theravada* é mais popular no Sudeste Asiático, na China e na Índia também. Mais especificamente, mestre Goenka, indiano que migrou para a antiga Birmânia, hoje Mianmar. Foi um guru muito elevado e respeitado, morto em 2013, dois anos antes do meu retiro se dar na zona rural da cidade montanhosa de Monteiro Lobato, Serra da Mantiqueira, em São Paulo. Muito preparado e didático, o Sr. Goenka absorvera os ensinamentos e o legado com outros anciãos da antiga Birmânia para, depois, projetá-los na própria Índia e no ocidente próximo. De família muito rica na Índia, ele não tinha talento nem vontade de cuidar das indústrias do pai. Quando tinha pouco mais de 20 anos, foi terminar sua formação profissional em Londres e, principalmente, procurar uma cura para sua enxaqueca crônica por meio da medicina inglesa, ocidental. Segundo ele mesmo, voltou anos depois à Índia do mesmo jeito, cheio de dor e sem vontade de trabalhar com o pai. Eis que surge uma oportunidade para migrar para Rangum, capital de Mianmar, uma vez também independente do Reino Unido em 1948, como a Índia. Mestre Goenka conheceria seu principal mentor Saya Gyi U Ba Khin, ou simplesmente Ba Khin. Com o tempo, foi se tornando um discípulo dele na tradição *Vipassana*. Seu objetivo inicial fora tentar encontrar alguma maneira de se livrar das sofridas enxaquecas. Talvez tenha migrado para lá no desespero da dor, na tentativa última de se livrar da doença. Pelo que o próprio mestre nos conta em gravações disponíveis, ele foi exitoso nesse processo. Tornando-se um meditador iluminado, seu problema de saúde sumiu com o tempo. A partir do êxito, comprometeu-se a dedicar sua vida aos ensinamentos *Vipassana* de forma gratuita, como orientaram seus mestres. Meditação, um bem imaterial da humanidade, representa ensinamentos que não podem ser cobrados de ninguém. Ao fim da vida, com pouco mais de 90 anos, seus ensinamentos e sua meditação percorreram o mundo e, hoje, na Índia, sua terra natal, há um enorme e celebrado centro Vipassana Goenka, na cidade de Igatpuri, entre Mumbai e Nashik. Em São Paulo, tem o nome de "Dhamma Santi".[4]

4 Damma Santi – *Vipassana*. Acessado em 17 de novembro de 2020.

Para integrar esse retiro, temos de passar por um filtro, uma entrevista digital. O questionário centra-se na saúde mental e espiritual do candidato ao retiro. Uso contínuo de drogas e a dependência de medicações psicoativas como calmantes são práticas indesejadas para o ingresso. Sabe-se que, numa busca como esta, muitos fazem uso de medicações, mas a coordenação pede que elas sejam suspensas sem ferir a suscetibilidade de ninguém. A maioria dos participantes é bem-vinda, e os retiros são muito disputados na pré-inscrição, nos quais permanecemos 10 dias em silêncio absoluto, com 7 a 8 horas de meditação ao dia, começando com a primeira sessão realizada às 05h00 da madrugada. Seguida de café da manhã e, na sequência, mais sete meditações. A alimentação é vegetariana e a última refeição modesta acontece às 18h00, com um chá e apenas uma fruta para cada um.

Se não houver um mínimo de determinação, disposição corpomental, o retiro não é recomendado. Esse é o batismo *Vipassana Theravada*. Todos têm de começar pela experiência do rígido retiro. É o ritual de iniciação para quem quer seguir ou percorrer o caminho desta maravilhosa meditação. Os ensinamentos são transmitidos geralmente em inglês e pali, língua de origem indiana, hoje mais popular no Sudeste Asiático e usada em liturgias, por ter sido a língua mais próxima da que Buda falava. O sânscrito é uma língua erudita mais usada por tibetanos e indianos, mais ao sul e ao norte dos Himalaias, Norte Indiano, Nepal e Tibete. Durante as sessões de meditação, uma sala grande, singelamente decorada, nenhuma imagem ou oferenda à vista. Apenas uma rosácea no alto da parede do palanque, na qual posta-se um professor ou professora para acompanhar e guiar o áudio eletrônico, em que, por sua vez, quem nos guia é o próprio mestre. O mestre, em seu legado, nos deixou livros, entrevistas e farto material em áudio. Narrado com precisão didática e oral, nos 10 dias de encontro, a cada meditação, o Sr. Goenka sabe exatamente qual é seu estado espiritual, corporal e físico nos quais cada participante se encontra em cada momento. Sabe das dificuldades de cada dia e das realizações adquiridas diariamente. Um mestre na condução das guianças meditativas e nas palestras que sempre antecedem cada encontro. Na sequência, descreve o manejo e o estágio da meditação a seguir. Na jornada toda, nenhum procedimento meditativo é igual a outro. Sempre há adições e novidades. A cada dia, um passo, até o décimo dia pela manhã, quando, depois do café, todos voltam a falar e a se confraternizar.

Desde o primeiro dia, homens e mulheres são separados. Alojamento masculino distante do alojamento feminino. Ambos os sexos não têm contato entre si na jornada toda (que eu saiba, os LGBTQIAP+ têm de escolher um dos dois lados). O único contato se dá na sala de meditação, na qual os gêneros dividem-se entre esquerda e direita. Mal se observam pelo corredor entremeado do início ao fim da sala. Recebemos instruções objetivas sobre a separação como uma das estratégias de reforço na concentração para o retiro. Tudo que for o mais leve motivo de desconcentração é pensado e contornado de forma a facilitar a estada em solitude determinada, concentrada. Mesmo nos momentos de folga, 30 minutos, às vezes 1 hora, entre uma meditação e outra, homens e mulheres têm seus jardins e espaços distintos, banheiros separados, salas de alimentação diferentes e isoladas uma da outra. No alojamento masculino, há um desafio a enfrentar, mais ainda para os pudicos e tímidos. Um barracão com trinta beliches no mesmo espaço (60 homens, lotação máxima), com um banheiro conjugado ao lado. O lugar de cada participante está previamente escolhido, identificado por uma ficha colada ao beliche. Uma pequena cortina feita de TNT divide a abertura das camas, de forma a aumentar um pouco a privacidade de cada um. Alguns, não satisfeitos, acrescentam um lençol na lateral toda da cama, de modo a formar uma tenda na cama de baixo, preso pelo peso do colchão do parceiro de cima.

Nesta jornada toda, portanto, somos convidados a abandonar, se não completamente, pelo menos um pouco a própria individualidade reservada, aquela que preserva nossa intimidade e atitudes sociais ao gosto de cada um. A privacidade total é deixada em casa, um passo importante para dar de cara com nossos condicionamentos. Um procedimento radical, sem escolhas, com o qual o silêncio compulsório forma uma corrente de desvalorização do individualismo e do refúgio do ego. O participante tem de se virar com isso, caso contrário, em dois ou três dias, será um dos candidatos a abortarem o projeto. Poucas mudas de roupa, higiene socializada (quase), alimentação frugal sem escolhas, às 21h00 as luzes gerais são apagadas. Tudo recomeça às 04h30, quando um monitor toca um sino suave para avisar que o sono acabou.

Um tanto rígido, diriam alguns. Exagero passar por tudo isso, diriam outros. Eu diria que sim, os efeitos positivos do despojo são importantes. Inclusive as dores físicas, quando o participante chega ao quarto ou quinto dia, são um termômetro de como ele está reagindo. A posição de lótus é a recomendada: sentado sobre uma ou duas almofadas, sobre acolchoados, cada um inventa o que o corpo pede. Usar cadeira é permitido, naturalmente, contanto que o integrante tenha pelo menos tentado o solo primeiramente. Quem tem restrições importantes não deve nem sonhar em passar por este retiro. Sempre o mesmo lugar ao chão, sempre as mesmas horas e sempre cada um na sua. Depois do terceiro dia, começam as evasões. Um homem que estava ao meu lado no dormitório já manifestava alguma inquietação logo no primeiro dia. Ele foi um daqueles a esticarem um lençol como parede, prevendo a manutenção de sua privacidade na cama de baixo ao lado da minha. Sentia em seu jeito que ele não duraria ali. Fato: ele e mais uns sete, dos 60 homens, desistiram. Mulheres, provavelmente, a mesma proporção.

O que é, afinal, o *Vipassana*? O que seria "ver as coisas como realmente são"? Esta é a parte mais valiosa de toda a introdução que fiz. De várias tradições das quais participei, cursos laicos, exercícios, meditação em movimento, como é o *tai chi chuan*, aulas de ioga com meditações e especialmente, *Kadampa*, que é um caminho maravilhoso, o *Vipassana* foi das mais intensas, difíceis, marciais, mas uma das, se não a mais, importantes de todas para mim. Encaixei-me nela como se já a conhecesse há tempos. No *Lamrim Kadampa*, como citei, há como base 21 temas com os quais você medita, os quais você procura introjetar, incorporar, senti-los no peito, na mente. Pensar a compaixão é um ato racional, porém senti-la no centro do peito é outra coisa. Até o cérebro mesmo sabe distinguir se você pensa o tema ou o sente. Imagens de ressonância magnéticas mostraram essas diferenças em testes em mentes de meditadores e de monges. O sistema nervoso trabalha de forma distinta, num caso e em outro.

No primeiro dia e na primeira meditação *Vipassana* com as 120 pessoas ali, em silêncio, determinadas a seguir o caminho abrindo mão da vontade de falar, o Sr. Goenka nos conduz como numa palestra. Preparamo-nos para meditar com uma boa conversa e explicações. De início, a primeira etapa é experimentar o *Anapana* por três dias seguidos. Somente no quarto dia, adentramos na meditação *Vipassana* de fato. *Anapana* é um termo designado para a concentração na respiração, "consciência da respiração". Uma técnica bastante usada, bastante recorrente em escolas e tradições de meditação mundo afora. Uma das poucas ações fisiológicas que podemos controlar um pouco, a respirarão é um objeto de concentração maravilhoso para meditar. Tem pulso, ritmo, sobrevivência, está no centro do corpo e da cabeça, e faz contato entre o fora e o dentro de nós. É muito simples, tão simples que qualquer pessoa está habilitada a fazer. A questão, mais uma vez, é a forma. Escutamos muitas vezes as frases do Mestre: "Look at your nostrils… Breath in, breath out, carefully, do not miss your nostrils and breath… Stay with yourself through the air sensation at your nostrils". Concentre-se em suas narinas, o ar entra e o ar sai, não perca contato com suas narinas e respiração... Fique em você e na sensação do ar tocando suas narinas.

O *Anapana* pode ser um aquecimento para a meditação *Vipassana*, que até pode também ser usada em outras escolas e tendências, que a usa com nomes diferentes. No *Vipassana*, ela ganha mais relevância a ponto de ser já, em si, uma meditação acabada, completa. Quem quiser, pode ficar com o *Anapana* a vida toda e não fazer nenhuma outra. Em cursos para crianças, ela é um recurso bastante útil porque simples, direta, e do que as crianças mais precisam é aprender a se concentrar e a se aquietar, quando necessário. Sem a estabilização possibilitada pela respiração *Anapana*, o passo seguinte pode ser prejudicado. De fato, foram três dias seguidos, mais de 24 horas em concentração *Anapana* para conhecer o procedimento principal *Vipassana*. O *Anapana* pode ser feita dirigindo o carro, em aula, na cama, num evento, até numa conversa em uma festa. Porque estar em contato com o mundo e com a respiração simultaneamente é uma questão de treino, de necessidade e de vontade. A rigor, a posição ideal é sentar-se com a coluna alinhada e com as pernas dobradas, na chamada posição de lótus, durante o tempo desejado. No início, 15 minutos, uma sessão. Com treino, 60 minutos ao dia, ou três vezes na semana. Neste estágio, aprendemos a aceitar os ruídos da mente e do mundo exterior e não nos perdermos neles nem os recusar. Ficamos com eles enquanto colocamos em primeiro plano as sensações da própria respiração, numa intensidade tal que nos aproximamos de um estado de presença e de espaço mental incomum. A mente fica grande, espaçosa, criativa, fazendo com que os ruídos e pensamentos fiquem nela mesma, mas num plano diferente, num plano vegetativo, o qual se assemelha à corrente sanguínea que flui sem barulho e não termina nunca. Não a comandamos e ela nem um pouco atrapalha nosso propósito. O corpo e a mente aproximam-se como num cenário só, em cujo centro estamos, quietos e equilibrados, quando nossas vontades começam a diminuir. Sabemos que o encaixe chegou quando aparece a sensação de que não há nada mais importante a fazer do que aquilo. Só aquilo. Aí, a meditação toma seu espaço.

Do quarto ao décimo dia, continuamos com o *Anapana* nos primeiros minutos da meditação. Cada um decide o quanto ficará com ele. É uma porta de entrada para um mergulho em que sentiremos a presença mais afinada possível desse esplendor corpomental. Sabiamente, no quarto dia já toleramos mais a posição, as dores diminuem, e o *Anapana* encaixa mais rápido. De fato, quanto mais concentrados, mais fácil. Sabemos que está funcionando bem quando toleramos as dores nas pernas, na coluna, no corpo todo, mas a concentração com alguma reação neurológica positiva deve acontecer para nos colocar numa situação favorável. Na voz do próprio professor, "observe e não dê importância às coceiras, às dores, aos pensamentos. Se fugir, volte". Será o nosso pêndulo? Nossa inquietação age a todo momento, mais ainda numa meditação, pois estamos totalmente condicionados a buscar prazer e distrações o tempo todo, sem fim.

Numa das primeiras aulas do quarto dia, é a vez do *Vipassana*. Depois de focar na respiração como aquecimento, iniciamos uma contemplação cada vez mais detalhada e aguçada do nosso próprio corpo. De cima a baixo, de baixo a cima, da cabeça aos pés, dos pés à cabeça, sem negligenciar um espaço sequer dele, escaneamos lentamente toda a superfície corporal. O que encontramos? Busca-se tudo, sente-se tudo. O toque da roupa na pele, o calor da pele, as dores, os arrepios, o cansaço, os cabelos se possível, a circulação, os tamanhos e densidades, os volumes, os contornos, o estado geral da existência corporal e a sensitividade, sempre com observação plena. Reagir a algum sentimento ou sensação? Nada. Aprendemos a ir ao encontro daquilo que nos acontece, algum fenômeno manifestado em nós, o que é parte de nós, sem reagir a nada, seguindo pelo caminho à frente, seguinte, e assim sucessivamente. Se alguma parte do corpo nos chamar a atenção, fazemos o escaneamento mais cuidadoso por ali, mas não damos preferência ou privilégio a nada e a nenhum lugar do corpo. Persistimos da cabeça aos pés e dos pés à cabeça, como se um óleo fosse derramado sobre nossa cabeça e começasse a descer por todo seu contorno, besuntando toda e qualquer parte da pele. Esta é a sensação exemplo para o escâner. Pode ser mel, pode ser uma loção, mas nada que substitua a nossa própria varredura de sensações concretas, físicas. São fenômenos psicofísicos ininterruptos acontecendo em todo o nosso ser.

Sessenta minutos neste transe, sete ou oito vezes ao dia. Destes, uns 10 minutos, o professor reserva para apresentar novas informações e novos ensinamentos, no meio dos quais acerta em cheio as sensações e as ideias que aparecem para quem medita. Quarto, quinto, sexto dia, elas são os mais difíceis. Quando a meditação encaixa, de fato, melhora, mas o corpo não está acostumado a ficar na mesma posição 8 horas ao dia. A nós, ocidentais, muito menos. Nos intervalos, não há quem não apele ao alongamento, aos *Qi Gong*, a uma espreguiçada ampla e lenta, ou mesmo a se deitar um pouco no quarto. Vamos adaptando as posições conforme a possibilidade em cada aula, ora sentados sobre os joelhos, ora em lótus, ora em sela de cavalo feita com edredom, e assim prosseguem as experiências. No nono dia, apelei para o uso da cadeira de plástico de emergência. Revezava: numa aula com ela; na outra, voltava ao chão. "Se eu resisti ao sétimo dia", creio que todos ali pensaram o mesmo, "ficarei até o último minuto do décimo dia".

Qual a razão do escaneamento corporal? É uma inspeção sensorial. O *Vipassana* é tão somente isto, custoso, atento, corporal e muito simples. Não há deidades, não há rezas, não há cânticos nem oferendas, talvez nem sequer fé. A sala é nua e nela não circula quase nenhuma teoria, nada. Práticas e ensinamentos muito objetivos. Por esse motivo, o *Vipassana* tem tido êxito em parte do sistema carcerário dos EUA, na Europa e aqui, no Brasil. Os ensinamentos do Sr. Goenka foram levados para algumas instituições, creio, em caráter experimental e, depois, implantados com regularidade. Pessoas de todas as partes e culturas vêm recebendo essa ferramenta como auxílio pedagógico e terapêutico com resultados muito interessantes. Há, por exemplo, dois documentários sobre a experiência. Num deles, média-metragem brasileiro, *Vipassana, o Caminho da Libertação*, Belo Horizonte, de Daniel Labanca, 2018, em que um detento diz "a prisão não está aqui fora..." e aponta para a própria cabeça para concluir que "está aqui mesmo". O pioneiro dos filmes, se não me engano, é *Dhamma Brothers*, de Jenny Phillips e Anne Stein, 2010, filme com detentos de Donaldson, prisão de segurança máxima no Estado do Alabama, EUA.

Vipassana, caminho da libertação

Dhamma Brothers

A orientação dessa meditação é voltada ao exercício de atenção plena e detida na leitura do corpo vivo, do corpo em todos as suas dimensões possíveis. O professor salienta que, no processo contínuo com o *Vipassana*, não é recomendado colocar um objetivo na meditação que não seja ela mesma. Por exemplo, "preciso meditar para resolver minha ansiedade", "medito para dormir melhor", "poderá melhorar meu humor?" O sentido dessa recomendação fica muito claro, a meu ver. Se meditamos com segundas intenções, passamos a trazer uma expectativa de resultados específicos, usando o processo como veículo de transformação. "Ver como as coisas realmente são", *Vipassana*, supõe-se um objetivo em si mesmo, na própria meditação e seu processo de simples investigação detalhada do processo vivo. A participação do desejo, da esperança, de memórias e da razão não faz o menor sentido para o avanço. Professores salientam, perante muitas das dúvidas dos meditadores, que o espírito do escaneamento é intuitivo, sem o qual o avanço no *Vipassana* fica comprometido.

Em nossa cultura, temos o costume de esperar resultados como se tudo fosse um exercício físico. Quanto mais, melhor, e a quantidade nos trará respostas positivas. Assim fazemos com a saúde, não é? Se há açúcar e colesterol altos, caminhadas, medicamentos e exames, até baixarem os índices. Nas religiões também somos uns pidões de primeira qualidade. Pagamos promessas se o objetivo for alcançado, dedicamos uma penitência para conquistar a remissão dos pecados, andamos de joelhos até machucar os ossos quando uma suposta graça é alcançada. Ninguém precisa fazer nada, são os santos e as deidades que estão trabalhando por nós. Nas visões orientais que conheço, nenhuma delas incentiva esse tipo de atitude. Pelo contrário, os atores somos nós mesmos. Ninguém poderá nos substituir no trajeto à iluminação. Não há milagres. Por isso, a postura do meditador tem de ser neutra e sensitiva, desprezando vontades desejosas e necessidades cotidianas.

Parte da minha ideia da casa pêndulo partiu do imaginário didático do mestre Goenka, que, em todas as guianças e aulas, sempre salientava:

> Nossa mente convive sempre com sensações agradáveis e desagradáveis, e reagimos com desejo às agradáveis e reagimos com aversão às desagradáveis. Então, não tenha desejo nem aversão nas meditações. Mente e matéria, então, conectam-se, e você tem de sentir as sensações do corpo na raiz de sua mente. *Vipassana* é uma ciência do corpo e da mente, conforme o corpo influencia a mente, a mente influencia o corpo. Não tenha aversões nem desejos, esta é a harmonia.[5]

É esta a conduta da observação bastante sublinhada, tanto na dimensão do pêndulo em nossas vidas como na postura e na prática meditativas. No fim, é para todos os momentos e desafios da

5 "Our mind has always pleasant and unpleasant sensations, and we react with craving when there are pleasant sensations, and we react with aversion when there are unpleasant sensations. So, do not craving, do not aversion in meditation! Mind and mater are so connected, and you have to feel the body sensations in the root level of your mind. Vipassana is a science of the body and the mind. As the mind influences the body, in return, the body influences the mind. Not craving, not aversion, that's the harmony".

vida, diariamente; essa observação tem de estar automatizada, ativa, mediando nossos momentos de raiva e de prazer, em momentos decisivos em que nasce um desejo inútil, e em momentos em que uma aversão assume uma proporção que me faz desistir de encarar obstáculos. Não posso esperar nada dos outros e nem do tal destino. Tento encarar os desafios com presença determinada, profunda e atenta. A permanência nos 10 dias de retiro me mostrou como interagimos com a meditação, não a separando de nós mesmos, dia a dia, em qualquer relação com pessoas e desafios pessoais. Como salienta o mestre, a todo instante, na conexão entre corpo e mente, estes se autodefinem simultaneamente. Em dado momento, nos últimos dias de meditação naquele retiro, a percepção e a sensação desta magnificência, o espaço-eu, ficavam mais e mais nítidas e presentes.

No meu caso, recordo muito bem os efeitos psicofísicos internalizados. Se pudéssemos chegar a eles quando quiséssemos seria uma riqueza. Porém, pelo que sei, eles começam a aparecer mediante repetição e experiência meditativa. *No pain, no gain*, como diz o ditado. "Sem dor, sem ganhos", algo assim. Suor e trabalho. As dores nos joelhos e nas costas diminuíram; a cada encaixada meditativa, era sensível a diminuição do desconforto. A dor, diga-se, também é um fator a ser observado com o mínimo de reações possíveis, como todas as demais sensações. O guru destacava isso, "observe a dor sem reagir a ela, segure que a observação vai tratar dela". Exatamente como pensamentos, coceiras, ideias, sentimentos, a dor pode ser observada num primeiro momento, se dermos a ela menor importância na hora de meditar – e fora da meditação também. O estado de atenção plena em sequência densa e repetitiva, àquela altura da jornada, proporcionou em mim um espaço mental que nunca havia tido em minha vida.

Mal comparando, se nossa mente vive confinada num almoxarifado estreito e apertado, minha mente parecia estar do tamanho do salão que abrigava a todos os meditadores. Ampla, arejada, livre. Além do espaço muito confortável e agradável para o espaço vivo adquirido, o aumento da criatividade foi outro fenômeno maravilhoso.

Depois de um tempo sentado, a meditação entrava num processo automático de ideias e de criações de forma involuntária até, diria que vindas do inconsciente, da vida inconsciente vegetativa que nos pertence. Os mestres chamavam a atenção para não aderir nem se empolgar com as sensações agradáveis, de forma a contrariar o propósito de neutralidade observadora. Mas é inevitável notar uma sensação de liberdade criativa como consequência da vibração do silêncio e da atenção. O apego pelo conteúdo criativo apareceu quando tive a intenção de registrar em diário as ideias que surgiam. Antes de fazer isso, tive de realizar o esforço em aceitar deixá-las escapar no espaço. "Vou deixar passar isso", pensava em meio aos conteúdos que me vinham como um fio de água correndo. Lembro-me de aparecerem frases, poemas quase prontos, como se estivesse lendo num papel. Frases musicais, como composição de melodias soltas do nada. Também ideias para filmes, para cores, e uma corrente de manifestações nas três linguagens, verbal, visual e sonora. Difícil desapegar, mas tive de experimentar a perda com neutralidade a tudo isso. A razão encontrada para esses fenômenos, para mim, pelo simples sentimento vivido na pele e nos ossos, nas vísceras, se dá com uma espécie de sonolência do sistema de censura e de alerta da mente, quando estamos em estados normais de atenção e de vigília. No lugar deles, surge um estado de liberdade criativa, incensurável, com o qual todos nós devemos ter a capacidade de desenvolver algo. A consciência entra em hibernação e, no lugar, sobra um hemisfério rico em emoções e referências lúdicas inconscientes. As sinapses se arranjam de forma diferente. Não sei explicar em detalhes o motivo fisiológico.

Num desses documentários científicos da TV por assinatura, acompanhei um cientista norte-americano realizando um experimento neurológico. Ele pedia para um pequeno grupo de pessoas de diferentes idades e etnias para desenharem um cavalo numa folha em branco. Cada um na sua vez e separadamente. Todos, sem exceção, apresentaram, em minutos, desenhos comuns, bidimensionais, primitivos, *naïfs*, ingênuos. Linhas tremidas e desproporcionais referindo-se ao animal escolhido. Em seguida, cada um dos voluntários passou por uma sessão de EMT, sigla para estimulação magnética transcraniana (inócua, sem efeito prejudicial), por meio de um capacete repleto de fios. Em cinco minutos de duração, o doutor lhes oferecia uma nova folha de papel em branco para retomarem a mesma tarefa, desenhar um cavalo. Todos, sem exceção, realizaram um esboço de um cavalo bem melhor do que o primeiro. Apareceram sombras, volumes, movimento, mais vida nos desenhos. A tese do cientista é que nosso cérebro em funcionamento normal, em equilíbrio basal realizando as tarefas de sobrevivência, esconde ou simplesmente desabilita, o tempo todo, habilidades artísticas e criativas inatas do ser humano. Por conta da estimulação magnética, o cérebro, ou o encéfalo, descansa, apaga uma espécie de censura e, por alguns minutos, um "autor" mais habilidoso sai de dentro dele, manifestando-se por algum tempo, até que o equilíbrio basal se reestabeleça. O contrário também existe. As pessoas com síndrome de Savant. O neurologista Oliver Sachs, em seu livro "*Um Antropólogo em Marte*", descreve casos de pacientes com essa síndrome. Crianças e adolescentes apresentam uma habilidade extrema em alguma atividade, como desenho, música e memória, por exemplo. Um garoto britânico, além de portador da Savant, era autista, tinha as dificuldades e passava por todos os desafios da doença, porém era um exímio desenhista, de obras precisamente impressionantes, em todas as escalas. Uma vez, sobrevoou a cidade de Londres com um helicóptero e, a convite de Sachs, realizou um mapa 3D, um enorme desenho sobre o que tinha visto em sobrevoo. Sua cópia, de memória, era precisa e muito bonita. Segundo os neurologistas, os Savant parecem estar naquele estado de transe criativo da estimulação transcraniana, mas são incapazes de realizar tarefas comuns do dia a dia, como ir a uma festa ou trabalhar, viver em sociedade ativamente. A palavra "Savant" vem da ideia de ser extremamente especializado, ser "sábio", muito competente em apenas uma atividade intelectual e artística e ao mesmo tempo em associação a um déficit de inteligência.

Para mim, a criatividade espaçosa e a liberdade de sentidos na meditação podem ter alguma relação com esse experimento. Talvez nós mesmos possamos recrutar funções neuronais menos ativas, reorganizando a plasticidade cerebral por algum tempo. Minha impressão foi exatamente esta, uma cortina se abre e o que já está lá, na coxia, no fundo, vem à consciência. Acredito nessa hipótese, pois, quanto mais desenvolvemos a atenção plena, menos precisamos atentar ao mundo, ao caminhar, ao tomar decisões no trabalho, ao cuidar da sobrevivência. Sobram-nos espaço e liberdade para outras funções que dependem da integração corpo/mente, que passam a explorar a corpomentalidade.

Para os praticantes mais veteranos e habilidosos, como o próprio mestre Goenka nos conta, a meditação vai permitindo ao praticante escanear o corpo de tal maneira a percebê-lo em forma de vibrações, de pura energia, abandonando as sensações de solidez e de fisicalidade. *Vipassana* tem um termo para essas vibrações, para essa sensação de energia corrente que remonta a mais de mil anos: *kalapas*. Nos livros, e com o próprio Sr. Goenka, encontramos esse termo para definir as menores unidades da matéria, ou partículas formadoras de nossos corpos. Ideia muito semelhante à da Física moderna que apontou o estado de matéria, feita de átomos e subpartículas. Os *kalapas*, segundo os ensinamentos, estão em constante movimento e em velocidade inimaginável. Quando meditamos em *Vipassana*, "como as coisas realmente são", interferimos na organização e no estado dessa matéria. Nessa vertente do budismo, "carma" se escreve *kamma* e o próprio *Dharma* ganha o nome de *Dhamma*, muito próximos, diferenças entre o pali e o sânscrito. Os tão conhecidos *karma* e *samsara* estão ligados ao que o *Vipassana* chama de *sankhāras*[6] – até soa parecido com *samsara*. Para eles, nossa existência, nossos corpos

6 *Sankhāras*, formação (mental), atividade da vontade, reação mental, condicionamento mental. *Meditação Vipassana, a arte de viver segundo S. N. Goenka*, de William Hart, 1987. Associação Vipassana do Brasil.

vivos são arquivos em movimento e em vibrações, portanto diretamente ligada aos *kalapas*. Nesse arquivo vivo, formamos condicionamentos e reações cristalizadas, como camadas cármicas criadas no processo do viver. Fazendo uma analogia às carapaças de Reich, os *sankhāras* representam nossas imagens, nossas doenças, nossos estados de impurezas fixados no texto do corpo, construídas ao longo da vida. A meditação é a ferramenta de limpeza dessas formações. Com o tempo e o aperfeiçoamento da meditação os *sankhāras* vão se dissolvendo. Com naturalidade, vamos acompanhando as transformações em nossas realidades físicas e mentais. Cada um, no seu tempo, sem expectativas de receber compensação, observando os desejos e as aversões, pode alcançar transformações importantes.

Trinta dias depois de sair do retiro *Vipassana*, ainda estava no regozijo da experiência. Recordo-me daqueles dias em que acreditei que minha mente teria mudado talvez definitivamente. Há anos não vivenciava aquele tônus e aquela transparência. Poderia controlar minha doença? Fiquei encantado, e o tempo passou. A falta de continuidade intensa da meditação foi diminuindo seus efeitos e, em troca deles, os condicionamentos foram voltando aos seus estados basais. Esse é o dilema com as tradições de meditação e seu mundo isolado. A vida moderna, ocidental, hoje, distanciou-se muito de seu oykos, de si mesma, de sua ancoragem sensitiva, em função de outras realizações e conquistas. O cenário ideal da meditação envolve espírito de grupo, estímulos espaciais, tempo, e tudo isso se perde quando voltamos da jornada. Raramente algum grupo se torna permanente fora dos retiros.

Meditei por meses, todos os dias sozinho, o tempo que me foi possível. Em seis meses, o fio da meada estava roto, partido. Não é por exatidão, mas, de alguma forma, somos capazes de transformar as dinâmicas de nossas mentes, e nosso destino epigenético pode ser redefinido com atitudes briosas e determinadas. Mas parte importante da expressão do nosso organismo é influenciada pela sociedade em que vivemos e pelos costumes que desenvolvemos dentro dela. A cultura rege parte de nossa epigenética. A força dela tem poder sobre nós. Essa é mais uma situação sobre a qual temos raro controle, talvez somente os abnegados iluminados estejam à altura dessas forças. De todo modo, sei que sou um veterano em jornadas ao deserto. Até hoje ainda sinto o aroma daquela imensidão de paz e de presenças não condicionadas.

Durante a pandemia, conheci a Kundalini Yoga Miniprotocolo Pranayam, proposta de tratamento complementar ao TOC, com a professora Daniela Mattos. São basicamente quatro exercícios meditativos em que a respiração é o centro da atividade. Estou em experimentação inicial. Parecem-me interessantes em sua prática de afastar o corpo/mente num movimento das obsessões e compulsões.

Casa da eutonia

Traduzimos tudo, seja físico, mental, emocional ou espiritual, em contrações musculares.

Gerda Alexander

A eutonia propõe uma busca, adaptada ao mundo ocidental, para ajudar o homem do nosso tempo a alcançar uma consciência mais profunda de sua realidade corporal e espiritual como verdadeira unidade.

Gerda Alexander

Palavras-chave: tônus, corpomentalidade, *motion*, emoção, *grounding*, pausa, morada do sentir, psicossoma, psicanálise do corpo, contato, tato, atenção, observação, criação, liberdade, descoberta. Frases-chave: o agora em pausas, em movimentos, aterramento para uma ação criativa, invenção na vivência do movimento. O corpo em estado de arte, autopoiesis.

Como aventureiro, pergunto: o inconsciente se revela de várias formas; entre elas, no próprio corpo? Creio que sim, assim como sonhos, sintomas, humores, situação, comportamentos. Então, penso eu, o caminho de volta, inverso, pode ser uma possibilidade de revelação e de sinergia com ele. Ou seja, trabalhar o corpo, pelo corpo – terapias corporais – pode ser um caminho sensível, uma linguagem para acessar o inconsciente. A mim e aos psicanalistas, deixo essa pergunta postulada. Permitam-me refletir e discorrer sobre o papel do corpo, manejado como linguagem e consciência, a partir de experiências minhas com esse instrumento tão poderoso que é o corpo, em cuja integração com a mente – com o inconsciente? – *bodymind*, corpomente.

Conheci a eutonia com amigos artistas da dança, da fotografia, da arquitetura e do teatro. Meu círculo de amizades, especialmente a atriz e bailarina Mariana Muniz e seu companheiro e meu amigo, o fotógrafo e arquiteto Claudio Gimenez. Duas personagens dos afrescos de Michelangelo. Com eles, pude encontrar algo diferente e potente para eu falar comigo mesmo. Para minhas dores, meus medos, meus desafios. Além disso, tenho de retificar, quando tinha 12 anos de idade, frequentei aulas de artes plásticas na casa da artista Vitória Machado, em São Paulo. Como complemento terapêutico escolar, porque divagava nas aulas da escola, meus pais me deram esse presente maravilhoso. Com Vitória, uma maga das artes, um papel em branco, lápis e tintas, às sextas-feiras pela tarde, aprendi, senti que sabia ser piloto de uma nave espacial, eu era essa nave, esse barco, esse fenômeno vivo, esse espírito, essa missão, esse investigador mais atento às ondas do mar do que aos surfistas. Cores, imagens, cores e sons, eu e mais alguns artistas, cada um no seu nicho, na sua viagem. Um dia, ela nos disse: "Acabo de comprar dois LP, vou pôr na vitrola como nossa trilha sonora de hoje, *Dark Side of the Moon* (de novo, ele), um dos discos da década, da história do *rock* sideral, e *Relayer*, do Yes". Deveria ser em 1974, ano, inclusive, de outra criação antológica do *rock* brasileiro, *Criaturas da Noite*, da banda O Terço, cujo disco traz uma música instrumental intitulada *1974*. E assim foi, uma introdução para arrepiar os pelos do espírito. A eutonia foi e é uma espécie de pós-graduação das aulas de Vitória, a mim retornada depois de velho. Papéis, tintas, lápis, textos, muito chão e muito corpo. Um legado entregue a mim, dado a mim, por todos aqueles que de mim cuidaram, orientaram-me, ensinaram-me. Um sortilégio.

Foi uma das coisas... não é uma coisa... uma das propostas, uma das criações artístico-pedagógicas mais fundamentalmente belas que conheci na vida. Talvez seja a única ou, no mínimo, a mais ajustada, profunda e original que eu pudesse conhecer. Outros camaradas importantes na história pegaram o pólen no vento dessa episteme intuitiva. Estavam na época correspondente ao de Gerda Alexander e também deixaram seus legados, como o ucraniano Moshé Feldenkrais, o psicanalista americano Alexander Lowen, entre outros. Para Gerda Alexander (1908-1994), eutonia é uma prática terapêutica e pedagógica - e uma pedagogia terapêutica –, com a qual buscamos uma regulação do tônus muscular. Nessa regulação natural, propicia-se a possibilidade de um ajuste sensorial entre emoções e músculos, resumidamente. Esse caminho leva às experiências formativas que são as que potencializam as aprendizagens, são as que nos afetam, as que nos modificam, as que deixam rastros. A professora e bailarina alemã Gerda Alexander a desenvolveu por necessidade a partir dos anos 1920.

Jovem, na cadeira de rodas naquele início de século 20, sofrendo com febre reumática, Gerda conta que a condenaram àquela cadeira por tempo indeterminado. Deveria esquecer a dança e talvez mesmo a docência dela. Seu caso era delicado e nada mais haveria a fazer. Repouso e paciência. Em alguns anos, as previsões médicas foram contrariadas. A menina não se resignou àquela situação e, no tempo em que estava acamada e cadeirante, teve a chance que daria início ao processo de criação da eutonia. Com movimentos leves, quase invisíveis, Gerda percebeu que conseguia, com mínimo esforço, colocar seu corpo em movimento com mini, ou micromovimentos. Havia criado, descoberto a possibilidade do que ela descreveu como movimentos sutis. Por meio deles, com a experimentação da uma intenção profunda e de um contato sensível, começou a perceber o aparecimento de bons resultados para o seu caso. Havia criado a atenção e o contato, dois elementos fundamentais de uma prática que viria aperfeiçoar. Percebeu que a consciência direta, a atenção ao espaço corporal, ao movimento sutil, poderiam ser potências naturais do organismo para trazer benefícios à saúde e à consciência da pele, dos músculos e dos ossos. Empenhando-se nessa experimentação e, em pouco tempo, a garota abandonaria a cadeira de rodas e voltaria ao circuito das artes, como aluna e como professora de dança.

Mais adiante, já madura, renovada e convicta de suas ideias, incluiu na pedagogia da dança o que testara em si mesma. Ela percebeu a importância de uma artista, de uma artista do corpo especialmente, de desenvolver um contato consciente e íntimo com seu tônus e seus movimentos, dos mais sutis aos mais expansivos. Gerda estimulava o toque sutil, a presença do outro, a sensação de espaço corporal em relação ao espaço físico, rompendo as barreiras do visível e as limitações dos movimentos condicionados, que, muitas vezes, estariam ligados às limitações das emoções. O corpo passaria a ser um objeto de pesquisa e de arte simultaneamente. Em vez de trabalhar a doença, pensava ela, por que não trabalhar a saúde e dar autonomia para esse conjunto supersensível e necessitado de integração? Por que não acessar a criatividade que há nos tecidos e nas articulações? Podemos mexer uma vértebra? Deslizar microscopicamente o osso rádio do antebraço sobre a ulna? Com intenção e atenção, sim. Hoje sabemos que, com os micromovimentos e a atenção plena voltadas a uma parte do corpo ferida ou quebrada, por exemplo, é possível acelerar o respectivo processo de regeneração. A atenção e o diálogo da pessoa com si mesma, com sua parte inativa, fragilizada, ajudam a promover as autoafinações, os equilíbrios, os reconhecimentos. Quando o aluno (ou paciente) aprende a estar em seu corpo, habitando-o com frequência e participando ativamente na criatividade inata que se estabelece entre a consciência e os tecidos, a convalescença é muito mais rápida, no caso de uma dor; ou o desempenho do artista em cena aumenta sensivelmente.

Gerda não tinha um nome para essa pedagogia, para essa arte pedagógica que começava a desenvolver em grupos e em instituições. A história conta que uma amiga sua cobrou-lhe um nome para seu método, para aquele processo de ressonâncias criativas, para essas manobras com transversalidade entre a arte, a saúde e a pedagogia, essencialmente. O palpite da amiga apontou para a clássica composição grega: eutonia vem do grego *eu = bom, harmonioso,* somando *com tonia = tônus.* Tônus justo, regulado. Baseando-se em um sistema de conhecimento prático-teórico, com procedimentos e atitudes que podem ser aplicadas em diversas áreas das artes, como a dança, a música, o teatro; além da Educação, Psicologia, Fonoaudiologia, Fisioterapia. Talvez em tudo na vida. Até complementando, convergindo atualmente com a ginástica laboral empresarial. Todos deveríamos fazer o óbvio com nós mesmos: eutonizar-nos.

Em aulas e vivências, os alunos – não são chamados de "pacientes" – perguntamos na prática, *in loco*, no chão, no ar, num palco, numa sala: como e o que faço com meu corpo? *Como sou feito e o que sou?* Como estou? O fazer e o ser são inseparáveis numa aula de eutonia, e o encontro com o corpomental é um movimento de organização de autopoiesis. Ou seja, de autopoesia, a pessoa se faz poesia. São perguntas que não necessitam de respostas objetivas e oralizadas. O corpo lhe mostrará algo, mesmo que você não saiba, não identifique, os tecidos absorvem e criam conhecimentos. Quando falamos em corpo em eutonia, falamos em sangue, ossos, músculos, pele, vísceras, pensamentos, emoções, sentimentos, que desembocam em comportamentos e nas relações com o ambiente e com as outras pessoas ao redor. "Traduzimos tudo, seja físico, mental, emocional ou espiritual em contrações musculares". Gerda havia percebido a ligação direta entre músculos, movimentos e emoções. Está tudo em nossos tecidos e na capacidade que eles têm de se expressarem e de se regularem, entre a dor e o alívio. Um corpo expressivo é um corpo em criação. Logo, na bifurcação entre a saúde e a doença, o movimento e a atenção nos levam à possibilidade da via da saúde e da liberdade.

Figura 2.7 – Desenho, estudo da mão. Fonte: Autoria de Luiz Otavio de Santi, 2012.

A eutonia é um método corporal prático que traz à consciência a experiência da anatomia do corpo vivo em ressonância com a mente. Propõe um mergulho constante nas sensações do corpo desde a pele até os ossos, passando pela vasta biblioteca dos espaços internos, para ampliar a consciência do tônus. Envolve a Psicologia, a Filosofia, as artes, a Pedagogia, a espiritualidade, a Anatomia, a Fisiologia, a Neuroanatomia e a Neurociência, por isso é considerada uma prática transdisciplinar.[1]

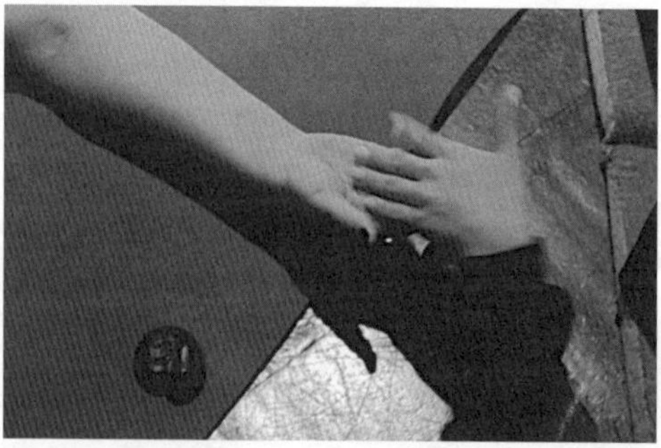

Figura 2.8 – Vivência das mãos. Fonte: Foto de Otavio de Santi, 2013.

1 Gandolfo, L. "Diálogo tônico por meio do toque e do movimento". In: *Eutonia, experiência clínica e pedagógica*. Zagodoni Editora, 2013, p. 113.

A experiência da eutonia é, sem dúvida, um instrumento de atualização da imagem corporal, imagem esta que é, a cada momento, a memória inconsciente de todas as relações vividas pelo indivíduo. Sua atualização se dará pela comunicação e pelo contato com o outro, resultando não apenas das apreensões a respeito da forma, do tamanho do corpo ou de suas partes, mas também de uma percepção da totalidade daquilo que consideramos ser nós mesmos.[2]

Figura 2.9 –Vivência das mãos 2. Fonte: Foto de Otavio de Santi, 2013.

Um aluno, no término de sua primeira aula-vivência em eutonia comigo, se aproximou de mim e tivemos o seguinte diálogo breve

— Mestre, impressionante!

— Gostou da aula? Foi tranquilo?

—Não foi tranquilo, foi óbvio... eutonia é o óbvio!

E sorriu em silêncio. Óbvio! Assim eu disse também nas primeiras noções que recebia no curso de formação para eutonista, nos institutos Berta Vishnivetz e Gerda Alexander, os únicos do Brasil, na capital paulista. Numa formação de três anos de muitos estudos práticos e teóricos, disse eu também — óbvio, claro. Um músico estuda piano durante a vida toda e não estuda seu corpo em relação ao

2 Campos, M. R. B. "A eutonia na construção do universo simbólico". In: *Eutonia, experiência clínica e pedagógica*. Zagodoni Editora, 2013, p. 82.

instrumento. Muito provavelmente, não faz parte dos ensaios analisar, sentir seus dedos, braços e membros em contato com as teclas. Há pianistas que buscam a eutonia para integrar o instrumento aos seus corpos. Uma atriz e um ator eutonizados, antes de entrarem no palco, "aquecem" seus corpos e personagens com atitudes eutônicas, apalpando-se, sentindo-se, preparando seus corpos para a ação. Bailarinas, dançarinos, pintores, atletas, até mesmo escritores, podem procurar esse estado de consciência antes e durante seus trabalhos. Para essas tarefas, o ideal seria aprofundar todo tipo de consciência que em nós cria e trabalha e torná-las prolongamentos de nossas ferramentas e dos espaços. As crianças naturalmente não as excluem de seus constantes movimentos livres e experimentais. Observe uma criança e veja como ela se experimenta o tempo todo. Porém, nossas posturas e condutas pedagógicos negligenciam o desenvolvimento dessa consciência sensitiva para a maioria das atividades cotidianas. Adultos, esquecemos, paramos de experimentar nossos movimentos, nossa relação com a gravidade, nossa relação com os espaços, com os micromovimentos, preferencialmente os sem finalidades, todos eles em ação inútil, sem finalidade prática, como as crianças. Passamos a economizar energia talvez e, encabulados, usamos nossos membros para alguma serventia prática apenas. Agarrar, puxar, empurrar, desligar, ligar, dedilhar, andar, deitar. Atender as necessidades práticas diminuindo cada vez mais suas potencialidades lúdicas e experimentais.

Nas aulas de eutonia, individuais ou em grupo, percebemos a potência criativa represada, dispensada, esquecida, negligenciada que há nestes corpos ricos em articulados e carentes de expressões e de vida. Por qual forma ela quer atingir seus objetivos? Pelo brincar, eu poderia dizer. O que já seria ótimo. Com certeza, vamos além disso. A prática do movimento lúdico e intuitivo ajuda no livramento da timidez, desperta o coração e a mente, alegra o espírito, ajuda nas dores, dá mais consciência ao aluno e aluna em seus processos de cura e de conhecimentos. Ficamos mais belos quando nos movimentamos, experimentamos uma relação delicada e sincera com os outros e, quando em grupo, na mesma sala, como um grupo de seres em êxtase, ultrapassamos a unidade em corpo, em espírito e em expressões. Passamos a nos expressar em movimento, ao contrário do corpo estático numa mesa de reuniões. Para artistas em geral, uma rotina em eutonia lhes oferece contato direto com as formas possíveis de expressão de um instrumento feito de vida, de carne e osso altamente especializado em tocar e ser tocado, em vibrar e ser vibrado. Não só para artistas, mas para qualquer um, é uma forma transformadora para a percepção da corpomentalidade, experimentando-a com suas possibilidades inatas e latentes. Muitos, a maioria de nós está numa rotina que conta com um esforço somático, ou seja, as emoções e os pensamentos despejam e fazem do corpo um depósito de tralhas e esforços. Limpar esse espaço, dar-lhe vida, é eutonizá-lo, o que pode significar a mitigação das dores, a percepção das origens delas, a correção de tônus e posturas, o desenvolvimento de mais consciência sensitiva e motora, uma participação mais ativa nos processos de busca de equilíbrio. Do contrário, nossos médicos nos ajudam, mas e nós? O que fazemos? Aguardamos tudo se resolver por si sem contato? A criatividade do corpo só pode ser usada e despertada pelo seu dono quando ambos se afinam.

Nas salas de aula em nossa formação clássica – creio que até em cursos de Medicina –, não se oferece uma aproximação com o corpo vivo, próprio, pessoal, somente com o esqueleto no canto da sala, com cadáveres ou com imagens, o que é uma didática importante do meio. Mas você já viu algum médico em formação ou estudante dizer que na aula daquele dia, ele sentiu e percebeu o tamanho do fêmur? Ou que o professor o fizera sentir a caixa torácica e a respiração dele mesmo e que, de repente, começara a sorrir, acalmando-se ao perceber como respiro pouco? Nossa experiência acadêmica e escolar é sempre, talvez quase sempre, intelectual, e só. Será que isso ainda é resquício de uma pedagogia iluminista, secular? Será que o trabalho braçal ainda está sob os tabus e os preconceitos históricos? Eu creio que sim. Nossa formação, em geral, está apoiada, sobretudo, naquilo que podemos ver, tocar, comprovar, classificar. Ótimo, isso nos traz tecnologias e medicamentos, atitudes que prolongam e dão conforto à vida. Mas muito do que a vida produz em nós e, ao mesmo tempo, aquilo que criamos e produzimos para a vida, estão em realidades complexas e não configuram certezas, mas cá elas estão conosco. Se somos seres simbólicos – mais uma vez insisto –, somos narrativas, somos signos, somos linguagens e, enquanto tais, comunicamo-nos por línguas e códigos, mas também por sinais sem códigos, não decifráveis, porque não são arbitrários, não se definem por alguma lei, normas e regras. Estamos todo tempo produzindo conteúdos emocionais e inconscientes que poderão ou não ser traduzidos em realidade consciente e não estão necessariamente no profundo inconsciente, mas ali, nos fluidos, nos tecidos e nos movimentos, como olhos d'água naturais. Nossa razão pensadora é apenas uma parte da energia que produzimos, a parte pensante do ego. Como criaturas comunicantes, brincantes, místicos, míticos, matemáticos, sonhadores, precisos, imprecisos, tudo que produzimos dentro e fora da cabeça é conteúdo do cruzamento entre a natureza e a cultura, e muito dessa produção não tem nome, não é palpável. Cada existência é um fenômeno singular preenchido de memórias, de ancestralidade, de genes, de químicas, de talentos e habilidade e, especialmente, recebedor de oportunidades sociais positivas e negativas no sorteio da vida.

Semelhante é o prisma de explicar o que é a música, o que é o amor, o que é o "não tenho palavras". Amor ainda é mais sólido, pode até ter aparência e substância quando fazemos um gesto ou uma atitude relativa ao amor do qual estamos falando. Doar-se? Doar dinheiro? Não trair? Amor sensual? Amor espiritual? São várias formas do mesmo ou daquilo que entendemos por amor em determinado momento e para alguém. A música e o belo já são mais complicados. O *jazz*, o que é *o jazz*? Dirigi um filme durante oito anos com uma orquestra, hoje a chamada Jazz Sinfônica Brasil. *A NAVE, uma viagem com a Jazz Sinfônica de SP* é o filme de 2013. Em 2011, participou da 35ª Mostra Internacional de Cinema de São Paulo com uma cópia não totalmente acabada. Reunimos 80 pessoas em média como personagens e muitos sons e imagens. Eu queria realizar um filme sinfônico, uma montagem musical, não sei se cheguei perto. Até hoje, não consigo definir nada sobre o *jazz*. Não arriscaria porque a cada definição a fronteira se amplia e se relaciona. E assim é também para a música chamada clássica. O termo designado para todas as composições eruditas executadas de modo sinfônico. Mas não é isso. Na melhor das hipóteses, chamamos de clássica a música de um período, como o de Mozart e Beethoven. Bach já é barroco e anterior, por exemplo. De todo modo, são nomes para organizarem a história da música. Com a eutonia é a mesma coisa. Há quase 10 anos trabalhando com ela e ainda não achei um jeito simples e descritivo para dizer para alguém do que se trata. O "óbvio" de meu aluno foi exatamente isto, fazendo aula, fica óbvio, como ouvir a música deixa tudo óbvio porque se absorve sem precisar entender ou explicar. Um amigo meu músico, Negão dos Santos, de São Luiz do Paraitinga, diz assim da música dele:

> Minha música tem um quê de caipira, porque o sistema do caipira é ajeitar a enxada no instinto, na prática, sem métricas, para ser útil e funcionar na roça. Agora, não pergunte ao peão, ou ao mestre como é que eles a fizeram! Não peça explicação para uma coisa que sai da vida. A melhor definição para caipira que ouvi na vida. Minha música é assim, sai da vida sem partitura, direto da experiência, tocando de ouvido e com o coração.

Geralmente temos noção prática do que é a ioga, do que são as populares academias de musculação, do que são as salas de aula da escola. Também sabemos o que faz um médico, um advogado, um padre, mas temos outras riquezas mais sutis, as quais não sabemos definir com palavras, geralmente porque têm pouco valor prático e ou comercial. Melhor do que explicar teoricamente essas riquezas, que são atitudes, experiências e movimentos, é simplesmente realizá-las, executá-las, presenciá-las. O conhecimento vem da prática, quando a construção da unidade e da integração corpomental é necessária, como a dança, o nado, o canto. O que é mais imediato e coerente, olhar para alguém e entender com os sentidos sua estatura, sua altura, ou tirar uma trena do bolso e medi-la? Qual a mais natural? Nesse caso, é mais racional sentir, perceber a altura da pessoa com a régua dos sentidos. Portanto, existem práticas pedagógicas, artísticas e terapêuticas que exploram esse saber natural do viver como forma de desenvolvimento da sensibilidade. Enquanto eu sinto meu corpo, meu corpo traduz e induz meus pensamentos. Essa é uma ação para integração geral entre a consciência da unidade. Do mais sutil movimento corporal observador, construímos uma liberdade criadora que parece apagar os limites entre o corpo e a mente.

Por exemplo, em duas modalidades básicas, ela pode realizar aulas individuais, aluno e professor, e vivências em grupo, como exemplo abaixo. Faça esta aula modelo, sozinho ou acompanhado. É você e o chão, e a experiência pode ser curta, depende do tempo que quiser criar. Leia as instruções e pare de ler, faça a seu modo. Desespecialize-se.

Uma vivência em grupo (ou individual)

Tema: despertar a pele – com movimento
Leia como se estivesse vendo, exatamente como sempre lemos, imaginando. Ou FAÇA sob as referências destas anotações.
Inventário 1
Ande pela sala e perceba-se. Em silêncio, perceba-se no espaço, seu corpo...
Pare, ande, recomece, perceba-se no momento agora. Há tensões? Não? Dor? Frio?
Dez minutos de tempo para este inventário. Isso mesmo, inventariar o que sou, como sou, como estou.

Inventário 2

Deite-se em seu local preferido. Iniciamos com espreguiçamentos longos. Perceba-se iluminando a roupa e a pele, os contatos gerais do corpo com o chão. Como está a elasticidade? A temperatura? Rolar e sentir. Como estou? Observar sem parar, sem aplicar valor nem imaginação. Na eutonia, não existe o verbo "imaginar". É sentir e observar.

Há alguma parte do corpo menos sentida? Mais apagada? Leve as mãos a essa parte e faça contato com ela.

Agora, sinta os contornos do corpo, seus espaços e seus limites. Como estão?

Explore por entre os dedos todos com as mãos.

Início

Inicie movimentos, do baixo, médio ao alto, percebendo a pele. E como você faz para levantar-se? O que precisa fazer? Sem pressa, explore isso.

Em pé, como está a pele do rosto e do lábios? Caminhe, circule. Explore o caminhar. Perceber o espaço da sala. Se tiver alguém junto, sinta-o ao seu lado.

Compare-se, caminhe mais, dê um tempo, sinta sua pele participando do movimento do todo. Fim.

Aqui vão alguns exemplos de aulas entre infinitas possibilidades práticas que podemos criar para aulas de eutonia. Se puder, faça-as no chão, experimente em algum local de que você goste, sobre um colchonete ou tapete. Sinta o chão também, o chão é uma espécie de espelho sensitivo que nos permite sentir o contato entre o chão e nós mesmos. O chão é mágico, é parte da Terra, do Planeta. Estamos grudados nele. Se quiser experimentar na prática, atenda aos comandos da vivência descrita nos inventários 1 e 2 acima no quadro. Lembra-se do meu aluno dizendo que isso é o óbvio? Pois bem, é esta a sensação mesma para quem faz essa vivência pela primeira vez e, depois, a cada experiência como essa, isso vai mudando, vai crescendo, desenvolvendo-se como se fosse uma dança, uma linguagem nova, uma língua nova para o sensitivo, para você se relacionar consigo mesmo e com os outros. O corpo entra em nossas vidas de maneira diferente. Por isso, sempre repito: ensine-se a habitar seu corpo e a conhecer a fala que há nele. Criemos para nós o sentido de inteiridade, com o estado de arte expressivo. Há uma finalidade? Não especificamente. A finalidade última é ser ele, numa unidade na qual não valem seus talentos extras, seu currículo, suas posses. O que vale é contatar e desenvolver a tão necessária integração psicofísica. O CORPAR. Recorda? Corpe, verbo transitivo direto corpar. Eu corpo, tu corpas, ele corpa. E se tiver muitas dúvidas, receios, restrições mentais, são exatamente essas sensações as expressões mais naturais e imediatas para quem se inicia na eutonia. Parece difícil enfrentar aquilo que aparentemente não tem finalidade prática, visível. Com o tempo, deixa de ser. Com exceção dos músicos que vivem da música, os demais mortais pensam que podem viver sem ela, por não ter objetivamente alguma finalidade orgânica ou fisiológica. Viveríamos sem ela? Para mim, seria impossível. Assim, nossos tecidos pedem atenção em movimento.

Um bom amigo me contou um episódio da vida dele. Pessoa sistemática, austera, pouca flexibilidade corporal e sem experiências artísticas prévias. Solitário, resolveu enfrentar aulas de dança. Não conhecia ninguém do grupo. No primeiro dia, estacionou o carro quase em frente ao endereço, 10 minutos antes do início da aula. Segundo ele, os 10 minutos mais tensos de sua vida. Queria chorar, não sabia o que estava fazendo lá, pensou em bater em retirada e nunca mais pensar em dança. Transtorno ansioso, raiva, fraqueza. Assim que as portas do recinto se abriram, ele, num rompante, abriu a porta do carro, atravessou a rua e encarou o desafio sem pensar. Palavras dele: "Foi a melhor coisa que fiz em minha vida". Ficou cinco anos dançando até não poder mais. Foi mergulhar no tango na Argentina, conheceu gente, namoradas, amigos. Descobriu um dom raro. Disse-me que, em muitas ocasiões, depois de certa prática na dança, ele sentia as notas musicais entrarem pelo topo da sua cabeça – na acupuntura, no Vaso Governador 20; e, no hinduísmo, o *Chakra* da coroa da cabeça, o sétimo de cor lilás –, notas musicais da dança fluindo em seu corpo como se fossem parte da música, ou seja, seu corpo entrava em estado musical, em forma de movimento, como ondas sonoras coreografadas, num tônus melodioso e rítmico. Uma integração só. Uma meditação em movimento, um corpar musical intuitivo consciente. Fantástico. Nessa ação, garanto que ele não pensava para se movimentar, tal qual um cardume de águas-vivas nas correntes do oceano.

Uma pessoa que experimentou os obstáculos da timidez, dos condicionamentos mentais e psíquicos, da imagem de si mesmo, quando resolveu saltar para outra dimensão, que estava dentro dele mesmo. Façamos assim? Onde e como? Esta é uma das afinações mais realizadoras que conheço. O espaço é seu, ninguém o invade, e as experiências são suas, como os sonhos e a infância de todos nós. Jogue-se no chão e brinque. Ele me contou essa história em segredo, com receio de que eu o achasse louco. Compartilhava comigo, segundo ele, por saber que eu a receberia com amor e compreensão. Pobre mundo selvagem vertical o nosso, que mal sabemos explorá-lo, tampouco senti-lo em suas potencialidades. Mais, não o conhecemos, não entra em cartilhas, em sala de aula, em casa, em quartéis, em templos, em academias, com raras exceções pedagógicas e no meio artístico. Sempre penso nisso, ser artista não é fazer arte simplesmente, como produto – é também, pode ser –, mas no movimento central é fazer de si uma obra de arte em constante mutação, e a riqueza mais valiosa dessa mutação é o próprio movimento.

Ele é tão presente como toda a moldura e todo o espaço que estão nos limites das obras, que ao redor definem uma pintura num museu, por exemplo. Onde começa e onde termina a arte? Das bordas de uma pintura até seu olhar e o prédio todo que o acomoda? Onde estão as fronteiras? A isso, dou o nome de "movimento". Este é uma espécie de museu de pinacoteca, de centro cultural, nos quais devemos ter a proposição de habitar, de atravessar, e onde acontecerão os enlevos, as ideias, as visitas, a guarda do que há de mais preciso para nós. No passo do movimento, habitam os significados, é entre um lugar e outro que encontramos o que queremos sentir e buscar. O quadro está lá na parede com um vidro à prova de balas, numa força centrípeta, todos olhando e parados na frente dele, convergindo os olhares. Junto ao quadro, o movimento é o que está ao redor dele, seu movimento, o movimento dos signos, da cultura, dos corpos, dos visitantes. A obra ali exposta vale uma fortuna, por quê? Pelo seu material empregado num tecido de juta e uma moldura de madeira? Não. É pelo seu valor simbólico que nos aproximamos dele em admiração, e este valor vem do movimento que a cultura lhe aplica somado à nossa concordância reproduzida no tempo. Se não fosse esse movimento, não haveria as emoções especiais em nossas vidas. Não haveria nada sem as trocas e sem as significações que existem na ação.

O movimento está em tudo, até no sono, nos átomos, no teatro, no cinema, na música, na leitura, no sexo. O movimento que não está em estado de arte é aquele do pêndulo, no vai-e-vem dos desejos e das dores em fuga, movimento refém do pêndulo. Ali não é um movimento de arte, é um movimento de sobrevivência. Na posição de observação do pêndulo, portanto ao lado dele, em atenção plena, está o ponto de vista do real movimento, para os olhos de quem se aproxima e faz contato com aquele quadro na parede, em que obra e observador se encontram, da mesma forma que o autor do quadro realizou um encontro e um movimento para realizar sua obra. O olhar mais educado, preparado, é o olhar sabedor do movimento, aquele que sabe que participa da construção do olhar.

Papo difícil? Sei porquê. Porque estamos precisando de movimento mais atentos, mais consistentes, mais conscientes. Veja se concorda comigo. Dependendo da cultura, óbvio, porém, em boa parte delas, o corpo é tabu, um corpo "morto" nos comportamentos sociais e individuais. Seja na nossa casa, nas festas, no trabalho, na rua, oferecemos uma aparência por meio do *status* familiar, da roupa escolhida naquele dia (tem gente que não repete roupas) e cargo profissional obtido, pelo crachá no peito. Isso está no corpo, mas ele, em si, não entra aqui. Ele entra nas balanças entre o feio e o bonito, jovem e velho, grande ou pequeno, geralmente sob as referências que cada cultura cria para si. As boas maneiras esperam o andar de forma precisa, reta, braços em movimento cadenciados, retilíneos, sentamos-nos com bons modos na casa dos outros. No esporte, o corpo é trabalhado para obtenção de resultado; nos cultos, ele é praticamente estático e sereno; nas escolas, ele leva a pessoa para estudar. No sexo, ele tem de entrar, imagino eu, geralmente de forma instintiva e por tempo delimitado. Talvez em muitos dos casos, nem no sexo ele entra direito. Entra mais a imaginação do que o próprio movimento sensitivo, especialmente o movimento de troca, o diálogo dos movimentos. No fim, o corpo a que me refiro não entra nos movimentos da imaginação, no campo do possível e do sonhado. Ele deveria estar muito mais na condição de ser uma estrutura viva no presente, um veículo sutil a se deslocar pelo espaço dos movimentos simbólicos, orgânicos e artísticos. Corpoesia.

É inegável. Afora os mais atentos às aulas de dança, às artes do corpo, às experiências nas quais o corpo é parte importante da experiência, a maioria de nós, se pudesse, deixaria o corpo num *spa* ou em casa mesmo. Sabemos que temos de preservá-lo, temos instinto de preservação, sem dúvida, de autoapreço, mas isso vai até o perigo passar. Depois, no conforto gratuito, retomam-se as versões máquina de prazer ou de destruição. Ao espaço carnal com o qual obtemos os prazeres da vida, quase nunca damos a atenção devida e o protagonismo nos movimentos possíveis, não escutamos suas vozes, reprimimos seus movimentos. Normalmente, o todo psicossomático não é objeto de escuta e, na maioria do tempo, estamos com ele realizando objetivos bem definidos, como caminhar, dormir, comer, fazer as necessidades, receber massagens, apanhar objetos, estar no mundo para desfrutá-lo numa inércia do mais fácil. Quando há dor, há estranhamento, rejeição, medo. Quase nunca o deixamos falar. Esse movimento pode ser a fala dele. Além da fala fisiológica, expressa nas dores, no prazer, no sono, na fome, movimentos fisiológicos expressos por ele mesmo; o movimento de si mesmo, dele mesmo, com vida própria, não sabemos, em geral, como fazer e lidar.

A fala do corpo acontece quando você o tira para dançar, ou ele nos escolhe como parceiros para dançar, brincar, criar sem finalidade última a não ser expressar-se e experimentar-se em si mesmo. Movimento, música, ritmo estão numa só dimensão, nos nossos tecidos, em nossos músculos, no sistema nervoso e em nossas memórias. Sem memórias do chão, do ar, do espaço, de nossas próprias células e do fora e do dentro, o corpo não sairia do lugar, não teria referências para se expressar, não saberia o que é movimento.

Não temos à mão uma educação formal para isso, temos? Na sua rua, há algum instituto do movimento? Alguém na escola pediu para você expressar, nem que fosse por uma redação, o que sentimos quando nos esfregamos, quando escovamos somente um lado do corpo? Como fica um lado e como fica o outro? Ou simplesmente uma questão de prova/redação: como você caminha? As expressões culturais midiáticas dele mais comuns se dão nas linguagens médicas e militares e como instrumentos de competições radicais, como *Iron Man* e afins, buscando limites e superações de limites físicos. UFC, MMA, lutas truculentas estão de volta nas mídias, vão e vêm desde os tempos das cavernas e aos imperiais. A diferença é que agora temos uma luta dentro de casa para assistir enquanto comemos pipoca e torcemos para um dos lados. Um massacre bestial e sangrento. Ali, entram em casa os corpos dos guerreiros e de guerreiras, gladiadores entre músculos e sangue.

Nós somos o jóquei, o corpo é nosso cavalo. O Eu comanda, o animal obedece. Da arte e da liberdade de expressar-se, raríssimas em escolas. Nossos comportamentos estão mais voltados ao que está alheio aos nossos contornos teóricos, que ora nos pertencem, ora não, ora estão mais vivos nos livros e nas imagens. Nossos corpos on-line, alternativos, nos *Zooms* e *Meetings* estão mais vivos do que nunca. Já os corpos presenciais, esses dão trabalho, sentem dores, deprimem-se e, na maioria das vezes, não atendem aos gostos de quem olha a superfície do lago, no espelho de narciso. Na realidade virtual, a gente controla e publica fotos de nossas escolhas, com poses preparadas, num momento de festa, com maquiagem e roupas boas. A aparência dos sonhos e das projeções alternativas. Ali, encontramo-nos e partilhamos nosso retrato 3x4 virtual e nosso cartão de visitas. A estética dos desejos nunca foi tão real.

Pare de ler depois de seguir as instruções seguintes.
Desespecialize-se sempre.

Junte um grupo com pelo menos três pessoas ou mais e habite o chão com elas. Leia as instruções, o que chamamos de "consignas", e experimente-se. Até aqui, nós nos comunicamos por palavras, verbalmente, sem as quais não teríamos evoluído como humanos. Uma imagem diz mais do que mil palavras? Aí vem Millôr Fernandes e diz: "Ah é? Então diga essa mesma frase com imagens". Grande sacada. Atravessamos os últimos 50 mil anos tendo a palavra como base de sobrevivência da espécie. Mas o silêncio e os sentimentos são amigos da palavra também, da palavra não dita, no espaço entre frases e pensamentos. Pausas são necessárias.

Agora, gostaria de imaginar você e sua gente deitados no chão em silêncio e em movimento, fazendo esta vivência, vivendo como um bando de pássaros, como um cardume de águas-vivas conscientes do mar e de si mesmas. Faça uma roda, um círculo de pessoas deitadas ou na formação que desejar. Agora, sim, leia, decore, ou deixe a página aberta e vamos ao movimento. Pare de ler aqui.

Uma vivência em grupo 2

Tema: Mãos. Subtemas: tato, contato, sensibilidade e uso das mãos

Objetivos:

Experienciar o toque simultâneo das duas mãos, tocar e ser tocado ao mesmo tempo, dando uma noção de passividade e atividade no sistema corporal.

- Iluminar a estrutura geral das mãos, como ossos, músculos, pele, articulações e movimentos.
- Proporcionar o uso das mãos como forma integrativa entre o corpo e o espaço, com a finalidade de observar a sensibilização simultânea dessa parte do membro superior.
- Estimular o tato, o contato e a sensibilidade por meio de movimentos manuais, trabalhando as ferramentas essenciais do/da eutonista, que são as mãos.

Material: mãos e bola de tênis ou semelhante.

Início

Iniciamos definindo a proposição dos objetivos da vivência. Recordamos que as mãos são as "antenas" nas artes marciais, nas orações, nos contatos, na lida diária.

Depois, sentamo-nos em círculo, com o espaço suficiente para dar as mãos uns aos outros, numa média. Sentados e assim postados, cada um inicie verificando como as mãos estão no espaço e em relação ao corpo. Uma interface entre o meio de fora e de dentro. Apanhamos as sementes e sentimo-las com o tato; sentimos o cheiro, sentimos os movimentos das mãos na semente. Como agem suas mãos? Como elas estão?

Agora, deitamo-nos e contatamos o corpo com as mãos. Num tempo econômico, breve, começamos na cabeça e vamos até os pés, esculpindo a superfície deles. Como sentem as mãos? Sintam a roupa, a pele, a temperatura, a textura.

Principal

Em seguida, deitados mesmo, damos as mãos uns aos outros. Analise a mão do outro. Numa dinâmica, a mão direita ativa analisa a mão à sua direita; a sua esquerda passiva será analisada pelo outro colega ao lado, numa espécie de "corrente". Com sua mão ativa, controle totalmente a mão do outro, apalpando, deslizando, dedilhando, pesquisando a mão dele ou dela; vire-a em pronação ou supinação, como e quando quiser. O que sente? Como sente? O que ela parece? Como ela está? Mude o ponto de toque entre elas, ora com a ponta dos dedos, ora com dorso e palma. A sua esquerda fica totalmente passiva, sempre.

Agora apanhamos a bola de tênis para usá-la como ponto de toque nesta mesma mão. Interagimos com a bola sobre a mão do outro. Em mínimos movimentos, da articulação e dos carpos, o dorso, a palma, as falanges, por entre os dedos. Sintamos o espaço entre sua mão e a outra quase encostando, o ar, o espaço. Nesse momento, tente perceber a sala, os colegas, suas mãos em ação, tocadas e tocando.

Como estamos sincronizados, interrompemos este lado juntos. Reservem a bola ao lado e analisem seu corpo, suas mãos. Como estão? O que sentem? Se alguém quiser se comunicar em uma palavra, pode.

Repitamos a ação na outra direção, com a mão esquerda ativa. Com ela, controle totalmente a mão do outro, apalpando, deslizando, dedilhando, pesquisando a mão dele ou dela; vire-a em pronação ou supinação, como e quando quiser. O que sente? Como sente? O que ela parece? Como ela está? Mude o ponto de toque entre elas, ora com ponta dos dedos, ora com dorso e palma. A sua direita fica totalmente passiva, sempre.

Agora repitamos com a bola e use-a como ponto de toque nesta mesma mão. Interaja com a bola sobre a mão do outro. Em mínimos movimentos, da articulação e dos carpos, o dorso, a palma, as falanges, por entre os dedos. Sinta o espaço entre sua mão e

a outra quase encostando, o ar, o espaço. Nesse momento, tente contatar a sala, os colegas, as duas mãos suas em ação.
Podemos parar e deixar a bola de lado, juntos. Com as duas mãos, comecem a tocar o próprio corpo. Esculpam-no com as mãos simultaneamente; se quiserem, movimentem o corpo, virando-o pelo chão; da cabeça aos pés. Como sentem as mãos em relação a si mesmas e ao corpo? Passem para a posição sentada, lentamente, devagar, no seu tempo.
Agora sentados, façam movimentos especialmente com as mãos e observem-nas. Levantem-se e caminhe pela sala. Como agem suas mãos? Como elas estão? E o todo?
Fim.

A terapia individual e as aulas em grupo de eutonia pressupõem uma atenção interior, a fim de ampliar as percepções das posições e dos movimentos executados das formas mais sutis possíveis às mais amplas. Em aula, orientamos as alunas e alunos a dirigirem suas atenções aos pontos de apoio de seus equilíbrios corporais para que se aprenda a negociar, dialogar, perceber seus tecidos (pele, músculos, ossos, ligamentos), para poder entregar-se de fato à ação da gravidade, o que gera uma modificação tônica, preparando o contato para o trabalho que vem a seguir. A partir daí, podemos enfatizar o que se fizer necessário, "escutando" as mensagens que nossos corpos nos enviam, mensagens estas que interpretaremos como uma parte do todo a ser conscientizada, ou acolhida, cuidada. Como apoio fundamental para o trabalho, usamos alguns objetos como se fossem interfaces de apoio sensitivo, tais como bambus, bolinhas de vários tipos, almofadas, sementes, papel e lápis, saquinho de areia, bexiga de aniversário, macarrão de isopor de piscina, toalhas, cangas e uma infinidade de outros, e quase sempre a presença das mãos nas superfícies dos objetos e de nossos espaços físicos.

A prática da eutonia nunca se dá pela via da repetição mecânica, como é, por exemplo, a ginástica, em que os alunos imitam posturas, movimentos, fazem séries e exercícios. A eutonia, ao contrário, busca tornar o processo de aprendizagem de inteira responsabilidade do praticante, tornando-o livre, criativo, perscrutador, estudando e buscando novos movimentos. Sua participação efetiva e afetiva é premissa fundamental para alcançar a fluidez da presença pelo maior tempo possível. O eutonista professor procura não oferecer comandos específicos nesse processo, aqueles que possam interferir na autoralidade do praticante.

A seguir, um exemplo de aula individual. No chão ou na maca, em um ambiente limpo e aconchegante, com alguns materiais, aplicam-se, quase sempre em silêncio, manipulações, toques, proposições, observações.

Uma terapia individual que fiz com uma aluna

Conduta geral

Decidi seguir a experiência de contato intuitivo com a aluna, como força e direção prevalentes da terapia. Por isso, eu me municiei de alguns materiais básicos, como bolas, toalhas e sementes.

Material: bolas e mão.

Introdução da terapia

Iniciei com uma anamnese. Perguntei a ela como estava, como havia sido a semana e se sentia necessidade de algo em especial; ela disse que estava tudo bem, exceto certo "aperto no peito".

Início do toque

Pedi a ela que se deitasse e se acomodasse no colchonete, espreguiçando-se e encontrando uma posição uniforme até parar na posição lateral.

Iniciei o toque com as duas mãos, nos pontos cervical e sacral, uma mão em cada local. Ali permaneci um tempo.

Iniciei dedilhar nos processos espinhosos, um a um, do atlas até o sacro. Ida e volta.

Acomodei duas bolas macias e pequenas, uma na axila, outra no punho, e esse mesmo braço apoiado na lateral do próprio corpo.

Repousei uma mão no acrômio e outra, na caixa lateral torácica, nas costelas. Ali permaneci um tanto. Pedi à aluna para sentir minha a mão e contatá-la, sentindo o espaço interno até ela.

Retirei as bolas e trocamos de lado. Repeti tudo igual. Perguntei-lhe (só aqui) se queria dizer algo, se queria comparar os lados.

Pedi a ela para deitar de costas. Toquei o esterno, o diafragma, o ventre (tan-chien). Acomodei um rolo-almofada no esterno e lá deixei.

Passei a esculpir uma perna até o pé e terminei nos dedos; repeti do outro lado; terminei com levíssima vibração pelos pés.

Terminamos com um leve espreguiçar e até a posição sentada.

Obs.: notei que a colocação das duas bolas foi interessante, mas preciso testar novos locais de apoio, pois verifiquei que uma no pulso e outra na axila tende a desestabilizar o membro da aluna, o que facilita a queda do membro.

Volta e meia, faço retomadas sobre o panorama de criação de Gerda Alexander,[3] especialmente por ela ter vivido, em parte, na era das vanguardas e modernismos, nas artes e nas ciências. Virada do século 19 para o 20, muitas riquezas artísticas e intelectuais. Época de ouro do pensamento e das artes, um renascimento como resposta aos obscurantismos políticos e sociais, guerras, revoluções – por isso, tenhamos esperanças em épocas de pandemias e além, especialmente quanto às idas e vindas de obscurantismo em nosso tempo

3 No Brasil, Klaus Vianna e Evaldo Bertazzo tiveram algum contato com a eutonia, não sei se formalmente. Tenho a informação de que ambos, a partir dela e outras influências, acrescidos de seus talentos e experiências, criaram seus próprios métodos para a dança, para o movimento e consciência corporal.

também. Esta treva há de passar e servir de chocadeira para mudanças transformadoras e positivas. A poesia sofre, mas no tempo sempre acaba vencendo. Até hoje vejo com bons olhos os embates entre linguagens em qualquer tempo e lugar. Momentos estes tão intensos que sempre realizam em nós pontos de referências essenciais para a cultura. Alexander teria de estar em sintonia com esta massa de novidades e transformações, sendo da geração seguinte e até contemporânea aos legados de Freud, Rudolf Steiner, Willian Reich, Moshé Feldenkrais, Merleau-Ponty, Sartre, Husserl, Heidegger; e, na dança, Jacques Dalcroze, Isadora Duncan e Rudolf Laban. Que potência em tão pouco tempo, parece até os anos 1960 com os gênios do *rock'n'roll* brotando no ar ao mesmo tempo como mariposas. Na real, sempre foi assim na história das civilizações. Um extrato petrolífero concentra-se e explode em horas certas, seja por volta dos anos 2.500 a.C., no Período Helenístico da democracia e da filosofia gregas em 400 a.C.; seja no Renascimento europeu do século 15 e início do 16, com várias cristas e vales até hoje. Por isso, guardo para mim uma possível resposta para aquela pergunta que fiz bem antes neste livro: trabalhar o corpo, pelo corpo – terapias corporais – pode ser um caminho sensível, uma linguagem para acessar o inconsciente? A eutonia, como manejo das emoções e consciências por meio de ajustes tônicos, de movimentos conscientes, pode ser uma estratégia criativa? Por mim, sem dúvida.

A psicanalista Maria Lúcia Homem de Melo – ou Maria Homem – me estimulou a pensar nisto. Segundo ela, Freud já sinalizava sobre uma "complacência somática", quando mergulhava nos estudos da estrutura histérica. Significa que esta complacência somática é o esforço do corpo interagindo com os fenômenos psíquicos como se fosse um para-raios que descarrega a carga excessiva no solo. O rio e a margem trabalhando em conjunto são a mesma entidade: o rio.

Uma das afinações mais urgentes, daquelas essencialmente necessárias, é a retomada das ressonâncias e das integrações em todas as dimensões e áreas da vida humana. Insisto aqui sempre no caso dos rebatimentos, das relações convencionais entre o pensamental e o sensível. O desafio é tão caro para nós, para o futuro da humanidade, que teríamos de tratá-lo no âmbito de um projeto envolvido em política internacional. Chego a ironizar, poderíamos criar um Fundo para a Educação de Todo Mundo (FEM), ou em inglês, United Nations International People Education Fund (UNIFEP). Um fundo para a conscientização global do ser humano. Se possível, a ciência poderia desenvolver em conjunto com a UNIFEP um laboratório para a criação e disseminação de células-tronco do altruísmo (CTA). Por que essa fantasia? Porque quando respiramos inequivocamente os ares da ressonância entre a matéria e o espírito, entre a arte e a ciência, entre o eu e o outro, encontramos o motivo de fertilizar um terreno fértil para reflorestar a pele glabra da ignorância.

Outras afinações para mundos possíveis, nosso mundo, seu mundo, emergem daqui, da casa de cada um, por dentro e por fora das superfícies deste todo que é nosso envelope sensitivo e inteligente, fronteira viva entre o ego e o mundo. Esse seria o primeiro passo para tentar construir uma cidadania mais humanizada, portanto afinada em si, para o desenvolvimento individual e coletivo, de todas as casas das quais dependemos e com as quais nos relacionamos. Os desafios e distúrbios psicofísicos e sociais são inerentes à vida, não tenho a ingenuidade de achar que alguns procedimentos pedagógicos, por si mesmos, aliados a outras virtudes, dariam conta de eliminar os males humanos, especialmente a violência, os desajustes na saúde mental, as guerras. Esse ato pedagógico tem de passar pela vontade política, ser um ato político antes de mais nada. Qualquer intenção que despreze esta realidade seria um ato quixotesco delirante. Porém, se sonhamos com um ajuste de tônus social, com mais justiça e oportunidade para todos, ao menos para a maioria, o início da jornada começaria aqui, no chão da sala de aula e no chão de casa, sentindo contato com o planeta debaixo de cada indivíduo, a vida e a força da gravidade como noções primárias, para, a partir desta escuta, desenvolver as nossas inteligências básicas.

No fim das contas, muitas ações já foram apontadas. Os textos já foram escritos. Os caminhos já foram mapeados. Muitas obras capitais já foram feitas. Os avisos já foram dados. Muito sangue já foi derramado. Muitos clãs já deixaram seus legados. Muitos mestres já passaram pela face da Terra. Vivemos em repetições e em ciclos, nem todos viciosos, mas virtuosos também. Desde os tempos sem início, como dizem os Vedas, os problemas humanos são os mesmos e estão na mente. Mesmo com esta história fantástica e inenarrável que a humanidade e a natureza vêm escrevendo juntas, ainda não vejo estabilidade e determinação no modo de educar as pessoas. Educar bem e a todos é um grande desafio à humanidade. Muito seria, também, nesse mar de ignorância e de negligências para as quais somos talentosos e persistentes, se tivéssemos o prazer de sentir a ligação imediata entre nós e a natureza. Nada estaria separado quando um projeto pedagógico integrativo e inclusivo tivesse o desempenho disseminador de um vírus. E como ele, um *antronauta*, entrasse por nossas mucosas e contaminasse-nos de consciência e de liberdade.

Depois de vivenciar e de me regozijar bastante como aluno e como professor em eutonia, nesses anos todos de pesquisa e de experimentação, passei a ver de outro jeito as culturas da floresta, por exemplo, ou tribais, tão ligadas à natureza e dela dependentes. Seja no centro da África, em Bornéu, na Amazônia ou nos Andes, é comum encontrar os objetos de uso cotidiano enfeitados, decorados e, até mais do que isso, que sejam os mesmos objetos que carregam suas artes, seus mitos, suas tradições. Arte e utensílio estão na mesma peça. Arte e sobrevivência estão intrincadas ao alcance das mãos. Por exemplo, a cuia ou bacia que contém água é um objeto feito à mão e decorado com desenhos e traços. Cocares, canoas, potes, os próprios corpos, os funerais, o plantio, a distinção entre a cultura e a natureza praticamente não existe porque são as mesmas coisas, as mesmas riquezas, sem distinção uma da outra. O artístico, a artesania, os utensílios domésticos e pessoais são os mesmos, vida e arte não se separam. Um objeto artístico quase sempre tem um propósito prático.

O corpo fisiológico e o corpo mídia também se cruzam na sobrevivência e nas manifestações culturais nesta perspectiva. Interessante, pois são nestas, as chamadas culturas primitivas, rurais, nativas, como queira, muitas delas ainda mantêm vivo o hábito da integração e do uso prático sobrepondo seus bens imateriais e materiais. Geralmente, nesses casos, os autores carregam também em si suas obras, suas linguagens ambulantes. A voz, a dança, os ossos, pele, a vida e a morte, as plantas, são elementos intrinsecamente ligados ao cotidiano dessas comunidades. Caçar, comer, rezar, descansar, enfeitar, plantar são atividades cíclicas nas quais há sempre uma convergência entre a arte, a espiritualidade, as narrativas, as cerimônias. A cultura moderna, secular, industrial ocidental como a nossa, vem perdendo esse vínculo? De modo geral, separamos as coisas? A arte e a vida produtiva ficam, cada uma, no próprio lugar e estão cada uma de um lado da rua? Compramos ingresso para desfrutar de algo. Talvez o carnaval, aqui e acolá, seja ainda um modelo de convergência entre arte e corpo, formando um dispositivo vivo? E, claro, as artes do corpo. Talvez uma reaproximação esteja acontecendo com a cibercultura? Talvez sim.

Dois exemplos marcaram muito minha memória sob este aspecto. O primeiro vem do mitólogo Joseph Campbell incluído naquele belíssimo livro de entrevista com Bill Moyers, *O Poder do Mito*, um clássico originalmente gravado em episódios para a TV e, depois, lançado em livro, em 1988, pela editora Palas Athena. Numa das inúmeras passagens narradas e vivenciadas por Campbell, ele conta a história de um professor universitário norte-americano que em breve se aposentaria. Antropólogo, dedicara a vida pesquisando determinada etnia indígena e, agora, ficando velho, gostaria de retornar pela última vez à tribo e lá fazer sua despedida, talvez a derradeira. Ficou com os índios alguns dias e, pouco antes de ir embora, sentado ao lado do líder, fez a pergunta: "Em todos estes anos juntos, você é capaz de me resumir a filosofia de seu povo?" O índio ficou em silêncio por um tempo, pensando, esperando, até que respondeu: "Nós não temos filosofia, nós dançamos".

O outro exemplo se deu nas florestas do Congo, ou na República Democrática do Congo, dois países vizinhos e centro-africanos. Um fotógrafo e documentarista havia convivido um tempo com uma tribo nômade de pigmeus na floresta remota no interior do país. Numa das vezes em que estava com eles depois da qual demoraria a regressar ali ou, talvez, não voltasse mais, o clã resolveu lhe oferecer uma despedida festiva, como sempre fazia com os visitantes especiais egressos. O interessante é que o artista pôde filmar esse raro momento. Numa pequena clareira na mata, onde costumava permanecer uns dias para depois seguir no nomadismo, não mais do que 15 dias no mesmo lugar, a tribo toda se organizou em um pelotão quadrado, em filas simétricas umas em relação às outras para iniciar a performance. Pediram ao convidado que não se mexesse, que assim o pelotão todo iria até ele. E assim todos se posicionaram.

De repente, um a um entrava com seu assovio singular e único, a marca pessoal de cada indivíduo, a marca sonora individualizada na grande família e, aos poucos, aquela orquestra de assovios e pés ritmados no chão começou a caminhar ombro a ombro, pele a pele, numa dança linda e graciosa, também cada um buscando seu movimento particular a oferecer ao homem com a câmera. Em pouco tempo, o pelotão incorporou-o ao grupo todo, fazendo-o ficar no meio daquela orquestra de sons, passos e movimentos maravilhosos. Um êxtase, uma despedida sem palavras. Abraçaram-no todos de uma só vez, num evento performático de rara beleza, terminando todos juntos como se fossem uma pessoa só.

Tocar nas pessoas nos dias de hoje – e, mais ainda, no passado, mesmo fora de pandemias – ainda é um gesto expansivo, um tanto inadequado para os nossos padrões de conduta sociais. Varia de uma cultura a outra, mas em geral é inadequado. Mesmo em uma vivência em grupo, em eutonia, com toques programados, a situação é difícil para muitas pessoas. Já presenciei alunas abandonarem a aula no meio por não suportarem o toque alheio ou mesmo dificuldade em tocar. A dança circular reapareceu em vários lugares e grupos mundo afora, as rodas de poesia e de prosa oralizadas, algumas festas populares com sincretismos religiosos, performances artísticas de rua e de palco, e algumas vivências terapêuticas em grupo também reapareceram em forma de retiro, guiadas por *coachings*, mestres, terapeutas, ou em iniciações xamânicas com uso ou não de plantas alucinógenas, com finalidades espirituais especialmente. Todas essas linguagens me parecem uma representação de retomadas de movimentos mais comuns no passado. Podem ser ciclos normais das culturas retomar experiências revividas e baseadas em rituais de origem? Precisamos encontrar alívio com essas formas de expressões em releituras artístico-terapêuticas. Um pedido de reencontro com a natureza?

Posso definir minhas experiências, especialmente nos quase quatro anos de formação em eutonia, como os momentos mais libertadores e sensíveis da minha vida. No percurso todo, descobertas e invenções profundas no mundo selvagem bruto e sensitivo, do tutano à palavra, assimilando e desenvolvendo as experiências sensitivas. Na sequência de vivências oferecidas em diversos lugares, nos encontros para aperfeiçoamentos, nos estudos anatômicos e teóricos, nas performances em grupo e individuais, Gerda Alexander nos deixou um legado de rara sensibilidade, na mesma proporção da relevância deste como ferramenta pedagógica em todas as esferas do saber. Mais do que isso, a eutonia prepara o sabedor para o saber. Faz-se necessária a disseminação dessa pedagogia, dessa arte, dessa terapêutica nas práticas escolares e institucionais. Já estamos demasiadamente atrasados, talvez perdidos em programas e rumos pedagógicos clássicos no país. Neste atraso, a inclusão desta sofisticada disciplina seria um sonho possível e um salto para a qualidade de ensino.

No mundo, o que tenho notícia, na Dinamarca e na Alemanha, a eutonia é parte de experiências pedagógicas em escolas e em algumas instituições ligadas às artes do corpo e ao ensino formal também, especialmente no ensino fundamental. França e Argentina também vêm, em seguida, cumprindo com esforço seus papéis na manutenção dessa riqueza pedagógica. Seria um grande passo para a humanidade se houvesse escolas de qualidade para todos os habitantes dessa Terra. Seria um grande passo para o universo pedagógico se nele entrasse a eutonia como disciplina regular em meio às outras disciplinas clássicas. Um simples gesto de transformação sensível seria todos começarmos por tirar nossos sapatos antes de entrar numa sala de aula. Descalços, estaríamos mais próximos do chão, dos outros e do infinito, das possibilidades de dizer "sim" ao brincar na sala, unindo recreio à aula.

O fechamento. Como a eutonia tem a ver com uma era em que vivenciamos uma espécie de morte do sujeito? O sujeito universal, clássico, está morto? Aquela ideia da singularidade individual do sujeito, de sua inexorabilidade e independência, existe ainda? Podemos verificar que a visão tradicional do "eu" tem acontecido em várias modulações, como nos debates e estudos sobre raças, etnias, crenças, discursos feministas, liberação das drogas leves, como a *cannabis* e seus usuários, por exemplo. Está em pauta o assunto "desconstrução do sujeito". Esse sujeito não pode ser o mesmo depois do advento de uma subjetividade "nômade", fugidia, descentrada, com a realidade da cibernética, das redes, da tecnologia. As redes agem como uma força centrífuga em nossas vidas e subjetividades dialógicas. O corpo, como unidade do sujeito universal, vem sendo descontruído, multiplicado, inter-relacionado, ao mesmo tempo uno e em relação múltipla com as linguagens e com as culturas em que se vive. Não há como definir sujeito sem o mundo histórico, sem as linguagens, sem as relações de poder, no fim, a cultura e a natureza em todo o seu conjunto. O sujeito passa a acompanhar esse ritmo e a interferir em suas passagens, participando mais como sujeito linguagem do que como o sujeito unidade fixa. Lanço a pergunta: as práticas em eutonia não seriam uma forma de reforçar a ideia desse sujeito clássico e corporificado? Com ela, quando cada aluno procura habitar seu corpo observando-o a cada instante, não seria uma forma de construção de uma identidade sólida, individual e permanente? Quando buscamos eutonizar nossa vida corporal, por meio daquelas práticas, desenvolvendo uma observação profunda de si mesmo, isso não significaria uma revalorização da unidade permanente do sujeito? Uma negação do cibercorpo? Ou uma negação da era da cibercorpomentalidade? Haveria conflito em retomar a consciência sensitiva corporal e o corpo on-line, por exemplo?

Para mim, de forma alguma, ao contrário. Em primeiro plano, entendo o manejo lúdico e terapêutico do corpo como uma conquista técnica como qualquer outra ação que a inteligência nos permite realizar, como correr, montar objetos, construir casas, atividades esportivas. A evolução técnica do corpo ainda não parou. Nossas habilidades e propriedades vêm evoluindo desde os tempos sem início, sem memória.

> O corpo, secularmente recalcado pelo fantasma do sujeito, não retornou para ocupar o lugar deixado por esse sujeito, como ingenuamente pensam alguns. O corpo retornou como um problema, uma interrogação em buscas de respostas. Daí o corpo ter se tornado presença constante nos discursos atuais. Para alguns, trata-se simplesmente de encontrar um substituto para ocupar o lugar vazio deixado pelo sujeito. Para outros, trata-se de explorar um território cuja geografia ainda não está reconhecida.[4]

Exatamente isso, uma geografia ainda pouco reconhecida. A consciência sensitivo-corporal que temos, em média, é muito precária. Nossa educação artístico-somática inexiste, praticamente. O corpo tabu, em costumes e culturas, decididas a negar o corpo, e não só elas, mas na grande média, é apenas veículo do sujeito. Essa mudança aponta para um sujeito que é corpo, exatamente porque o desconhece e reinventa-o a cada movimento. Estar nesse "entre corpo/mente" abrange a matéria, o ser, a pluralidade de sujeitos que há nela, em relação e em constantes transformações e descobertas. Como adoro

4 Santaella, Lucia. *Corpo e Comunicação*. Ed. Paulus, 2004, p. 24.

pensar, o corpo em estado de arte jamais será um corpo sujeito-unidade fixo, monolítico.

Acho que não nascemos prontos para assumir o próprio corpo. Nossa lida com ele é pós-natal. Sabemos lidar com os reflexos condicionados e incondicionados, como sede, fome, sexo, caminhar, dores, mas não encontramos facilmente parte de nosso sujeito neles. Eles, no fim, são entes sensitivos, emocionais, negligenciados pelo predomínio do intelecto, da racionalidade, do logos, da ideia. A meu ver, ainda arrastamos uma herança idealista de Platão, cuja força do pensamento é definitivamente superior ao conhecimento sensível. Será que há uma coerência de minha parte nisso tudo? Ainda na lógica da exclusão, essa ideia separa as instâncias como se fossem separáveis e abertas à arbitrariedade sem fim. Portanto, aos platonistas – ou platônicos – da atualidade, incluindo boa parte da nossa realidade ocidental-brasileira, sobretudo o sensível, o conhecimento lúdico, a experiência corpomental integradora não pode acessar uma verdade superior, vinda da mente – separada do corpo. Há mais de 2.500 anos essa energia, mal aplicada na educação predominante, na sala de aula, no autoconhecimento, ainda mutila ou negligencia parte importante de nossa natureza.

Numa imagem. Diferentemente de uma tatuagem, talvez uma referência para as tatuagens de hoje, a pele-texto de uma pessoa do povo kadiwéu.

Dos mitos aos povos míticos. As culturas indígenas nos dão em várias faces e momentos o corpo como suporte de imagens, como tela em si – se tela vem do radical grego *tele*, "distante", melhor seria dizer "na pele, em si". De qualquer forma, as imagens parecem sempre distantes, abismais. Especialmente as pinturas na pele em ritos de toda espécie e em muitas culturas pelo mundo, quase sem exceção, especialmente nos povos chamados tribais, primitivos e mais enraizados e ligados à natureza. Dos mais conhecidos nessa arte no Brasil são os índios kadiwéu, originários do território onde são hoje o Paraguai e Mato Grosso do Sul. Guerreiros e comerciantes, criadores de rebanhos nômades, donos de uma cultura que foi bastante abordada por estudiosos interessados também em conhecer sua linda arte corporal. Formas e desenhos na pele de muita beleza e atemporalidade. Tramas geométricas e simbólicas são copiadas aos montes no mundo da moda, estamparia e cerâmica, por exemplo.

Figura 2.10 – Exemplo de arte corporal kadiwéu. Fonte: Ilustração de Ciro Araújo.

Esses desenhos existem, também, ou talvez, por isso, como marcas para distinção das classes sociais entre eles próprios, dando privilégios e *status* para uns em relação aos outros, mas consta que, em sua essência, são marcas da memória de cada família, traços do passado vivos em seus corpos.

Memória, corpo e imagem num só, como "carteira de identidade" e corpo-mídia, pele como espaço de memórias e experiências vivas, texto para ser visto, lembrado, organizado em sociedade e para si mesmo, designado em suas ações no presente com o passado. Tempo vivo, templo vivo, imagem ambulante. O corpo pode carregar as marcas definitivas para cada um, em cujas peles ficam expostas as memórias de superfície. É posta à tona a semântica de uma ideia, de uma cidade ou de uma família que pode ou não ser invisível, como sentimentos, e que ganha forma nas tintas da tatuagem. Nas últimas décadas, a arte *tatoo* está na pele de muitos das chamadas gerações X e Y, da adolescência aos idosos de hoje. Para estes, ela se tornou muito comum e variada. Entre várias intenções do uso decorativo e a extensão de uma arte específica, próxima ao *body-art* popular, provavelmente isso pode significar também um retorno ao senso mítico da taguagem, uma linguagem natural do ser humano que retorna aos hábitos da vida moderna sob diversas formas e expressões, em cuja base está a marca corporal, do corpomemória em justaposição de símbolos com as sensações, das experiências marcadas e visualizadas no equipamento sensitivo, do objeto vivido com o corpo sujeito. Um exemplo interessante disso é visto no filme *O Livro de Cabeceira* (Pillow Book, 1996), de Peter Greenaway, no qual corpos e peles servem como superfície de escritura, de poesia ideogramática, como se papel fossem.

Faço esse recorte em favor de uma reflexão. Nossas tatuagens estão em nossos corpos ou são nossos corpos? Estão nos corpos físicos e nos alternativos? Um dia, serão juntos corpos on-line e corpos físicos ao mesmo tempo? Assumiremos, com isso, nossa múltipla dimensionalidade? Um índio nativo kadiwéu, por exemplo, já fazia essa mescla? Em nossa pele está um texto vivo ou uma representação, como se fosse um mural? Respostas instigantes a obter e difíceis para mim no momento. Gostaria que nossa pele fosse sempre o poema, o texto, a obra, ela mesma, em criação e significação constante, em movimento.

Respostas e apontamentos de uma aluna depois de fazer algumas vivências em grupo, em um período experimental que eu buscava relacionar eutonia e memória

Alguns registros de aula de EUTONIA - Grupo Cataguá/2013

15/07/2013
O som transforma a percepção das partes do corpo e do total.
A vibração não para quando cessa a emissão de som.

22/07/13
Relaxamento
amplidão da pele
leveza...
leveza...
Corpo adere ao contato com o chão, mas muito... muito mais leve!
O som do corpo... muuuuito bom!
Liberdade no movimento... como é agradável!!!
Como é prazeroso!

29/07/2013
Pés mais PRESENTES!
Mais CHÃO, muito mais BASE!
Caminho gostoso, meus pés estão tão FOFOS!

30/07/2013
Hoje, meus pés chamam mais minha atenção para o macio da meia, para a agressividade do chão tão frio, para o pisar confortável no tapete macio, para sua contenção dentro dos tênis que calço... e QUE DIFERENÇA QUANDO OS DESCALÇO!
Estão mais leves? Mais expandidos? Não sei definir..., mas diferentes, sim, percebo-os muito diferentes, estou mais consciente dos meus passos, de minha pisada e de tudo que os toca.

05/08/2013

Sentir... sentir o movimento!

Mover cada articulação... e muitas eram ignoradas, até mesmo desconhecidas anteriormente! Ah! Muito bom esse movimento livre e sentido, consciente! CONSCIENTE e LEVE...

Quero mais... e mais... e mais!

EU POSSO E SOU MOVIMENTO!

Movimento... espontâneo, livre e ao mesmo tempo, assim, tão intenso!

Que pena, o encontro hoje acabou!... E eu queria mais...

19/08/2013

Ah! O calor, o contato com a semente aquecida!

Que aconchego sinto neste calorzinho!

E que coisa boa sentir os espaços entre meus ossos, sentir os pequenos ossos das mãos, o movimento de cada parte, de cada pequenina parte!

Os pequenos toques que trazem sons mais leves e mais fortes!

Sentir braços e pernas se estenderem...

os movimentos pedem crescimento,

Ampliação do corpo,

Ampliação do ser,

crescimento total!

?//?/2013

Escovar meu corpo, minha pele?... A seco? Sem a água ou espuma de um banho? Jamais eu pensaria em fazer isso!

...Mas, que sensação tão agradável! Sinto-me REVIGORADA, BRILHANTE, ACARICIADA!

...E É TÃO DIFERENTE A SENSAÇÃO ONDE A ESCOVA TOCOU A PELE DIRETAMENTE e onde o tecido da roupa amenizou o contato entre elas.

Que experiência tão confortante, prazerosa!

É relaxante e revigorante, ao mesmo tempo!
Estou renovada!

?/?/2013
Mãos
Uma semente na palma de minha mão fazendo-me sentir sua energia e perceber intensamente uma área minúscula da pele, do corpo!
Sinto vibrar o centro de minha palma e sinto forte a ausência da semente ao retirá-la.
O mesmo acontece quando a deposito na outra palma. Tudo muito intenso!
E minhas mãos têm uma energia nova, mesmo já não tendo nelas a semente! Agora são muito, muuuito radiantes! SURPREENDENTEMENTE RADIANTES!

?/?/2013
Fantástico! Massagear a mão amiga ao lado, fazê-la sentir, conhecer a semente que levamos... e, ao mesmo tempo, receber na outra mão o toque, a semente que outra mão amiga me traz e me faz conhecer!
Fico divida, presente nos dois eventos simultâneos, e... por inteiro?!... É um SUPERDESAFIO, muito LÚDICO e com MUITA INFORMAÇÃO!
E DEPOIS...
Quanta INTERAÇÃO! LIBERAÇÃO DOS MOVIMENTOS que surgem das MÃOS e EXPALHAM-SE por todo o CORPO, por todo o GRUPO!
Como nos entendemos, nos estimulamos e brincamos no movimento, NATURALMENTE!
...E quero mais e mais, pois é uma sensação intensa de um todo nesse grupo, de unicidade.

Nele sou parte, como uma engrenagem, que também o faz se mover... com muita sintonia, harmonia e espontaneidade!
O GRUPO agora é UM SÓ CORPO
que dança,
que move seus muitos braços,
suas muitas mãos,
...EU SOU O GRUPO,
...NÃO há mais um EU!

?/?/2013 (última aula)
Liberdade ...
O corpo está no movimento...
O corpo é o movimento...
Interage tão espontaneamente nessa brincadeira,
...tão naturalmente nesse balé lúdico!
Somos parceiros...
Somos espelhos...
Somos o compartilhar, o trocar...
Somos um só no movimento...
Somos apenas o movimento!
Movimento... livre e harmonioso, acontecendo naturalmente!

Última anotação:
Experiência única participar desse grupo!
Quanta riqueza nas vivências!
Maravilhosa a energia que se troca e a liberdade que se ganha, a presença intensa no que é vivenciado a cada aula, a cada momento!
E essa presença nos movimentos, e na cessação dos movimentos, se expande e me acompanha em muitos momentos do dia a dia.
LUIZ
Sou muito grata, sinto-me muito privilegiada por ter participado de suas aulas.

Casa energética

Nas palavras de Zaratustra: Atrás de teus pensamentos e sentimentos, irmão, encontra-se um soberano poderoso, um sábio desconhecido – chama-se si mesmo. Ele habita teu corpo, é teu corpo.[1]

Nietzsche

Acupuntura é passarinho, medicina é avião
Um voa por natureza, outro por invenção
Como não sei pilotar avião
Vou de passarinho.

Do autor

Acupuntura, por que me tornei um acupunturista? Casa energética? Outro corpo além do carnal? Manipulação de energias? Conhecimento milenar? Atividade profissional? Tudo isso junto? Além do prazer e a facilidade que tenho em estudar, o assunto sempre me foi muito atraente. Minha sina sempre foi caminhar na tangente da ciência, nunca na ciência pura. Numa espécie de inércia, estou sempre numa onda assíntota à realidade física e científica. Sempre na fímbria entre o visível e o invisível. E de todas as atividades que faço e conheço, a acupuntura é uma das mais instigantes neste aspecto.

1 Friedrich Nietzsche, apud Hugo César Perrone. *Eutonia, arte e pensamento*. São Paulo: É Realizações, 2005, p. 74.

Da Comunicação Social e do Cinema à acupuntura? A Psicologia Social me fez a passagem de um lado a outro, talvez tenha feito a passagem ou já foi uma passagem. Senti sempre que eu haveria de formar uma figura nova por conta destas histórias. A Arte e a Filosofia já eram a bússola da viagem. A Eutonia e a Educação responderiam pela pedagogia. A Psicologia seria um dos braços da saúde. A acupuntura veio como uma prática dessa integração. Estaria formado o tripé com as três partes básicas. A Arte, a Pedagogia e a Saúde. Fui sendo caçado por esses destinos para encontrar essa mescla. A acupuntura, ao mesmo tempo, já era uma prática muito atraente para mim. Iniciada como paciente, terminei muito mais aluno e pesquisador do que doente. Mergulhei nessa casa energética e não vi qual foi a porta de entrada. Foi muito rápida a ação, um compromisso, parecendo um chamado direto.

São os textos os grandes aproximadores. Textos, livros, figuras, nomes, pessoas. Todo mundo tem a mão em alguma cultura específica além da sua própria. No meu caso, entre Japão e China, quantas possibilidades dentro desses moldes. Acho que o que vejo e desejo dessas culturas nem mais lá está de alguma forma. Assim, fazemos geralmente nossas escolhas por estereótipos, por leituras, por filmes e livros. Na verdade, muitos queremos algo de histórico, o que há de histórico nessas culturas milenares. Egito, logo pirâmides. Índia, logo Shiva. Buda, gurus. China, logo acupuntura, *kung-fu*, *tai chi*, taoísmo. Japão, logo sábios *zen*, xintoísmo, samurais, *hai-kais*, *ukyo-ê*. Um dos condimentos também são os mitos, as lendas, as histórias, o empirismo. Outro fato, também, é que a acupuntura, tanto chinesa como japonesa e coreana, está muito viva em nossas culturas ocidentais (mais no Brasil?), talvez mais do que em suas próprias raízes. Muito viva porque vem preenchendo um espaço ladeado à ciência, que é o espaço do encontro da ciência com a arte, do alquímico, do energético, aquele espaço invisível à aridez da ciência, para continuar no vago. Mais ou menos 2 mil anos mais velha do que a ciência, desde que Galileu criou critérios científicos para ela no século 16, a acupuntura tem escrituras incrivelmente ricas. No curso dos anos, de muitos anos, essa complexíssima terapia vem gerando várias outras escrituras e tratados, os quais, em sua maioria chineses, deram origem a tantos outros escritos e, mesmo recentemente, no século 20, seguem-se as pesquisas científicas e empíricas. Os textos mais modernos são os japoneses, que muito vêm desenvolvendo sua acupuntura a partir dos chineses.

Quando me deparei com o Neijing, livro original e primordial do século 4 a. C., texto formado pelo Suwen e pelo Lingshu, e basicamente mais desenvolvido e reorganizado até o século 9 d. C., não me distanciei mais dele e de seus derivados. Por exemplo, a renomada sinóloga, dicionarista, tradutora, escritora e cocriadora da Escola Europeia de Acupuntura, Elisabeth Rochat de la Vallé, junto ao parceiro de longa data, o padre Claude Larre, escrevem:

> Eis o que os Cinco zang estesouram: o coração entesoura os Espíritos, o pulmão entesoura os Po, o fígado entesoura os Hun, o baço entesoura o propósito, os rins entesouram à vontade. Tais são os entesouramentos dos Cinco zang" (Suwen, cap. 23). E: "O coração entesoura os Espíritos, o pulmão entesoura os sopros, o fígado entesoura o sangue, o baço entesoura a carne, os rins entesouram a vontade. Assim é constituído o corpo (Suwen, cap. 62).[2]

Quando tomei contato com esses textos, uma significação se deu entre mim e a esfera dos signos daqueles que os escreveram. Estesourar a vontade? Entesourar a carne? Ou seja, na letra e na carne das palavras, como não é nada literal – porque somos em geral literais –, jamais um coração poderia entesourar os espíritos. Com o tempo, percebi que num texto iniciado há mais de 2.400 anos, a costura entre poesia e ciência era uma realidade. Mas essa significação não

2 La Vallé, Elisabeth Rochat de; Larre, Claude. *O duplo sentido do coração*. São Paulo: Editora Inserir, 2017, p. 116.

ficaria apenas numa poesia dedicada a descrever um sistema de cura, uma espécie de reza "vodu" com inserção de espetos, ossos de peixes, gravetos e dedos para proporcionar um efeito placebo e autossugestionável nas pessoas.

Verifiquei, também, que as traduções ocidentais mantiveram nos textos os nomes dos órgãos vitais, como fígado, coração, baço, pulmão e rim, dando aos pacientes e leitores a ideia de que a acupuntura trabalha diretamente sobre eles. Com o tempo, até hoje, aprendi a traduzi-los em suas funções, dinâmicas no corpo, em detrimento do órgão em si. Ou seja, quando o paciente pergunta o que estou vendo, não digo que estou vendo a "deficiência de fígado", e sim "a madeira está em excesso", ou "fogo está alto, em chamas" e a água está secando". Ora, se cada um desses órgãos vitais é espelho de elementos da natureza, eles mais são a natureza dentro de nós do que, segundo o modo ocidental de enxergar as coisas, uma peça física mesma. Advirto os pacientes de que eles devem deixar de lado a visão médica física, pois estamos tratando de outro corpo, um corpo energético que mora no mesmo lugar. Os sábios pesquisadores criadores da medicina tradicional chinesa, depois de muito refletir, trouxeram para nosso organismo o que viam na natureza por intermédio dos cinco elementos básicos: Fogo, Terra, Metal, Água e Madeira. Se, no lado de fora, há esses elementos essenciais, nós deveríamos ser, também, homúnculos com o mesmo sistema, um espelho vivo do que acontece na Natureza, no Planeta. Então, em nossa fisiologia, há uma dinâmica (oculta, invisível, ainda) tal qual ocorre no mundo físico. As águas descem – *Yin* – o fogo sobe – *Yang*, o Fogo sai da Terra, a Terra tem Metal, pelo Metal corre a Água, e a Água nutre a Madeira, que por sua vez, em ciclo, queima no Fogo. Todos esses elementos estão ligados e não vivem separadamente. Estão sempre em inter-relação. Arriscaria dizer que, para atingir a homeostase, que é o equilíbrio basal em nosso sistema orgânico, esses elementos têm de estar em equilíbrio entre si, tal qual no ecossistema ambiental. Quando mexemos em um deles, interferimos nos demais. Essa etnomedicina se baseia em critérios que saem dessas relações, entre os cinco elementos e o *Yin* e o *Yang*. Para guiar o terapeuta nas definições de síndromes e tratamentos, essa etnomedicina baseia-se em oito critérios binários básicos a partir daquelas relações, são eles: calor e frio, deficiência e excesso, interno e externo, *Yin* e *Yang*.

Ao analisar um paciente, no método chinês clássico, o terapeuta observa os quatro critérios dominantes desses oito critérios, por exemplo, a pessoa apresenta 1. calor, 2. excesso, 3. um desequilíbrio, já internalizado, enraizado, e 4. é mais *Yang*, uma pessoa mais agitada, por exemplo, e menos *Yin*, o sereno, calmo. Com esses dados, o terapeuta traçará seu plano de ação. Com a minha permanente predileção por tudo aquilo que é mais sensitivo, entre razão e paixão, instintivo e lógico, o *pathos* e o *logos*, prático e teórico, vi nesse universo uma possibilidade de me aproximar e manipular a paisagem natural existente no corpo humano, no meu e no dos outros. Os elementos da natureza, como fogo, água, riacho, mar, sangue, madeira, terra, metal, tudo o que se vê na natureza, está ao alcance das mãos. Foi essa a aproximação que me trouxe para esse universo energético e metonímico. Metonímico porque, como a metonímia é a parte pelo todo, nosso corpo é parte que representa o todo, a Natureza. Mexendo nele, você mexe no todo do qual ele faz parte, e vice-versa.

Os pioneiros da criação da acupuntura receberam uma tarefa gigante, um compromisso do Imperador Amarelo, Huang Di (? – 1597 a.C.). Ele pediu à equipe que criasse uma base, uma nova lógica para a medicina chinesa. Depois de tantas experiências, reflexões, inspirações e tempo, a ideia central surgiu na observação da natureza, ela mesma. Se ela tem fontes, olhos d'água, riachos rios, mares, vapores quentes, gelo, sólidos, líquidos, metais, fogo, água, terra e madeira, e tudo está inter-relacionado, o corpo humano deve se assemelhar a ela e também conter um sistema semelhante à dinâmica geográfica. Os textos originais foram surgindo e organizados séculos depois, a partir da tradição oral que os preservou por quartos séculos, até o século 4 a.C. Com isso, com a passagem de muitas gerações, os meridianos, os vasos extraordinários (são "rodovias de energia" em nosso corpo, represas de abastecimento de energia) e outra série de canais e sistemas com cerca de 360 pontos, fora extras. Um mapa fisiológico-energético foi, gradativamente, desenvolvido e descoberto.

Conhecidos como "pontos *Shu* antigos", os mais antigos, e até hoje indispensáveis, pontos de emergência e da prática do dia a dia, representam essa era de ouro dos estudos chineses. Cerca de 85 deles localizam-se dos cotovelos às mãos, e dos joelhos aos pés. Esses locais são as somatografias, digamos, fundamentais para a acupuntura. Não por acaso, as funções e a localização desses pontos ganharam nomes relativos aos lugares correspondentes na natureza, como nos elementos geográficos supradescritos. Exemplo: meridiano do intestino delgado (ID), uma víscera *yang*, seu início é localizado no lado externo da mão e do braço, portanto lateral (iniciado no lado de fora do dedinho, passando pela "almofada" da mão) o ponto ID1 perto da unha é a *nascente*. Entre a região do ID2 e ID3, na almofada da mão, é o *manancial*. A energia começa a correr mais, entre o ID4 e o ID5, que já são chamados de *rio*. E, próximo ao cotovelo, na união da ulna com o úmero, o ID8 é o ponto *mar*. Na sequência, nascente, manancial, riacho, rio e mar. Isso descreve que, nesse canal, assim como em todos, há uma espécie de topografia na qual a energia toma seu rumo e seu ritmo tal qual acontece no planeta. Nosso corpo é a tal casa, é uma planetinha, bilhões de planetinhas.

Se você for um ou fosse um poeta imantado na amada ciência, estudando anatomia, também teria de ser atraído por nomes como "processo xifoide", "lâmina quadrigeminal", "veia braquiocefálica", "dolicocólon sigmoide", "sutura esfenoescamosa"... Particularidades anatômicas maravilhosas, sim, expressões de apontamento prático definidas por nomes greco-latinos, técnicos por excelência. Se imantados na acupuntura, por outro lado, encontramos nomes anatômicos como: "Vasos Extraordinários", "Vaso Governador" (ponto VG11), que é o "trajeto do espírito", VG13 é o "caminho da felicidade, "palácio do vento". E assim são quase todos eles, como vestíbulo de jade, gancho do pântano, mar brilhante, vale ardente, abraçar o branco, abismo supremo, encontro ancestral, poço celestial, janela do céu, branco suspenso, raiz do espírito, lagoa do vento, abismo do sovaco, governador de lágrimas do pé, grande ímpeto, impulso urgente, vale da união, fragrância de boas vindas, acolhimento humano, portão da carne escorregadia, coelho agachado, bojo abundante, aldeia do tórax, mar de sangue, espírito verde, fenda do *yin*, acalentar a velhice, palácio do ouvido, almofada de jade, grande tear, porta da alma corpórea, morada do pensamento, nascente borbulhante, mansão do *shu*, porta do cérebro, separação da água, lágrimas do pé. Qual forma, ocidental ou oriental, nos leva a imagens e sensações mais interessantes? De qual deles seu corpo gostaria mais?

Todos os mais de 400 pontos mais usados, anatomicamente falando, estão em reentrâncias e depressões ao longo de nossa anatomia, como as comissuras, as divisões entre músculos, as articulações e os orifícios. Atraído por esses nomes e seus contextos, com um sabor de imagens e sons, entrei nesse universo de modo mais suave. Da mesma forma, pela beleza de alguns termos originais em chinês e em japonês.

Xin Bao, Tai Yaun, Si Du, Nao Hui, Tian Liao, Fu Bai, Ben Shen, Feng Chi, Dai Mai, Pian Li, Ku Fang, Bu Rong, Zu San Li, Fen Long, Tai Bai, Shen Men, Po Hu, Kun Lun, Tai Xi, Zhu Bin, Ming Men, Bafeng, Huatuo Jiaji. E em japonês, pontos e procedimentos menos conhecidos do que os chineses: *Kyutoshin, Inoki, Shitsumin, Okyu, Tonetsukyu, Taikyoku, Danokyu, Tsubo, Horokokyu, Uranatei, Yusen, Shinsoku, Mogusa, Ontake.*

Na maioria do tempo em minha vida, atuei nele como paciente, buscando auxílio médico e xamânico para minhas necessidades, dúvidas e saberes. Depois dos 50 anos de idade venho conhecendo um pouco do outro lado, o lado do atender. Entre a ciência e a não ciência –

não digo pseudociência –a conhecida medicina tradicional chinesa (MTC), fonte das demais – é ainda um mito para muitos cientistas, um bálsamo para milhões de pacientes, um enigma para outros muitos, leigos e não leigos. O que posso dizer, na minha modesta experiência, é que vejo resultados muito bons em meus parceiros da maca. Alguns diriam, "a melhora é placebo, é cura por indução, por sugestão". Aí, eu emendo, poderia até ser. Uma parte do processo pode estar na crença do paciente/cliente. E isso não é ótimo? Acontece com a fé, com a meditação, com a Psicologia, com a própria Medicina, e em tantas situações naturais da vida. A ciência, enquanto tal, não pode se desviar da certeza, do processo de comprovação de uma hipótese lançada a partir de um problema. Esse é o pensamento predominante quando o escolhemos como premissa. Mas em outros processos de conhecimento e de proposição de resultados, nem sempre precisam atender a essas marcas, as marcas das evidências. A acupuntura é uma delas. Talvez das mais antigas. Não obstante, como terapia complementar e holística, como abordagem livre e experimental de domínio público no Brasil, ela também tem sido, cada vez mais, objeto de pesquisa nos meios científicos. São muitas as publicações cujos resultados apontam sua eficácia para uma série de tratamentos, especialmente para o da dor. Na enorme rede de ensaios médicos da internet,[3] é possível encontrar vários deles.

Ouvi em um vídeo com o saudoso Dr. Zerbini, o pioneiro do transplante cardíaco no Brasil, em 1968, descrições suas sobre uma viagem médica que fizera à China. Ele exaltava que, ao entrar num centro cirúrgico em Pequim, deparou-se com a equipe em plena cirurgia cardíaca de uma mulher. O fato, diz ele, "*é que quando me aproximei da mesa, a paciente estava acordada e olhando para mim... com o peito aberto, e o coração à vista!*" A equipe estava operando a paciente sem ter lhe dado anestesia geral; talvez, sim, algum outro tipo de anestésico. Ela estava acordada, calma, sedada apenas com as

3 https://pubmed.ncbi.nlm.nih.gov/

agulhas de acupuntura. Que ressuscitem este vídeo-entrevista com o Dr. Zerbini e confiram! Eu não tenho nada a objetar ou desconfiar desse relato. Em minha breve carreira, já pude acompanhar vários fenômenos analisadores da prática dessa etnomedicina. Como observador e como terapeuta, muitas vezes me surpreendo com o resultado que nós – digo "nós", paciente e eu – conquistamos juntos.

Por exemplo, é possível uma pessoa perder quatro quilos de peso, em água, em apenas dois ou três dias? Sem tomar diuréticos? Sim, já testemunhei, já proporcionei isso algumas vezes em pessoas com edemas. Seja por intoxicação medicamentosa ou por obesidade, por deficiência renal leve, vejo alguns clientes chegarem numa segunda feira com as mãos e pés edemaciados, rosto de lua, inchados, num estado de desconforto bem pronunciado. Depois da primeira sessão, usando muito calor, fogo, ervas, agulhas e magnetos, em locais estratégicos para o movimento dos elementos terra e água, como baço e rins, o excesso é escoado pela urina e pelos poros em questão de horas. Melhor do que isso, a água deixa de se acumular no sistema, a fila começa a andar e a homeostase toma rumo. Isso representa o placebo e a indução psíquica em ação? Não creio. Convém observar que isso não significa que a acupuntura vai curar a pessoa definitivamente. Isso, nem a medicina física faz. Remedia-se, em muitos dos casos. Essa terapia chamada "complementar" faz a mesma coisa, traz alívio, muda a situação para melhor, ou não, mas as moléstias multifatoriais crônicas geralmente podem retornar, especialmente com a permanência dos hábitos de vida nocivos das pessoas.

Ciatalgia – famosa ciática, hérnias discais lombares, ansiedade, insônia, gastrites, diabetes – é a demanda mais frequente em consultório. A todo momento chega alguém "travado". Daí, pergunto se ocorreu algo recentemente com ele. Estresse? Medo? Perdas? No ato, a maioria diz que sim. Uma vez, uma paciente travada chegou pela tarde com muitas dores nas costas, com movimentos restritos. Na anamnese, o coelho saiu da cartola: "Fui assaltada pela manhã". De forma que as enfermidades, todas elas, diria eu, são multifatoriais e estão estreitamente ligadas com as emoções. Novidade? Nem um pouco. O fato relevante é que é esse o diferencial entre a acupuntura (ou terapias orientais) e a medicina convencional predominante. A primeira tem o condão e a natureza de abordar a pessoa de forma multifatorial, mental e fisicamente. Já a medicina praticada por muitos (talvez a maioria?) das corporações e profissionais faz cada um agir no limite da respectiva especialidade. Com exceção dos bons médicos, a maioria não daria ouvidos ao "assalto que sofri pela manhã". Pediria uma imagem e, conforme o caso, indicaria fisioterapia (geralmente das antigas, ultrapassadas), uma medicação e, em casos mais delicados, cirurgia precoce.

Na acupuntura japonesa, com todo o seu arsenal além do uso das agulhas, o tratamento holístico, geral, é básico. A agulha é a peça mais conhecida (que é de vários tamanhos), mas trabalha-se com muita moxa – queima da erva artemísia, direta ou indiretamente na pele (o *mogusá*), magnetos (imãs poderosos), bambus, fios elétricos, cristais radiônicos, as próprias mãos e dedos, *missô*, fubá de milho com *missô*, fitas adesivas, gengibre, alho, sal, pomadas (o *shiunkô*), tinturas, e vários outros materiais. Para praticá-la, tenho de ser desespecífico. Mais uma vez, eu, um desespecialista. Assim mesmo, o bom terapeuta oriental (por falta de outro termo) só pode abordar uma pessoa tratando dela inteira ao mesmo tempo. Costumamos dizer que não tratamos os sintomas, mas a pessoa. Todas as boas técnicas e tradições das terapias energéticas perseguem essa intenção, tratar a essência, seja por meio de detectar a síndrome principal, seja pelos tratamentos de raiz que buscam despertar a saúde que já existe dentro de cada um de nós. Ela está no próprio corpo, só poderia ser. Onde mais? Por isso, outra grande diferença entre essas tradições complementares, energéticas, e a ciência médica é que a primeira tem a natureza da prevenção, a outra tem sido mais corretiva. A boa medicina, sem dúvida, também deseja favorecer com as prevenções, mas a postura predominante dos próprios pacientes é a do socorrismo, é buscar ajuda tardiamente, quando a doença já ganhou um nome e já se aprofundou. Por sua vez, o trato médico tende a adaptar-se a essa demanda. Cria-se uma inércia entre a oferta e a procura.

Minha escolha pela escola japonesa partiu, sobretudo, da forma sensitiva do manuseio do corpo, da necessidade de desenvolver o contato sensível com as mãos e com os dedos no contato, talvez com o corpo todo, com os dois corpos, o meu e o dos pacientes. Uma interação energética entre o terapeuta e o paciente. Qualquer afinidade com a eutonia não é mera coincidência. Ambas trazem o contato consciente, o toque e o manejo de corpos, a interação entre as partes, os espaços internos e externos, o vivo, o presente. Outro plano importante da escolha também se deu por essa perspectiva de tempo, de quando acessamos os corpos em seus estágios de disfunções, de mudanças, de estágios da doença. Isso acontece quando, por exemplo, palpamos o centro do abdômen e percebemos com o toque que há um início de excesso de energia, por uma elevação de massas, de nódulos, ou simplesmente dor ou sensibilidade. Poderá evoluir para uma gastrite? De preferência, sem dúvida, se a pessoa chega com um pré-diagnóstico, com exames e avaliações já feitos por um médico, melhor. Mais seguro. Porém, é essencial saber a diferença, a acupuntura não quer para si a total responsabilidade de tratamento de ninguém. Trata-se de forma complementar naquele espaço formado entre o médico e o paciente. Uma pessoa com câncer me procura para ter melhor qualidade de vida, dificilmente para erradicar o câncer. Esse papel é para a ciência moderna. Oferecemos uma possibilidade de ajuda energética coadjuvante. Essa coordenação funcional entre terapias pode ser mais eficaz quando o estágio das doenças crônicas ainda está em fase inicial.

Por exemplo, o paciente ainda é assintomático, quando ainda não desenvolveu nada visível, mas ali pode haver um sinal inicial de um excesso ou deficiência de energia no canal de estômago. Checamos ao longo do meridiano, passo a passo, especialmente ao lado da tíbia, descendo por ela até o peito do pé, enquanto repousamos um dedo no abdômen. Ali na região da perna, encontraremos pequenos nódulos e, ao passarmos o dedo por eles, sentimos, no abdômen, alguns sinais de pulsação ou de vibrações, os quais indicam que algo deve ser feito naquele canal. Agulhamos ao lado da tíbia, quatro agulhas em série em que aplicamos leves compressões/descompressões na cabeça das agulhas, até sentirmos o fluir da energia. Com isso, tonificamos o chamado *Qi* (*tchi*) do estômago. Em seguida, é possível verificar que o abdômen cedeu, murchou, perdeu o intumescimento. Esse é apenas um exemplo de como a técnica japonesa apoia-se, essencialmente, na linguagem do corpo, em seus sinais e informações, cuja linguagem vem sendo compreendida e estudada por tentativa e erro, na prática, aperfeiçoando a interação com essa linguagem energética corporal. Os sinais estão ali.

Essencialmente, a tradição japonesa da escola de Kiiko Matsumoto, a qual conheci com meus mestres, diferencia-se na apalpação da pele e dos canais, inspecionando pontos e sensações do paciente, especialmente dores e volumes. Dessa forma, um ponto pode estar profundo ou doído (deficiente) ou saliente (em excesso), sinais expressos para serem lidos e ajudarem no rumo dos tratamentos. Se eu não estivesse em processo atento de aprendizado e de experimentação (de uma vida, no mínimo) e da prática diária, não acreditaria no que vejo e no que sinto. Os estados do corpo mudam na nossa frente, na hora, e as dores e desconfortos desaparecem, às vezes, num simples toque. Doenças crônicas e profundas exigem mais tempo de tratamento, mas muitas delas respondem muito bem a esse processo de leitura manual apoiada em materiais essenciais, como agulhas e moxas. A técnica é sempre objetiva, simples e abrangente. Os japoneses são mestres em encontrar tratamentos raízes, ou seja, aquela terapêutica que, por si, trata da raiz à totalidade, sem muitas especificidades. Procura-se tratar o todo e a parte ao mesmo tempo com o menor número de procedimentos possível, de forma a estimular o organismo a encontrar seu estado de equilíbrio. Uma espécie de limpeza energética para facilitar a chegada da saúde e a ação de demais tratamentos. Ao longo dos tempos, os legados de alguns mestres vêm nos orientando de forma simples e profunda, descomplicando o encontro do ajuste energético. Nosso organismo é um texto em constante reescrita, e as técnicas de acupuntura agem como se fossem revisores desse texto.

Citei a afinidade com a eutonia. O fato se deve à força da atenção e do contato com o tônus e com a energia da pessoa, do aluno, do paciente, quando submetidos ao tato e ao desejo de partilhar seu estado e suas consciências. Fazer acupuntura ou uma aula de eutonia é uma questão de entrega, de aprendizado, de transformação, sempre dependente da participação do sujeito. Diferentemente da conduta do paciente clássico, que entrega seu corpo a terceiros, nessas situações de coparticipação energética, o aluno e a aluna têm de estar ali, num estado de busca de consciência, de leitura de si mesmo, de descondicionamentos mentais e corporais, de integração e de aceitação de incertezas. Isso potencializa resultados. Quando buscamos ajuda médica, entregamos nossa confiança, nosso dinheiro, nossos sofrimentos, nossos exames, e torcemos para que ela e as forças maiores nos entreguem boas notícias e felicidades. Não é preciso dizer novamente sobre o valor da Medicina sobre nossas vidas, mas insisto sempre: qual é nosso papel? Se não forem os médicos, o que fazemos?

As terapias, ou atitudes energéticas do movimento, como gosto de dizer, nos atribuem papéis muito bem definidos de ação e de responsabilidade. Somos os diretores, os protagonistas, os parceiros e nossos próprios terapeutas. Acredito muito mais em transformações baseadas nessas atitudes do que nos papéis de espectadores com os quais nossa cultura tem muito mais afinidade. Quando meus parceiros clientes se deitam numa maca para uma sessão de acupuntura, sempre lhes pergunto por que vieram, o que pretendem, aonde querem chegar, se querem mudar? Uma vez deitados, gosto de estimulá-los quanto ao presente, à presença, no jogo. Digo lhes para observarem seu corpo naquele instante – como ele está? Mexo aqui – o que você sente? Vamos juntos nesta jornada? Me dê licença?

Uma vez na maca, tento evitar que se joguem nela para fugir, para dormir, para apagar, entregando para mim uma massa sem consciência. Claro, muitos chegam exaustos e precisam dormir, além do que as agulhas proporcionam um relaxamento natural. Mas se puderem, estimulo para que se equilibrem no estado de relaxamento ativo, de observação. Nesse estado, sentir a energia fluindo parece ser mais fácil e mais profundo. São todos meus parceiros nesta viagem etérica, corporal, artística, cuja proposta, se possível, é descobrirmos juntos uma inspeção. Criamos algo juntos. E se a pessoa é muito quieta, refratária até, espero sempre que ela saiba que participará de uma construção, de uma vontade, de um devir.

Provavelmente, nesta vida, não chegarei ao mérito de ser nomeado um acupunturista, de tão absolutamente grande e movediço é o campo dessa arte nada exata. Diferentemente do que a maioria pensa, não existem pontos específicos para isso e para aquilo. "Por favor, me diga qual ponto aperto em caso de dor de cabeça". Essa visão estereotipada é muito comum. Se acupuntura fosse isso, não seria um corpotexto, não seria uma técnica energética por meio de leitura de sinais físicos, não seria uma disciplina tão complexa. Não existe ponto único, objetivo, como se fosse um botão mágico. Uma andorinha não faz verão, às vezes nem um bando. Lutamos para criar conjunto de pontos, um arranjo de procedimentos que ajudem a modificar o sistema. Muitas vezes, usamos canais e pontos que nada correspondem ao problema a ser tratado. Nada tem a ver com a dor e o local da queixa. Na maioria das vezes, é assim. Por exemplo, um dos pontos mais conhecidos é o IG4, intestino grosso 4. É aquele entre polegar e o indicador, em chinês, *He Gu*, ou "vale da união", na embocadura da "boca do tigre", no triângulo formado na mão entre os dois dedos, quando formamos a pinça com eles.

Este é popularmente conhecido como eliminador de dor de cabeça. Localizou? Esqueça, nunca um ponto faz algo de bom sozinho. Ele é um ponto fonte de grande uso e importância, pois participa de um grande portal de energia com o F3, o fígado 3, no pé. Além disso, ele, de fato, age na face, de toda a face e partes da garganta. Talvez, por proximidade, seja conhecido por auxiliar nas dores de cabeça. Mas para os estudiosos do assunto, sabemos que as dores de cabeça, as cefaleias, são várias, têm várias causas e tipos. Exatamente ao contrário da ação de um comprimido analgésico comum, que ajuda no sintoma, a acupuntura quer ir na causa, e a causa das dores de cabeças são muitas. Há textos que enumeram 104 tipos de dores de cabeça. Mesmo que apelemos a um resumo delas, de fato, ao palpar e analisar a pessoa na anamnese, temos de buscar a raiz do sintoma da dor de cabeça. Talvez, se mexermos no canal da vesícula biliar, a dor pode desaparecer. O fígado, a madeira, geralmente está envolvido nessas dores. Mas nunca se sabe. Gosto de mexer nos pés e esperar a dor passar, lá no alto. A dor de cabeça pode estar ligada à menstruação, à lesão cervical, aos olhos, ao cérebro em si, ao estômago, à gravidez, à dieta, à disfunção da articulação mandibular, aos estados emocionais, e assim vai.

A afinação de Manaka. Dr. Yoshio Manaka, médico e acupunturista japonês do século 20, foi um esteta também. Artista, escritor, poeta, poliglota, morto em 1989, não deixaria suas pesquisas na acupuntura fora desse quadro multidisciplinar. Para ele, resumidamente, nossa saúde tinha a ver com um equilíbrio de dimensões, da percepção de uma imagem geométrica em constante balanço entre partes e proporções. Dr. Manaka desenhou para esse espectro o que chamou de "modelo octaedro" – *Yin Yang*. Segundo o arquiteto e designer norte-americano Buckminster Fuller, o Bucky, o octaedro é uma das figuras mais balanceadas, das mais estáveis da natureza. Sabendo disso, provavelmente, o japonês incorporou a figura humana no interior de um octaedro para lançar a imagem de equilíbrio energético para nosso corpo. Minha professora Sílvia Viana aponta em uma de suas aulas:

> O tratamento que visa restabelecer o equilíbrio entre as porções superior-inferior, anterior-posterior e esquerda-direita pode resultar em

um equilíbrio geral de todo o sistema de canais e, se o sistema de canais se encontra mais equilibrado e fluindo melhor, os aspectos internos (*Zang Fu*)[4] são naturalmente corrigidos.

A imagem a seguir (Figura 2.11) esboça o esquema da busca de equilíbrio. Dr. Manaka estabeleceu um tratamento com imãs e "fios de Manaka"[5] e agulhas para equilibrar nossa geometria energética. Buscava balancear os oito lados, à frente e atrás, um lado e outro, acima e abaixo, um diagrama bem-definido para representar nossa estrutura bilateral e octaédrica. Em todas as tradições, o *Yin* e o *Yang* são, no fim das contas, representações dos estados em movimento da matéria. Eles são opostos. Por exemplo, o *Yin* está embaixo e é sólido, o *Yang* está acima e é gasoso. *Yin* é frio, Yang, quente, e assim sucessivamente. Tudo isso, tempos antigos, sabedorias milenares para realizar as afinações necessárias do viver. A dança de uma escultura em movimento? Para mim, sim. Nosso ser tem a harmonia e a beleza como fonte de vida? Também. Ninguém precisa se tornar um artista em tempo integral para buscar suas afinações, nem para ser um leitor de afinações supostamente estéticas do mundo. Qualquer profissão e atividade humana passam pelo recorte da afinação integral da vida, pelo estético também. A beleza da culinária que chega aos nossos pratos, nossas roupas, uma cirurgia que deu certo, uma bela ponte que liga margens de rios, uma defesa correta e ética na justiça, uma aula bem dada, um gol de placa. Todos seguimos esse instinto de juntar o belo com o útil.

Tenho total convicção de que a acupuntura é uma terapia complementar para todo e qualquer tratamento médico. Todos eles. Da mesma forma que medicações são para toda a vida para muitos pacientes, a acupuntura também é um tratamento para a vida toda para

4 *Zang Fu*, em mandarim, é respectivamente "órgãos" e "vísceras do corpo humano".

5 Fio de Manaka é um fio íon pumping, troca de íons; ou seja, fios de cobre com diodos, os quais dirigem a energia numa direção específica, em cujas pontas podem ser anexados ímãs e agulhas, geralmente ligando vasos extraordinários.

qualquer pessoa que queira realizar uma manutenção de saúde e de bem-estar, com propósitos mais preventivos do que curativos. Com as doenças mentais não seria diferente. Já tive notícia, lendo pesquisas e ouvindo profissionais, de que o TOC é tratado com acupuntura em pesquisas acadêmicas mundo afora. Os resultados que conheço são todos favoráveis a ela, sem exceção. A questão difícil e delicada a considerar é exatamente o próprio processo de pesquisa para uma técnica e arte tão diversificada quanto a acupuntura. São muitos mestres e muitas escolas e tradições. Os pesquisadores, geralmente, adotam um protocolo de agulhamento específico e nele permanecem concentrados na estratégia de pesquisa, via o duplo-cego – placebo, não placebo – e permanecem na repetição exclusiva de pontos para aplicar as agulhas e, depois, analisam seus resultados. Ora, uma ciência exata é exatamente o que a acupuntura não é, e cada paciente responde a um tipo de tratamento, a um ou vários caminhos de abordagem.

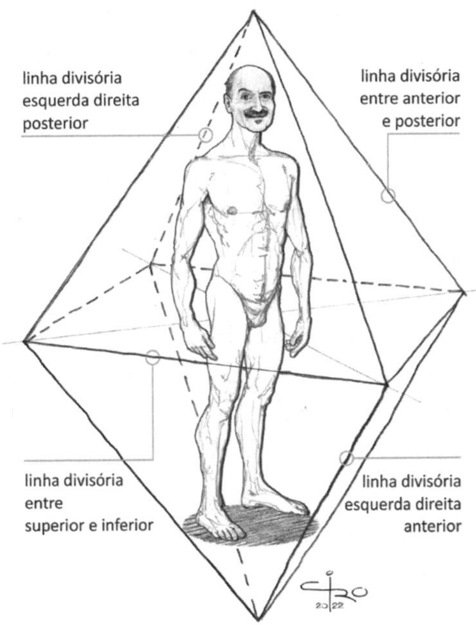

Figura 2.11 – Octaedro de equilíbrio energético de Manaka. Fonte: Ilustração de Ciro Araújo.

Na acupuntura japonesa, na qual me incluo, existe uma enormidade de caminhos para interagir com o paciente. Nunca sabemos qual deles será mais eficaz, mais ainda, sabemos que o conjunto alternado deles é que fará mais efeito. Portanto, não há nada que o processo clássico de pesquisa possa fazer numa situação como essa. Como recolher 100 pessoas e tratá-las de forma diferente, personalizada, para cada uma delas, e encaixá-las numa planilha de dados científicos? Muito complicado. Por fim, para dar sentido e possibilidade às pesquisas científicas clássicas, exclui-se toda a floresta para lidar com apenas um vegetal, reduzem-se drasticamente a diversidade e a riqueza de possibilidades de tratamento em função da necessidade de se controlarem os dados. Dessa forma, não mais se trata de acupuntura, mas de uma aplicação específica.

A pesquisa é essencial para o progresso da ciência e para nossa sobrevivência. Porém, no caso da nossa casa energética, a ciência dificilmente abrirá mão de seus procedimentos em favor de algo que une arte, filosofia, saúde e espiritualidade. Gostaria de ver esse dia chegar, de algum modo, ciência e arte interagindo. Recomendo a acupuntura para quem sofre de dores mentais, de TOC, de qualquer coisa, seja por intermédio de médicos ou não, de pesquisadores ou não, ou simplesmente de pessoas que amam o que fazem e sejam persistentes estudiosos do assunto e, sobretudo, os que sejam responsáveis.

No fim das contas, se tivesse de resumir o que é ou o que faz a acupuntura nessa casa energética, eu diria: afinação. Na mais simples acepção a palavra, afinar mesmo. O *Qi* (ou *Ki* ou *tchi*) deve ser, para mim, um termo que define a organização de frequências e vibrações de nosso sistema orgânico, em si e em relação aos espaços interno e externo. Pode não ter nada a ver com algo místico, força sobrenatural, energia potencializada, magia. Para mim, agulhas e demais técnicas são ferramentas para afinar a vibração e a frequência de nossos corpos. Se tudo no Universo tem frequência e vibração, a acupuntura nasce como técnica e arte de afinar o instrumento humano, somos um instrumento de vida. O acupunturista é um afinador de piano, um afinador de violão, um diapasão de metal, de madeira e de fogo. Sinto isso numa sessão bem-sucedida quando o paciente me olha nos olhos e sua expressão é outra, diferente daquela de quando havia chegado. A dor é uma forma de desafinação. É estagnação de energia e vibracional. A casa tem de ser afinada, em si e na paisagem. Somos uma partitura, uma música, um instrumento.

MINHAS ATIVIDADES QUARENTENÁRIAS 5

Quem não gosta de uma boa leitura de aventura? Estilo literário em segundo plano, uma boa história bem contada é um passatempo muito bom, ainda mais quando são seis volumes do mesmo romance. Tomei conhecimento durante a pandemia do trabalho de Jean Auel, escritora norte-americana ligada às pesquisas antropológicas. Auel, anos 1980, desempregada, com mão cheia para criar e contar histórias, decidiu retratar os primórdios da história humana entre as cavernas e as primeiras aldeias. Espaço e tempo já abordados em filmes clássicos, como *A Terra do Fogo*, de Jean Jacques Annaud, 1981; em literatura, não tenho repertório. Um tema difícil e pouco abordado em detalhes por motivos óbvios, a dificuldade e a complexidade em pesquisar o assunto. Na saga de Auel, *Os Filhos da Terra*, Edições Bestbolso, 2009, dividida em seis volumes, Ayla é a protagonista de um dos momentos mais interessantes da prosperidade da espécie humana. Há 40 mil anos, final do pleistoceno, neandertais e cro-magnons conviviam simultaneamente em territórios onde hoje, por exemplo, ficam o Cáucaso, a Europa Oriental, espalhando-se até a Europa ocidental. Momento crucial da sobrevivência dos hominídeos, no qual certas habilidades e inteligências definiriam quem continuaria a saga sobre a Terra ou quem pereceria. A ação de *Os Filhos da Terra* se passa exatamente neste momento, em que neandertais e tribos humanas primitivas não só conviveram lado a lado, disputaram terras e conflitaram em suas culturas, como também cruzaram entre si, realizando as primeiras mestiçagens da história.

Depois de um trágico terremoto, Ayla, uma menina de 5 anos, estava sem rumo, errante, quase morta depois de perder todos os seus entes na tragédia. Uma curandeira e um ancião de um clã de neandertais a encontram e adotam-na. Ayla cresce com eles, aprendendo sua cultura e suas linguagens. Garota muito mais esperta do que os indivíduos do clã, o conflito se inicia quando ela mostra suas habilidades de caçadora e de menina independente, criativa, com dons simbólicos naturais. No relato de Auel, neandertais não falavam nem choravam, virtudes que Ayla evitava expor naquele ambiente machista e opressor com as mulheres.

A comunicação clânica era feita basicamente por gestos e grunhidos. A disputa de poder e as retaliações contra ela complicavam sua permanência no grupo, mesmo ela tendo, talvez, dado à luz o "primeiro" indivíduo mestiço da história da Terra, meio cro-magnon, meio neandertal, o garoto Durc. Diga-se, inclusive, mistura esta que deu origem às pessoas ruivas da atualidade. Se você for ruivo ou ruiva, um sanguinho neandertal corre em suas veias. Em questão de vida ou morte para ela, Ayla opta por deixar o filho e rumar a uma vida nômade, de sobrevivência diária, de invernos rigorosos, de caça e lida com as plantas comestíveis e terapêuticas, conhecimento herdado de Iza, sua mãe adotiva.

Mesmo muito resistentes e muito fortes, os neandertais entraram em extinção há mais ou menos 30 mil anos a. C., seu fim se deveu a vários fatores ambientais e biológicos. Para seguirem vivos, esse povo teria de desenvolver um instrumento crucial de sobrevivência, que era a fala, e um coeficiente de inteligência um tanto mais desenvolvido para enfrentar as adaptações à natureza e à vida. O livro explora exatamente essa passagem, quando o clã de Ayla parece ser um dos poucos representantes ainda vivos daquela linhagem. Depois de deixar o clã, ela se instala numa caverna distante, onde por anos fica em companhia de uma égua e de um leão, ela mesma criara desde filhotes. Com eles, forma uma equipe de caça implacável. Até que um dia, ela tem a sorte de encontrar um dos "Outros", como os neandertais denominavam os cro-magnons, "aqueles com pernas longas, testa alta e olhos azuis". A saga toma outro rumo quando Ayla encontra Jondalar, o parceiro caucasiano com quem seguirá sua jornada e terá filhos. O livro tem cenas cinematográficas maravilhosas, como detalhes de uma caçada a um mamute, na qual Ayla, por impulso, por instinto, expõe seus dotes de caçadora num momento de perigo, para salvar uma criança. Para a cultura clânica da qual Ayla fazia parte, jamais uma mulher poderia caçar, tanto quanto jamais botar as mãos numa arma de caça. Para eles, era hora de bani-la.

A autora imprimiu tantos talentos na protagonista, tantos *insights* em uma só pessoa, na bela Ayla, todos eles fundamentais à evolução humana, que a personagem beira o inverossímil. Por exemplo, Ayla é tão arguta e especial para línguas que as aprendia quase por instinto, tinha habilidades físicas incríveis para várias atividades, era sensitiva e dominava a botânica para fins de cura, descobriu a faísca ao atritar a pedra de sílex contra a pirita de ferro para acender o fogo mais rapidamente, e foi uma – ou a – precursora na domesticação de animais, como cavalos e lobos, o futuro amigo do homem, o cão. Ela era demais. Todavia, nossa cumplicidade e interesse por ela ultrapassam esse excesso de poderes simplesmente porque aquele período da história humana foi mágico mesmo também por outras razões. Para apontar mais uma delas, foi ali, com aquelas pessoas, entre 50 mil e 30 mil anos a. C., que surgiram as pinturas nas rochas, nas cavernas, muitas delas, hoje, as cavernas dos sonhos esquecidos e seus desenhos magníficos.

Atualmente, as séries na Netflix e na Amazon fazem muito sucesso. VOD e *videos on demand* são dominantes atualmente, o cinema entrou em casa de vez. De fato, há muitas séries boas a que assistir e, embora eu prefira os filmes, venho assistindo a várias delas. Mas não abro mão do silêncio da folha de papel, do livro, da grande viagem que a literatura e nossa atenção fazem juntas. A saga de Ayla nos leva aos tempos pré-históricos com pesquisa bem detalhada e aparentemente coerentes. O diferencial da obra está nisso. Ambienta um momento em que nossos ancestrais criaram as bases para a sobrevivência, parte delas usadas por nós até hoje, as quais ficarão para sempre. Eis a razão por estarmos aqui até agora. Os vírus fazem parte da história humana, como nestes tempos difíceis de hoje, mas nada se compara ao desconforto de uma época em que manter o fogo aceso era uma questão última de sobrevivência. Nossa inteligência nos fará seguir em frente? Precisamos afinar mais.

Álcool

Tomei consciência e tomei uma decisão: diminuir a ingestão de álcool. Estava indo até o último gole possível, em todas as ocasiões de lazer e de descontração. Fui advertido de que, para o tratamento, para a tão desejada estabilização psicofísica, álcool em excesso não é um bom coadjuvante. Menos é mais. E assim o fiz. Uma luz de consciência vem em boa hora.

Covid-19 mais perto de casa

Depois de oito meses em reclusão parcial, evitando saídas a bares, festas, viagens, encontros, a segunda onda da covid-19 chegou mais perto de mim, ou seja, se espalhou pelo mundo. Antes, os infectados e internados e até mortos eram pessoas distantes. Neste final de novembro, várias pessoas próximas estão contaminadas, inclusive minha filha Luísa, meu genro Júnior, e meus grandes amigos, o casal Claudio e Rachel, meus vizinhos. Noite passada morreram mulher e marido, ao mesmo tempo, internados, parecem ter combinado a partida. Eram pais de uma amiga. Além deles, um velho amigo, Carlos, de 61 anos de idade, e sua mãe Maria, de 94 anos, fadigados, acharam melhor optar pela internação dos dois. Ela se foi em três dias. Ele recuperou-se bem, mas a perda lhe custou uma dor mental bem sofrida. O vírus está rondando com muita eficiência. O antronauta é muito adaptado, tão adaptado que pode ter sido um fator de vida ou morte para povos ancestrais, inclusive um dos fatores da extinção de alguns hominídeos em passado remoto.

Por vários dias, acordei com uma letra linda na cabeça, na boca. Música linda de Gil e Dominguinhos, *Lamento Sertanejo.* Por quê? Não sei, acho que me identifiquei com o personagem. Especialmente quando ele diz "... eu quase não sei de nada..."

Por ser de lá
Do sertão, lá do cerrado
Lá do interior do mato
Da caatinga do roçado.
Eu quase não saio
Eu quase não tenho amigos
Eu quase que não consigo
Ficar na cidade sem viver contrariado.
Por ser de lá
Na certa por isso mesmo
Não gosto de cama mole
Não sei comer sem torresmo
Eu quase não falo
Eu quase não sei de nada
Sou como rês desgarrada
Nessa multidão boiada caminhando a esmo

Linda obra brasileira.

Sensibilizou-me pelo cenário rupestre, pelo sertanejo quieto e ciente de que está mais perto do calango do que de gente. Passei por uma experiência dessas, pude fingir que era sertanejo por uns anos na vida, como contei na seção "A Casa de Fogo".

Muitas manhãs são assim, repletas de palavras de canções ou somente palavras soltas e nômades e repetitivas. Antes do almoço, um tanto, elas somem. Deixam-me.

Hoje também veio à mente. Como definir, como olhar para esse livro, *Os Filhos da Terra*? Pensei, "é um documentário escrito". O que precisaria ter para ser, de fato, literalmente, um documentário escrito? Uma reportagem textual encaixa. Mas aí seria uma comparação entre estéticas clássicas, puristas. Documentário é filme! Sempre gosto de salientar isso. A gente sempre ouve alguém perguntar se é filme ou documentário. Tudo é filme! Tudo é uma ficção, são imagens com fontes diferenciadas. Num, finge-se com realismo e se paga-se cachê para atores. No outro, não necessariamente, e os atores estão na peça, no roteiro de suas vidas. A imagem gruda na tangente da realidade e faz poesia. Mas insisto, todos os dois estilos e formatos são imagens. Tenho uma pequena predileção pelos documentários em relação aos de ficção, ou filmes de não ficção, como acertadamente podem ser chamados. A diferença dos filmes de não ficção aparece no encontro entre o mundo físico espontâneo e o olhar do artista, do diretor e equipe sobre ele. O filme de não ficção me oferece um transe poderoso na fricção do nascimento das imagens e sons vindos de um recorte autoral. Mestres como Jean Rouch, Joris Ivens, Robert Flaherty, Johan Van Der Keuken, Werner Herzog, Win Wenders, Gabriel Figueiroa, Silvino Santos, Dziga Vertov, e os caras que misturaram os dois gêneros em filmes incríveis, como *Iracema, Uma Transa Amazônica*, de Jorge Bodansky e Orlando Sena, e *Serra da Desordem*, de Andrea Tonacci, ambos um mergulho num Brasil rupestre, narrando com a força da vida e da natureza, harmonizada pela formação imagética vivente entre o cinema e o mundo. O cinema está aí, na nossa frente, e em nós, espectadores. As imagens nos caçam, como já disse. Outros grandes caçadores, domadores de imagens, mesclando a vida e a ficção, Luchino Visconti, em *A Terra Treme*", e Roberto Rossellini, em *Roma Cidade Aberta.*

O livro *Os Filhos da Terra* respira como um documentário escrito? Haveria um termo literário mais apropriado para isso? Mistura de gêneros, como nos filmes, meio ficção, meio não ficção? Prosa, poesia, ensaio, relato, crítica, comportamento, autoajuda, confissões?

O que mais? Você sabe? A pergunta é melhor do que a resposta. Não espero definições ou rotulações.

Na busca por ajustes, ainda, decidimos, médico e eu, passar à dose máxima de clomipramina, 75 mg ao dia, a partir do dia 2/1/2021. Não durou uma semana. Boca sequíssima, sabor amargo como cinza de cigarro, aftas na boca, constipação intestinal, tremores.

Partimos para o escitalopram. Viagem nova. Mais uma delas. Avante. Só de pensar em tirar ou diminuir a clomipramina, já estou melhor.

Tenho sentido menos vontade de escrever. Escrever me é prazeroso e necessário, como sempre. Em minha vida, sempre foi uma necessidade, um ofício, um ócio, uma pesquisa, um encontro. Escrever é pintar, é buscar uma figura, uma escultura de um pensamento. Melhor ainda se esse movimento for via pensamento ligado aos sentidos. Tendo cheiro, luz, formas, tempo e espaço. As artes nos possibilitam isso, todas elas, navegar no tempo e no espaço sendo que o tempo e o espaço de cada uma delas são um tempo e um espaço próprios. Quando se chega a uma forma temporal, aí está o texto. Esculpido no espaço e no tempo. Uma escultura pode não ter tempo, pois é uma peça sólida e imutável. Mas o texto é uma escultura com tempo, ritmo, como a música, o cinema, a dança também o são.

O fato é que não ando escrevendo com a mesma determinação. Motivo? Eu o sinto, eu sei. Como assim falou Jung sobre Deus: "Eu não acredito em Deus, eu sei". Sei qual é o motivo. É o momento vivido, sobretudo ligado ao estado de espírito e químico. Estou mais desligado das obsessões, distraindo-me mais com a vida. Hipótese: a medicação nova somada a um *mindset*, a uma determinação minha, a um *insight*, me trouxe boas alterações no TOC, uma ordem na desordem. Faz uns 10 dias que sinto mais estabilidade no sistema. Será? Em uma das *Minhas Atividades Quarentenárias*, relatei a reintrodução do escitalopram, em torno do dia 10 de janeiro de 2021. Outro sinal positivo é não controlar as horas e os dias, atitude comum na obsessão e na compulsão, quando a mente está sem chão e sem corpo. Sem integração do corpo com a mente, e por mais outras forças vegetativas, divaga-se num espaço sem gravidade, sem rumo. Então, associo a intensidade da escrita, do braçal, ao estado de saúde.

Sim! Quanto mais feliz, suponho, mais me afasto do compromisso, da concentração, pois sentar e escrever, para mim, também é uma forma de busca de prazer e de arejamento, de tentativa de prender o pássaro. Quando isso acontece por si mesmo, o movimento me leva ao sol, às atividades físicas, ao suor, aos prazeres de se estar em silêncio na natureza, celebrando a vida e a alegria de viver. O oposto é verdadeiro? Algum escritor trabalha mais no sofrimento? Isso não posso afirmar. O prazer e o dever continuam em mim, arraigados como sempre. O fato é que passo a dividir mais o tempo com outras atividades. Sei, sinto, percebo que quando a dor diminui olhamos mais para fora. Quando há dor, a atenção se volta para dentro. E a escritura é, também, uma fala das entranhas, texto e tecido dialogam; sangue, palavra e respiração saem da mesma fonte. No fim, sei que na estabilidade também há, evidente, prazer em criar. É muito bom estar melhor e poder criar e apreciar o trabalho. A imagem do poeta sofredor não é das mais corretas, nada determinante. Sei disso.

Não tenho contado a passagem tempo, um sinal maravilhoso sem obsessão cronológica de resultados. No meio da passagem destes 10 dias de sortilégio senti, SENTI um pensamento, ou um estado de razão sensitiva, física, me trouxe uma realização mais sólida, daquelas que a gente sabe que chegou sem explicar como. Óbvio, se há medicação, ela é parte disso. Não é tudo, mas no meu caso, é parte significativa. Reafirmo: se há vontade, no seu tempo, mas vontade com atitude e confiança, a nave pode decolar. Desistir nunca. Veio-me do Cosmo e de dentro, ao mesmo tempo, um sinal sensitivo concreto do querer, do cooperar, do decidir, do realocar o TOC, diminuí-lo para seu lugar de merecimento, ou seja, em submissão. Já senti isso antes, já houve isso nas outras vezes em que melhorei e pulei para uma fase de sintropia. É pular fora da entropia. Isso acontece com a gente a torto e a direito. Há um tempo e um espaço para as coisas acontecerem.

A gente tem de passar por elas como numa narrativa? Parece-me que sim. Tudo tem um tempo? Parece chavão, lugar comum, e é. Mas é um fato! Por outro lado, já me iludi também com mudanças positivas. Tudo parecia que ia bem e... Volta e meia, o ciclo de obsessões e o inquilino voltavam. Portanto, devo dar mais um tempo antes de definir a chegada da sintropia, do amor em minhas células, da harmonia de cada célula de meu corpo afinada umas com as outras na direção da homeostase. Uma das formas de desenhar a saúde e a doença é esta, quando há uma espécie de amor intercelular, químico, físico, energético, seguimos o caminho da vibração harmônica. Um exército de trilhões fazendo sua tarefa, com o mesmo objetivo da vida. Quando não há amor em uma parte de nós, a vibração desarmônica acontece em formas de doenças e de transtornos. Ouvi do cientista Antônio Nobre[6] esta ideia. Não há como não poetizá-la. Ele descreve a energia vital de nosso sistema orgânico como uma sintonia coletiva, uma harmonia consciente de um conjunto. Mais uma afinação.

Seguindo Nobre, na poesia da ciência, cada célula de nosso corpo, pensando bem, é um elemento do sistema todo engajado na geração de harmonia, de amor. Cada uma delas sabe o que tem de fazer, dentro de sua função específica. Uma célula de pele, ou de tecido conjuntivo, gerará outras células do mesmo tecido, e assim sucessivamente, num programa preestabelecido antes mesmo da própria célula existir, em uma complexa rede de tarefas e funções para nos manter vivos. Essa realidade do antes nos precede, existimos nela, mas não sabemos, não temos memória dela. São trilhões de células em constante mutação, em nascimento e morte constantes, num sistema em comunhão laboral ininterrupta, para a permanência do todo. Repare neste instante. Neste exato instante, um sistema todo de sua vida, este eu percebido como si mesmo, respondendo pelo nome que lhe deram, existe no aqui e agora porque trilhões e trilhões de elementos, como moléculas, células, bactérias, e uma farmácia complexíssima

6 Pequeno vídeo circulando pelo WhatsApp, livre, solto no ar.

estão trabalhando para você, em você. E note, você nem sabe disso, e não precisa saber o que está acontecendo. Há muitos deuses aqui dentro, ou somos parte de outro bem grande, também trabalhando para ele, como se fôssemos uma célula mais complexa apenas.

Habitando um fenômeno vivo, unidade sensível e móvel intencionada a sobreviver, com instintos ancestrais, um *hardware* com carga hereditária carregada de memórias e um *software* respondendo a contínuos estímulos neuronais, culturais e cognitivos. Estamos vivos, mas viemos do passado, em um estado de dormência inata, guardada em nossos pais, e assim sucessivamente num ciclo sem fim. Uma energia amorosa vital movendo bilhões de pessoas (ou galáxias?), cada qual com sua passagem por esta superfície de terra e água, apagando e construindo incontáveis legados prometidos para a eternidade. É o que passa. Vou com Pessoa/Caeiro, como sempre, poetas de passagens intermináveis: "Passa ave, passa, e ensina-me a passar".[7] Quando há uma negação no sistema, uma rebelião numa pequena parte do organismo, num movimento de desarmonia, as células se reproduzem em desordem, causando as doenças. O que nos move adiante, que é a energia da vida, no fim, é amor, e amor tem autopoiesis. Podemos entender o amor desta forma, uma engenharia integradora na qual o todo está acima da unidade. O princípio da vida é viver em entrega para o todo, unindo funções e partes num sentido e direção. Não há razão individualista nesta lógica.

Isso é uma realidade, é fato. Somos organismos em luta e para permanecer em sintropia, tentando eliminar qualquer sinal de entropia. No indivíduo e socialmente. Nosso corpo faz suas funções de forma vegetativa, queiramos ou não. Ele nasceu com essa senha. Porém, socialmente, ainda estamos no período da infância, do aprendizado básico. No social, a conquista da sintropia é um desafio ainda mais difícil. Algumas mais, muitas outras menos. Nosso talento

7 Guardador de Rebanhos, XLIII. Alberto Caeiro. *Ficções do interlúdio*. Cia das Letras, 1999, p. 231.

para a entropia, no Brasil, é bastante persistente. Temos de buscar a maturidade o mais breve possível. O tempo urge. Talvez sejamos, na mesma metáfora, agentes criadores de entropia no planeta, os agentes causadores de desequilíbrio sistêmico mundo afora. Somos as bactérias, os vírus, algumas células malignas exterminando uns aos outros e a própria casa. É uma triste verdade. Se quisermos permanecer no mundo, teremos de agir como parte dele, sintropicamente, integrando-nos à natureza, sem feri-la, sem matá-la, fazendo parte dela entranhadamente. A começar por nós mesmos, no drama e na tragédia, interrompendo o impulso de morte, de extermínio, de violência.

Com a cara e a coragem, estou nu, da página 1 até aqui, aberto e livre. Vivo, faço uma autópsia em mim. Há quase um ano não tinha uma sequência contínua de 11, 12, 13 dias de paz. Para quem a tem normalmente, talvez não possa sentir o que sinto hoje, a ausência de transtornos. Perceber as horas, os dias, as semanas, sem o compasso do TOC, é a medida de prazer de quem retira um espinho da alma. Dedico este momento aos mais de 210 mil mortos – até agora, final de janeiro de 2021 – em decorrência da covid-19 no Brasil, e aos mais de 2 milhões de mortos no mundo e a seus familiares.

2 de fevereiro de 2021

Dia muito esperado por mim. Hoje conto 21 dias sem transtorno, com fracos sintomas de TOC. Estão leves, alguns não desapareceram nunca, mas a obsessão em relação a eles não está tão presente. E isso é tudo. Celebro o momento, aproveito-o enquanto dura. A medicação nova somada, sobretudo, às atitudes, força de vontade e questionamentos me proporcionou este resultado parcial. É muito difícil, eu sei, mas que todos os doentes desta moléstia saibam: algumas vezes É POSSÍVEL ser maior do que ela.

4 de fevereiro de 2021

O jardim dos caminhos que se bifurcam, como escreveu Borges. Uma bifurcação, neste dia, à minha frente. A escolha do caminho já foi feita. Seguir em frente com o livro. O caminho do texto. Por muitas vezes, neste projeto, refleti sobre a data, o momento de finalização do livro. A vacinação era um fato tão importante e distante, que cheguei a cogitá-lo como a marca do epílogo, para o arremate final. Dizia para mim mesmo: "A data da vacinação poderá ser um momento para encerrar". Que nada. O dia chegou e não há a mínima possibilidade. Assim descobri, na prática, o poder do texto. Ele tem vida própria. E eu sigo com ele.

19 de fevereiro de 2021

Passamos dos 10 milhões de casos de covid no Brasil. O número, na verdade, deve ser muito maior, talvez o triplo, o quíntuplo, pois os 10 milhões são os números oficiais, computados. Nossa realidade está muito longe de ser fiel aos registros oficiais. Provavelmente um quarto dos brasileiros tenha sido contaminado. 50 milhões? Sintomáticos e assintomáticos?

Saudades deste livro. Pela primeira vez, desde o início da pandemia, fiquei quase uma semana sem escrevê-lo, a não ser algumas visitas para troca de palavras aqui e ali. Um momento de menos ação do pensador e mais movimento para o braçal. Resolvi sair da clínica em que atendia e ir para outro local, mais confortável, mais novo e espaçoso. Dra. Carol Duarte, osteopata, mudou-se comigo para dividirmos o aluguel e as funções. Áreas afins no trabalho. Ela, no físico, no estrutural; eu, no energético. No chinês, detalhando, no *Qi* e no *Xuê*, respectivamente energia e sangue – pronunciam-se "tchi" e "chuê" mesmo. Crises e alterações são essenciais na vida.

Meu estado geral continua bom. Desde do último relato positivo, em 20/1/2021, o tônus permanece mais ajustado. Com exceção de madrugadas com agitação mental, como se fossem rádio e TV ligados. Minha atenção está mais para fora do que para dentro. Sinal inverso do TOC, que implode a atenção, de fora para dentro, como se quisesse compor uma estrela de nêutrons com o corpo e a existência. De tão compactos e ensimesmados, uma pessoa pesaria milhões de quilos. Exagero na metáfora? Com certeza.

Hoje tive um sinal prático da mudança favorável à homeostase, para uma melhora significativa. Herdei de meu pai um livro magnífico. Um trabalho magnífico, daqueles comparados aos trabalhos de dicionaristas e enciclopedistas. O livro se chama *Guia da Música Sinfônica*, organizado por François-René Tranchefort (Rio de Janeiro: Nova Fronteira, 1990, 942 páginas). Para a versão francesa, Tranchefort conta com a colaboração de mais três redatores pesquisadores. Na versão brasileira, são mais sete. Um revisor e seis tradutores, entre eles a crítica teatral e escritora Bárbara Heliodora.

De A a Z, começa com Albinoni e termina com Zimmermann. Um colosso com biografias, resenhas e citações de obras e autores do início do barroco, século 16, ao século 20, até início dos anos 1980. Um grande guia da música sinfônica, talvez um dos mais completos já escritos até hoje. Ou pelo menos um dos mais ricos dos compactados em volume único. O fato é que esse volume me acompanha há muitos anos. Leio e releio. Descompromissada e aleatoriamente. Excluindo qualquer fumaça escatológica, meu lugar de leituras e apreciações é o banheiro. Um vício. Sem o *Guia*, faltam-me ambiente e conteúdos. Até aí, nada de mais. A mudança ocorre na forma e na regularidade do manuseio.

Em época de TOC dominante, em crises alongadas e nada chulas, a leitura aterrissa atenção nas datas dos músicos de A a Z, todos mortos já. Se houver algum vivo, são um ou dois, no máximo, entre centenas dos citados. Então, com o ar funesto e cansado, observo a data de nascimento e falecimento, acrescentando à observação uma olhadela aos legados musicais incríveis da maioria deles. Muitos deles, jovens, mortos antes dos 35 anos de idade, com um volume invejável e imortal de trabalho. Aí eu penso: “Descanse em paz, meu filho, você já fez sua obra, já sofreu, agora descansa... fique em paz!” Leio a história de vários deles, a cada dia naquele momento íntimo, fisiológico, e me conforto no descanso daqueles que construíram seu legado e, hoje, são mais importantes, lembrados que seus sofrimentos pessoais. Viva os artistas! Viva a vida que passa! Ah, só eu sei como me sinto naqueles momentos de crise; hoje, felizmente, eu me distanciei um tanto daquele livro. Ou seja, meu momento fisiológico abreviou-se sobremaneira. Fora das crises, ainda acesso o livro com prazer, mas a atenção não recai mais tanto em datas nem em locais de nascimento e morte. Recai sobre as resenhas das obras e repertórios dos gênios. Que mudança sintomática! Para mim, um mundo de diferença. De um Guia do silêncio para um Guia musical. Regozijo-me com estas ressignificações.

Percebo que terminarei este livro em breve. Sensação de que deixarei a nau do mundo prosseguir sem poder narrar o desfecho desta viagem maluca. Ao fim desta tragédia, sempre soube que a realidade é muito maior, no sentido de concretude, do que a arte. Ao ter de escolher entre a arte e a realidade, tenho de ficar com a última. Ela segue, eu fico, como todos ficamos. Esta é a realidade. Muitas passagens poderão soterrar este livro, e o rio ficará alto por muito tempo, criando outros braços, outros riachos.

Tenho muita admiração pela obra cinematográfica do indiano Satyajit Ray, cineasta da cidade de Calcutá, morto em 1992. Sua obra é extensa, entre roteiros livres e adaptações literárias. Genial criador. Um dos filmes que aderiu à minha pele é *Apur Sansar, O mundo de Apu,* de 1959, o último de uma trilogia, em que Apu é um jovem aspirante a escritor profissional. Solitário, metódico, seu objetivo maior é ser reconhecido como escritor, consequentemente viver de literatura. Destaca-se nessa vida um segundo plano, no qual ele acomoda as relações pessoais, conseguir um possível trabalho que lhe dê mais estabilidade e, sobretudo, encontrar uma companheira. O amor, a compaixão, os outros, no fim, são elementos secundários em sua rotina individual.

Até que um dia, ele tem de contratar uma faxineira para ajudá-lo a tomar conta de casa. Eis o gancho para as transformações. Sua indiferença diante dos dotes da moça vai desaparecendo. Literatura e amor entram no mesmo jogo, a moça engravida e morre no parto. Ele negligenciou sua gravidez? Deixou de tomar, enquanto escrevia, os cuidados necessários de que ela precisava? Apu fica com a criança, torna-se um bom pai na nova vida com o filho e tenta seguir com suas ambições literárias. Para produzir mais e melhor, resolve entregar o menino à família da ex-mulher. Com o passar do tempo, sozinho, seus textos passam a perder sentido, sua produção decai, e o esforço literário passa a perder força em sua vida, em sua solitude, pois a viuvez e a saudade do menino lhe trazem crises morais e de criação artística. Apu retoma a criança e leva-a para casa de volta. Acometido pela falta da esposa e por arrependimentos como esposo, na lida com a vida e a arte, um dia, simbolicamente, leva o filho ao alto de uma montanha e de lá do alto atira seus manuscritos ao vento. A vida ali é a sua verdadeira produção. Mais forte do que sua ambição literária, com a qual não mais se importa, Apu faz a sua escolha pela vida. Ray nos dá esse desfecho em seu filme. O cineasta viveu para produzir sua arte. Não havia em seu caso uma polaridade na qual deveria escolher entre a vida e a arte. Fazia as duas coisas juntas. Penso eu que o artista pode e deve estar no esforço da integração dessas duas realidades. Mais do que isso, esforçar-se para serem a mesma coisa.

8 de março de 2021

Soube há pouco. Hoje perdi um amigo. Nhô Frade, músico da história de São Luiz do Paraitinga. A covid chegou nele devagar e, depois, com menos de uma semana, o levou embora num foguete. Anoto hoje em sua homenagem, para ele e para outros, mortos e sobreviventes. A cada dia, a pandemia fica mais devastadora, incerta, infecciosa, deprimente. Desolação. Retiro-me por um tempo.

22 de março de 2021

Reconquistei minha noite de sono bom, especialmente despertando bem. Depois de um mês e meio com pesadelos fortes, muito vívidos, e o TOC alojando-se neles, hoje o céu está azul e limpo. Mas o mais relevante neste momento, 10h42, manhã de retomada do livro, abre em primeiro plano a irresistível, maravilhosa obra de Lyle Mays, tanto em estúdio como ao vivo, *Alaskan Suite*. No caso, YouTube, com Primuz Chamber Orchestra, polonesa. Obra rara, não sai de minhas entranhas.[8] Um alento, um enlevo para me aliviar do sofrimento no mundo.

Divididamente.

Em plena luz da grande Pathopólis, uma situação muito marcante assinalada pelo Dr. Arno. Ganhei de uma amiga, e paciente querida, o livro *The Divided Mind*, de John E. Arno.[9] O médico e pesquisador Dr. Arno centra-se na definição e na descrição das principais características das doenças psicossomáticas e aponta as dificuldades

8

9 Arno, John E. *The divided mind. The epidemic of mindbody disorders*. New York, Harper Collins Publishers, 2007.

e os desafios que a Medicina predominante tem diante desse fenômeno tão comum em nossas vidas. Mais especificamente, ele assevera que, na maioria dos casos das doenças psicossomáticas – muitas das dores crônicas –, o fenômeno que batizou de TMS, em inglês *tension myositis syndrome*, está envolvido. Uma espécie de síndrome da tensão muscular. Ele mesmo, mais tarde, preferiu reformar o termo para *musculoskeletal mindbody syndrome*, porque percebeu que, mais do que músculos, o cérebro inclui também, na síndrome, os nervos e os tendões. Destaca-se aí o neologismo *mindbody*, a "mentecorpo".

Para o Dr. Arno, ainda em 2006, o termo *mindbody* e as doenças psicossomáticas não são bem estudados nas universidades e não muito bem aceitos ainda pelos colegas. Não só por falta de "evidências científicas", mas também por desinteresse em relação aos fatos. Menciona ainda que o termo "psicossoma" e as disfunções psicossomáticas foram retirados, de forma "medievalista", do catálogo do *Diagnostics and Statistical Manual of Mental Disorders* (DSM), publicado pela Associação Americana de Psiquiatria. Para o Dr. Arno, seria o mesmo que retirar o termo "infecção" do dicionário.

Dr. Arno compara as disfunções psicossomáticas de hoje como foi a peste negra, ou bubônica, na história europeia, numa época em que a Medicina não tinha condições de enxergar a causa de tantas mortes. Não era possível ainda saber que a bactéria carregada por ratos e transmitida por moscas era a causadora de tudo. Do mesmo modo, avalia a MMS, ou TMS, cujas possíveis evidências por imagens e ou exames ainda não aparecem. Todavia, as evidências empíricas, palpáveis, notáveis nos pacientes e, consequentemente, os bons resultados obtidos na prática, estão à frente do senso comum e de seu tempo. No bom senso, tratemo-nos todos independentemente das tão necessárias evidências científicas. Se é possível mitigar a dor e o sofrimento, que seja sem documentos oficiais. O fenômeno psicossomático há de achar um espaço na ciência médica num futuro não muito longo. Com certeza já existem muitas pesquisas centradas na medicina psicossomática e no seu papel fundamental na compreensão da natureza dos fantasmas que habitam ao mesmo tempo a mente e o corpo. No fim, mostrarão que existem doenças manifestadas na ligação entre o psicofísico e que, consequentemente, são a mesma coisa num lugar só.

Por isso, quando há aquela dor que não sai em exames, de difícil diagnóstico, teimosa e insistente, vale encontrar aqueles profissionais engajados nesta busca mais desafiadora, como se diz, a boa medicina integrativa. Saibamos que pode ser alguma disfunção corpomental dolorosa e invisível pedindo atenção.

28 de abril de 2021

Os sonhos.

Continuo sonhando em série, em profusão, sem parar. Uma locomotiva a viajar pela noite adentro, até o final do túnel, quando chega o despertar. Algumas dessas viagens são cansativas, pesadas, pesadelos com sensação viva do TOC, outras felizmente mais amenas, embaladas, sobretudo, por imagens bem coloridas e sons mais discretos e suas cenas oníricas. Por estes dias, pedi uma sessão de *brainspotting* para minha mulher, focalizando exatamente as sensações e o horário dos sonhos da madrugada. Nessa técnica, busca-se a situação mais concreta possível do problema a ser abordado. Por exemplo, se é medo de dirigir, busca-se o local corporal da sensação e toda a gama de desconforto que ela desperta. Não importa o tema em si, mas a linguagem do corpo no momento da dor. Na minha sessão, fiquei atento àquela sensação entre o sono e a vigília, a ressaca pós sonho circundado pela lembrança daqueles momentos. E só. Ficamos ali uns 20 minutos. Nas três noites seguintes após a experiência, meus sonhos continuaram, mas as sensações ruins diminuíram ou quase sumiram totalmente. Aguardo por mais sessões.

O sonho desta última noite pede registro. Foi totalmente atípico por alguns elementos. Lento, quase em câmera lenta, quase como se me pedisse "me filme, me guarde, me veja, serei breve, mas intenso". Vívido, em cores fortes, simples, pois não havia uma montagem frenética de imagens e passagens. Eram duas cenas apenas, uma sequência cinematográfica simples, rica em sentimentos e conteúdos. Entre Picasso e Buñuel, uma produção inesquecível de meu próprio equipamento narrador.

Eu chegava a um local onde supostamente haveria um refém, um homem merecedor de umas porradas, um pecador precisando de uma sova. Encarnei um tipo gângster daqueles resolvidos, determinados (provavelmente influenciado pelo personagem Thomas Shelby, líder dos lendários *Peaky Blinders*, série televisiva a que assisti toda), indo resolver uma de suas tarefas.

Sem emitir uma palavra, comecei a espancar um sujeito com muita objetividade, sem desmanchar o penteado que, na verdade, não tenho. As pancadas dobravam o homem sobre si mesmo, até cair no chão com gemidos e gestos de dor. Pessoas próximas de mim, irreconhecíveis, pareciam olhar a cena como se estivessem numa reunião de negócios.

Ao arrastarem o sujeito para a luz do dia, aproximei-me dele e notei uma grande diferença. Ele havia se transformado num bovino. Pela estrutura, num boi grande e forte. Detalhe. Era totalmente azul, num azul cintilante entre o azul carbono e o marinho. A cor era a própria pele do boi, com detalhes mínimos, pelos, rugas, brilhos, cicatrizes, asperezas, volumes. De barriga para cima, como um cão medroso e derrotado, olhava para mim pedindo clemência. Talvez por isso deixei meus punhos de lado e golpeava-o humilhantemente com um chinelo.

Casa cosmoética

"Cosmo" vem de beleza, de belo, ou o belo vem de "Cosmo", lá no passado com a raiz grega *Kosmos*. No fim, é o infinito, beleza. Cosmética do salão de beleza e dos produtos de beleza também vem daí. Nós a conhecemos para a referência ao Universo infinito, que, no fim, é o termo para o belo – boa ordem, decência, organização, ordem do Universo.[1] De tão incerto, imenso e inimaginável, incompreensível, é a beleza.

Ética – ethos, uma ciência normativa para a investigação do comportamento humano, de valores, de posicionamentos, de respeito, de costumes, de hábitos, diria até de visão crítica para os ambientes do viver. Fui me convencendo que não se faz necessário, na prática das ações, separá-la da Estética e da Lógica, outras categorias normativas. Estética, especialmente, porque se Cosmo fala de beleza, cosmoética é um anagrama, um termo para belo e o justo, ajustado, afinado, para mim, obviamente.

O sentido de beleza passa a ser uma denominação para um jeito de viver.

Se eu tivesse que denominar um jeito de fazer saúde, falaria em cosmoética.

Se tivesse de realizar um projeto em Educação, chamá-lo-ia de cosmoético.

1 "Cosm(o)", *Dicionário Houaiss da Língua Portuguesa*, RJ, Instituto Antônio Houaiss, Editora Objetiva, p. 852.

Se tivesse de seguir como artista, de fazer arte, seria de forma cosmoética.

Se tivesse de unir as três categorias, seria uma atração centrípeta cosmoética.

Não sei bem definir a cosmoética, mas certamente ela descreve um movimento transversal, multidisciplinar, pelo qual a ciência, as ciências humanas e as artes se encontrariam num terreno novo, sempre novo e movediço, a ser inventado e descoberto. Assim como o dito "no universo da cultura, o centro está em toda parte",[2] a cosmoética seria uma senha vivida por quem procura a autopoiesis, o desenvolvimento de si mesmo e da coletividade. Uma pedagogia universal.

Essencialmente, chamei de cosmoética o desenvolvimento do meu processo de conhecer, de saber, de criar uma observação mais equilibrada para realizar a jornada incrível que é vida, que tem sido a minha vida, com prazeres e sofrimentos, com realizações e tropeços, sobretudo com a vontade de diminuir a ignorância que nos torna tão humanos – e de outras nem tanto, desejos, apegos –, constituída na convergência de três matrizes fundantes, a Pedagogia, a saúde e as artes. Uma linha transversal para unir aquilo que talvez não deveria ter sido separado algum dia, na vida, nas escolas, nas ciências todas, ou organizadas predominantemente em separado. A mim parece como se separássemos os pés do chão, o caminhar da gravidade, o ser da natureza, a noite do dia.

A pedagogia, *lato sensu*, aqui, é o estudo formal, escolar, voltado ao oferecimento de conhecimentos em perspectivas várias, uma delas, hoje corrente, a da competição e do estímulo por resultados práticos. A pedagogia cosmoética, acima de tudo, constrói a valorização do ensino e do aprendizado como estímulo contínuo à investigação, à pergunta, ao incerto, ao questionamento e à observação do mundo e de si mesmo, observando, com a presença experimental

2 Aforismo, frase lapidar encontrada na USP, na Praça do Relógio do campus em São Paulo, e até em documentos saídos dela.

do corpomental, com uma direção integrativa das vidas mentais e corporais. Essa riqueza autopoiética faz a liga para um aprendizado mais complexo.

Saúde porque a pedagogia pode e deve ultrapassar o estudo teórico do corpo fisiológico, aquele esqueleto em *slides*, ou com em imagens na parede ou, ainda, com os corpos de necrotério. Saúde porque a Pedagogia pode e deve ultrapassar o saber intelectual materialista, racionalista, classificatório e comparativo – o que é também necessário – e promover a associação da saúde física com o campo da sensitividade, da criatividade e da Educação. Experiências que poderão oferecer afinações aos alunos, ao sujeito, aos pacientes, em relação a outras casas nas quais a saúde tem de participar. A casa do corpo, a casa-casa, a casa escola, a casa bairro, a casa cidade, a casa natureza, a casa de todos. A saúde não diz respeito somente à busca da cura do corpo, em oposição à doença, mas o pensar, o aprender, o sentir, o olhar, o fazer, o colaborar são, por exemplo, elementos de uma saúde autopoiética. Essa saúde é uma virtude a ser desenvolvida na singularidade, no social e na natureza. É uma atitude fenomenológica dirigida do estar no mundo e em relação a si mesmo.

As artes e a autopoiesis. Somos uma obra de arte em movimento. Nem todos gostam da arte propriamente dita, nem apresentam interesse para a prática dela. Não me refiro aqui ao aprendizado das artes nem pela apreciação sensível nem pelo talento prático envolvido nelas. Ela aqui, acima de tudo, é a condição estética mãe da ética e da Pedagogia, o espírito da cosmoética. É uma atitude a se desenvolver, uma ferramenta e uma linguagem que podem sustentar as relações em seu lugar essencial, que é o do desenvolvimento humano com outra finalidade importante, que é ele mesmo. É pelo estético que, por exemplo, uma criação musical se sustenta. O valor de uma obra musical tem algum valor prático a não ser, quando executada, ouvida, o dela mesma? O mundo está repleto das obras musicais, aos bilhões, todos adoramos estar com elas e muitos, como eu, não viveriam em plenitude sem elas. Há algum valor maior do que esse? No horizonte da cosmoética, a afinação dos espaços, do horizonte, da cidade não está separada da afinação da sua casa. A afinação de todas as casas, de todas elas, é a possibilidade cosmoética de cada um. Uma casa pode vibrar com todas as outras casas.

Se não sou empresário da música, se não é meu ganha-pão, é evidente que o único valor é a sua função sonora em nossos corações. Estádios são lotados para que uma multidão, por algumas horas, deleite-se com... sons, com "barulhos que pensam", como dizia Tom Jobim. E assim é estar na frente de uma pintura, assistindo a um filme, a uma peça, e mergulhar em leituras. E assim é caminhar na natureza, é estar com animais, meditar, projetar uma obra, andar a cavalo. Qual a finalidade de tudo isso? Na maioria dessas atividades, é estar em si mesmo para perceber o outro. Assim coloco a arte, o sensível, o enlevo, a invenção, a descoberta no ato do espírito entre a saúde e a Pedagogia.

As três categorias juntas numa só. A experiência pedagógica da corpomentalidade dando à vida seu estado mais complexo. Uma valorização do *ludens* e do *pathos* para o enfrentamento de nossos desafios, tentando estabilizar a cosmoética como se fosse a maromba, que é a vara do equilibrista para caminhar na corda bamba, a cada segundo, a cada tempo, entre uma queda e outra.

Das desafinações às afinações terapêuticas e das afinações das ideias, há muito tempo pela frente para as afinações se sobressaírem às desafinações na história humana. Não há como saber o que virá adiante. A afinação de todas as casas é a intenção cosmoética de cada um. Para Adolf Portmann (1897-1982), um biólogo suíço, a grande riqueza e as variedades encontradas na natureza, na fauna e na flora, com suas belezas e aparições e apresentações ao mundo, podem explicar o valor das aparências, da beleza em si como fator principal à continuidade e à expressão da vida. As belezas, segundo ele, existem porque há olhos para vê-las. A aparência externa é muito variada e quase sempre bela, enquanto os órgãos internos não são agradáveis à vista. Portanto, a força da vida baseia-se também na beleza, nas aparências dos seres e na matéria. No caso humano, no simbólico também, que são as nossas linguagens. Talvez daí, quem sabe, nossas memórias e nossas imagens sejam algumas das bases para a montagem e a preservação das culturas e das belezas que há nelas.

A minha casa é um espaço em meio a um grande texto. Corpo, mente, afeto, conhecimento e ambiente. Somos e estamos muito além do cá. Não há cá nem lá. Cosmoética.

Afinar meu instrumento e afinar a orquestra toda.

Afinar-se melhor e sempre na partitura das esferas.

A pessoa com ela mesma, a pessoa com as outras pessoas, todas as pessoas com a Natureza,

Eis o movimento da casa cosmoética.

Afinações espaciais e sonoras, um silêncio geométrico, um contorno de sons.

Alcançar totalmente o saber é um desejo violento.

Além de ler os grandes e os menores, poetizo-me, corpo um texto.

Habito-me mais a fundo e ao alto, em todas as direções.

Nas salas de aula, cabeças e corpos pelo chão.

A lousa pode ser o teto, as paredes, a própria pele.

Observação é a virtude do círculo sem um fim.

Junto às ciências e aos números, que venha o impreciso.

E que venha junto uma medicina centrada na pessoa.

Estar com a ciência e com o espírito, não afasto o ceticismo, o nutro.

Ordem e Progresso? Do quê? O progresso sem afinação é destruição.

O que importa é: qual progresso? Para qual música vamos afinar?

"Aquele que tem ciência e arte, tem também religião; o que não tem nenhuma delas, que tenha religião!"[3]

3 Goethe, apud Sigmund Freud. *O mal-estar da civilização*. São Paulo: Imago, 1974, p. 31.

Assim falou Zaratustra: "Atrás de teus pensamentos e sentimentos, irmão, encontra-se um soberano poderoso, um sábio desconhecido – chama-se si mesmo. Ele habita teu corpo, é teu corpo". A arte é o caminho quando parte mãe da molécula arte-educação-saúde.

Acompanho em silêncio os pensamentos, uma lição de casa sem fim.

No caminhar, os pés são uma criação a cada passo.

O pensamento reage, o pensamento complexo observa.

Um dia, quem sabe, os poetas lotarão os estádios.

A cada rima e a cada verso, gols de letras da cosmoética.

Para isso, a água há de furar a pedra como sempre.

Abertos e livres como câmara de eco para as afinações da corpomentalidade.

No universo da consciência, o centro está em toda parte.

Cosmoética é aprender a girar a milenar roda da virtude, para si e para os outros.

"Passa, ave, passa, e me ensina a passar."

Desafino e afino.

Na sua e na minha casa.

Nas casas
Do pêndulo,
Da meditação,
Da energia,
Do corpo,
Da memória,
Da consciência,
Na casa estética,
Dos espelhos,
Das imagens,
Da pele,
Das pandemias,
Das nossas casas.

"Durante toda a viagem
Que realizas no nada
Através do qual carregas
O nome da tua carne."[4]

A função última da cosmoética talvez seja encontrar e entranhar o significado do amor.

A cosmoética é uma imagem para a tão sonhada inteligência de paz e amor para lidar com o ajuste constante de nossas afinações e desafinações, livre da ideia de uma afinação definitiva, pois esta ela nunca há de ter.

4 *Terra*. Letra e música de Caetano Veloso.

Parte III

EPÍLOGO

Final

DIA 5 DE MAIO DE 2021

Tomei a segunda dose da vacina Oxford AstraZêneca. A vacina chegou e eu fecho, termino, encerro. Neste dia derradeiro com meu texto, o vírus antronauta segue seu caminho como elemento mais combatido e a ser erradicado nesta guerra planetária e humana, uma batalha totalmente assimétrica. Sem armas, sem fogo, sem luta, o pequeno hóspede invadiu nossas casas com muita competência. A única e poderosa vantagem entre nós e ele é nossa inteligência. É o que temos de mais precioso.

DIA 9 DE MAIO DE 2021

Neste dia, "*Resta-me Humanidade*?", olho do texto de Frei Beto, publicado no jornal Folha de São Paulo. Diz muito mais do que eu em uma linha: "Vejo apenas mãos encharcadas de sangue se lavando na bacia do cinismo". Tudo que apaguei do meu texto original, da primeira versão pronta de todas, com um diário sobre fatos relevantes e infelizes da pandemia que acompanhei nestes tempos, cabe nessas palavras de Frei Beto.

UM ÚLTIMO ENQUADRAMENTO QUARENTENÁRIO

Para uma questão de sobrevivência, uma *Música de sobrevivência*, de Egberto Gismonti, de 1993. Do selo dos selos, ECM Records, selo alemão de música para o qual rendo uma menção obrigatória em minha vida. Egberto, um dos gênios brasileiro, entre o erudito e o popular (assim como Villa-Lobos, acho que como ele próprio assim dizia a respeito de si mesmo) faz uma obra diagonal, transversal, nada vertical ou horizontal. Quer dizer, sua música traça a linha rara que une o popular com o erudito. Assim é uma vida desespecializada, diagonalizada, utopoética. Uma questão de sobrevivência. Também os clássicos andam numa espécie de linha diagonal, com o tempo vão saindo do vertical e atingindo todos os públicos. Para sempre seguir em frente, *Three Little Birds*, de Bob Marley, na onda com Gilberto Gil.

TOC – DIA 11 DE MAIO DE 2021

Desde a última vez em que descrevi meu estado de saúde, em 22 de março, segui mais bem do que mal. O inquilino reptiliano, os sintomas e os pensamentos vão e vêm de forma leve, como se ficassem a uma distância maior de mim. A constrição da sucuri no pescoço não me aperta como antes. Sonhos e pesadelos estão sempre presentes. Se vivesse exclusivamente na dimensão deles, a vida seria bem mais difícil. Se não fosse o despertar em todas as manhãs, estaria no inferno de Dante. O TOC tem suas estratégias de ação, assim como tenho as minhas. Ele é ardiloso, sorrateiro, busca formas sensitivas variadas para se manifestar e iludir. O desavisado, o inexperiente diante disso desafinaria facilmente diante das artimanhas ocorridas no psicossoma. Eu já me considero um personagem mais preparado para compreender esse movimento. Além da enorme cachalote, sobressai a imagem do capitão Ahab, personagem de *Moby Dick*, livro de Herman Melville. Em mares revoltos, a baleia branca atacaria a qualquer momento, e o melhor a fazer, segundo o capitão, seria persegui-la e matá-la, eliminar aquele fantasma, que, no fim, era ele próprio. Ahab, obsessivo, matou a si mesmo na luta com o animal, afundou o barco e tirou a vida da maioria de sua tripulação.

Nesta mesma data, no ano de 2020, minha saúde mental estava bem mais abalada se comparada a um ano depois. Quando o bicho pega, pensar dói, o pensamento é turvo e pesado, um redemoinho de náusea e ansiedade pelo corpo todo. Já vivi isso inúmeras vezes e, às mesmas vezes, sabia da potência de resistir e aprender o caminho do equilíbrio. Um deles sempre foi mergulhar numa criação, que, neste caso, foi viver na rotina deste livro. O trabalho tem potência, a criação é um bálsamo, a dedicação um grande exercício de prazer. Dedico estas experiências aos que precisam encontrar algum alívio para seus sofrimentos e experimentar a importância do conhecimento na superação de desafios.

20 DE JUNHO DE 2021

500 mil mortos no Brasil.[1]

Iniciei mais um teste de ataque ao TOC. Orientado por uma médica gastroenterologista funcional, diga-se, profissional observadora de uma parte maior do organismo, integradora entre partes, ela propõe realizar uma série grande de exames de sangue e examinar uma gama de fatores diretamente envolvidos nos sistemas endócrino, sanguíneo e toxicológico. Realizei-os. Vale a pena contar esta história.

Entre todos os resultados, praticamente todos normais, um deles sobressai entre os demais. Meu índice de serotonina no sangue marcou baixíssimo. O índice normal é considerado entre 50 e 200 ng/mL, o meu deu 3 ng/mL! Um nada, um quase nada. Será aí uma pista importante para investigar mais sobre o TOC? Uma das suas causas relevantes? Qualquer empolgação neste sentido já me foi cortada por alguns especialistas. Esse exame não é importante para os

1 Números oficiais da covid-19, afora os não oficiais que não soubemos.

psiquiatras em geral, que o consideram inútil. O nível plasmático no sangue pode não corresponder necessariamente ao que acontece no cérebro. Portanto, ele não necessariamente ilustra a situação existente na neuroquímica cerebral. Ou seja, para esses psiquiatras, como é impossível medir o valor do hormônio dentro da cabeça, a medição do hormônio no sangue não é uma referência útil, proporcional ao que ocorre na dinâmica da cuca. São ambientes não diretamente ligados. Mas no cenário dos intestinos, o nível da serotonina deve representar algo de importante. A dieta e o 5HTP seguem inconclusivos porque este livro termina antes do final da experiência completar seu tempo. Em um mês de ingestão, posso sinalizar que o sistema digestório e o sono melhoraram.

Todavia, outras opiniões existem diferentes desta. Minha médica – mais uma entre tantos profissionais da saúde – e eu decidimos optar pelos experimentos, pela ação, que aparentemente não fazem mal. Além dos ajustes de rotina com complexo B e vitamina C, que estavam baixas em mim, entramos com um precursor da serotonina, ou seja, com 5HTP via oral, um aminoácido natural que pode proporcionar a produção de serotonina no organismo. Se esse aminoácido pode disponibilizar mais serotonina diretamente no trato intestinal e digestório, aumentando o nível dela na corrente sanguínea, será possível obter um reflexo correspondente do hormônio no sangue do cérebro?

Minhas descrições sobre o assunto são muito básicas e simplistas, muitas informações devem complementar e aprimorar minhas informações. Esses procedimentos foram dirigidos a mim, talvez não sirvam para os outros. De modo que o leitor e a leitora em tratamento devem considerar esses dados com cautela e seguir as orientações de seus médicos e responsáveis.

Não temo buscar e praticar novas tentativas para chegar a uma boa qualidade de vida. Temo é parar de buscá-la, de desistir, de estacionar num lugar fixo à espera de mudanças nos cânones médicos e nas deferências aos institutos de regulação científica. É evidente que bom senso, a racionalidade, a ciência e a lucidez devem acompanhar todo e qualquer movimento de pesquisa e de busca para nosso desenvolvimento e equilíbrio. Lucidez acima de tudo para refugar os falsos profetas, as falsas promessas, os sensacionalismos, a pseudociência, as panaceias de fácil acesso. O fato é que abandonei mais essa experiência. Convenci-me, por mim mesmo e por pesquisas e outras orientações médicas, que, para o meu caso, não seria um caminho provável, eficaz. Um paliativo? O teste plasmático da serotonina no sangue não traz nenhuma informação válida e o tratamento com o aquele 5HTP não resulta em nada concreto? Decidi não esperar e parti para outra. Para um novo recomeço.

Da casa de fogo à casa genética

10 DE AGOSTO DE 2021

Nesta data terminei um livro
500 dias exatos de escrita
Covid Brasil: 500 mil mortos
Em meio à indiferença de alguns
Eu e meus 500 dias de texto
Para cada mil mortes
Um dia de escrita
Para cada mil passagens
Como que num registro de partidas
Minhas palavras nomeiam cada história
Cada casa desaparecida, um livro
A cada palavra, uma lembrança
A cada oração na linha da página
Um verbo, uma vírgula, uma vogal
São quinhentos dias de guerra
Dedico cada letra, cada toque
Às casas partidas e às em recuperação
Aos agentes da saúde em sua bravura diária
Às famílias fraturadas
Meu respeito, afeto e um poema
Minhas esperanças no amor e na saúde de todos
Sob a luz da ciência e do conhecimento

Para mais um respiro de alívio
Brasil mais justo e igualitário
Um planeta em rotação de esperança
O vírus é natureza
Homo sapiens contra a natureza
A pior tragédia sempre foi e será
O homem contra ele mesmo

"Cada um deve ser aquilo que busca", ouvi isso certa vez. Quer dizer, seja, habite-se, faça. Ninguém fará isso por mim ou por você. É aquela velha máxima: "Quando o aluno está pronto, o mestre aparece". O tempo certo e ideal para isso é o sempre, o agora. Se não há determinação e perseverança, não haverá movimento para gerar mudanças necessárias. Errar é muito bom, até que o acerto possa acontecer.

Outra tentativa com o uso da *cannabis*, por exemplo, por que não retomá-la sob outras circunstâncias? A primeira vez, encarei o desafio na entrada da pandemia em 2020. Foi uma época terrível, inconfiável. Além disso, soube que, em dois anos de pesquisas e testes, a situação mudara. Entre 2019 e 2021, muitas informações novas e positivas sobre a *cannabis* medicinal apareceram, e assim será nas próximas décadas. Senti a necessidade de experimentar novamente, de tentar sob outras perspectivas da clínica e da ciência. Outro ingrediente apareceu como possibilidade em meu caso, o canabigerol com canabidiol mais uma fração pequena de THC. Talvez algum fator poderia alterar toda a experiência malsucedida anterior. Minha casa sempre estará aberta. Entro nela todos os dias como se um hóspede fosse. Peço licença e vou entrando. Toda vez que entro e saio dela, levo ensinamentos.

Com o TOC não se brinca, mas podemos jogar com ele. Devemos jogar com ele com força e vontade. Parte importante de minha vida será dedicada ao estudo, à divulgação, às minhas experiências como pensador e paciente desta desordem tão incapacitante, causadora de tanto sofrimento.

O fato é que infelizmente a experiência não deu certo novamente. Descobrimos, médico e eu, que sou muito sensível ao THC em óleo. Ele, no fim, é o elemento mais importante na terapia endocanabinoide e no tratamento de doenças do cérebro como TOC, Parkinson, Alzheimer. Sem ele, a terapia não decola. Ao experimentá-lo, subir gradativamente a dose no dia a dia, o efeito psicoativo falou mais alto para mim. O efeito foi igual a fumar um forte baseado, e por pelo menos quatro horas teria de tolerar ou ficar com o efeito do óleo. Por um lado, havia diversão, humor, criatividade; mas por outro, fiquei carregado de tensão, ansiedade e de outros efeitos colaterais indesejados. Paramos, desistimos.

O que fizemos? Partimos para a tecnologia genética para saber o que se passa a fundo com minha "personalidade" genética. Partimos – nestes dias em que escrevo – para os exames farmacogênicos focados em psiquiatria, retirados com DNA da saliva. Nada baratos ainda, mas os resultados chegaram e me surpreenderam positivamente. Depois de tantos anos de luta e de expectativas, abrem-se novos caminhos para adentrar nas entranhas extremamente complexas de nossa existência celular, química, enzimática, genética.

Tenho a sensação de que cheguei a um esclarecimento importante – temporário talvez, mais uma vez –, mas a um ponto que nunca havia chegado: o motivo mais aproximado causador de tanta ansiedade em minha casa de fogo. Se falamos de genes, falamos de uma base importante de causa e efeito de tantos sintomas e comportamentos neuropsíquico-físicos aos quais nos submetemos todos os dias. E aí estava ele: o gene MTHRF, tanto A/A como o T/T, apresentou uma redução de 60% de sua atividade na metabolização das vitaminas do complexo B, em especial a vitamina B9, o ácido fólico. Nesta metabolização, a B9 é fundamental para o processo de criação do L-metilfolato, que é um metabólico ativo com algumas funções, entre elas a ajuda na sintetização de neurotransmissores como serotonina, dopamina e norepinefrina. É um dos mais importantes cofatores, elementos ativos para a energia da química cerebral. Outra confirmação negativa em relação ao uso do THC para mim veio por meio de outro exame genético, específico ao uso da *cannabis*. Lá estava a advertência: "*Cannabis*-Induced Psychosis". Ou seja, considerável risco de psicose induzida por uso de *cannabis* (somente o óleo? Qualquer forma de consumo?), apontado em exame genético. Mais fundo ainda, descrevo a análise que recebi de um especialista explicando a potencialização da ação psicoativa do THC, ou seja, fico chapado demais quando uso em forma de óleo! Segundo o especialista, tenho um acúmulo da 11-OH-THC (11-hidroxi-THC – um metabólico canabinoide ativo). Uma enzima chamada 2C9 "hidroxila" o THC (faz liga), desencadeando outro canabinoide, este 11-OH--THC que, no fim, *é quatro vezes mais* psicoativo do que o próprio THC. Ou seja, um baseado fumado valeria por quatro? Não sei. Um sonho de consumo para os adeptos saudáveis. Terapeuticamente falando, de forma objetiva, ele me disse: "Você é alérgico, não vai dar certo, pare de usar o óleo".

Aí, um dia me veio uma voz, uma voz canábica: "Fume um baseado, Luiz, é mais simples". E fez-se a brasa. Deixo meu recado bem direto. Sem gastar com médicos e com óleos especiais caríssimos, tornei, como nos velhos tempos, a enrolar um baseado de boa cepa para tentar lenir os momentos mais momentosos do TOC ou da ansiedade e, com ele, deixar fluir os sentidos e a boa preguiça macunaímica que assossega boa parte dos fumantes. No alto de minha maturidade, de maconhante avelhantado, a maconha medicinal-recreativa pode ser uma boa forma de concorrência ou de substituição dos ansiolíticos do mercado. Estive em testes e o que posso dizer é que reencontrei um amigo. Terá me feito bem? Realmente poderá ter sido uma alternativa válida o uso do THC/CBD *in natura*? Cada um é um, cada caso é um caso.

Ainda é cedo para palpitar com substâncias clínicas e científicas sobre o assunto *cannabis* medicinal-recreativa, essencialmente por mim. Se até os cientistas estão na infância das pesquisas, tenho muito a aprender sobre esse universo tão vasto e maravilhoso para saber o básico. O fato é que, entre tantos fatores envolvidos numa enfermidade, numa desordem mental, como a própria vida, a história de cada um, o ambiente e nossas marcas somática e psíquicas, a herança genética é muito importante, a ponto de me fazer sentir, agora, hoje, neste final de livro, um homem realizado, com uma boa experiência de vida e de buscador de conhecimentos. Posso dizer e ficar assim comigo: cheguei aonde queria! Fiz a minha principal viagem na vida, alcancei um tento em minha jornada de buscador obsessivo, cansado, marcado, mas junto da ciência, da persistência e da coragem. Quem tem uma doença crônica sabe o quão importantes são a ajuda da ciência e suas ferramentas para diminuir o sofrimento, especialmente quando a vida oferece paliativos de toda ordem nem tanto eficientes, muitos dos quais inúteis. Compartilho meu caminho com o mundo. Faço votos que essas tecnologias e a ciência alcancem os menos favorecidos que sofrem e que geralmente estão por aí na dependência de anestesias e muito mais no desamparo. Daqui para frente saberei o que vai acontecer comigo? Terei um bom tratamento a partir dessas novidades? Não sei ainda. A consciência e o conhecimento são fundamentais para tratamentos e movimentos exitosos. Minha filha Luísa e eu fomos convidados a fazer parte de uma pesquisa criada pelo IPq USP (Instituto de Psiquiatria) e o Departamento do PROTOC (ambulatório do TOC – HC-USP), um projeto inédito na área. Daremos uma longa entrevista individual aos organizadores, deixaremos amostras de nossa saliva e de sangue como contribuição para esse valioso avanço no desenvolvimento de novos tratamentos.

Não quero encerrar este encontro afirmando que a única saída é a ciência, e que somos fenômenos puramente químicos e físicos. As respostas que obtive por meio deles me foram muito importantes, mas se deixasse de lado tudo o que escrevi neste livro, seria uma atitude absurda. Minhas CASAS todas, do FOGO à GENÉTICA, confirmam minha total convicção da responsabilidade do viver, do desenvolvimento humano e pessoal, da interação com o ambiente e com o social, no empenho e na participação de psicólogos, na formação de nossa história individual que criamos com o mundo e com nós mesmos. Magnífica é a paisagem criada pela arquitetura humana de cidades e casas do saber viver, uma grande casa formada por sábios, psicólogos, terapeutas, professores, cientistas, médicos, amigos e, sem falta, artistas! Sem esta inacabável narrativa que é a vida, sem este percurso autopoético, sem uma autoconsciência em desenvolvimento, a vida fica bem mais difícil. Educação, saúde e arte juntas, quem dera com boas oportunidades a todas as pessoas, indistintamente, faz-se um caminho essencial para compreender a corpomentalidade, no caminho do bem-estar.

Sei também que em nós existem as cicatrizes psíquicas, quem não as tem? Com elas também definimos os registros de funcionamento de nosso organismo, de nossas memórias e de nosso comportamento. Daí a ciência, no fim, ser tão relevante neste processo, porque com ela nossa inteligência toma forma e toma decisões práticas poderosas. A autopoiesis, que se aloja no corpo, na mente, no espírito, no outro, esta é também poderosa, mas não há mais palavras para ela. É viver e assumir, todos os dias, uma criação contínua e renovadora.

Em números incompreensíveis para a minha mente, inconfiguráveis, se no Universo conhecido há 10 sextilhões de estrelas iguais ou semelhantes ao nosso Sol,[1] imaginemos que 10% delas poderiam se parecer com nosso Sol. Seria 1 sextilhão de estrelas. Se deste 1 sextilhão de estrelas cortássemos nove zeros – 000.000.000 –, teríamos a pequena quantia de 1 trilhão de sóis. Perto dos 10 sextilhões iniciais, já seria uma redução fenomenal, gigantesca e ininteligível, bem abaixo dos 0,000.0001% do valor inicial, uma marca aceitável e hipotética para poetizar uma ideia. Se de 1 trilhão de sóis em apenas 1% existissem planetas com vidas, então teríamos 10 bilhões de possiblidades de casas vivas. Dez bilhões de casas voadoras circulando em

1 http://www.inpe.br/faq/index.php?pai=11#:~:text=Estima%2Dse%20que%20a%20nossa,de%2010%20sextilh%C3%B5es%20de%20estrelas. INPE. Acessado em 20 de agosto de 2021.

diversos tempos e formas no inimaginável espaço sideral – e quem sabe intracelular? Se humanas ou não, não faço nem considerações. Muito inspiradora esta viagem nas proporções entre tudo e todos, entre mim e você. Entre a minha casa voadora com meus apontamentos e experiências diante do enorme paradoxo entre a sua casa e a minha, tão distantes e tão próximas, as nossas casas tão vizinhas, ou relacionadas, com as outras 9.999.999.998 (nove bilhões, novecentos e noventa e nove milhões, novecentos e noventa e nove mil, novecentos e noventa e oito) casas soltas no espaço, as quais não são ainda a casa única de ninguém, mas a casa mãe de outras incontáveis casas solitárias e viventes a poetizar e enfrentar seus próprios destinos. Uma casa mínima, inimaginavelmente mínima diante de tais dimensões. Um átomo é um Sol diante desta minha casa voadora, um elétron, menos... Um núcleo de um átomo, uma ervilha no meio de uma catedral gigantesca, em que, ao mesmo tempo, você e as outras pessoas podem entrar, ver, tocar e sentir. Dentro de mim, outro universo de casas aglomeradas como casas numa cidade de células, bactérias, fluídos, energias, líquidos, átomos e talvez a mesma lógica do viver, voando agrupados pela gravidade e pela vontade de viver. Casas e mais casas, sóis-cidades-mundos inteiros e seus mistérios, seus esconderijos microscópicos e macroscópicos, sem dimensão precisa e conhecida.

Uma grande consciência talvez nos una, ou várias delas ao mesmo tempo, de diversas formas e energias diferentes entre si. Muitos de nós compartilham da mesma consciência e tomam-na como realidade, tendo como parte descritiva disso nossos códigos variados, nossos livros, palavras e sistemas. Muitos outros, humanos e não humanos, podem ter outras consciências misturadas às nossas, aparentemente predominantes. A inteligência que observamos em nós e que compartilhamos em forma de cultura, de ideias, imagens, músicas, sonhos, dores, prazeres, regras, desejos, guerra e paz, tudo parece surgir como narrativa e possibilidades, algumas prováveis, outras como hipóteses, como grandes mistérios e paradoxos em nossas vidas. Eis o pulso das religiões e da ciência em suas posições apenas convencionalmente opostas.

Como um fã do desespecialismo orgânico e intelectual, a incerteza transversal que traceja nossos caminhos é um tesouro. Por isso, quando estou em minha casa, acompanhando este milagre do movimento e da observação, a casa está em festa, e, nesta festa, quem toca a vida, quem faz a vida preencher e acolher as incertezas é a arte, enxertada no que chamo de cosmoética. A presença do poético na busca da sobrevivência é um ato de coragem fundamental, aquele que levanta o voo da minha casa voadora, porque não se trata de uma casa exata, mas de um lar sem fim. Por não ter nem fim nem começo, talvez não sejamos algo que as palavras diretas dizem ou podem apontar, nada no sentido de algo dizível e concreto, hígido, perfeito e acabado. Sei que somos a obra-prima do Cosmo mais imperfeita que conheço e admiro.

Sequer estamos no lá e cá. Nem em movimento estamos, pois somos o movimento. Estamos ele mesmo, sim estamos, na imagem de um elétron sem localização definida e constatável. O somos não é um verbo seguro para esta Casa Voadora, que, às vezes, é voo de galinha, de águia, de pulga, de imaginação na maioria das vezes. Voo como foguetâneos, foguetípicos, como espermatozoides saindo de um mundo e entrando em outro, entre uma casa e outra, ou de um microchip a outro. Com saúde e doença, com morte e vida, em uma viagem caseira que não se acaba, pois temos jeito para passagem, movendo-se passagem a cada instante. Viver não é preciso – frase tão maravilhosamente presente, não tem precisão como navegar tem de ser, por isso nossa casa é a morada e a rua, o lar e o asilo, o íntimo e o alheio, o baldrame e o hóspede. Eu sei, você sabe disso. Seu habitar-se quando corpa sabe disso, ou um dia lhe falará sobre isso até estarmos prontos para corpar a autopoiesis com natureza. Voar como passarinho, como um urubu, como um avião, como um vírus, entre o céu e a terra, uma experiência de estar em mais de um lugar ao mesmo tempo.

Casa voadora

Petra é um cálculo de história
Pétrea é terra que voa
Já foi lava e meteoro
Carvão de magma
Caco de estrela
Nave de fogo
Projetil de vida
Pré-história de escória
Pedra foguete é semente de tudo
Traz consigo futuro de gente
O peixe, a árvore, o ciúme
A tabela periódica, a guerra, o girino
O idiota, o poeta, o tempo remoto
Meu corpo, minha casa, a casa voadora
As cidades são suas bibliotecas de lava
Dentro daquele cálculo de histórias
Pedro é filho da pedra que sonha
Um bilhão de noites e ela rocha
Mais um bilhão de dias e ela pedra
Aí, um dia a gente deita nela e tira uma foto

Figura 3.1 – Foto voadora. Fonte: Foto Luiz Otavio de Santi, 2015.

GRÁFICA PAYM
Tel. [11] 4392-3344
paym@graficapaym.com.br